한중일 비교 해상법

[制定과 改正]

Korean · Japanese · Chinese
Maritime Codes with their Revisions

蔡利植 編譯

共同編譯 箱井崇史 · 金秋

세창출판사

이 도서의 국립중앙도서관 출판시도서목록(CIP)은 서지정보유통지원시스템 홈페이지(http://seoji.nl.go.kr)와 국가자료공동목록시스템(http://www.nl.go.kr/kolisnet)에서 이용하실 수 있습니다.(CIP제어번호: CIP2013006996)

머리말

한중일 비교 해상법
— 현행 법전과 그 발전 과정 —

해상법은 상법 중에서 가장 난해한 부분이다. 그래서 많은 법률가들이 해상법에 관심이 없고 경우에 따라서는 해상법을 피한다. 그러나 해상활동은 국가의 중요한 산업이고, 특히 국가 경제의 핵심인 무역이 해상활동에 의존하고 있는 점을 생각하면 우리나라의 입장에서 해상법을 결코 무시할 수 없다. 해상법을 이해하는 데에 장기간 많은 노력이 필요하다고 하여 해상법을 등한시할 수는 없다. 해상법이 가장 어렵게 느껴지는 이유 중 하나는 해상법의 특색인 국제성에도 있다. 해상법이라고 하면 처음부터 국제적인 해상법을 말하기 때문이다. 최근에는 주로 영미법에 의한 해상법이 세계를 지배하고 있어 우리로서는 더욱 어렵게 느껴진다.

이러한 국제적인 성격은 부분적으로는 지역성으로도 나타난다. 우리나라는 이웃하고 있는 중국 및 일본과 정치적, 경제적, 사회적으로 밀접한 연관을 맺고 있다. 무역에 기반을 둔 경제적인 교류는 먼저 이웃 나라와 해상운송을 생각하지 아니할 수 없다. 특히 한국, 중국 및 일본이 현재 세계 해운과 조선을 주도하고 있기에 이를 뒷받침하는 법률도 여러 나라의 주목을 받고 있다. 그리하여 이번에 세 나라의 법률이 발전되어 가는 과정을 비교하고 정리할 필요가 있다고 판단되어 용기를 내어 본서를 기획하게 되었다. 110년이 넘는 기간 동안 발전 과정을 추적하는 것도 쉽지 않고 이를 번역하여 독자가 일목요연하게 그 발전 과정을 아주 쉽게 이해할 수 있게 하는 것은 방대한 작업이었다. 그리고 당장 이를 구입하여 읽는 독자는 많지 않다 하더라도 후학들의 연구에 도움이 되고 먼 훗날이라도 본서를 찾아 이용하는 사람이 있다면 그것으로 본인은 수고한 보람을 느낄 것이다.

마지막으로 본서가 나올 수 있도록 원고를 준비하여 주시는 것은 물론 조언과 격려를 하여 주신 일본 해상법을 이끌고 있는 와세다 대학 하코이(箱井) 교수님 또

중국 북경 공상대학에서 해상법을 가르치시고 한국법에 관심이 많으신 김추 교수님에게 감사드리고 어려운 중에 출혈 출판을 흔쾌히 수락하여 주신 세창출판사 이방원 사장님과 임길남 상무님, 편집에 심혈을 기울여주신 안효희 님에게도 감사드린다. 그리고 저의 연구와 활동에 든든한 후원자가 되어 주시는 해송법률문화재단 정유근 이사장님에게도 감사드린다.

2013년 5월 20일
고려대학교 법학전문대학원
교수 채이식

차 례

한국 해상법

KOREAN MARITIME CODE
WITH ITS REVISIONS

KOREAN MARITIME CODE
WITH ITS REVISIONS

한국 해상법 개요

▌고려대학교 법학전문대학원 교수 채이식 ▌

1) 역　　사

1900년 우리나라에서 행하여지던 2대 상업이 옹기장수와 소금장수이었다고 한다. 이는 하층 천민들이 호구지책으로 종사하는 직업이었지 양반 사대부들이 관심을 가질 업무가 아니었다. 적은 배를 가지고 하천이나 도서에서 운송과 어업에 관여하는 사람도 유사한 신분의 사람으로 인식되었고, 따라서 이러한 업무에 대하여 국가가 나서서 법률을 만들고 규제를 하는 것이 필요하다고 느끼지 아니하였다. 다만 호남 지방에서 생산되는 조세를 집합하여 서울로 운송하는 업무에 주로 선박을 이용한 해로가 이용되었고, 따라서 이러한 작업에 필요한 범위 내에서 조선과 해상운송에 국가가 관심을 가졌다. 국가는 이를 공무의 일부로 여기고 주로 하천과 해상을 연결하여 서울까지 운송이 이루어졌다. 그리고 국가는 징수한 조세를 창고에 보관하는 업무와 보관된 미곡 등을 선박으로 서울까지 운송하는 것을 묶어서 같이 취급하였다. 그리하여 대전회통에도 조창과 조운이 함께 규정되어 있다. 이처럼 국가 주도로 관원이 국유 선박을 이용하는 조운의 과정에 부분적이나마 사선을 전제로 개인에게 보수를 지급하고 운송을 위탁한 일이 많았지만, 개인, 특히 천한 직업에 종사하는 사람과 국가가 동등한 지위에서 계약을 맺는다는 것은 생각하지 못하였다. 따라서 거기에 적용될 규범이 있고 이를 법률로 발전시킨다는 것은 기대할 수 없었다.

서양에서도 이러한 현상은 마찬가지였다. 로마제국이 세계를 호령하며 주식인 밀 등 많은 물자를 해외에서 구입하여 지중해를 거쳐 운송하여 사용하였지만, 운송 그 자체가 국가 주도로 이루어지고 개인에 위탁하여 하는 운송은 부수적이었으며, 또 이처럼 개인에게 위탁하여 하는 운송도 개인이 운송의 주체로서 국가와 동등한 지위에서 계약을 맺고 운송을 한다는 개념이 없었다. 그리하여 모든 제도와 운영을 법에 의존하는 로마 전통과 달리, 해운에 관하여는 로마법이 별로 많은 법적인 유산을 우리에게 남기지 못하였다. 기원전 1700년 함무라비 법전에 해운에 관한 규정이 있다는 것은 당시 바빌로니아가 그만큼 해운에 관심이 많았다는 것을 의미한다. 오늘날 우리가 사용하는 해상법은 로마가 망하고 수백 년 후 12세기경에 지중해를 중심으로 한 도시국가에서 그 토대가 형성되었다. 베니스, 제노아 등으로 대표된 이 도시국가는 해운 자체에 국가 존망이 달려 있었기 때문에 해상법에 국가가 지대한 관심을 가질 수밖에 없었다. 이들 국가는 해운이 국가적 사업이기 때문에 해운행정, 나아가서는 국가행정과 해운이 결합되어 규율되고 있었다. 기이하게도 오늘날 우리 상법에 가장 많은 영향을 미친 도시국가의 법은 지중해 도시국가 법이 아니라 이러한 법을 계승한 스페인 북쪽 대서양에 있는 항구 빌바오 해상법이다. 오늘날과 같은 국가 개념이 성립되고, 왕권신수설과 결합되어 국가가 국민 생활에 관여할 이유와 근거가 생긴 16세기에 와서야 비로소 해상법을 위시한 사법이 국가의 법으로 탄생하였다. 17세기에 들어오면서 많은 서구 제국이 가장 관심을 갖는 분야는 식민지 개척을 통한 부의 축적이었다. 이를 실현하기 위한 수단으로 등장한 해운에 관해 자연 국가가 그 법적인 규제에 관심을 갖게 되었다. 이를 최초로 실현한 국가가 프랑스이고 당시 가장 강력한 군주인 루이 14세의 관심하에 그 유명한 "1681년 프랑스 해사칙령"이 제정되었다. 오늘날 대륙법 국가의 해상법은 우리나라를 포함하여 거의 대부분 거슬러 올라가면 모두 이 "1681년 프랑스 해사칙령"에 근거하고 있다. 생업을 위해 소규모로 해운에 종사하는 천민들이 많은 자본이 필요하고 고도의 위험을 안고 있는 동양까지의 원정을 조직한다는 것은 처음부터 기대하기 어려웠다. 인도 기타 동양 제국까지 가는 대규모 선단을 조직하고 거대한 자금을 마련하려면, 대규모 토지를 바탕으로 대대로 세습하여 내려오던 재력과 능력을 가진 지배층의 관여가 필수적이었다. 이들의 참여를 유인하기 위하여 나온 것이 선주책임제한제도이다. 1681년 프랑스 해사칙령에는 “사대브가 해운업에 참여한다 하더라도 그 명예가 손상되는 것으로 보지 아니한다”라는 조문이 있는데 이 조문도 이러한 배경하에서 나온 것이다. 이 1681년 프랑스 해사칙령은 1781년 나폴레옹 상법전에 편입되어 상법의 일부로 남게 되었다. 이처럼 상법의 일부로 편입되는 과정에서 위에서 본 빌바오 상법이 많은 영향을 미쳤다. 오늘날 대륙법 제국에서 널리 사용되는 해상법을 포함한 상법은 이 나폴레옹 상법전에 기초하고 있다.

2) 依用 商法

1912년 3월 18일 조선총독부 제령 제7호인 조선민사령 제1조는 “민사에 관한 사항은 본령 외의 법령에 의해 특별한 정함이 있는 경우를 제외하고는 다음 법률에 의한다”라고 규정하고 이 제1조에 열거된 법률 중 제8호로 “상법”, 제10호로 “상법시행령”, 12호로 “상법시행조례”가 각각 있다. 일본상법은 일본민법과 함께 1899년에 제정되었다. 일본 헌법이 극히 일부 유학생들의 아이디어와 자문을 받고서 1889년에 최초로 제정되어 1890년에 시행된 것을 생각하면 그 당시 일본 자체도 아직 근대적인 법률제도가 확립되었다고 할 수 없었다. 자연스럽게 외국법을 참조하고 경우에 따라서는 외국 입법을 모방하였을 것이라고 추측된다. 대륙법 국가로 법률에 관한 한 당시 선진국으로 프랑스가 있었기 때문에 제1차로 프랑스에서 시행되던 나폴레옹 상법전을 모안으로 삼고 그 이전에 수 년 앞서 프랑스법을 모방하여 입법을 한 독일상법을 모방하여 일본상법을 제정하기에 이르렀다. 110년 전에 경험도 별로 없이 제정하게 된 일본상법이 지금도 큰 변경 없이 그대로 사용되고 있는 것으로 보아 당시 입법에 관여한 학자나 관료는 많은 찬사를 받아야 마땅하다. 이 일본상법이 1912년부터 1945년 해방될 때까지는 물론 이후에도 1962년까지 의용상법으로 우리나라에서 시행되었다. 위 조선민사령이 날짜를 지정하지 아니하고 민사에 관한 사항은 “상법” 등에 의한다고 되어 있기 때문에 일본상법이 개정되면 우리나라에 적용될 상법도 자동적으로 개정되는 효과를 가져왔다. 변경된 때에는 그렇다고 치고 만일 일부 규정이 아예 폐지된 경우 혹은 다른 법률로 대치된 경우 더욱 문제가 복잡해질 수 있었다. 1945년 우리나라가 독립된 이후에는 더 이상 일본 상법의 영향을 받지 아니하게 되었다. 그렇다면 1945년부터 1962년까지 시행된 의용상법은 결국 1945년 해방 당시 일본상법이었다. 해상법의 가장 핵심이라고 할 수 있는 운송인의 책임에 관해 1957년 일본국제해상운송법이 제정되었다. 이 특별법은 우리 상법이 시행되기 이전에 입법이 되었지만, 우리나라가 독립한 1945년 이후에 제정되었기 때문에, 이 법이 특별법으로 일본에서는 일본상법보다 우선하여 적용되어 왔지만, 이로 인하여 우리나라에 적용되는 의용상법이 변경되는 것은 아니었다.

3) 1962년 상법 제정

1962년 최초로 우리 상법이 제정 공포되었다. 민족이 해방을 맞고 새로운 국가를 건설하고도 17년이라는 긴 세월 동안 우리나라가 기본법인 상법을 갖지 못하였다. 이를 가지고 법률가를 비난하고 통탄한 사람도 많이 있었다. 1962년 상법 제정 작업도 이러한 분위기 속에서 태동하였다. 1961년 5월 16일 군사혁명에 성공한 군부 실세들은 의욕에 차서 구악을 일소하고 국가와 민족을 중흥시킨다는 굳은 의지에 차 있던 차에, 마침 당시 시행되고 있던 대부분 법이 일본법이고 일부는 미군정령임을 발견하고 바로 법률의 국산화 작업에 착수했다. 그러자니 자연 친일파나 공산주의자가 아닌 한 반대가 있을 수 없었고 진지를 탈환하듯 일정 기간 내에 반드시 달성하고 말아야 했다. 그 동기야 무엇이든 지금 이러한 군부 실세의 태도를 비하하거나 잘못되었다고 질책할 수는 없다. 그것은 기회일 수도 있었다. 실은 우리 상법의 원전이라 할 수 있는 1807년 나폴레옹 상법전도 나폴레옹이라는 강력한 지도자가 혁명을 하고 난 다음 의욕에 넘쳐서 종래 유래를 찾을 수 없고 앞으로 영원불멸할 제국의 법률을 제정하려는 의지의 산물이다. 나폴레옹 상법전은 이후 2000년대 초까지, 비록 약간의 수정은 거쳤지만, 200년 넘게 프랑스에서 사용되었다. 그렇다고 1962년 제정된 상법이 수준 이하의 저질 입법도 아니었다. 지금에 와서 돌이켜보고 냉정히 평가할 때에, 1962년 제정된 우리 상법은 적어도 해상법에 관한 한 상당히 진보된, 수준을 갖춘 입법이라고 평가된다. 다만 입법 과정에 너무나 서둔 나머지 1962년 1월 20일 공포를 하고 난 다음 시행이 되기도 전에 약간의 탈자와 수정할 것이 발견되어 서둘러 1962년 12월 12일 개정안을 통과시켜야 했다.

해상편을 포함된 신생 1962년 상법은 당시 시행 중이던 일본 상법을 대부분 번역한 것이었다. 해상법에 대한 전문지식이 없이 주로 상법 교육을 담당한 분들이 목표한 기한 내에 법안을 마련해야 했기 때문에 이는 부득이한 조치였다고 생각된다. 그리고 이는 해상법에 한정된 것이 아니고 당시 시행되거나 입법한 다른 기본법도 거의 마찬가지였다. 이러한 과정에 대해 크게 비난할 일도 아니고 부끄러워 숨길 일도 아니다. 더욱이 당시 입안자들의 책임도 아니며 그것은 우리 현실을 반영하는 것이었다.

1962년 제정된 상법 해상편이 30년간 사용되다가 1991년에 그 수명을 다했고 이 해에 처음으로 1962년 제정된 상법 해상편이 개정을 경험했다. 이처럼 장기간 변함없이 유지되어 왔다는 것은 바로 1962년 제정된 해상편이 그래도 상당히 신뢰할 수 있고 수준 높은 입법이었다는 것을 증명하는 것이라고 생각된다.

1962년 제정된 상법 제5편 해상편은 비록 극히 부분적이지만 이전 의용상법에 약간의 개정을 시도하고 있다. 그 중 가장 중요한 것은 편제에 있어 해상보험을 해상편에서 분리하여 보험편으로 옮겨와 손해보험의 한 종류로 편입한 것이다.

의용상법은 선주책임제한에 관하여 위부주의를 채택하고 있었다. 즉 선주는 선박을 채권자에게 위부하고 그 선박과 관련된 책임을 면할 수 있었다. 다만 선원과의 고용계약에 기한 채권과 선주 개인의 과실로 인한 채권에 한해 책임제한이 배제되었다. 그러나 1962년 우리 상법 제정시에 입법자들은 과감하게 1924년 선주책임제한조약을 수용하였다. 그리하여 선주는 항해 종료시 선박가격으로 책임을 제한할 수 있고 또 이 한도는 선박톤수에 비례하는 일정금액을 초과할 수 없었다. 즉 선가주의와 금액주의를 선주의 이익으로 병행하는 제도를 채택하였다. 책임제한의 대상이 되는 채권이나 적용에서 제외되는 채권도 거의 조약을 그대로 수용하였다. 따라서 종래 의용상법에 있던 고용채권과 선주과실채권의 적용상 예외는 그대로 유지되었다. 조약에 따라 인적 손해에 대하여는 여객이든 아니든 구별하지 아니하고 별도의 기금이 구성되었고, 인적 손해 중 이 별도 기금에서 변제되지 아니하는 부분이 물적 손해와 비율적으로 경합하는 제도도 채택되었다. 1962년 제정된 상법은 1924년 조약에 따라 금액주의에 의하여 일정한 한도를 정함에 있어 입안자들이 약간의 실수를 저질렀다. 1962년 상법 제747조에 의하면 선주의 책임은 당시 통용화폐인 '환'을 기준으로 선박적량 매톤당 15만환의 총액을 초과하지 못한다. 그러나 상법이 시행되기도 전인 1962년 6월 10일에 제2차 화폐개혁이 있어 기존 10'환'이 1'원'으로 교환되었다. 이 화폐교환과 이어지는 인플레는 순식간에 15만 환이라는 금액을 현실을 전혀 반영하지 못하는 명목상 금액으로 변화시켰다. 이러한 비현실적인 한도금액은 결국에 가서는 상법상 선주책임제한규정이 모두 의미를 잃게 되는 결과를 낳았다.

운송에 관한 부분도 대체로 의용상법 제3장 운송을 그대로 모방하고 있었다. 가장 큰 변화라면 1924년 헤이그 규칙을 부분적으로 수용한 것이다. 그러나 1962년 제정된 상법은 단위・포장당 책임제한제도를 채택하지 아니하였다. 문제는 곧 파라마운트 조항을 통하여 제기되었다. 1983년에 와서 대법원은 당시 이미 세계적으로 널리 시행중이던 헤이그 비스비 규칙에 영향을 받아서인지 논리의 비약에도 불구하고 결국 그 적법성을 인정하게 되었다.

해상위험에 관하여는 직접적인 변화를 가져온 것은 선박충돌이다. 의용상법은 선박충돌에 대해 불과 1개 조문을 두고 있었을 뿐인데 1962년 제정된 상법 해상편은 선박충돌에 관해 별도의 장을 마련하고 이 제6장에서 주로 1911년 선박충돌조약을 수용하였다.

4) 1991년 상법 개정

1962년 상법 제정시에 만들어진 해상편이 30년이 넘도록 사용되어 오다가 1991년 최초로 그 대대적인 개정을 시도하게 되었다. 군사혁명에 즈음하여 졸속으로 만들어진 해상편이 30년간 수명을 연장하여 건재하였던 것은 지금 돌이켜보면 기적에 가깝다. 이 30년은 우리나라가 최후진국에서 당당한 중진국으로 자리잡아 세계적인 경제기적을 이룬 기간이었다. 이러한 경이적인 발전의 초석이 된 것이 국제무역이었고 이 무역을 실현하는 수단으로 국제운송이 뒷받침되었어야 했다. 이를 배경으로 우리나라 해운업이 발전되었고 여기에 추가하여 조선산업이 뒤따랐다. 다만 해운이나 운송을 뒷받침하는 보험은 아직 선진 제국의 절대적인 지배하에 있었고, 특히 법률적으로 많은 영향력을 가진 선주상호보험(이른바 P & I Clubs)은 아직도 우리의 관할 영역 밖에서 이루어지고 있었다. 선박보험이나 적하보험에서도 재보험을 통하여 영국 보험과 연관을 맺고 있었고, 상호보험에서도 영국계 상호보험이 주류를 형성하여 우리나라에서 활동했다. 세계화의 물결 속에서 이러한 장점과 언어적인 이점이 결합되어 세계 법률시장은 영미계 법률회사가 점차적으로 지배력을 강화하여 나갔다. 이러한 현상은 해상법에만 한정된 것은 아니지만 강한 국제성을 갖는 해상법에서 가장 절실히 느낄 수밖에 없었다. 우리나라보다 한 세대 먼저 세계 해운과 조선을 주름잡았던 일본도 이러한 대세에 적응하지 못하고 변화를 주도하는 데 실패하여 어느 순간에 일본 해상법이 미미한 존재가 되었다. 그 동안 일본 해상법이 정체되어 있었기 때문에 주로 일본의 입법을 보고 뒤따라가는 우리나라도 자연 입법적으로 정체되어 있었다. 1962년 제정된 우리 상법 해상편이 30년 동안 변함없이 그대로 유지되었던 것은 부분적으로 여기에도 기인한다. 업계는 부득이 외국에 가서 중재를 하고 외국 법률가에 의존할 수밖에 없었다. 이러한 초토화된 우리나라 해상법의 현실에 대해 그 원인을 알 수 없었던 업계는 자연 우리나라 법률가를 탓할 수밖에 없었다. 이러한 배경하에 더 이상 지체할 수가 없는 상황에 이르러 1991년 해상편 개정에 나서게 되었다.

해상기업조직 면에서 1991년 개정 상법은 1957년 조약을 넘어 1976년 조약을 대부분 수용하였다. 1962년 제정된 상법이 선가주의와 금액주의를 병용하고 있었으나 1991년 개정된 상법은 선가주의를 버리고 금액주의로 일원화하였다. 선박톤수가 많으면 많을수록 많은 부분에 대하여는 적은 수치를 적용하는 이른바 비례체감방식을 채택하였고, 또 그 기준 금액도 한화로 표시하지 아니하고 국제통화기금 특별인출권, 이른바 SDR로 표시하였다. 1962년 제정된 상법상 책임한도액은 당시 우리 화폐인 '환'으로 표시되어 시간이 지남에 따라 한도금액이 실질상 보상과 너무나 거리가 있는 소액으로 전락하고 말았고 이를 피해가는 방식으로 선주책임제한은 상법상 책임에 적용되고 민법상 불법행위책임에는 적용되지 아니한다는 논리가 개발되었다. 이를 의식한 1991년 개정 상법은 책임제한제도가 불법행위책임에 대하여도 적용된다는 것을 명시하게 되었다. 1991년 개정된 상법은 선장의 주의의무 해태책임 및 감독상의 책임에 관한 규정을 모두 삭제하였다. 이로 인하여 선장의 책임이 완전히 사라진 것이 아니라 선장도 다른 피용자와 마찬가지로 일반적인 계약상 혹은 불법행위상 책임을 지도록 한 것으로 1962년 제정된 상법에 비하여 선장의 책임이 감경되었다고 할 수 있다. 인적 · 물적 단체를 독립하여 통괄하던 선장이 교통 및 통신의 발달로 인하여 여느 선원과 다름없는 피용자가 된 것을 적절히 반영한 것이라고 평가된다.

해상기업활동 분야에서 가장 두드러진 것은 1968년 헤이그 비스비 규칙을 수용한 것이다. 특히 헤이그 비스비 규칙에 있는 개별적인 책임제한제도를 도입한 것이다. 그러나 우리 상법은 이 중에서 중량당 책임제한을 수용하지 아니하고 책임한도도 666단위를 500단위로 축소하였다. 1991년 개정 상법은 통칙 말미에 새로이 정기용선에 관한 규정을 삽입하였다. 규정 내용은 별다른 것이 없고 종래 많이 사용되어 오던 국제적으로 널리 알려진 양식에서 극히 기본적인 것 몇 개를 골라 입법화한 것이다. 1991년 상법 개정시 공동해손, 선박충돌 및 해난구조에 관하여는 시효에 관해 약간 손질을 하는 것을 제외하고는 별로 변경을 하지 아니하였다.

5) 2007년 상법 개정

1991년 이후 2007년까지 26년은 우리나라의 중흥기로 이제 선진국 대열에 진입하는 단계에 이른 기간이다. 이 기간 중에 우리 해운은 세계 10위로 도약했다. 조선은 그 사이 세계 조선을 이끌어 왔던 일본을 추월하고 부동의 세계 1위를 달성하였다. 신흥 중국도 해운과 조선에서 두각을 나타내자 결국 동북아 3국이 세계 해운과 조선을 주도하는 현상이 나타났다. 그러나 그 배후에 있는 기술적, 재무적 및 행정적인 자원은 여전히 선진국의 주도하에 그대로 놓여 있었다. 그리하여 이러한 분야에서도 주도권을 장악하는 것이 중요한 과제로 떠오르게 되었다.

다른 한편 해양대학 졸업생을 선두로 하여 많은 우수한 인력이 해운과 조선에 진입하여 우리 해운과 조선의 발전에 크게 기여하여 왔었는데, 이 시기에 와서는 해운과 조선이 3D 업종에 속하여 진입하는 인력이 질이나 양에 있어서 경쟁력을 갖추기가 몹시 어렵게 되었다. 그러다 보니 해운과 조선의 장래에 심각한 의문이 제기되었고, 저임금을 바탕으로 대량의 우수인력을 가지고 우리를 추격하여오는 중국으로부터 심각한 위협을 느끼게 되었다. 이 기간 중에 여러 선진국의 예를 따라 제주도에 역외 선박등록제도를 만들어 편의치적국에 대항하려는 시도를 하여 어느 정도 성공을 거두었다. 선박의 물융이 일반화되어 갔고 나아가 선박펀드가 생겨났다. 그리고 차츰 인기를 얻고 있는 소유권취득 조건부 선체용선에 관하여 조세나 국적에 관한 문제가 대두되었다.

2007년 상법 해상편 개정은 1991년 개정 이래 26년이란 세월이 흘렀고 무엇보다도 해상법을 현대화하고 새로운 도전에 대응하고자 하는 것이 본래 의도였다. 우리 해상법이 많이 실제로 사용되는 해상법으로 태어나고 그러기 위하여 우리 법이 대륙법이지만 영미법과 경쟁력을 갖춘 해상법으로 다시 태어나야 한다는 요구가 많았다. 결국에 가서는 이처럼 해상법을 현대화하려는 목표는 달성하지 못하고 체계를 정상화하고 부분적인 개정을 하는 데 그치고 말았다. 2007년 상법 해상편의 개정에서 가장 큰 의미를 찾는다면 우리 해상편이 적어도 체계에 있어서는 일본법의 테두리를 완전히 벗어났다는 것이다. 우리 해상편의 개정을 보고 일본에서 많은 관심을 가지고 비판을 하고 찬사도 보냈다.

2007년 상법 개정에서 시도한 가장 중요한 것은 상법 해상편의 체계의 현대화이다. 무엇보다 해상법의 역사를 모르는 비전문가는 비록 법률가일지라도 상법 해상편을 읽고 그 내용을 파악하기가 종전에는 어려웠다. 전체 편제를 해상기업조직(제1장) 해상기업활동(제2장) 및 해상위험(제3장) 등 3개 章으로 나누고 각 장에 있는 節도 제목과 내용을 맞추고 분량도 균형 있게 하고 가능한 한 意義를 추가하여 내용을 명확히 하였다.

2007년 상법 개정시에 1996년 선주책임조약을 수용하여야 한다는 것이 지배적인 의견이었지만 동 조약이 2004년에 발효되어 아직 세계적으로 통용되는 기준으로 볼 수 없다는 업계의 강력한 의견이 있어 타협책으로 여객손해에 한해 동 조약을 수용하기로 정하였다.

해상기업활동 부분은 적어도 그 체제에 있어서는 이제 해상편의 중추로서 본래의 자리를 잡았다. 체계에 있어서는 먼저 제1절 개품운송과 제2절 여객운송에 대한 규정을 배치하여 상법 제2편 9장에서 육상운송을 다루면서 이를 제1절 물품운송과 제2절 여객운송으로 나누는 것과 분류를 같이 하였다. 이러한 분류와 배치를 통하여 해상운송에 대해 막연한 두려움을 가지지 아니하고 일반 법률가도 해상운송을 이해할 수 있도록 하였다. 그리고 이어서 제3절 항해용선, 제4절 정기용선, 제5절 선체용선을 도급성의 순으로, 임대차성의 역순으로 배치하고, 이를 통하여 이 세 가지 운송이 운송을 인수하는 계약과 구별되는 선박을 차용하는 계약임을 나타내려고 하였다.

해상기업 활동 분야에 있어 2007년 상법 개정시 개정을 시도한 부분은 극히 제한적이었다. 1991년 상법 개정시 부분적으로만 수용하였던 헤이그 비스비 규칙 중 단위・포장당 책임제한을 변경 없이 전부 수용하였다. 종래 전혀 다루지 아니했던 3가지 분야에 관한 입법을 추가했다. 복합운송, 전자선하증권, 및 운송장에 관한 규정이 그것이다. 이것 모두가 각각 대단한 지혜를 요하며 어디에도 입법례를 찾아 볼 수 없는 분야인데도 불구하고 초기적인 입법을 하였다는 것만으로도 대단한 성과라고 생각된다.

해상위험에 대한 부분은 거의 변화를 시도하지 아니하였다. 선박충돌에서 1911년 조약을 반영하여 선체간 접촉이 없는 간접충돌을 인정하였다. 해난구조에서 환경손해방지에 대하여 책임감소를 통한 기여를 한 경우, 이전과 같이 구조물의 가격을 한도로 보상한다는 것은 논리가 전혀 맞지 아니하기 때문에, 그 이전에 이미 LOF에서 널리 사용되어 온 것이고 1989년 해난구조조약을 통하여 국제규범으로 발전된 부분을 해상편에 수용한 것이 전부이다.

1962년 제정 상법

제정 1962.1.20. 법률 제1000호　시행 1963년 1월 1일
개정 1962.12.12. 법률 제1212호　시행 1963년 1월 1일

제5편 해　상

제1장 선　박

제740조【선박의 의의】 본법에서 선박이라 함은 상행위 기타 영리를 목적으로 항해에 사용하는 선박을 이른다.

제741조【단정 또는 노도선】 본편의 규정은 단정 또는 주로 노도로 운전하는 선박에 적용하지 아니한다.

제742조【선박의 종물】 선박의 속구목록에 기재한 물건은 선박의 종물로 추정한다.

제743조【선박에 관한 권리의 이전】 선박에 관한 권리의 이전은 당사자간의 합의만으로써 효력이 생긴다. 그러나 이를 등기하고 선박국적증서에 기재하지 아니하면 제삼자에게 대항하지 못한다.

제744조【선박의 압류, 가압류】 항해의 준비를 완료한 선박과 그 속구는 압류 또는 가압류를 하지 못한다. 그러나 항해를 준비하기 위하여 생긴 채무에 대하여는 그러하지 아니하다.

제745조【소형선박】 전2조의 규정은 총톤수 20톤 미만의 선박에 적용하지 아니한다.

제2장 선박소유자

제746조【선박소유자의 유한책임】 선박소유자는 항해에 사용한 선박과 그 속구, 운임, 그 선박에 관한 손해배상 또는 보수의 청구권 기타 항해부속물의 가액을 한도로 그 항해에 관하여 생긴 다음의 사항의 책임을 진다.

1. 선장, 해원, 도선사 기타의 선박사용인의 고의 또는 과실로 인하여 제삼자에게 가한 손해의 배상
2. 운송하기 위하여 선장에게 인도된 운송물 또는 그 선내에 있는 모든 물건에 대한 손해의 배상
3. 선하증권으로 인한 채무
4. 운송계약이행중의 항해과실로 인한 손해의 배상
5. 침몰선박의 파손물제거의 의무와 이에 관련한 채무
6. 해난구조와 선박인양에 대한 보수
7. 공동해손에 대한 선박소유자의 분담채무
8. 선장이 선적항 외에서 선박보존 또는 항해계속의 현실적 필요로 그 법정권한에 의하여 체결한 계약 또는 처분행위로 인하여 생긴 채무, 그러나 그 필요가 항해준비의 불충분으로 장비 또는 보급품의 부족이나 결함으로 인한 것인 때에는 그러하지 아니하다.

제747조【책임의 한도】 전조의 책임은 제1호 내지 제5호의 채무에 대하여 그 선박적량 매톤당 15만 환의 총액을 초과하지 못한다.

제748조【유한책임의 배제】 전2조의 규정은 다음의 채무에 대한 선박소유자의 책임에 적용하지 아니한다.

1. 선박소유자의 고의 또는 과실로 인한 채무
2. 선박소유자가 제746조 제8호의 행위를 허가 또는 추인한 경우의 채무
3. 선장, 해원 기타의 선박사용인에 대한 고용계약으로 인한 채무

제749조【선박 등의 가액에 대한 증명과 평가의 기준】 ① 제746조의 규정에 의하여 책임의 제한을 주장하는 선박소유자는 선박, 운임과 부속물의 가액을 증명하여야 한다.

② 선박의 평가는 다음의 시기에 있어서의 선박상태를 기준으로 한다.

1. 충돌 기타의 사고의 경우에는 이와 관련되는 모든 채권으로서 사고후 최초의

항구에 도착할 때까지 생긴 것과 공동해손으로 인하여 생긴 것 [1962.12.12, 법1212호: "과 공동해손으로 인하여 생긴 것": 추가] 에 대하여는 최초의 항구에 도착하였을 때의 선박상태에 의한다. 이 경우에는 계약으로 인한 채권을 포함한다. 위의 시기 이전에 전사고와 관련없는 새로운 사고가 선박의 가액을 감소시킨 때에는 그 가액의 감소는 전사고에 관련되는 채권에 대하여는 이를 산입하지 아니한다. 선박이 항구에 정박 [1962.12.12, 법1212호: 碇舶을 碇泊으로 변경] 중에 생긴 사고에 대하여는 사고후 그 항구에서의 선박상태에 의한다.

2. 전호의 경우를 제외하고 적하에 관한 채권 또는 선하증권으로 인하여 생긴 채권에 대하여는 적하의 목적항 또는 항해를 중지한 곳에서의 선박상태에 의한다. 적하의 목적항이 수개인 경우에 손해가 같은 원인에서 생긴 때에는 최초의 항구에서의 선박상태에 의한다.
3. 제746조에 규정한 이외의 모든 경우에 있어서는 그 항해를 종료한 때에 있어서의 선박상태에 의한다.

③ 운임은 정액으로 하고 발항시에 있어서의 선박가액의 100분의 10으로 한다. 그 항해에서 정액의 운임을 얻지 못한 경우에도 그 정액을 지급하여야 한다.

④ 선박이 항해의 개시후에 입은 물질상의 손해로서 아직 배상받지 아니한 것에 대한 청구권은 선박부속물로 한다. 보험금, 장려금, 보조금 기타의 국가원조금은 선박부속물로 하지 아니한다.

제750조【사망·상해의 경우의 책임의 한도】 ① 선장, 해원, 도선사 기타의 선박사용인의 고의 또는 과실로 인하여 생긴 사망 또는 신체의 상해의 경우에는 선박소유자는 피해자 또는 그 이해관계인에 대하여 제747조의 규정에 의한 한도를 초과하여 선박의 적량 매톤당 15만환의 총액을 한도로 책임을 진다. 동일한 사고의 피해자 또는 그 이해관계인은 책임범위의 금액에 대하여 경합한다.

② 피해자 또는 이해관계인이 전항의 한도내에서 그 배상액을 다 받지 못한 때에는 그 잔액에 관하여는 제747조의 규정에 의한 금액에 대하여 다른 채권자와 경합한다. 이 경우에는 우선특권의 순위에 영향을 미치지 아니한다.

③ 전2항의 규정에 의한 책임의 제한은 선장, 해원 기타의 선박사용인에 대하여는 적용하지 아니한다.

④ 제1항의 규정은 여객의 운송에 종사하지 아니하는 적량 3백톤 미만의 선박소유자가 여객의 사망 또는 신체의 상해로 인한 책임을 지는 경우에는 적용하지 아

니한다.

제751조【선박적량톤수의 계산방법】 선박의 적량의 톤수는 다음과 같이 계산한다.

1. 기선과 기타의 발동기선에 있어서는 순톤수를 정하기 위하여 총톤수에서 공제된 발동기가 차지하고 있는 용적을 순톤수에 가산한 것
2. 전호 외의 모든 선박에 있어서는 순톤수

제752조【동시선장인 경우의 책임에 관한 특칙】 선박소유자나 공유자가 선장인 때에는 단순한 항해상의 과실 또는 해원 기타의 선박사용인의 과실의 경우 이외에는 선장의 과실에 대하여 그 책임의 제한을 주장하지 못한다.

제753조【선박공유자의 업무결정】 ① 공유선박의 이용에 관한 사항은 공유자의 지분의 가격에 따라 그 과반수로 결정한다.

② 선박공유에 관한 계약을 변경하는 사항은 공유자의 전원일치로 결정하여야 한다.

제754조【선박공유와 비용의 부담】 선박공유자는 그 지분의 가격에 따라 선박의 이용에 관한 비용과 이용에 관하여 생긴 채무를 부담한다.

제755조【손익분배】 손익의 분배는 매 항해의 종료 후에 있어서 선박공유자의 지분의 가격에 따라서 한다.

제756조【지분의 양도】 선박공유자간에 조합관계가 있는 경우에도 각 공유자는 다른 공유자의 승낙없이 그 지분을 타인에게 양도할 수 있다. 그러나 선박관리인의 경우에는 그러하지 아니하다.

제757조【공유선박의 국적상실과 지분의 매수 또는 경매청구】 ① 선박공유자의 지분의 이전 또는 국적상실로 인하여 선박이 대한민국의 국적을 상실할 때에는 다른 공유자는 상당한 대가로 그 지분을 매수하거나 그 경매를 법원에 청구할 수 있다.

② 사원의 지분의 이전으로 회사의 소유에 속하는 선박이 대한민국의 국적을 상실할 때에는 합명회사에 있어서는 다른 사원, 합자회사에 있어서는 다른 무한책임사원이 상당한 대가로 그 지분을 매수할 수 있다.

제758조【결의반대자의 지분매수청구권】 ① 선박공유자가 신항해를 개시하거나 선박을 대수선할 것을 결의한 때에는 그 결의에 이의가 있는 공유자는 다른 공유자에 대하여 상당한 가격으로 자기의 지분을 매수할 것을 청구할 수 있다.

② 전항의 청구를 하고자 하는 자는 그 결의가 있은 날로부터, 결의에 참가하지 아니한 경우에는 결의통지를 받은 날로부터 3일내에 다른 공유자 또는 선박관리인에 대하여 그 통지를 발송하여야 한다.

제759조【항해중 선박 등의 양도】 항해 중에 있는 선박이나 그 지분을 양도한 경우에 당사자간에 다른 약정이 없으면 양수인이 그 항해로부터 생긴 이익을 얻고 손실을 부담한다.

제760조【선박관리인의 선임, 등기】 ① 선박공유자는 선박관리인을 선임할 수 있다. 선박공유자가 아닌 자를 선박관리인으로 선임함에는 공유자 전원의 동의가 있어야 한다.

② 선박관리인의 선임과 그 대리권의 소멸은 이를 등기하여야 한다.

제761조【선박관리인의 권한】 ① 선박관리인은 선박의 이용에 관한 재판상 또는 재판외의 모든 행위를 할 권한이 있다.

② 선박관리인의 대리권에 대한 제한은 선의의 제삼자에게 대항하지 못한다.

제762조【선박관리인의 권한의 제한】 선박관리인은 선박의 공유자의 서면에 의한 위임이 없으면 다음의 행위를 하지 못한다.

1. 선박을 양도, 임대 또는 담보에 제공하는 일
2. 신항해를 개시하는 일
3. 선박을 보험에 붙이는 일
4. 선박을 대수선하는 일
5. 차재하는 일

제763조【장부의 기재, 비치】 선박관리인은 특히 업무집행에 관한 장브를 비치하고 그 선박의 이용에 관한 모든 사항을 기재하여야 한다.

제764조【선박관리인의 보고, 승인】 선박관리인은 매 항해의 종료 후에 지체없이 그 항해의 경과상황과 계산에 관한 서면을 작성하여 선박공유자에게 보고하고 그 승인을 얻어야 한다.

제765조【선박임차인의 등기청구권, 등기의 효력】 ① 선박임차인은 선박소유자에 대하여 임대차등기에 협력할 것을 청구할 수 있다.

② 선박임대차를 등기한 때에는 그 때로부터 제삼자에 대하여 효력이 생긴다.

제766조【선박임차와 제삼자에 대한 법률관계】 ① 선박임차인이 상행위 기타 영리를 목적으로 선박을 항해에 사용하는 경우에는 그 이용에 관한 사항에는 제삼

자에 대하여 선박소유자와 동일한 권리의무가 있다.

② 전항의 경우에 선박의 이용에 관하여 생긴 우선특권은 선박소유자에 대하여도 그 효력이 있다. 그러나 우선특권자가 그 이용의 계약에 반함을 안 때에는 그러하지 아니하다.

제3장 선　장

제767조【선장의 선임, 해임】 선장은 선박소유자가 선임 또는 해임한다.

제768조【선장의 부당한 해임에 대한 손해배상청구권】 ① 선박소유자가 정당한 사유없이 선장을 해임한 때에는 선장은 이로 인하여 생긴 손해의 배상을 청구할 수 있다.

② 선장이 선박공유자인 경우에 그 의사에 반하여 해임된 때에는 다른 공유자에 대하여 상당한 가액으로 그 지분을 매수할 것을 청구할 수 있다.

③ 선장이 전항의 청구를 하고자 하는 때에는 지체없이 다른 공유자 또는 선박관리인에 대하여 그 통지를 발송하여야 한다.

제769조【선장의 계속직무집행의 책임】 선장이 항해중에 해임 또는 임기가 만료된 경우에는 다른 선장이 그 업무를 처리할 수 있는 때 또는 그 선박이 선적항에 도착할 때까지 그 직무를 집행할 책임이 있다.

제770조【직무상의 주의책임】 ① 선장은 그 직무집행에 관하여 과실이 없음을 증명하지 아니하면 선박소유자, 용선자, 송하인 기타의 이해관계인에 대한 손해배상의 책임을 면하지 못한다.

② 선장의 직무집행이 선박소유자의 지시에 따른 경우에도 선박소유자 이외의 이해관계인에 대한 전항의 책임을 면하지 못한다.

제771조【해원의 선임감독의 책임】 선장은 해원의 선임감독에 과실이 없음을 증명하지 아니하면 해원의 그 직무집행에 관하여 타인에게 가한 손해배상의 책임을 면하지 못한다.

제772조【대선장의 선임의 책임】 선장이 불가항력으로 인하여 그 직무를 집행하기가 불능한 때에 법령에 다른 규정이 있는 경우를 제외하고는 자기의 책임으로 타인을 선정하여 선장의 직무를 집행하게 할 수 있다.

제773조【대리권의 범위】 ① 선적항 외에서는 선장은 항해에 필요한 재판상 또는 재판외의 모든 행위를 할 권한이 있다.

② 선적항에서는 선장은 특히 위임을 받은 경우 외에는 해원의 고용과 해고를 할 권한만을 가진다.

제774조【특수한 행위에 대한 권한】 ① 선장은 선박수선료, 해난구조료 기타 항해의 계속에 필요한 비용을 지급하여야 할 경우 외에는 다음의 행위를 하지 못한다.

1. 선박 또는 속구를 담보에 제공하는 일
2. 차재하는 일
3. 적하의 전부나 일부를 처분하는 일

② 적하를 처분할 경우의 손해배상액은 그 적하가 도달할 시기의 양륙항의 가격에 의하여 이를 정한다. 그러나 그 가격 중에서 지급을 요하지 아니하는 비용을 공제하여야 한다.

제775조【대리권에 대한 제한】 선장의 대리권에 대한 제한은 선의의 제삼자에게 대항하지 못한다.

제776조【이해관계인을 위한 적하의 처분】 ① 선장이 항해 중에 적하를 처분하는 경우에는 이해관계인의 이익을 위하여 가장 적당한 방법으로 하여야 한다.

② 전항의 경우에 이해관계인은 선장의 처분으로 인하여 생긴 채권자에게 적하의 가액을 한도로 하여 그 책임을 진다. 그러나 그 이해관계인에게 과실이 있는 때에는 그러하지 아니하다.

제777조【선박경매권】 선적항 외에서 선박이 수선하기 불능하게 된 [1962.12.12, 법1212호: "될"을 "된"으로 변경] 때에는 선장은 해무관청의 인가를 얻어 이를 경매할 수 있다.

제778조【선박의 수선불능】 ① 다음의 경우에는 선박은 수선하기 불능하게 된 것으로 본다.

1. 선박이 그 현재지에서 수선을 받을 수 없으며 또 그 수선을 할 수 있는 곳에 도달하기 불능한 때
2. 수선비가 선박의 가액의 4분의 3을 초과할 때

② 전항 제2호의 가액은 선박이 항해 중 훼손된 경우에는 그 발항한 때의 가액으로 하고 기타의 경우에는 그 훼손 전의 가액으로 한다.

제779조【보고, 계산의 의무】 ① 선장은 항해에 관한 중요한 사항을 지체없이 선

박소유자에게 보고하여야 한다.

② 선장은 매 항해를 종료한 때에는 그 항해에 관한 계산서를 지체없이 선박소유자에게 제출하여 그 승인을 얻어야 한다.

③ 선장은 항해소유자의 청구가 있을 때에는 언제든지 항해에 관한 사항과 계산의 보고를 하여야 한다.

제4장 운 송

제1절 물건운송

제1관 통 칙

제780조【운송계약의 종류】 물건의 운송계약은 다음의 2종으로 한다.

1. 선박의 전부 또는 일부를 물건의 운송에 제공함을 목적으로 하는 용선계약
2. 개개의 물건의 운송을 목적으로 하는 계약

제781조【용선계약과 운송계약서】 용선계약의 당사자는 상대방의 청구에 의하여 운송계약서를 교부하여야 한다.

제782조【용선계약과 선적준비완료의 통지, 선적기간】 ① 용선계약을 체결한 경우에는 선박소유자는 운송물을 선적함에 필요한 준비가 완료된 때에는 지체없이 용선자에게 그 통지를 발송하여야 한다.

② 운송물을 선적할 기간의 약정이 있는 경우에는 그 기간은 전항의 통지가 있은 날의 익일로부터 기산한다. 이 기간에는 불가항력으로 인하여 선적할 수 없는 날을 산입하지 아니한다.

③ 전항의 기간을 경과한 후 운송물을 선적한 때에는 선박소유자는 상당한 보수를 청구할 수 있다.

제783조【제삼자가 선적인인 경우의 통지, 선적】 용선자 이외의 제삼자가 운송물을 선적할 경우에 선장이 그 제삼자를 확지할 수 없거나 그 제삼자가 운송물을 선적하지 아니한 때에는 선장은 지체없이 용선자에게 그 통지를 발송하여야 한다. 이 경우에는 선적기간 내에 한하여 용선자가 운송물을 선적할 수 있다.

제784조【용선자의 발항청구권, 선장의 발항권】 ① 용선자는 운송물의 전부를 선

적하지 아니한 경우에도 선장에게 발항을 청구할 수 있다.

② 선적기간의 경과 후에는 용선자가 운송물의 전부를 선적하지 아니한 경우에도 선장은 즉시 발항할 수 있다.

③ 전2항의 경우에는 용선자는 운임의 전액과 운송물의 전부를 선적하지 아니함으로 인하여 생긴 비용을 지급하고 또 선박소유자의 청구가 있는 때에는 상당한 담보를 제공하여야 한다.

第785條【개품운송과 선적, 발항】 ① 개개의 물건을 운송계약의 목적으로 한 때에는 송하인은 선장의 지시에 따라 지체없이 운송물을 선적하여야 한다.

② 송하인이 운송물의 선적을 해태한 때에는 선장은 즉시 발항할 수 있다. 이 경우에는 송하인은 운임의 전액을 지급하여야 한다.

第786條【운송에 필요한 서류의 교부】 용선자 또는 송하인은 선적기간 내에 운송에 필요한 서류를 선장에게 교부하여야 한다.

第787條【감항능력주의의무】 선박소유자는 자기 또는 선원 기타의 선박사용인이 발항 당시 다음의 사항에 관하여 주의를 해태하지 아니하였음을 증명하지 아니하면 운송물의 멸실, 훼손 또는 연착으로 인한 손해를 배상할 책임을 면하지 못한다.

1. 선박이 안전하게 항해를 할 수 있게 할 것.
2. 필요한 선원의 승선, 선박의장과 필요품의 보급
3. 선창, 냉장실 기타 운송물을 적재할 선박의 부분을 운송물의 수령, 운송과 보존을 위하여 적합한 상태에 둘 것.

第788條【운송물에 관한 주의의무】 ① 선박소유자는 자기 또는 선원 기타의 선박사용인이 운송물의 수령, 선적, 적부, 운송, 보관, 양륙과 인도에 관하여 주의를 해태함으로 인하여 생긴 운송물의 멸실, 훼손 또는 연착에 관한 손해를 배상할 책임이 있다.

② 전항의 규정은 선장, 해원, 도선사 기타의 선박사용인의 항해 또는 선박의 관리에 관한 행위 또는 선박에서의 화재로 인하여 생긴 손해에는 적용하지 아니한다. 그러나 선박소유자의 고의 또는 과실로 인한 화재를 제외한다.

第789條【동전－면책사유】 ① 선박소유자는 전조의 주의를 다하였음을 증명하지 아니하면 그 책임을 면하지 못한다.

② 선박소유자는 다음 각호의 사실이 있었다는 것과 운송물에 관한 손해가 그 사

실로 인하여 보통 생길 수 있는 것임을 증명한 때에는 전항의 규정에 불구하고 전조의 책임을 면한다. 그러나 동조의 주의를 다하였더라면 그 손해를 피할 수 있었음에도 불구하고 그 주의를 다하지 아니하였음을 증명한 때에는 그러하지 아니하다.

1. 해상 기타 항행할 수 있는 수면에서의 위험 또는 사고
2. 불가항력
3. 전쟁, 폭동 또는 내란
4. 해적행위 기타 이에 준한 행위
5. 재판상의 압류, 검역상의 제한 기타 공권에 의한 제한
6. 송하인 또는 운송물의 소유자나 그 사용인의 행위
7. 동맹파업 기타의 쟁의행위 또는 선박폐쇄
8. 해상에서의 인명이나 재산의 구조행위 또는 이로 인한 이로 기타 정당한 이유로 인한 이로
9. 운송물의 포장의 불충분 또는 기호의 표시의 불완전
10. 운송물의 특수한 성질 또는 숨은 하자

제790조【선박소유자의 책임 등의 경감금지】 전3조의 규정에 반하여 선박소유자의 의무 또는 책임을 경감하는 당사자간의 특약은 효력이 없다.

제791조【위법선적물의 처분】 ① 법령 또는 계약에 위반하여 선적한 운송물은 선장은 언제든지 이를 양륙할 수 있고 그 운송물이 선박 또는 다른 운송물에 위해를 미칠 염려가 있는 때에는 이를 포기할 수 있다.

② 선장이 전항의 물건을 운송하는 때에는 선적한 때와 곳에서의 동종운송물의 최고운임의 지급을 청구할 수 있다.

③ 전2항의 규정은 선박소유자 기타의 이해관계인의 손해배상청구에 영향을 미치지 아니한다.

제792조【전부용선의 발항 전의 계약해제 등】 ① 발항 전에는 전부용선자는 운임의 반액을 지급하고 계약을 해제할 수 있다.

② 왕복항해의 용선계약인 경우에 전부용선자가 그 회항 전에 계약을 해지하는 때에는 운임의 3분의 2를 지급하여야 한다.

③ 선박이 타항에서 선적항에 항행하여야 할 경우에 전부용선자가 선적항에서 발항하기 전에 계약을 해지하는 때에도 전항과 같다.

제793조【일부용선과 발항 전의 계약해제 등】 ① 일부용선자나 송하인은 다른 용선자와 송하인 전원과 공동으로 하는 경우에 한하여 전조의 해제 또는 해지를 할 수 있다.

② 전항의 경우 외에는 일부용선자나 송하인이 발항 전에 계약을 해제 또는 해지한 때에도 운임의 전액을 지급하여야 한다.

③ 발항전이라도 일부용선자나 송하인이 운송물의 전부 또는 일부를 선적한 경우에는 다른 용선자와 송하인의 동의를 얻지 아니하면 계약을 해제 또는 해지하지 못한다.

제794조【부수비용, 체당금 등의 지급의무】 ① 용선자나 송하인이 제792조와 전조 제1항의 규정에 따라 계약을 해제 또는 해지를 한 때에도 부수비용과 체당금을 지급할 책임을 면하지 못한다.

② 제792조 제2항과 제3항의 경우에는 용선자나 송하인은 전항에 게기한 것 외에 운송물의 가액에 따라 공동해손 또는 해난구조로 인하여 부담할 금억을 지급하여야 한다.

제795조【선적, 양륙비용의 부담】 제792조와 제793조의 경우에 운송물의 전부 또는 일부를 선적한 때에는 그 선적과 양륙의 비용은 용선자 또는 송하인이 부담한다.

제796조【선적기간 내의 불선적의 효과】 용선자나 송하인이 선적기간 내에 운송물의 선적을 하지 아니한 때에는 계약을 해제 또는 해지한 것으로 본다.

제797조【발항 후의 계약해지】 발항 후에는 용선자나 송하인은 운임의 전액, 체당금, 정박료와 공동해손 또는 해난구조의 부담액을 지급하고 그 양륙하기 위하여 생긴 손해를 배상하거나 이에 대한 상당한 담보를 제공하지 아니하면 계약을 해지하지 못한다.

제798조【용선의 경우와 운송물의 양륙】 ① 용선계약을 체결한 경우에 운송물을 양륙함에 필요한 준비가 완료된 때에는 선장은 지체없이 수하인에게 그 통지를 발송하여야 한다.

② 운송물을 양륙한 기간의 약정이 있는 경우에는 그 기간은 전항의 통지가 있은 날의 익일로부터 기산한다. 이 기간에는 불가항력으로 인하여 양륙할 수 없는 날을 산입하지 아니한다.

③ 전항의 기간을 경과한 후 운송물을 양륙한 때에는 선박소유자는 상당한 보수

를 청구할 수 있다.

제799조【개품운송과 운송물의 양륙】 개개의 물건의 운송을 계약의 목적으로 한 때에는 수하인은 선장의 지시에 따라 지체없이 운송물을 양륙하여야 한다.

제800조【수하인의 의무, 선장의 유치권】 ① 수하인이 운송물을 수령하는 때에는 운송계약 또는 선하증권의 취지에 따라 운임, 부수비용, 체당금, 정박료, 운송물의 가액에 따른 공동해손 또는 해난구조로 인한 부담액을 지급하여야 한다.

② 선장은 전항의 규정에 의한 금액의 지급과 상환하지 아니하면 운송물을 인도할 의무가 없다.

제801조【운임】 운송물의 중량 또는 용적으로 운임을 정한 때에는 운송물을 인도하는 때의 중량 또는 용적에 의하여 그 액을 정한다.

제802조【동전】 ① 기간으로 운임을 정한 때에는 운송물의 선적을 개시한 날로부터 그 양륙을 종료한 날까지의 기간에 의하여 그 액을 정한다.

② 전항의 기간에는 불가항력으로 인하여 선박이 선적항이나 항해도중에 정박한 기간 또는 항해도중에 선박을 수선한 기간을 산입하지 아니한다. 제782조 제2항 또는 제798조 제2항의 경우에 선적기간 또는 양륙기간이 경과한 후 운송물을 선적 또는 양륙한 일수도 같다.

제803조【운송물의 공탁】 ① 수하인이 운송물의 수령을 해태한 때에는 선장은 이를 공탁할 수 있다. 이 경우에는 지체없이 수하인에게 그 통지를 발송하여야 한다.

② 수하인을 확지할 수 없거나 수하인이 운송물의 수령을 거부한 때에는 선장은 이를 공탁하고 지체없이 용선자 또는 송하인에게 그 통지를 발송하여야 한다.

제804조【선박소유자의 운송물경매권】 ① 선박소유자는 제800조 제1항의 규정에 의한 금액의 지급을 받기 위하여 법원의 허가를 얻어 운송물을 경매할 수 있다.

② 선장이 수하인에게 운송물을 인도한 후에도 선박소유자는 그 운송물에 대하여 전항의 권리를 행사할 수 있다. 그러나 인도한 날로부터 30일을 경과하거나 제삼자가 그 운송물에 점유를 취득한 때에는 그러하지 아니하다.

제805조【경매권불행사의 효과】 선박소유자가 전조의 규정에 의한 권리를 행사하지 아니한 때에는 용선자 또는 송하인에 대한 청구권을 잃는다. 그러나 용선자 또는 송하인은 그 수익의 한도에서 상환할 의무가 있다.

제806조【재운송계약과 선박소유자의 책임】 용선자가 제삼자와 운송계약을 체결

한 경우에도 그 계약의 이행이 선장의 직무에 속한 범위 내에서는 선박소유자만 이 그 제삼자에 대하여 책임을 진다. 이 경우에도 선박소유자는 제746조 또는 제747조의 규정에 의한 권리를 행사할 수 있다.

제807조【운송계약의 종료사유】 ① 운송계약은 다음의 사유로 인하여 종료한다.

1. 선박이 침몰 또는 멸실한 때
2. 선박이 수선할 수 없게 된 때
3. 선박이 포획된 때
4. 운송물이 불가항력으로 인하여 멸실된 때

② 전항 제1호 내지 제3호의 사유가 항해도중에 생긴 때에는 용선자 또는 송하인은 운송의 비율에 따라 현존하는 운송물의 가액의 한도에서 운임을 지급하여야 한다.

제808조【법정사유로 인한 해제】 ① 항해 또는 운송이 법령에 위반하게 되거나 기타 불가항력으로 인하여 계약의 목적을 달할 수 없게 된 때에는 각 당사자는 계약을 해제할 수 있다.

② 전항의 사유가 항해도중에 생긴 경우에 계약을 해지한 때에는 용선자 또는 송하인은 운송의 비율에 따라 운임을 지급하여야 한다.

제809조【운송물의 일부에 관한 불가항력】 ①제807조 제1항 제4호와 전조 제1항의 사유가 운송물의 일부에 대하여 생긴 때에는 용선자 또는 송하인은 선박소유자의 책임이 가중되지 아니하는 범위 내에서 다른 운송물을 선적을 할 수 있다.

② 용선자 또는 송하인이 전항의 권리를 행사하고자 하는 때에는 지체없이 운송물의 양륙 또는 선적을 하여야 한다. 그 양륙 또는 선적을 해태한 때에는 운임의 전액을 지급하여야 한다.

제810조【선장의 적하처분과 운임】 선박소유자는 다음의 경우에는 운임의 전액을 청구할 수 있다.

1. 선장이 제774조 제1항의 규정에 의하여 적하를 처분하였을 때
2. 선장이 제832조의 규정에 의하여 적하를 처분하였을 때

제811조【선박소유자의 채권의 시효】 선박소유자의 용선자, 송하인 또는 수하인에 대한 채권은 1년간 행사하지 아니하면 소멸시효가 완성한다.

제812조【준용규정】 제121조, 제134조, 제136조 내지 제141조 [1962.12.12, 법1212호: "제138조"에서 변경] 와 제146조의 규정은 선박소유자에 준용한다.

제2관 선하증권

제813조【선하증권의 발행】 ① 선박소유자는 운송물을 수령한 후 용선자 또는 송하인의 청구에 의하여 1통 또는 수통의 선하증권을 교부하여야 한다.

② 선박소유자는 운송물을 선적한 후 용선자 또는 송하인의 청구에 의하여 1통 또는 수통의 "선적" 선하증권을 교부하거나 전항의 선하증권에 선적의 뜻을 표시하여야 한다.

③ 선박소유자는 선장 또는 기타의 사용인에게 선하증권의 교부 또는 전항의 표시를 위임할 수 있다.

제814조【선하증권의 기재사항】 선하증권에는 다음의 사항을 기재하고 발행자가 기명날인하여야 한다.

1. 선박의 명칭, 국적과 톤수
2. 선장의 성명
3. 운송물의 종류, 중량 또는 용적, 포장의 종별, 개수와 기호
4. 용선자 또는 송하인의 성명 또는 상호
5. 수하인의 성명 또는 상호
6. 선적항
7. 양륙항
8. 운임
9. 작성지와 그 작성 연월일
10. 수통의 선하증권을 작성한 때에는 그 수

제815조【등본의 교부】 선하증권의 교부를 받은 용선자 또는 송하인은 발행자의 청구가 있는 때에는 선하증권의 등본에 기명날인하여 교부하여야 한다.

제816조【수통의 선하증권과 양륙항에 있어서의 운송물의 인도】 ① 양륙항에서 수통의 선하증권 중 1통을 소지한 자가 운송물의 인도를 청구하는 경우에도 선장은 그 인도를 거부하지 못한다.

② 전항의 규정에 의하여 수통의 선하증권 중 1통의 소지인이 운송물의 인도를 받은 때에는 다른 선하증권은 그 효력을 잃는다.

제817조【수통의 선하증권과 양륙항 외에서의 운송물의 인도】 양륙항 외에서는 선장은 선하증권의 각통의 반환을 받지 아니하면 운송물을 인도하지 못한다.

제818조【2인 이상 소지인에 의한 운송물인도청구와 공탁】 ① 2인 이상의 선하증

권소지인이 운송물의 인도를 청구한 때에는 선장은 지체없이 운송물을 공탁하고 각 청구자에게 그 통지를 발송하여야 한다.

② 선장이 제816조 제1항의 규정에 의하여 운송물의 일부를 인도한 후 다른 소지인이 운송물의 인도를 청구한 경우에도 그 인도하지 아니한 운송물에 대하여는 전항과 같다.

제819조【수인의 선하증권소지인의 순위】 ① 전조의 규정에 의하여 공탁한 운송물에 대하여는 수인의 선하증권소지인에게 공통되는 전자로부터 먼저 교부를 받은 증권의 소지인이 다른 소지인에 우선하여 그 권리를 행사한다.

② 격지자에 대하여 발송한 선하증권은 그 발송한 때를 교부받은 때로 본다.

제820조【준용규정】 제129조 내지 제133조의 규정은 선하증권에 준용한다.

제2절 여객운송

제821조【기명식의 선표】 기명식의 선표는 이를 타인에게 양도하지 못한다.

제822조【식사제공의무】 여객의 항해중의 식사는 다른 약정이 없으면 선박소유자의 부담으로 한다.

제823조【선박수선중의 거처, 식사제공의무】 ① 항해의 중도에서 선박을 수선하는 경우에는 선박소유자는 그 수선 중 여객에게 상당한 거처와 식사를 제공하여야 한다. 그러나 여객의 권리를 해하지 아니하는 범위 내에서 상륙항까지의 운송의 편의를 제공한 때에는 그러하지 아니하다.

② 전항의 경우에 여객은 항해의 비율에 따른 운임을 지급하고 계약을 해지할 수 있다.

제824조【수하물무임운송의무】 여객이 계약에 의하여 선내에서 휴대할 수 있는 수화물에 대하여는 선박소유자는 다른 약정이 없으면 따로 운임을 청구하지 못한다.

제825조【승선지체와 선장의 발항권】 ① 여객이 승선시기까지 승선하지 아니한 때에는 선장은 즉시 발항할 수 있다. 항해중도의 정박항에서도 같다.

② 전항의 경우에는 여객은 운임의 전액을 지급하여야 한다.

제826조【여객의 계약해제의 운임】 여객이 발항 전에 계약을 해제하는 경우에는

운임의 반액을 지급하고 발항 후에 계약을 해제하는 경우에는 운임의 전액를 지급하여야 한다.

제827조【법정사유에 의한 해제】 여객이 발항 전에 사망, 질병 기타의 불가항력으로 인하여 항해할 수 없게 된 때에는 선박소유자는 운임의 10분의 3을 청구할 수 있고 발항 후에 그 사유가 생긴 때에는 선박소유자의 선택으로 운임의 10분의 3 또는 운송의 비율에 따른 운임을 청구할 수 있다.

제828조【사망한 여객의 수하물처분의무】 여객이 사망한 때에는 선장은 그 상속인에게 가장 이익이 되는 방법으로 사망자가 휴대한 수하물을 처분하여야 한다.

제829조【법정종료사유】 운송계약은 제807조 제1항 제1호 내지 제3호의 사유로 인하여 종료한다. 그 사유가 항해의 중도에서 생긴 때에는 여객은 운송의 비율에 따른 운임을 지급하여야 한다.

제830조【준용규정】 ① 제148조 내지 제150조, 제808조와 제811조의 규정은 해상 여객운송에 준용한다.

② 제791조와 제810조의 규정은 여객의 수하물에 준용한다.

제831조【동전】 여객운송을 하기 위하여 용선계약을 체결한 경우에는 선박소유자와 용선자의 관계에는 제781조 내지 제784조, 제786조, 제789조 내지 제798조, 제800조 내지 제802조, 제806조 내지 제809조[1962.12.12, 법1212호: 원문에는 "제806조, 제808조"를 변경한다고 되어 있으나 이전 1962.1.20 법1000호 원문에는 "제806조, 내지 제809조"로 기재되어 있어 이는 오기로 보인다]와 제811조의 규정을 준용한다.

제5장 공동해손

제832조【공동해손의 요건】 선박과 적하의 공동위험을 면하기 위한 선장의 선박 또는 적하에 대한 처분으로 인하여 생긴 손해 또는 비용은 공동해손으로 한다.

제833조【공동해손의 분담】 공동해손은 그 위험을 면한 선박 또는 적하의 가액과 운임의 반액과 공동해손의 액과의 비율에 따라 각 이해관계인이 이를 분담한다.

제834조【공동해손분담액의 산정】 공동해손의 분담액을 정함에 있어서는 선박의 가액은 도달의 때와 곳의 가액으로 하고 적하의 가액은 양륙의 때와 곳의 가액으

로 한다. 그러나 적하에 관하여는 그 가액 중에서 멸실로 인하여 지급을 면하게 된 운임 기타의 비용을 공제하여야 한다.

제835조【공동해손분담자의 유한책임】 전2조의 규정에 의하여 공동해손의 분담책임이 있는 자는 선박이 도달하거나 적하를 인도한 때에 현존하는 가액의 한도에서 책임을 진다.

제836조【공동해손의 손해액산정】 공동해손의 액을 정함에 있어서는 선박의 가액은 도달의 때와 곳의 가액으로 하고 적하의 가액은 양륙의 때와 곳의 가액으로 한다. 그러나 적하에 관하여는 그 손실로 인하여 지급을 면하게 된 모든 비용을 공제하여야 한다.

제837조【책임 있는 자에 대한 구상권】 선박과 적하의 공동위험이 선박 또는 적하의 하자나 기타 과실 있는 행위로 인하여 생긴 경우에는 공동해손의 분담자는 그 책임이 있는 자에 대하여 구상권을 행사할 수 있다.

제838조【공동해손분담제외】 선박에 비치한 무기, 선원의 급료, 선원과 여객의 양식과 의류는 보존된 경우에도 그 가액을 공동해손의 분담에 산입하지 아니하고 손실된 경우에는 그 가액을 공동해손의 액에 산입한다.

제839조【공동해손분담청구에서의 제외】 ① 속구목록에 기재하지 아니한 속구, 선하증권 기타 적하의 가격을 정할 수 있는 서류없이 선적한 하물 또는 종류와 가액을 명시하지 아니한 화폐나 유가증권 기타의 고가물은 보존된 경우에는 그 가액을 공동해손의 분담에 산입하고 손실된 경우에는 그 가액을 공동해손의 액에 산입하지 아니한다.

② 갑판에 적재한 하물에 대하여도 전항과 같다. 그러나 연안항행의 경우에는 그러하지 아니하다.

제840조【적하가격의 부실기재와 공동해손】 ① 선하증권 기타 적하의 가격을 정할 수 있는 서류에 적하의 실가보다 고액을 기재한 경우에 그 하물이 보존된 때에는 그 기재액에 의하여 공동해손의 분담액을 정하고 적하의 실가보다 저액을 기재한 경우에 그 하물이 손실된 때에는 그 기재액을 공동해손의 액으로 한다.

② 전항의 규정은 적하의 가격에 영향을 미칠 사항에 관하여 허위의 기재를 한 경우에 준용한다.

제841조【공동해손인 손해의 회복】 선박소유자, 용선자, 송하인 기타의 이해관계인이 공동해손의 액을 분담한 후 선박, 속구 또는 적하의 전부나 일부가 소유자에

게 복귀된 때에는 그 소유자는 공동해손의 상금으로 받은 금액에서 구조료와 일부손실로 인한 손해액을 공제하고 그 잔액을 반환하여야 한다.

제842조【공동해손채권의 시효】 공동해손으로 인하여 생긴 채권은 그 계산이 종료한 날로부터 1년간 행사하지 아니하면 소멸시효가 완성한다.

제6장 선박충돌

제843조【선박충돌에의 적용법규】 항해선 상호간 또는 항해선과 내수항행선 간의 충돌이 있은 경우에 선박 또는 선박 내에 있는 물건이나 사람에 관하여 생긴 손해의 배상에 대하여는 어떠한 수면에서 충돌한 때라도 본장의 규정을 적용한다.

제844조【불가항력으로 인한 충돌】 선박의 충돌이 불가항력으로 인하여 발생하거나 충돌의 원인이 명백하지 아니한 때에는 피해자는 충돌로 인한 손해의 배상을 청구하지 못한다.

제845조【일방의 과실로 인한 충돌】 선박의 충돌이 일방의 선원의 과실로 인하여 발생한 때에는 그 일방의 선박소유자는 피해자에 대하여 충돌로 인한 손해를 배상할 책임이 있다.

제846조【쌍방의 과실로 인한 충돌】 ① 선박의 충돌이 쌍방의 선원의 과실로 인하여 발생한 때에는 쌍방의 과실의 경중에 따라 각 선박소유자가 손해배상의 책임을 분담한다. 그 과실의 경중을 판정할 수 없는 때에는 손해배상의 책임을 균분하여 부담한다.

② 전항의 경우에 제삼자의 사상에 대한 손해배상은 쌍방의 선박소유자가 연대하여 그 책임을 진다.

제847조【도선사의 과실로 인한 충돌】 선박의 충돌이 도선사의 과실로 인하여 발생한 경우에도 선박소유자는 전2조의 규정에 의하여 손해를 배상할 책임이 있다.

제848조【선박충돌채권의 시효】 선박의 충돌로 인하여 생긴 손해배상의 청구권은 그 충돌이 있은 날로부터 2년간 행사하지 아니하면 소멸시효가 완성한다.

제7장 해난구조

제849조 【해난구조의 요건】 항해선 또는 그 적하 기타의 물건이 어떠한 수면에서 위난에 조우한 경우에도 의무없이 이를 구조한 자는 결과에 대하여 상당한 보수를 청구할 수 있다. 항해선과 내수항행선 간의 구조도 같다.

제850조 【구조료의 결정】 구조의 보수에 관한 약정이 없는 경우에 그 액에 대하여 당사자간에 합의가 성립하지 아니한 때에는 법원은 당사자의 청구에 의하여 위난의 정도, 구조의 노력, 비용과 구조의 효과 기타의 제반사정을 참작하여 그 액을 정한다.

제851조 【약정구조료의 변경청구】 해난 당시에 구조의 보수액에 관한 약정을 한 경우에도 그 액이 현저하게 부당한 때에는 법원은 전조의 사정을 참작하여 그 액을 증감할 수 있다.

제852조 【구조료의 한도】 ① 구조의 보수액은 다른 약정이 없으면 구조된 목적물의 가액을 초과하지 못한다.

② 선순위의 우선특권이 있을 때에는 구조의 보수액은 "그 우선특권자"[1962. 12.12, 법1212호: "우선특권자"를 변경] 의 채권액을 공제한 잔액을 초과하지 못한다.

제853조 【공동구조자 간의 구조료분배】 ① 수인이 공동으로 구조에 종사한 경우에 그 보수액분배의 비율에 관하여는 제850조의 규정을 준용한다.

② 인명의 구조에 종사한 자도 전항의 규정에 따라 구조의 보수액의 분배를 받을 수 있다.

제854조 【1선박내부의 구조료분배】 ① 선박이 구조에 종사하여 그 보수를 받은 경우에는 먼저 선박의 손해액과 구조에 요한 비용을 선박소유자에게 지급하고 잔액을 절반하여 선장과 해원에게 지급하여야 한다.

② 전항의 규정에 의하여 해원에게 지급할 보수액의 분배는 선장이 각 해원의 노력, 그 효과와 사정을 참작하여 그 항해의 종료 전에 분배안을 작성하여 해원에게 고시하여야 한다.

제855조 【예선의 구조의 경우】 예선의 본선 또는 그 적하에 대한 구조에 관하여는 예선계약의 이행으로 볼 수 없는 특수한 노력을 제공한 경우가 아니면 구조의 보수를 청구하지 못한다.

제856조 【동일소유자에 속한 선박간의 보수】 동일소유자에 속한 선박상호간에 있

어서도 구조에 종사한 자는 상당한 보수를 청구할 수 있다.

제857조【구조료청구권 없는 자】 다음의 자는 구조의 보수를 청구하지 못한다.

1. 구조받은 선박에 종사하는 자
2. 고의 또는 과실로 인하여 해난을 야기한 자
3. 정당한 거부에 불구하고 구조를 강행하는 자
4. 구조된 물건을 은닉하거나 정당한 이유없이 처분한 자

제858조【구조자의 우선특권】 ① 구조에 종사한 자의 보수채권은 구조된 적하에 대하여 우선특권이 있다. 그러나 채무자가 그 적하를 제삼취득자에게 인도한 후에는 그 적하에 대하여 이 권리를 행사하지 못한다.

② 전항의 우선특권에는 선박채권자의 우선특권에 관한 규정을 준용한다.

제859조【구조료지급에 관한 선장의 권한】 ① 선장은 보수를 지급할 채무자에 갈음하여 그 지급에 관한 재판상 또는 재판외의 모든 행위를 할 권한이 있다.

② 선장은 그 보수에 관한 소송의 당사자가 될 수 있고 그 확정판결은 구조[1962. 12.12, 법1212호: "구조료"를 변경] 의 보수액의 채무자에 대하여도 효력이 있다.

제860조【구조청구권의 시효】 구조에 대한 보수의 청구권은 구조가 완료한 날로부터 2년간 행사하지 아니하면 소멸시효가 완성한다.

제8장 선박채권

제861조【선박우선특권 있는 채권】 ① 다음의 채권을 가진 자는 선박, 그 속구, 그 채권이 생긴 항해의 운임, 그 선박과 운임에 부수한 채권에 대하여 우선특권이 있다.

1. 채권자의 공동이익을 위한 소송비용, 선박과 속구의 경매에 관한 비용, 항해에 관하여 선박에 과한 제세금, 도선료, 예선료, 최후입항 후의 선박과 그 속구의 보존비와 검사비
2. 선원 기타의 선박사용인의 고용계약으로 인한 채권
3. 선박의 구조에 대한 보수와 공동해손의 분담에 대한 채권
4. 선박의 충돌 또는 기타의 항해사고로 인한 항해시설 및 항로에 대한 손해, 선원이나 여객의 생명, 신체에 대한 손해와 적하 및 수하물에 대한 손해의 배상채권

5. 선박의 보존 또는 항해계속의 필요로 인하여 선장이 선적항 외에서 그 권한에 의하여 체결한 계약 또는 그 이행으로 인한 채권
6. 최후의 항해준비에 요한 선박의 장비, 양식과 연료에 관한 채권

② 전항의 우선특권을 가진 선박채권자는 본법 기타의 법률의 규정에 따라 전항의 재산에 대하여 다른 채권자보다 자기채권의 우선변제를 받을 권리가 있다. 이 경우에는 그 성질에 반하지 아니하는 한 민법의 저당권에 관한 규정을 준용한다

제862조【선박, 운임에 부수한 채권】 전조의 규정에 의한 선박과 운임에 부수한 채권은 다음과 같다.

1. 선박 또는 운임의 손실로 인하여 선박소유자에게 지급할 손해배상
2. 공동해손으로 인한 선박 또는 운임의 손실에 대하여 선박소유자에게 지급할 상금
3. 해난구조로 인하여 선박소유자에게 지급할 보수

제863조【운임에 대한 우선특권】 운임에 대한 우선특권은 지급을 받지 아니한 운임, 지급을 받은 운임으로 선박소유자나 그 대리인이 소지한 금액에 한하여 이를 행사할 수 있다.

제864조【보험금 등의 제외】 **보험계약에 의하여 선박소유자에게 지급할 보험금과 기타의 장려금**이나 보조금에 대하여는 제862조의 규정을 적용하지 아니한다.

제865조【선박사용인의 고용계약으로 인한 채권】 제861조 제1항 제2호의 규정에 의한 채권은 고용계약존속중의 모든 항해로 인한 운임의 전부에 대하여 우선특권이 있다.

제866조【우선특권의 순위】 ① 동일항해로 인한 채권의 우선특권이 경합하는 때에는 그 우선의 순위는 제861조 제1항 각호의 순서에 의한다.

② 제861조 제1항 제3호와 제5호의 채권은 그 각호의 우선특권이 경합하는 때에는 후에 생긴 채권이 전에 생긴 채권에 우선한다. 동일한 사고로 인한 채권은 동시에 생긴 것으로 본다.

제867조【동전】 ① 수회의 항해에 관한 채권의 우선특권이 경합하는 때에는 후의 항해에 관한 채권이 전의 항해에 관한 채권에 우선한다.

② 제865조의 규정에 의한 우선특권은 그 최후의 항해에 관한 다른 채권과 동일한 순위로 한다.

제868조【동일순위의 우선특권이 경합한 경우】 전3조의 규정에 의한 동일순위의

우선특권이 경합하는 때에는 각 채권액의 비율에 따라 변제를 받는다.

제869조【우선특권의 추급권】 선박채권자의 우선특권은 그 선박소유권의 이전으로 인하여 영향을 받지 아니한다.

제870조【우선특권의 시효 등】 ① 선박채권자의 우선특권은 그 채권이 생긴 날로부터 1년간 행사하지 아니하면 소멸시효가 완성한다.

② 제861조 제1항 제6호의 규정에 의한 우선특권은 그 선박의 발항으로 인하여 소멸한다.

제871조【선박저당권】 ① 등기한 선박은 저당권의 목적으로 할 수 있다.

② 선박의 저당권은 그 속구에 미친다.

③ 선박의 저당권에는 민법의 저당권에 관한 규정을 준용한다.

제872조【선박저당권 등과 우선특권의 경합】 선박채권자의 우선특권은 질권과 저당권에 우선한다.

제873조【등기선박의 입질불허】 등기한 선박은 질권의 목적으로 하지 못한다.

제874조【건조중의 선박에의 준용】 본장의 규정은 건조중의 선박에 준용한다.

부칙 〈제1000호, 1962.1.20〉

제2조【동전】 제125조의 호천, 항만의 범위는 각령으로 정한다.

제9조【위임규정】 제742조의 속구목록의 서식은 각령으로 정한다.

제10조【동전】 제839조 제2항 단서의 연안항행의 범위는 각령으로 정한다.

제11조【동전】 본법시행에 관한 사항은 따로 법률로 정한다.

제12조【시행기일과 구법의 효력】 ① 본법은 1963년 1월 1일로부터 시행한다.

② 조선민사령 제1조에 의하여 의용된 상법, 유한회사법, 상법시행법과 상법 중 개정법률 시행법은 본법 시행시까지 그 효력이 있다.

부칙 〈제1212호, 1962.12.12〉

본법은 1963년 1월 1일로부터 시행한다.

해상편

1991년 개정 상법

일부개정 1991.12.31. 법률 4470호
해난심판법 개정 1999.2.5. 법률 5809호

제5편 해 상

제1장 선 박

제740조【선박의 의의】 이 법에서 [본법에서: 개정 1991.12.31] 선박이라 함은 상행위 기타 영리를 목적으로 항해에 사용하는 선박을 이른다.

제741조【단정 또는 노도선】 이 편의 [본편의: 개정 1991.12.31] 규정은 단정 또는 주로 노도로 운전하는 선박에 적용하지 아니한다.

제742조【선박의 종물】 선박의 속구목록에 기재한 물건은 선박의 종물로 추정한다.

제743조【선박에 관한 권리의 이전】 선박에 관한 권리의 이전은 당사자 간의 합의만으로써 효력이 생긴다. 그러나 이를 등기하고 선박국적증서에 기재하지 아니하면 제삼자에게 대항하지 못한다.

제744조【선박의 압류, 가압류】 항해의 준비를 완료한 선박과 그 속구는 압류 또는 가압류를 하지 못한다. 그러나 항해를 준비하기 위하여 생긴 채무에 대하여는

그러하지 아니하다.

제745조【소형선박】 제743조와 제744조의 [전2조의: 개정 1991.12.31] 규정은 총톤수 20톤 미만의 선박에 적용하지 아니한다.

제2장 선박소유자

제746조【선박소유자의 유한책임】 선박소유자는 청구원인의 여하에 불구하고 다음 각호의 채권에 대하여 제747조의 규정에 의한 금액의 한도로 그 책임을 제한할 수 있다. 그러나 그 채권이 선박소유자 자신의 고의 또는 손해발생의 염려가 있음을 인식하면서 무모하게 한 작위 또는 부작위로 인하여 생긴 손해에 관한 것인 때에는 그러하지 아니하다.

1. 선박에서 또는 선박의 운항에 직접 관련하여 발생한 사람의 사망, 신체의 상해 또는 그 선박 이외의 물건의 멸실 또는 훼손으로 인하여 생긴 손해에 관한 채권
2. 운송물, 여객 또는 수하물의 운송의 지연으로 인하여 생긴 손해에 관한 채권
3. 제1호 및 제2호 이외에 선박의 운항에 직접 관련하여 발생한 계약상의 권리 이외의 타인의 권리의 침해로 인하여 생긴 손해에 관한 채권
4. 제1호 내지 제3호의 채권의 원인이 된 손해를 방지 또는 경감하기 위한 조치에 관한 채권 또는 그 조치의 결과로 인하여 생긴 손해에 관한 채권 [1991.12.31 본조 개정]

제747조【책임의 한도액】 ① 선박소유자가 제한할 수 있는 책임의 한도액은 다음 각 호의 금액으로 한다.

1. 여객의 사망 또는 신체의 상해로 인한 손해에 관한 채권에 대한 책임의 한도액은 그 선박의 선박검사증서에 기재된 여객의 정원에 4만6천6백6십6 계산단위를 곱하여 얻은 금액과 2천5백만 계산단위에 상당하는 금액 중 적은 금액으로 한다.
2. 여객 이외의 사람의 사망 또는 신체의 상해로 인한 손해에 관한 채권에 대한 책임의 한도액은 그 선박의 톤수에 따라서 다음 각목에 정하는 바에 의하여 계산된 금액으로 한다. 그러나 3백톤 미만의 선박의 경우에는 1십6만7천 계산단위에 상당하는 금액으로 한다.

가. 5백톤 이하의 선박의 경우에는 3십3만3천 계산단위에 상당하는 금액

나. 5백톤을 초과하는 선박의 경우에는 가목의 금액에 5백톤을 초과하여 3천톤까지의 부분에 대하여는 매톤당 5백 계산단위, 3천톤을 초과하여 3만톤까지의 부분에 대하여는 매톤당 3백3십3 계산단위, 3만톤을 초과하여 7만톤까지의 부분에 대하여는 매톤당 2백5십 계산단위 및 7만톤을 초과한 부분에 대하여는 매톤당 1백6십7 계산단위를 각 곱하여 얻은 금액을 순차로 가산한 금액

3. 제1호 및 제2호 이외의 채권에 대한 책임의 한도액은 그 선박의 톤수에 따라서 다음 각목에 정하는 바에 의하여 계산된 금액으로 한다. 그러나 3백톤 미만의 선박의 경우에는 8만3천 계산단위에 상당하는 금액으로 한다.

가. 5백톤 이하의 선박의 경우에는 1십6만7천 계산단위에 상당하는 금액

나. 5백톤을 초과하는 선박의 경우에는 가목의 금액에 5백톤을 초과하여 3만톤까지의 부분에 대하여는 매톤당 1백6십7 계산단위, 3만톤을 초과하여 7만톤까지의 부분에 대하여는 매톤당 1백2십5 계산단위 및 7만톤을 초과한 부분에 대하여는 매톤당 8십3 계산단위를 각 곱하여 얻은 금액을 순차로 가산한 금액

② 제1항 각호의 규정에 의한 각 책임한도액은 선박마다 동일한 사고에서 생긴 각 책임한도액에 대응하는 선박소유자에 대한 모든 채권에 미친다.

③ 제746조의 규정에 의하여 책임이 제한되는 채권은 제1항 각호의 규정에 의한 각 책임한도액에 대하여 각 채권액의 비율로 경합한다.

④ 제1항 제2호에 의한 책임한도액이 동호의 채권의 변제에 부족한 때에는 제3호에 의한 책임한도액을 그 잔액채권의 변제에 충당한다. 이 경우에 동일한 사고에서 제3호의 채권도 발생한 때에는 이 채권과 제2호의 잔액채권은 제3호에 의한 책임한도액에 대하여 각 채권액의 비율로 경합한다.

⑤ 제1항에서 “계산단위”라 함은 국제통화기금의 1 특별인출권에 상당하는 금액을 이른다 [1991.12.31 본조 개정].

제748조【유한책임의 배제】 선박소유자는 다음 각 호의 채권에 대하여는 그 책임을 제한하지 못한다.

1. 선장, 해원 기타의 사용인으로서 그 직무가 선박의 업무에 관련된 자 또는 그 상속인, 피부양자 기타의 이해관계인의 선박소유자에 대한 채권

2. 해난구조 [해양사고 구조로 개정: 해난심판법 1999.2.5. 법률 5809호] 또는 공동해손분담에 관한 채권
3. 1969년 11월 29일 성립한 유류오염손해에 대한 민사책임에 관한 국제조약 또는 그 조약의 개정조항이 적용되는 유류오염손해에 관한 채권
4. 침몰, 난파, 좌초, 유기 기타의 해난 [해양사고로 변경: 해난심판법 1999.2.5. 법률 5809호] 을 당한 선박 및 그 선박 안에 있거나 있었던 적하 기타의 물건의 인양, 제거, 파괴 또는 무해조치에 관한 채권
5. 원자력손해에 관한 채권 [1991.12.31 본조 개정]

第749조【동일한 사고로 인한 반대채권액의 공제】 선박소유자가 책임의 제한을 받는 채권자에 대하여 동일한 사고로 인하여 생긴 손해에 관한 채권을 가지는 경우에는 그 채권액을 공제한 잔액에 한하여 책임의 제한을 받는 채권으로 한다 [1991.12.31 본조 개정].

第750조【책임제한을 할 수 있는 자의 범위】 ① 다음 각 호에 게기한 자는 이 장의 규정에 의하여 선박소유자의 경우와 동일하게 책임을 제한할 수 있다.

1. 용선자, 선박관리인 및 선박운항자
2. 법인인 선박소유자 및 제1호에 게기한 자의 무한책임사원
3. 자기의 행위로 인하여 선박소유자 또는 제1호의 게기한 자에 대하여 제746조 각호의 규정에 의한 채권이 성립하게 한 선장, 해원, 도선사 기타 선박소유자 또는 제1호에 게기한 자의 사용인 또는 대리인

② 동일한 사고에서 발생한 모든 채권에 대한 선박소유자 및 제1항에 게기한 자에 의한 책임제한의 총액은 선박마다 제747조의 규정에 의한 책임한도액을 초과하지 못한다.

③ 선박소유자 또는 제1항 각호에 게기한 자의 1인이 책임제한절차개시의 결정을 받은 때에는 책임제한을 할 수 있는 다른 자도 이를 원용할 수 있다 [1991.12.31 본조 개정].

第751조【책임제한을 위한 선박톤수】 제747조 제1항에서 규정하는 선박의 톤수는 국제항해에 종사하는 선박의 경우에는 선박법에서 규정하는 국제총톤수로 하고 그밖의 선박의 경우에는 동법에서 규정하는 총톤수로 한다 [1991.12.31 본조 개정].

第752조【책임제한의 절차】 ① 이 장의 규정에 의하여 책임을 제한하고자 하는 자는 채권자로부터 책임한도액을 초과하는 청구금액을 명시한 서면에 의한 청구를

받은 날부터 1년 내에 법원에 책임제한절차개시의 신청을 하여야 한다.

② 책임제한절차개시의 신청, 책임제한의 기금의 형성, 공고, 참가, 배당 기타 필요한 사항은 따로 법률로 정한다 [1991.12.31 본조 개정].

第752조의2 【해난구조자 [해양사고구조자로 개정: 해난심판법 1999.2.5. 법률 5809호] **의 유한책임】** ① 제746조 내지 제752조의 규정은 해난구조자 [해양사고구조자로 개정: 해난심판법 1999.2.5. 법률 5809호] 의 구조활동에 직접 관련하여 발생한 채권에 대한 책임의 제한에 준용한다.

② 구조활동을 선박으로부터 행하지 아니한 구조자 또는 구조를 받는 선박에서만 행한 구조자는 제747조의 규정에 의한 책임의 한도액에 관하여 1천5백 톤의 선박에 의한 구조자로 본다.

③ 구조자의 책임의 한도액은 구조선마다 또는 제2항의 경우에는 구조자마다 동일한 사고로 인하여 생긴 모든 채권에 미친다 [1991.12.31 본조 개정]

[1991.12.31 이전 선주책임제한 조문] 제746조(선박소유자의 유한책임) 선박소유자는 항해에 사용한 선박과 그 속구, 운임, 그 선박에 관한 손해배상 또는 보수의 청구권 기타 항해부속물의 가액을 한도로 그 항해에 관하여 생긴 다음의 사항의 책임을 진다.

1. 선장, 해원, 도선사 기타의 선박사용인의 고의 또는 과실로 인하여 제삼자에게 가한 손해의 배상
2. 운송하기 위하여 선장에게 인도된 운송물 또는 그 선내에 있는 모든 물건에 대한 손해의 배상
3. 선하증권으로 인한 채무
4. 운송계약이행중의 항해과실로 인한 손해의 배상
5. 침몰선박의 파손물 제거의 의무와 이에 관련한 채무
6. 해난구조와 선박인양에 대한 보수
7. 공동해손에 대한 선박소유자의 분담채무
8. 선장이 선적항 외에서 선박보존 또는 항해계속의 현실적 필요로 그 법정권한에 의하여 체결한 계약 또는 처분행위로 인하여 생긴 채무, 그러나 그 필요가 항해준비의 불충분으로 장비 또는 보급품의 부족이나 결함으로 인한 것인 때에는 그러하지 아니하다.

제747조(책임의 한도) 전조의 책임은 제1호 내지 제5호의 채무에 대하여 그 선박적량 매톤당 15만환의 총액을 초과하지 못한다.

제748조(유한책임의 배제) 전2조의 규정은 다음의 채무에 대한 선박소유자의 책임에 적용하지 아니한다.

1. 선박소유자의 고의 또는 과실로 인한 채무
2. 선박소유자가 제746조 제8호의 행위를 허가 또는 추인한 경우의 채무
3. 선장, 해원 기타의 선박사용인에 대한 고용계약으로 인한 채무

제749조(선박 등의 가액에 대한 증명과 평가의 기준) ① 제746조의 규정에 의하여 책임의 제한을 주장하는 선박소유자는 선박, 운임과 부속물의 가액을 증명하여야 한다.

② 선박의 평가는 다음의 시기에 있어서의 선박상태를 기준으로 한다.

1. 충돌 기타의 사고의 경우에는 이와 관련되는 모든 채권으로서 사고 후 최초의 항구에 도착할 때까지 생긴 것과 공동해손으로 인하여 생긴 것에 대하여는 최초의 항구에 도착하였을 때의 선박상태에 의한다. 이 경우에는 계약으로 인한 채권을 포함한다. 위의 시기 이전에 전 사고와 관련 없는 새로운 사고가 선박의 가액을 감소시킨 때에는 그 가액의 감소는 전 사고에 관련되는 채권에 대하여는 이를 산입하지 아니한다. 선박이 항구에 정박 중에 생긴 사고에 대하여는 사고 후 그 항구에서의 선박상태에 의한다.
2. 전호의 경우를 제외하고 적하에 관한 채권 또는 선하증권으로 인하여 생긴 채권에 대하여는 적하의 목적항 또는 항해를 중지한 곳에서의 선박상태에 의한다. 적하의 목적항이 수개인 경우에 손해가 같은 원인에서 생긴 때에는 최초의 항구에서의 선박상태에 의한다.
3. 제746조에 규정한 이외의 모든 경우에 있어서는 그 항해를 종료한 때에 있어서의 선박상태에 의한다.

③ 운임은 정액으로 하고 발항시에 있어서의 선박가액의 100분의 10으로 한다. 그 항해에서 정액의 운임을 얻지 못한 경우에도 그 정액을 지급하여야 한다.

④ 선박이 항해의 개시 후에 입은 물질상의 손해로서 아직 배상받지 아니한 것에 대한 청구권은 선박부속물로 한다. 보험금, 장려금, 보조금 기타의 국가원조금은 선박부속물로 하지 아니한다.

제750조(사망·상해의 경우의 책임의 한도) ① 선장, 해원, 도선사 기타의 선박사용인의 고의 또는 과실로 인하여 생긴 사망 또는 신체의 상해의 경우에는 선박소유자는 피해자 또는 그 이해관계인에 대하여 제747조의 규정에 의한 한도를 초과하여 선박의 적량 매 톤당 15만환의 총액을 한도로 책임을 진다. 동일한 사고의 피해자 또는 그 이해관계인은 책임범위의 금액에 대하여 경합한다.

② 피해자 또는 이해관계인이 전항의 한도 내에서 그 배상액을 다 받지 못한 때에는 그 잔액에 관하여는 제747조의 규정에 의한 금액에 대하여 다른 채권자와 경합한다. 이 경우에

는 우선특권의 순위에 영향을 미치지 아니한다.
③ 전2항의 규정에 의한 책임의 제한은 선장, 해원 기타의 선박사용인에 대하여는 적용하지 아니한다.
④ 제1항의 규정은 여객의 운송에 종사하지 아니하는 적량 3백 톤 미만의 선박소유자가 여객의 사망 또는 신체의 상해로 인한 책임을 지는 경우에는 적용하지 아니한다.
第751조(선박적량톤수의 계산방법) 선박의 적량의 톤수는 다음과 같이 계산한다.
1. 기선과 기타의 발동기선에 있어서는 순톤수를 정하기 위하여 총톤수에서 공제된 발동기가 차지하고 있는 용적을 순톤수에 가산한 것
2. 전호외의 모든 선박에 있어서는 순톤수
第752조(동시선장인 경우의 책임에 관한 특칙) 선박소유자나 공유자가 선장인 때에는 단순한 항해상의 과실 또는 해원 기타의 선박사용인의 과실의 경우 이외에는 선장의 과실에 대하여 그 책임의 제한을 주장하지 못한다.

第753조【선박공유자의 업무결정】 ① 공유선박의 이용에 관한 사항은 공유자의 지분의 가격에 따라 그 과반수로 결정한다.
② 선박공유에 관한 계약을 변경하는 사항은 공유자의 전원일치로 결정하여야 한다.

第754조【선박공유와 비용의 부담】 선박공유자는 그 지분의 가격에 따라 선박의 이용에 관한 비용과 이용에 관하여 생긴 채무를 부담한다.

第755조【손익분배】 손익의 분배는 매 항해의 종료 후에 있어서 선박공유자의 지분의 가격에 따라서 한다.

第756조【지분의 양도】 선박공유자간에 조합관계가 있는 경우에도 각 공유자는 다른 공유자의 승낙없이 그 지분을 타인에게 양도할 수 있다. 그러나 선박관리인의 경우에는 그러하지 아니하다.

第757조【공유선박의 국적상실과 지분의 매수 또는 경매청구】 ① 선박공유자의 지분의 이전 또는 국적상실로 인하여 선박이 대한민국의 국적을 상실할 때에는 다른 공유자는 상당한 대가로 그 지분을 매수하거나 그 경매를 법원에 청구할 수 있다.
② 사원의 지분의 이전으로 회사의 소유에 속하는 선박이 대한민국의 국적을 상실할 때에는 합명회사에 있어서는 다른 사원, 합자회사에 있어서는 다른 무한책

임사원이 상당한 대가로 그 지분을 매수할 수 있다.

제758조【결의반대자의 지분매수청구권】 ① 선박공유자가 신항해를 개시하거나 선박을 대수선할 것을 결의한 때에는 그 결의에 이의가 있는 공유자는 다른 공유자에 대하여 상당한 가격으로 자기의 지분을 매수할 것을 청구할 수 있다.

② 제1항의 [전항의: 개정 1991.12.31] 청구를 하고자 하는 자는 그 결의가 있은 날로부터, 결의에 참가하지 아니한 경우에는 결의통지를 받은 날로부터 3일내에 다른 공유자 또는 선박관리인에 대하여 그 통지를 발송하여야 한다.

제759조【항해 중 선박 등의 양도】 항해 중에 있는 선박이나 그 지분을 양도한 경우에 당사자 간에 다른 약정이 없으면 양수인이 그 항해로부터 생긴 이익을 얻고 손실을 부담한다.

제760조【선박관리인의 선임, 등기】 ① 선박공유자는 선박관리인을 선임하여야 한다 [선임할 수 있다: 개정 1991.12.31]. 선박공유자가 아닌 자를 선박관리인으로 선임함에는 공유자전원의 동의가 있어야 한다.

② 선박관리인의 선임과 그 대리권의 소멸은 이를 등기하여야 한다.

제761조【선박관리인의 권한】 ① 선박관리인은 선박의 이용에 관한 재판상 또는 재판외의 모든 행위를 할 권한이 있다.

② 선박관리인의 대리권에 대한 제한은 선의의 제삼자에게 대항하지 못한다.

제762조【선박관리인의 권한의 제한】 선박관리인은 선박의 공유자의 서면에 의한 위임이 없으면 다음의 행위를 하지 못한다.

1. 선박을 양도, 임대 또는 담보에 제공하는 일
2. 신항해를 개시하는 일
3. 선박을 보험에 붙이는 일
4. 선박을 대수선하는 일
5. 차재하는 일

제763조【장부의 기재, 비치】 선박관리인은 특히 업무집행에 관한 장부를 비치하고 그 선박의 이용에 관한 모든 사항을 기재하여야 한다.

제764조【선박관리인의 보고, 승인】 선박관리인은 매 항해의 종료 후에 지체없이 그 항해의 경과상황과 계산에 관한 서면을 작성하여 선박공유자에게 보고하고 그 승인을 얻어야 한다.

제765조【선박임차인의 등기청구권, 등기의 효력】 ① 선박임차인은 선박소유자

에 대하여 임대차등기에 협력할 것을 청구할 수 있다.

② 선박임대차를 등기한 때에는 그 때로부터 제삼자에 대하여 효력이 생긴다.

第766조【선박임차와 제삼자에 대한 법률관계】 ① 선박임차인이 상행위 기타 영리를 목적으로 선박을 항해에 사용하는 경우에는 그 이용에 관한 사항에는 제삼자에 대하여 선박소유자와 동일한 권리의무가 있다.

② 제1항의 [전항의: 개정 1991.12.31] 경우에 선박의 이용에 관하여 생긴 우선특권은 선박소유자에 대하여도 그 효력이 있다. 그러나 우선특권자가 그 이용의 계약에 반함을 안 때에는 그러하지 아니하다.

제3장 선 장

第767조【선장의 선임, 해임】 선장은 선박소유자가 선임 또는 해임한다.

第768조【선장의 부당한 해임에 대한 손해배상청구권】 ① 선박소유자가 정당한 사유 없이 선장을 해임한 때에는 선장은 이로 인하여 생긴 손해의 배상을 청구할 수 있다.

② 선장이 선박공유자인 경우에 그 의사에 반하여 해임된 때에는 다른 공유자에 대하여 상당한 가액으로 그 지분을 매수할 것을 청구할 수 있다.

③ 선장이 제2항의 [전항의: 개정 1991.12.31] 청구를 하고자 하는 때에는 지체없이 다른 공유자 또는 선박관리인에 대하여 그 통지를 발송하여야 한다.

第769조【선장의 계속직무집행의 책임】 선장이 항해 중에 해임 또는 임기가 만료된 경우에는 다른 선장이 그 업무를 처리할 수 있는 때 또는 그 선박이 선적항에 도착할 때까지 그 직무를 집행할 책임이 있다.

第770조 [1991.12.31 삭제]

[1991.12.31 이전 조문] 第770조(직무상의 주의책임) ① 선장은 그 직무집행에 관하여 과실이 없음을 증명하지 아니하면 선박소유자, 용선자, 송하인 기타의 이해관계인에 대한 손해배상의 책임을 면하지 못한다.

② 선장의 직무집행이 선박소유자의 지시에 따른 경우에도 선박소유자 이외의 이해관계인에 대한 전항의 책임을 면하지 못한다.

제771조 [1991.12.31 삭제]

[1991.12.31 이전 조문] 제771조(해원의 선임감독의 책임) 선장은 해원의 선임감독에 과실이 없음을 증명하지 아니하면 해원의 그 직무집행에 관하여 타인에게 가한 손해배상의 책임을 면하지 못한다.

제772조【대선장의 선임의 책임】 선장이 불가항력으로 인하여 그 직무를 집행하기가 불능한 때에 법령에 다른 규정이 있는 경우를 제외하고는 자기의 책임으로 타인을 선정하여 선장의 직무를 집행하게 할 수 있다.

제773조【대리권의 범위】 ① 선적항 외에서는 선장은 항해에 필요한 재판상 또는 재판외의 모든 행위를 할 권한이 있다.

② 선적항에서는 선장은 특히 위임을 받은 경우 외에는 해원의 고용과 해고를 할 권한만을 가진다.

제774조【특수한 행위에 대한 권한】 ① 선장은 선박수선료, 해난구조료 [해양사고구조료로 개정: 해난심판법 1999.2.5. 법률 5809호] 기타 항해의 계속에 필요한 비용을 지급하여야 할 경우 외에는 다음의 행위를 하지 못한다.

1. 선박 또는 속구를 담보에 제공하는 일
2. 차재하는 일
3. 적하의 전부나 일부를 처분하는 일

② 적하를 처분할 경우의 손해배상액은 그 적하가 도달할 시기의 양륙항의 가격에 의하여 이를 정한다. 그러나 그 가격 중에서 지급을 요하지 아니하는 비용을 공제하여야 한다.

제775조【대리권에 대한 제한】 선장의 대리권에 대한 제한은 선의의 제삼자에게 대항하지 못한다.

제776조【이해관계인을 위한 적하의 처분】 ① 선장이 항해 중에 적하를 처분하는 경우에는 이해관계인의 이익을 위하여 가장 적당한 방법으로 하여야 한다.

② 제1항의 [전항의: 개정 1991.12.31] 경우에 이해관계인은 선장의 처분으로 인하여 생긴 채권자에게 적하의 가액을 한도로 하여 그 책임을 진다. 그러나 그 이해관계인에게 과실이 있는 때에는 그러하지 아니하다.

제777조【선박경매권】 선적항 외에서 선박이 수선하기 불능하게 된 때에는 선장

은 해무관청의 인가를 얻어 이를 경매할 수 있다.

제778조【선박의 수선불능】 ① 다음의 경우에는 선박은 수선하기 불능하게 된 것으로 본다.

1. 선박이 그 현재지에서 수선을 받을 수 없으며 또 그 수선을 할 수 있는 곳에 도달하기 불능한 때
2. 수선비가 선박의 가액의 4분의 3을 초과할 때

② 제1항 [전항: 개정 1991.12.31] 제2호의 가액은 선박이 항해 중 훼손된 경우에는 그 발항한 때의 가액으로 하고 기타의 경우에는 그 훼손 전의 가액으로 한다.

제779조【보고, 계산의 의무】 ① 선장은 항해에 관한 중요한 사항을 지체없이 선박소유자에게 보고하여야 한다.

② 선장은 매 항해를 종료한 때에는 그 항해에 관한 계산서를 지체없이 선박소유자에게 제출하여 그 승인을 얻어야 한다.

③ 선장은 항해소유자의 청구가 있을 때에는 언제든지 항해에 관한 사항과 계산의 보고를 하여야 한다.

제4장 운 송

제1절 물건운송

제1관 통 칙

제780조【운송계약의 종류】 물건의 운송계약은 다음의 2종으로 한다.

1. 선박의 전부 또는 일부를 물건의 운송에 제공함을 목적으로 하는 용선계약
2. 개개의 물건의 운송을 목적으로 하는 계약

제781조【용선계약과 운송계약서】 용선계약의 당사자는 상대방의 청구에 의하여 운송계약서를 교부하여야 한다.

제782조【용선계약과 선적준비완료의 통지, 선적기간】 ① 용선계약을 체결한 경우에는 운송인은 [선박소유자는: 개정 1991.12.31] 운송물을 선적함에 필요한 준비가 완료된 때에는 지체없이 용선자에게 그 통지를 발송하여야 한다.

② 운송물을 선적할 기간의 약정이 있는 경우에는 그 기간은 제1항의 통지가 오

전에 있은 때에는 그 날의 오후 1시부터 기산하고 오후에 있은 때에는 다음날 오전 6시부터 기산한다. 이 기간에는 불가항력으로 인하여 선적할 수 없는 날과 그 항의 관습상 선적작업을 하지 아니하는 날을 산입하지 아니한다 [1991.12.31 본항 개정].

[1991.12.31 이전 본항] ② 운송물을 선적할 기간의 약정이 있는 경우에는 그 기간은 전항의 통지가 있은 날의 익일로부터 기산한다. 이 기간에는 불가항력으로 인하여 선적할 수 없는 날을 산입하지 아니한다.

③ 제2항의 [전항의: 개정 1991.12.31] 기간을 경과한 후 운송물을 선적한 때에는 운송인은 [선박소유자는: 개정 1991.12.31] 상당한 보수를 청구할 수 있다.

第783조【제삼자가 선적인인 경우의 통지, 선적】 용선자 이외의 제삼자가 운송물을 선적할 경우에 선장이 그 제삼자를 확지할 수 없거나 그 제삼자가 운송물을 선적하지 아니한 때에는 선장은 지체없이 용선자에게 그 통지를 발송하여야 한다. 이 경우에는 선적기간 내에 한하여 용선자가 운송물을 선적할 수 있다.

第784조【용선자의 발항청구권, 선장의 발항권】 ① 용선자는 운송물의 전부를 선적하지 아니한 경우에도 선장에게 발항을 청구할 수 있다.

② 선적기간의 경과 후에는 용선자가 운송물의 전부를 선적하지 아니한 경우에도 선장은 즉시 발항할 수 있다.

③ 제1항과 제2항의 [전2항의: 개정 1991.12.31] 경우에는 용선자는 운임의 전액과 운송물의 전부를 선적하지 아니함으로 인하여 생긴 비용을 지급하고 또 운송인의 [선박소유자의: 개정 1991.12.31] 청구가 있는 때에는 상당한 담보를 제공하여야 한다.

第785조【개품운송과 운송물의 제공】 ① 개개의 물건을 운송계약의 목적으로 한 경우에는 송하인은 당사자 간의 합의 또는 선적항의 관습에 의한 때와 곳에서 운송인에게 운송물을 제공하여야 한다.

② 제1항의 규정에 의한 때와 곳에서 송하인이 운송물을 제공하지 아니한 경우에는 계약을 해제한 것으로 본다. 이 경우에는 선장은 즉시 발항할 수 있고, 송하인은 운임의 전액을 지급하여야 한다 [1991.12.31 본조 개정].

[1991.12.31 이전 조문] 第785조(개품운송과 선적, 발항) ① 개개의 물건을 운송계약의 목

적으로 한 때에는 송하인은 선장의 지시에 따라 지체없이 운송물을 선적하여야 한다
② 송하인이 운송물의 선적을 해태한 때에는 선장은 즉시 발항할 수 있다. 이 경우에는 송하인은 운임의 전액을 지급하여야 한다.

제786조【운송에 필요한 서류의 교부】 용선자 또는 송하인은 선적기간 내에 운송에 필요한 서류를 선장에게 교부하여야 한다.

제787조【감항능력주의의무】 운송인은 [선박소유자는: 개정 1991.12.31] 자기 또는 선원 기타의 선박사용인이 발항 당시 다음의 사항에 관하여 주의를 해태하지 아니하였음을 증명하지 아니하면 운송물의 멸실, 훼손 또는 연착으로 인한 손해를 배상할 책임이 있다 [책임을 면하지 못한다: 개정 1991.12.31].

1. 선박이 안전하게 항해를 할 수 있게 할 것
2. 필요한 선원의 승선, 선박의장과 필요품의 보급
3. 선창, 냉장실 기타 운송물을 적재할 선박의 부분을 운송물의 수령, 운송과 보존을 위하여 적합한 상태에 둘 것

제788조【운송물에 관한 주의의무】 ① 운송인은 자기 또는 선원 기타의 선박사용인이 운송물의 수령, 선적, 적부, 운송, 보관, 양륙과 인도에 관하여 주의를 해태하지 아니하였음을 증명하지 아니하면 운송물의 멸실, 훼손 또는 연착으로 인한 손해를 배상할 책임이 있다.
② 운송인은 선장, 해원, 도선사 기타의 선박사용인의 항해 또는 선박의 관리에 관한 행위 또는 화재로 인하여 생긴 운송물에 관한 손해를 배상할 책임을 면한다. 그러나 운송인의 고의 또는 과실로 인한 화재의 경우에는 그러하지 아니하다 [1991.12.31 본조 개정].

[1991.12.31 이전 조문] 제788조(운송물에 관한 주의의무) ① 선박소유자는 자기 또는 선원 기타의 선박사용인이 운송물의 수령, 선적, 적부, 운송, 보관, 양륙과 인도에 관하여 주의를 해태함으로 인하여 생긴 운송물의 멸실, 훼손 또는 연착에 관한 손해를 배상할 책임이 있다.
② 전항의 규정은 선장, 해원, 도선사 기타의 선박사용인의 항해 또는 선박의 관리에 관한 행위 또는 선박에서의 화재로 인하여 생긴 손해에는 적용하지 아니한다. 그러나 선박소유자의 고의 또는 과실로 인한 화재를 제외한다.

제789조 【동전-면책사유】 ① [1991.12.31 삭제]

[1991.12.31 삭제 이전] ① 선박소유자는 전조의 주의를 다하였음을 증명하지 아니하면 그 책임을 면하지 못한다.

② 운송인은 [선박소유자는: 개정 1991.12.31] 다음 각 호의 사실이 있었다는 것과 운송물에 관한 손해가 그 사실로 인하여 보통 생길 수 있는 것임을 증명한 때에는 이를 배상할 책임을 면한다 [전항의 규정에 불구하고 전조의 책임을 면한다: 개정 1991.12.31]. 그러나 제787조와 제788조 제1항의 규정에 의한 [동조의: 개정 1991.12.31] 주의를 다하였더라면 그 손해를 피할 수 있었음에도 불구하고 그 주의를 다하지 아니하였음을 증명한 때에는 그러하지 아니하다.
1. 해상 기타 항행할 수 있는 수면에서의 위험 또는 사고
2. 불가항력
3. 전쟁, 폭동 또는 내란
4. 해적행위 기타 이에 준한 행위
5. 재판상의 압류, 검역상의 제한 기타 공권에 의한 제한
6. 송하인 또는 운송물의 소유자나 그 사용인의 행위
7. 동맹파업 기타의 쟁의행위 또는 선박폐쇄
8. 해상에서의 인명이나 재산의 구조행위 또는 이로 인한 이로 기타 정당한 이유로 인한 이로
9. 운송물의 포장의 불충분 또는 기호의 표시의 불완전
10. 운송물의 특수한 성질 또는 숨은 하자
11. 선박의 숨은 하자 [1991.12.31 본호 신설]

제789조의2 【책임의 한도】 ① 제787조 내지 제789조의 규정에 의한 운송인의 손해배상의 책임은 당해 운송물의 매포장당 또는 선적단위당 500계산단위의 금액을 한도로 이를 제한할 수 있다. 그러나 운송물에 관한 손해가 운송인 자신의 고의 또는 그 손해가 생길 염려가 있음을 인식하면서 무모하게 한 작위 또는 부작위로 인하여 생긴 것인 때에는 그러하지 아니하다.
② 제1항의 적용에 있어서 운송물의 포장 또는 선적단위의 수는 다음과 같이 정한다.

1. 컨테이너 기타 이와 유사한 운송용기가 운송물을 통합하기 위하여 사용되는 경우에 그러한 운송용기에 내장된 운송물의 포장 또는 선적단위의 수를 선하증권 기타 운송계약을 증명하는 문서에 기재한 때에는 그 각 포장 또는 선적단위를 하나의 포장 또는 선적단위로 본다. 이 경우를 제외하고는 이러한 운송용기 내의 운송물 전부를 하나의 포장 또는 선적단위로 본다.
2. 운송인이 아닌 자가 공급한 운송용기 자체가 멸실 또는 훼손된 경우에는 그 용기를 별개의 포장 또는 선적단위로 본다.

③ 제1항과 제2항의 규정은 송하인이 운송인에게 운송물을 인도할 때에 그 종류와 가액을 고지하고 선하증권 기타 운송계약을 증명하는 문서에 이를 기재한 경우에는 적용하지 아니한다. 그러나 송하인이 운송물의 종류 또는 가액을 고의로 현저하게 부실의 고지를 한 때에는 운송인은 자기 또는 그 사용인이 악의인 경우를 제외하고 운송물의 손해에 대하여 책임을 면한다.

④ 제1항 내지 제3항의 규정은 제746조 내지 제752조의 규정의 적용에 영향을 미치지 아니한다.

⑤ 제1항의 계산단위는 제747조 제5항의 규정에 의한 계산단위를 이른다[1991. 12.31 본조 신설].

제789조의3【비계약적 청구에 대한 적용】 ① 이 장의 운송인의 책임에 관한 규정은 운송인의 불법행위로 인한 손해배상의 책임에도 이를 적용한다.

② 운송물에 관한 손해배상청구가 운송인의 사용인 또는 대리인에 대하여 제기된 경우에 그 손해가 그 사용인 또는 대리인의 직무집행에 관하여 생긴 것인 때에는 그 사용인 또는 대리인은 운송인이 주장할 수 있는 항변과 책임제한을 원용할 수 있다. 그러나 그 손해가 그 사용인 또는 대리인의 고의 또는 운송물의 멸실, 훼손 또는 연착이 생길 염려가 있음을 인식하면서 무모하게 한 작위 또는 부작위로 인하여 생긴 것인 때에는 그러하지 아니하다.

③ 제2항 본문의 경우에 운송인과 그 사용인 또는 대리인의 운송물에 대한 책임제한금액의 총액은 제789조의2제1항의 규정에 의한 한도를 초과하지 못한다.

④ 제1항 내지 제3항의 규정은 운송물에 관한 손해배상청구가 운송인 이외의 실제운송인 또는 그 사용인이나 대리인에 대하여 제기된 경우에도 이를 적용한다[1991. 12.31 본조 신설].

제790조【운송인의 책임경감금지】 ① 제787조 내지 제789조의3의 규정에 반하여

운송인의 의무 또는 책임을 경감 또는 면제하는 당사자 간의 특약은 효력이 없다. 운송물에 관한 보험의 이익을 운송인에게 양도하는 약정 또는 이와 유사한 약정도 또한 같다.

② 제1항의 규정은 산동물의 운송 및 선하증권 기타 운송계약을 증명하는 문서의 표면에 갑판적으로 운송할 취지를 기재하여 갑판적으로 행하는 운송에 대하여는 적용하지 아니한다.

③ 제1항의 규정은 제787조의 규정에 반하는 경우를 제외하고 용선계약에는 이를 적용하지 아니한다. 그러나 용선계약에 따라 선하증권이 발행된 경우에 용선자 이외의 선하증권소지인에 대한 운송인의 의무 또는 책임에 관하여는 그러하지 아니하다 [1991.12.31 본조 개정].

[1991.12.31 이전 조문] 제790조(선박소유자의 책임 등의 경감금지) 전3조의 규정에 반하여 선박소유자의 의무 또는 책임을 경감하는 당사자 간의 특약은 효력이 없다.

제791조 【위법선적물의 처분】 ① 법령 또는 계약에 위반하여 선적한 운송물은 선장은 언제든지 이를 양륙할 수 있고 그 운송물이 선박 또는 다른 운송물에 위해를 미칠 염려가 있는 때에는 이를 포기할 수 있다.

② 제1항의 [선장이 전항의: 개정 1991.12.31] 물건을 운송하는 때에는 선적한 때와 곳에서의 동종운송물의 최고운임의 지급을 청구할 수 있다.

③ 제1항과 제2항의 [전2항의: 개정 1991.12.31] 규정은 운송인 [선박소유자: 개정 1991.12.31] 기타의 이해관계인의 손해배상청구에 영향을 미치지 아니한다.

제791조의2 【위험물의 처분】 ① 인화성, 폭발성, 기타의 위험성이 있는 운송물은 운송인이 그 성질을 알고 선적한 경우에도 그 운송물이 선박이나 다른 운송물에 위해를 미칠 위험이 있는 때에는 선장은 언제든지 이를 양륙, 파괴 또는 무해조치할 수 있다.

② 운송인은 제1항의 처분에 의하여 그 운송물에 발생한 손해에 대하여는 공동해손분담책임을 제외하고 그 배상책임을 면한다 [1991.12.31 본조 신설].

제792조 【전부용선의 발항 전의 계약해제 등】 ① 발항 전에는 전부 용선자는 운임의 반액을 지급하고 계약을 해제할 수 있다.

② 왕복항해의 용선계약인 경우에 전부 용선자가 그 회항 전에 계약을 해지하는

때에는 운임의 3분의 2를 지급하여야 한다.

③ 선박이 타항에서 선적항에 항행하여야 할 경우에 전부 용선자가 선적항에서 발항하기 전에 계약을 해지하는 때에도 제2항과 같다 [전항과 같다: 개정 1991. 12.31]

第793条【일부용선과 발항 전의 계약해제 등】 ① 일부용선자나 송하인은 다른 용선자와 송하인 전원과 공동으로 하는 경우에 한하여 제792조의 [전조의: 개정 1991.12.31] 해제 또는 해지를 할 수 있다.

② 제1항의 [전항의: 개정 1991.12.31] 경우 외에는 일부 용선자나 송하인이 발항 전에 계약을 해제 또는 해지한 때에도 운임의 전액을 지급하여야 한다.

③ 발항 전이라도 일부용선자나 송하인이 운송물의 전부 또는 일부를 선적한 경우에는 다른 용선자와 송하인의 동의를 얻지 아니하면 계약을 해제 또는 해지하지 못한다.

第794条【부수비용, 체당금 등의 지급의무】 ① 용선자나 송하인이 제792조 [전조: 개정 1991.12.31] 와 제793조 제1항의 규정에 따라 계약을 해제 또는 해지를 한 때에도 부수비용과 체당금을 지급할 책임을 면하지 못한다.

② 제792조 제2항과 제3항의 경우에는 용선자나 송하인은 제1항에 게기한 것 외에도 [전항에 게기한 것 외에: 개정 1991.12.31] 운송물의 가액에 따라 공동해손 또는 해난구조 [해양사고 구조로 개정: 해난심판법 1999.2.5. 법률 5809호] 로 인하여 부담할 금액을 지급하여야 한다.

第795条【선적, 양륙비용의 부담】 제793조와 제794조의 [제792조와 제793조의: 개정 1991.12.31] 경우에 운송물의 전부 또는 일부를 선적한 때에는 그 선적과 양륙의 비용은 용선자 또는 송하인이 부담한다.

第796条【선적기간 내의 불선적의 효과】 용선자가 [용선자나 송하인이: 개정 1991. 12.31] 선적기간 내에 운송물의 선적을 하지 아니한 때에는 계약을 해제 또는 해지한 것으로 본다.

第797条【발항 후의 계약해지】 발항 후에는 용선자나 송하인은 운임의 전액, 체당금, 정박료와 공동해손 또는 해난구조의 부담액을 지급하고 그 양륙하기 위하여 생긴 손해를 배상하거나 이에 대한 상당한 담보를 제공하지 아니하면 계약을 해지하지 못한다.

第798条【용선의 경우와 운송물의 양륙】 ① 용선계약을 체결한 경우에 운송물을

양륙함에 필요한 준비가 완료된 때에는 선장은 지체없이 수하인에게 그 통지를 발송하여야 한다.

② 운송물을 양륙할 기간의 약정이 있는 경우에는 그 기간은 전항의 통지가 있은 날의 익일로부터 기산한다. 이 기간에는 불가항력으로 인하여 양륙할 수 없는 날을 산입하지 아니한다.

② 제782조 제2항의 규정은 운송물의 양륙기간의 계산에 준용한다 [1991.12.31 본항 개정].

③ 제2항의 [전항의: 개정 1991.12.31] 기간을 경과한 후 운송물을 양륙한 때에는 운송인은 [선박소유자는: 개정 1991.12.31] 상당한 보수를 청구할 수 있다.

제799조【개품운송과 운송물의 수령】 개개의 물건의 운송을 계약의 목적으로 한 경우에 운송물의 도착통지를 받은 수하인은 당사자 간의 합의 또는 양륙항의 관습에 의한 때와 곳에서 지체없이 운송물을 수령하여야 한다 [1991.12.31 본조 개정].

[1991.12.31 이전 조문] 제799조(개품운송과 운송물의 양륙) 개개의 물건의 운송을 계약의 목적으로 한 때에는 수하인은 선장의 지시에 따라 지체없이 운송물을 양륙하여야 한다.

제800조【수하인의 의무, 선장의 유치권】 ① 수하인이 운송물을 수령하는 때에는 운송계약 또는 선하증권의 취지에 따라 운임, 부수비용, 체당금, 정박료, 운송물의 가액에 따른 공동해손 또는 해난구조로 인한 부담액을 지급하여야 한다.

② 선장은 전항의 [제1항의: 개정 1991.12.31] 규정에 의한 금액의 지급과 상환하지 아니하면 운송물을 인도할 의무가 없다.

제800조의2【운송물의 일부 멸실, 훼손에 관한 통지】 ① 수하인이 운송물의 일부 멸실 또는 훼손을 발견한 때에는 수령 후 지체 없이 그 개요에 관하여 운송인에게 서면에 의한 통지를 발송하여야 한다. 그러나 그 멸실 또는 훼손이 즉시 발견할 수 없는 것인 때에는 수령한 날부터 3일내에 그 통지를 발송하여야 한다.

② 제1항의 통지가 없는 경우에는 운송물이 멸실 또는 훼손 없이 수하인에게 인도된 것으로 추정한다.

③ 제1항과 제2항의 규정은 운송인 또는 그 사용인이 악의인 경우에는 적용하지 아니한다.

④ 운송물에 멸실 또는 훼손이 발생하였거나 그 의심이 있는 경우에는 운송인과

수하인은 서로 운송물의 검사를 위하여 필요한 편의를 제공하여야 한다.

⑤ 제1항 내지 제4항의 규정에 반하여 수하인에게 불리한 당사자 간의 특약은 효력이 없다 [1991.12.31 본조 신설].

제801조 【운임】 운송물의 중량 또는 용적으로 운임을 정한 때에는 운송물을 인도하는 때의 중량 또는 용적에 의하여 그 액을 정한다.

제802조 【동전】 ① 기간으로 운임을 정한 때에는 운송물의 선적을 개시한 날로부터 그 양륙을 종료한 날까지의 기간에 의하여 그 액을 정한다.

② 제1항의 [전항의: 개정 1991.12.31] 기간에는 불가항력으로 인하여 선박이 선적항이나 항해 도중에서 정박한 기간 또는 항해 도중에서 선박을 수선한 기간을 산입하지 아니한다. 제782조 제2항 또는 제798조 제2항의 경우에 선적기간 또는 양륙기간이 경과한 후 운송물을 선적 또는 양륙한 일수도 이와 같다 [같다: 개정 1991.12.31].

제803조 【운송물의 공탁 등】 ① 수하인이 운송물의 수령을 해태한 때에는 선장은 이를 공탁하거나 세관 기타 법령이 정한 관청의 허가를 받은 곳에 인도할 수 있다. 이 경우에는 지체없이 수하인에게 그 통지를 발송하여야 한다.

② 수하인을 확지할 수 없거나 수하인이 운송물의 수령을 거부한 때에는 선장은 이를 공탁하거나 세관 기타 관청의 허가를 받은 곳에 인도하고 지체없이 용선자 또는 송하인 및 알고 있는 수하인에게 그 통지를 발송하여야 한다.

③ 제1항과 제2항의 규정에 의하여 운송물을 공탁하거나 세관 기타 관청의 허가를 받은 곳에 인도한 때에는 선하증권소지인 기타 수하인에게 운송물을 인도한 것으로 본다 [1991.12.31 본조 개정].

> **[1991.12.31 이전 조문]** 제803조(운송물의 공탁) ① 수하인이 운송물의 수령을 해태한 때에는 선장은 이를 공탁할 수 있다. 이 경우에는 지체없이 수하인에게 그 통지를 발송하여야 한다.
>
> ② 수하인을 확지할 수 없거나 수하인이 운송물의 수령을 거부한 때에는 선장은 이를 공탁하고 지체없이 용선자 또는 송하인에게 그 통지를 발송하여야 한다.

제804조 【선박소유자의 운송물경매권】 ① 운송인은 [선박소유자는: 개정 1991.12.31] 제800조 제1항의 규정에 의한 금액의 지급을 받기 위하여 법원의 허가를 얻어 운

송물을 경매하여 우선변제를 받을 권리가 있다 [경매할 수 있다: 개정 1991.12.31].

② 선장이 수하인에게 운송물을 인도한 후에도 운송인은 [선박소유자는: 개정 1991.12.31] 그 운송물에 대하여 제1항의 [전항의: 개정 1991.12.31] 권리를 행사할 수 있다. 그러나 인도한 날로부터 30일을 경과하거나 제삼자가 그 운송물에 점유를 취득한 때에는 그러하지 아니하다.

제805조 [1991.12.31 삭제]

[1991.12.31 이전 조문] 제805조(경매권불행사의 효과) 선박소유자가 전조의 규정에 의한 권리를 행사하지 아니한 때에는 용선자 또는 송하인에 대한 청구권을 잃는다. 그러나 용선자 또는 송하인은 그 수익의 한도에서 상환할 의무가 있다.

제806조【재운송계약과 선박소유자의 책임】 용선자가 자기의 명의로 제3자와 운송계약을 체결한 경우에는 그 계약의 이행이 선장의 직무에 속한 범위 안에서 선박소유자도 그 제삼자에 대하여 제787조와 제788조의 규정에 의한 책임을 진다 [1991.12.31 본조 개정].

[1991.12.31 이전 조문] 제806조(재운송계약과 선박소유자의 책임) 용선자가 제삼자와 운송계약을 체결한 경우에도 그 계약의 이행이 선장의 직무에 속한 범위 내에서는 선박소유자만이 그 제삼자에 대하여 책임을 진다. 이 경우에도 선박소유자는 제746조 또는 제747조의 규정에 의한 권리를 행사할 수 있다.

제807조【운송계약의 종료사유】 ① 운송계약은 다음의 사유로 인하여 종료한다.

1. 선박이 침몰 또는 멸실한 때
2. 선박이 수선할 수 없게 된 때
3. 선박이 포획된 때
4. 운송물이 불가항력으로 인하여 멸실된 때

② 제1항 [전항: 개정 1991.12.31] 제1호 내지 제3호의 사유가 항해 도중에 생긴 때에는 용선자 또는 송하인은 운송의 비율에 따라 현존하는 운송물의 가액의 한도에서 운임을 지급하여야 한다.

제808조【법정사유로 인한 해제】 ① 항해 또는 운송이 법령에 위반하게 되거나 기타 불가항력으로 인하여 계약의 목적을 달할 수 없게 된 때에는 각 당사자는 계

약을 해제할 수 있다.

② 제1항의 [전항의: 개정 1991.12.31] 사유가 항해 도중에 생긴 경우에 계약을 해지한 때에는 용선자 또는 송하인은 운송의 비율에 따라 운임을 지급하여야 한다.

제809조 【운송물의 일부에 관한 불가항력】 ① 제807조 제1항 제4호와 제808조 [전조: 개정 1991.12.31] 제1항의 사유가 운송물의 일부에 대하여 생긴 때에는 용선자 또는 송하인은 운송인의 [선박소유자의: 개정 1991.12.31] 책임이 가중되지 아니하는 범위 내에서 다른 운송물을 선적을 할 수 있다.

② 용선자 또는 송하인이 제1항의 [전항의: 개정 1991.12.31] 권리를 행사하고자 하는 때에는 지체없이 운송물의 양륙 또는 선적을 하여야 한다. 그 양륙 또는 선적을 해태한 때에는 운임의 전액을 지급하여야 한다.

제810조 【선장의 적하처분과 운임】 운송인은 [선박소유자는: 개정 1991.12.31] 다음의 경우에는 운임의 전액을 청구할 수 있다.

1. 선장이 제774조 제1항의 규정에 의하여 적하를 처분하였을 때
2. 선장이 제832조의 규정에 의하여 적하를 처분하였을 때

제811조 【운송인의 채권 · 채무의 소멸】 운송인의 용선자, 송하인 또는 수하인에 대한 채권 및 채무는 그 청구원인의 여하에 불구하고 운송인이 수하인에게 운송물을 인도한 날 또는 인도할 날부터 1년 내에 재판상 청구가 없으면 소멸한다. 그러나 이 기간은 당사자의 합의에 의하여 연장할 수 있다 [1991.12.31 본조 개정].

[1991.12.31 이전 조문] 제811조(선박소유자의 채권의 시효) 선박소유자의 용선자, 송하인 또는 수하인에 대한 채권은 1년간 행사하지 아니하면 소멸시효가 완성한다.

제812조 【준용규정】 제121조 [제121조: 삭제1991.12.31], 제134조, 제136조 내지 제140조의 [제141조와 제146조의: 개정 1991.12.31] 규정은 운송인에 [선박소유자에: 개정 1991.12.31] 준용한다.

제812조의2 【정기용선계약의 의의】 정기용선계약은 선박소유자 또는 임차인이 용선자에게 선원이 승무하고 항해장비를 갖춘 선박을 일정한 기간 동안 항해에 사용하게 할 것을 약정하고 용선자가 이에 대하여 기간으로 정한 용선료를 지급할 것을 약정함으로써 그 효력이 생긴다 [1991.12.31 본조 신설].

제812조의3 【정기용선자의 선장지휘권】 ① 정기용선자는 약정한 범위 안의 선박

의 사용을 위하여 선장을 지휘할 권리가 있다.

② 선장, 해원 기타의 선박사용인이 정기용선자의 정당한 지시에 위반하여 정기용선자에게 손해가 발생한 경우에는 선박소유자가 이를 배상할 책임이 있다[1991.12.31 본조 신설].

제812조의4【선박소유자의 운송물유치권 및 경매권】 ① 제800조 제2항과 제804조의 규정은 정기용선자가 선박소유자에게 용선료, 체당금 기타 이와 유사한 정기용선계약에 의한 채무를 이행하지 아니하는 경우에 준용한다. 그러나 선박소유자는 정기용선자가 발행한 선하증권을 선의로 취득한 제삼자에게 대항하지 못한다.

② 제1항의 규정에 의한 선박소유자의 운송물에 대한 권리는 정기용선자가 운송물에 관하여 약정한 용선료 또는 운임의 범위를 넘어서 이를 행사하지 못한다[1991.12.31 본조 신설].

제812조의5【용선료의 연체와 계약해지 등】 ① 정기용선자가 용선료를 약정기일에 지급하지 아니한 때에는 선박소유자는 계약을 해제 또는 해지할 수 있다.

② 정기용선자가 제삼자와 운송계약을 체결하여 운송물을 선적한 후 선박의 항해 중에 선박소유자가 제1항의 규정에 의하여 계약을 해제 또는 해지한 때에는 선박소유자는 적하이해관계인에 대하여 정기용선자와 동일한 운송의무가 있다.

③ 선박소유자가 제2항의 규정에 의한 계약의 해제 또는 해지 및 운송계속의 뜻을 적하이해관계인에게 서면에 의한 통지를 한 때에는 선박소유자의 정기용선자에 대한 용선료, 체당금 기타 이와 유사한 정기용선계약상의 채권을 담보하기 위하여 정기용선자가 적하이해관계인에 대하여 가지는 용선료 또는 운임의 채권을 목적으로 질권을 설정한 것으로 본다.

④ 제1항 내지 제3항의 규정은 선박소유자 또는 적하이해관계인의 정기용선자에 대한 손해배상청구에 영향을 미치지 아니한다[1991.12.31 본조 신설].

제812조의6【정기용선계약상의 채권의 소멸】 정기용선계약에 관하여 발생한 당사자 간의 채권은 선박이 선박소유자에게 반환된 날부터 1년 내에 재판상 청구가 없으면 소멸한다. 그러나 제811조 단서의 규정은 이 경우에 준용한다[1991.12.31 본조 신설].

제2관 선하증권

제813조【선하증권의 발행】 ① 운송인은 [선박소유자는: 개정 1991.12.31] 운송물을 수령한 후 용선자 또는 송하인의 청구에 의하여 1통 또는 수통의 선하증권을 교부하여야 한다.

② 운송인은 [선박소유자는: 개정 1991.12.31] 운송물을 선적한 후 용선자 또는 송하인의 청구에 의하여 1통 또는 수통의 "선적" 선하증권을 교부하거나 제1항의 [전항의: 개정 1991.12.31] 선하증권에 선적의 뜻을 표시하여야 한다.

③ 운송인은 [선박소유자는: 개정 1991.12.31] 선장 또는 기타의 대리인에게 [사용인에게: 개정 1991.12.31] 선하증권의 교부 또는 제2항의 표시를 위임할 수 있다.

제814조【선하증권의 기재사항】 ① 선하증권에는 다음의 사항을 기재하고 운송인이 기명날인 또는 서명하여야 한다.

1. 선박의 명칭, 국적과 톤수
2. 송하인이 서면으로 통지한 운송물의 종류, 중량 또는 용적, 포장의 종별, 개수와 기호
3. 운송물의 외관상태
4. 용선자 또는 송하인의 성명 또는 상호
5. 수하인 또는 통지수령인의 성명 또는 상호
6. 선적항
7. 양륙항
8. 운임
9. 발행지와 그 발행년월일
10. 수통의 선하증권을 발행한 때에는 그 수

② 제1항 제2호의 기재사항 중 운송물의 중량, 용적, 개수 또는 기호가 운송인이 실제로 수령한 운송물을 정확하게 표시하고 있지 아니하다고 의심할 만한 상당한 이유가 있는 때 또는 이를 확인할 적당한 방법이 없는 때에는 그 기재를 생략할 수 있다.

③ 송하인은 제1항 제2호의 기재사항이 정확함을 운송인에게 담보한 것으로 본다.

④ 운송인이 선하증권에 기재된 통지수령인에게 운송물에 관한 통지를 한 때에는 용선자 또는 송하인 및 선하증권소지인 기타 수하인에게 통지한 것으로 본다 [1991.

12.31 본조 개정].

[1991.12.31 이전 조문] 제814조(선하증권의 기재사항) 선하증권에는 다음의 사항을 기재하고 발행자가 기명날인하여야 한다.
1. 선박의 명칭, 국적과 톤수
2. 선장의 성명
3. 운송물의 종류, 중량 또는 용적, 포장의 종별, 개수와 기호
4. 용선자 또는 송하인의 성명 또는 상호
5. 수하인의 성명 또는 상호
6. 선적항
7. 양륙항
8. 운임
9. 작성지와 그 작성년월일
10. 수통의 선하증권을 작성한 때에는 그 수

제814조의2【선하증권 기재의 효력】 제814조 제1항의 규정에 따라서 선하증권이 발행된 경우에는 운송인이 그 증권에 기재된 대로 운송물을 수령 또는 선적한 것으로 추정한다. 그러나 운송인은 선하증권을 선의로 취득한 제삼자에게 대항하지 못한다 [1991.12.31 본조 신설].

제815조【등본의 교부】 선하증권의 교부를 받은 용선자 또는 송하인은 발행자의 청구가 있는 때에는 선하증권의 등본에 기명날인 또는 서명하여 [기명날인하여: 개정 1991.12.31] 교부하여야 한다.

제816조【수통의 선하증권과 양륙항에 있어서의 운송물의 인도】 ① 양륙항에서 수통의 선하증권 중 1통을 소지한 자가 운송물의 인도를 청구하는 경우에도 선장은 그 인도를 거부하지 못한다.

② 제1항의 [전항의: 개정 1991.12.31] 규정에 의하여 수통의 선하증권 중 1통의 소지인이 운송물의 인도를 받은 때에는 다른 선하증권은 그 효력을 잃는다.

제817조【수통의 선하증권과 양륙항 외에서의 운송물의 인도】 양륙항 외에서는 선장은 선하증권의 각통의 반환을 받지 아니하면 운송물을 인도하지 못한다.

제818조【2인 이상 소지인에 의한 운송물인도청구와 공탁】 ① 2인 이상의 선하증권소지인이 운송물의 인도를 청구한 때에는 선장은 지체 없이 운송물을 공탁하고

각 청구자에게 그 통지를 발송하여야 한다.

② 선장이 제816조 제1항의 규정에 의하여 운송물의 일부를 인도한 후 다른 소지인이 운송물의 인도를 청구한 경우에도 그 인도하지 아니한 운송물에 대하여는 제1항과 같다 [전항과 같다: 개정 1991.12.31].

제819조【수인의 선하증권소지인의 순위】 ① 제818조의 [전조의: 개정 1991.2.31] 규정에 의하여 공탁한 운송물에 대하여는 수인의 선하증권소지인에게 공통되는 전자로부터 먼저 교부를 받은 증권소지인의 권리가 다른 소지인의 권리에 우선한다 [증권의 소지인이 다른 소지인에 우선하여 그 권리를 행사한다: 개정 1991.12 31].

② 격지자에 대하여 발송한 선하증권은 그 발송한 때를 교부받은 때로 본다.

제820조【준용규정】 제129조, 제130조, 제132조와 제133조의 [제129조 내지 제133조의: 1991.12.31 개정] 규정은 선하증권에 준용한다.

제2절 여객운송

제821조【기명식의 선표】 기명식의 선표는 이를 타인에게 양도하지 못한다.

제822조【식사제공의무】 여객의 항해중의 식사는 다른 약정이 없으면 운송인의 [선박소유자의: 개정 1991.12.31] 부담으로 한다.

제823조【선박수선중의 거처, 식사제공의무】 ① 항해의 중도에서 선박을 수선하는 경우에는 운송인은 [선박소유자는: 개정 1991.12.31] 그 수선 중 여객에게 상당한 거처와 식사를 제공하여야 한다. 그러나 여객의 권리를 해하지 아니하는 범위 내에서 상륙항까지의 운송의 편의를 제공한 때에는 그러하지 아니하다.

② 제1항의 [전항의: 개정 1991.12.31] 경우에 여객은 항해의 비율에 따른 운임을 지급하고 계약을 해지할 수 있다.

제824조【수하물무임운송의무】 여객이 계약에 의하여 선내에서 휴대할 수 있는 수화물에 대하여는 운송인은 [선박소유자는: 개정 1991.12.31] 다른 약정이 없으면 따로 운임을 청구하지 못한다.

제825조【승선지체와 선장의 발항권】 ① 여객이 승선시기까지 승선하지 아니한 때에는 선장은 즉시 발항할 수 있다. 항해중도의 정박항에서도 이와 같다 [같다: 개정 1991.12.31].

② 제1항의 [전항의: 개정 1991.12.31] 경우에는 여객은 운임의 전액을 지급하여야 한다.

제826조【여객의 계약해제의 운임】 여객이 발항 전에 계약을 해제하는 경우에는 운임의 반액을 지급하고 발항 후에 계약을 해제하는 경우에는 운임의 전액을 지급하여야 한다.

제827조【법정사유에 의한 해제】 여객이 발항 전에 사망, 질병 기타의 불가항력으로 인하여 항해할 수 없게 된 때에는 운송인은 [선박소유자는: 개정 1991.12.31] 운임의 10분의 3을 청구할 수 있고 발항 후에 그 사유가 생긴 때에는 운송인의 [선박소유자의: 개정 1991.12. 31] 선택으로 운임의 10분의 3 또는 운송의 비율에 따른 운임을 청구할 수 있다.

제828조【사망한 여객의 수하물처분의무】 여객이 사망한 때에는 선장은 그 상속인에게 가장 이익이 되는 방법으로 사망자가 휴대한 수하물을 처분하여야 한다.

제829조【법정종료사유】 운송계약은 제807조 제1항 제1호 내지 제3호의 사유로 인하여 종료한다. 그 사유가 항해의 중도에서 생긴 때에는 여객은 운송의 비율에 따른 운임을 지급하여야 한다.

제830조【준용규정】 ① 제148조, 제787조, 제790조 제1항과 제806조의 규정은 해상여객운송에 준용한다.

② 제134조, 제136조, 제149조 제2항, 제787조 내지 제791조의2, 제800조, 제800조의2, 제806조, 제808조와 제811조의 규정은 운송인이 위탁을 받은 여객의 수하물의 운송에 준용한다.

③ 제150조, 제789조의2 제1항과 제4항, 제789조의3, 제790조 제1항, 제806조와 제811조의 규정은 운송인이 위탁을 받지 아니한 여객의 수하물에 준용한다 [1991. 12.31 본조 개정].

[1991.12.31 이전 조문] 제830조(준용규정) ① 제148조 내지 제150조, 제808조와 제811조의 규정은 해상여객운송에 준용한다.
② 제791조와 제810조의 규정은 여객의 수하물에 준용한다.

제831조【동전】 여객운송을 하기 위하여 용선계약을 체결한 경우에는 운송인과 용선자의 관계에는 제781조, 제782조 제1항, 제783조, 제784조, 제786조, 제787

조, 제790조 제1항, 제791조, 제792조 내지 제797조, 제802조, 제807조, 제808조와 제811조의 규정을 준용한다 [1991.12.31 본조 개정].

[1991.12.31 이전 조문] 제831조(동전) 여객운송을 하기 위하여 용선계약을 체결한 경우에는 선박소유자와 용선자의 관계에는 제781조 내지 제784조, 제786조, 제789조 내지 제798조, 제800조 내지 제802조, 제806조 내지 제809조와 제811조의 규정을 준용한다.

제5장 공동해손

제832조【공동해손의 요건】 선박과 적하의 공동위험을 면하기 위한 선장의 선박 또는 적하에 대한 처분으로 인하여 생긴 손해 또는 비용은 공동해손으로 한다.

제833조【공동해손의 분담】 공동해손은 그 위험을 면한 선박 또는 적하의 가액과 운임의 반액과 공동해손의 액과의 비율에 따라 각 이해관계인이 이를 분담한다.

제834조【공동해손분담액의 산정】 공동해손의 분담액을 정함에 있어서는 선박의 가액은 도달의 때와 곳의 가액으로 하고 적하의 가액은 양륙의 때와 곳의 가액으로 한다. 그러나 적하에 관하여는 그 가액 중에서 멸실로 인하여 지급을 면하게 된 운임 기타의 비용을 공제하여야 한다.

제835조【공동해손분담자의 유한책임】 제833조와 제834조의 [전2조의: 개정 1991.12.31] 규정에 의하여 공동해손의 분담책임이 있는 자는 선박이 도달하거나 적하를 인도한 때에 현존하는 가액의 한도에서 책임을 진다.

제836조【공동해손의 손해액산정】 공동해손의 액을 정함에 있어서는 선박의 가액은 도달의 때와 곳의 가액으로 하고 적하의 가액은 양륙의 때와 곳의 가액으로 한다. 그러나 적하에 관하여는 그 손실로 인하여 지급을 면하게 된 모든 비용을 공제하여야 한다.

제837조【책임있는 자에 대한 구상권】 선박과 적하의 공동위험이 선박 또는 적하의 하자나 기타 과실 있는 행위로 인하여 생긴 경우에는 공동해손의 분담자는 그 책임이 있는 자에 대하여 구상권을 행사할 수 있다.

제838조【공동해손분담제외】 선박에 비치한 무기, 선원의 급료, 선원과 여객의 양식과 의류는 보존된 경우에도 그 가액을 공동해손의 분담에 산입하지 아니하고

손실된 경우에는 그 가액을 공동해손의 액에 산입한다.

제839조【공동해손분담청구에서의 제외】 ① 속구목록에 기재하지 아니한 속구, 선하증권 기타 적하의 가격을 정할 수 있는 서류없이 선적한 하물 또는 종류와 가액을 명시하지 아니한 대페나 유가증권 기타의 고가물은 보존된 경우에는 그 가액을 공동해손의 분담에 산입하고 손실된 경우에는 그 가액을 공동해손의 액에 산입하지 아니한다.

② 갑판에 적재한 하물에 대하여도 제1항과 같다[전항과 같다: 개정 1991.12.31]. 그러나 연안항행의 경우에는 그러하지 아니하다.

제840조【적하가격의 부실기재와 공동해손】 ① 선하증권 기타 적하의 가격을 정할 수 있는 서류에 적하의 실가보다 고액을 기재한 경우에 그 하물이 보존된 때에는 그 기재액에 의하여 공동해손의 분담액을 정하고 적하의 실가보다 저액을 기재한 경우에 그 하물이 손실된 때에는 그 기재 액을 공동해손의 액으로 한다.

② 제1항의[전항의: 개정 1991.12.31] 규정은 적하의 가격에 영향을 미칠 사항에 관하여 허위의 기재를 한 경우에 준용한다.

제841조【공동해손인 손해의 회복】 선박소유자, 용선자, 송하인 기타의 이해관계인이 공동해손의 액을 분담한 후 선박, 속구 또는 적하의 전부나 일부가 소유자에게 복귀된 때에는 그 소유자는 공동해손의 상금으로 받은 금액에서 구조료와 일부손실로 인한 손해액을 공제하고 그 잔액을 반환하여야 한다.

제842조【공동해손채권의 소멸】 공동해손으로 인하여 생긴 채권 및 제837조에 의한 구상채권은 그 계산이 종료한 날부터 1년 내에 재판상 청구가 없으면 소멸한다. 그러나 제811조 단서의 규정은 이 경우에 준용한다[1991.12.31 본조 개정].

[1991.12.31 이전 조문] 제842조(공동해손채권의 시효) 공동해손으로 인하여 생긴 채권은 그 계산이 종료한 날로부터 1년간 행사하지 아니하면 소멸시효가 완성한다.

제6장 선박충돌

제843조【선박충돌에의 적용법규】 항해선 상호간 또는 항해선과 내수항행선 간의 충돌이 있은 경우에 선박 또는 선박 내에 있는 물건이나 사람에 관하여 생긴 손해

의 배상에 대하여는 어떠한 수면에서 충돌한 때라도 이 장의[본장의: 개정 1991.12.31] 규정을 적용한다.

제844조【불가항력으로 인한 충돌】 선박의 충돌이 불가항력으로 인하여 발생하거나 충돌의 원인이 명백하지 아니한 때에는 피해자는 충돌로 인한 손해의 배상을 청구하지 못한다.

제845조【일방의 과실로 인한 충돌】 선박의 충돌이 일방의 선원의 과실로 인하여 발생한 때에는 그 일방의 선박소유자는 피해자에 대하여 충돌로 인한 손해를 배상할 책임이 있다.

제846조【쌍방의 과실로 인한 충돌】 ① 선박의 충돌이 쌍방의 선원의 과실로 인하여 발생한 때에는 쌍방의 과실의 경중에 따라 각 선박소유자가 손해배상의 책임을 분담한다. 그 과실의 경중을 판정할 수 없는 때에는 손해배상의 책임을 균분하여 부담한다.

② 제1항의[전항의: 개정 1991.12.31] 경우에 제삼자의 사상에 대한 손해배상은 쌍방의 선박소유자가 연대하여 그 책임을 진다.

제847조【도선사의 과실로 인한 충돌】 선박의 충돌이 도선사의 과실로 인하여 발생한 경우에도 선박소유자는 제845조와 제846조의[전2조의: 개정 1991.12.31] 규정에 의하여 손해를 배상할 책임이 있다.

제848조【선박충돌채권의 소멸】 선박의 충돌로 인하여 생긴 손해배상의 청구권은 그 충돌이 있은 날부터 2년 내에 재판상 청구가 없으면 소멸한다. 그러나 제811조 단서의 규정은 이 경우에 준용한다[1991.12.31 본조 개정].

[1991.12.31 이전 조문] 제848조(선박충돌채권의 시효) 선박의 충돌로 인하여 생긴 손해배상의 청구권은 그 충돌이 있은 날로부터 2년간 행사하지 아니하면 소멸시효가 완성한다.

제7장 해난구조
[해양사고 구조로 개정: 해난심판법 1999.2.5. 법률 5809호]

제849조【해난구조[해양사고 구조: 개정 해난심판법 1999.2.5. 법률 5809호]**의 요건】** 항해선 또는 그 적하 기타의 물건이 어떠한 수면에서 위난에 조우한 경우에도 의

무없이 이를 구조한 자는 결과에 대하여 상당한 보수를 청구할 수 있다. 항해선과 내수항행선 간의 구조도 같다.

제850조【구조료의 결정】 구조의 보수에 관한 약정이 없는 경우에 그 액에 대하여 당사자 간에 합의가 성립하지 아니한 때에는 법원은 당사자의 청구에 의하여 위난의 정도, 구조의 노력, 비용과 구조의 효과, 환경손해방지를 위한 노력 [환경손해방지를 위한 노력: 삽입 1991.12.31] 기타의 제반사정을 참작하여 그 액을 정한다.

제851조【약정구조료의 변경청구】 해난당시 [해양사고당시로 개정: 해난심판법 1999. 2.5. 법률 5809호] 에 구조의 보수액에 관한 약정을 한 경우에도 그 액이 현저하게 부당한 때에는 법원은 제850조의 [전조의: 개정 1991.12.31] 사정을 참작하여 그 액을 증감할 수 있다.

제852조【구조료의 한도】 ① 구조의 보수액은 다른 약정이 없으면 구조된 목적물의 가액을 초과하지 못한다.

② 선순위의 우선특권이 있을 때에는 구조의 보수액은 그 우선특권자의 채권액을 공제한 잔액을 초과하지 못한다.

제853조【공동구조자 간의 구조료분배】 ① 수인이 공동으로 구조에 종사한 경우에 그 보수액분배의 비율에 관하여는 제850조의 규정을 준용한다.

② 인명의 구조에 종사한 자도 제1항의 [전항의: 개정 1991.12.31] 규정에 따라 구조의 보수액의 분배를 받을 수 있다.

제854조【선박내부의 구조료분배】 ① 선박이 구조에 종사하여 그 보수를 받은 경우에는 먼저 선박의 손해액과 구조에 요한 비용을 선박소유자에게 지급하고 잔액을 절반하여 선장과 해원에게 지급하여야 한다.

② 제1항의 [전항의: 개정 1991.12.31] 규정에 의하여 해원에게 지급할 보수액의 분배는 선장이 각해원의 노력, 그 효과와 사정을 참작하여 그 항해의 종료전에 분배안을 작성하여 해원에게 고시하여야 한다.

제855조【예선의 구조의 경우】 예선의 본선 또는 그 적하에 대한 구조에 관하여는 예선계약의 이행으로 볼 수 없는 특수한 노력을 제공한 경우가 아니면 구조의 보수를 청구하지 못한다.

제856조【동일소유자에 속한 선박간의 보수】 동일소유자에 속한 선박 상호간에 있어서도 구조에 종사한 자는 상당한 보수를 청구할 수 있다.

제857조【구조료청구권 없는 자】 다음의 자는 구조의 보수를 청구하지 못한다.

1. 구조받은 선박에 종사하는 자
2. 고의 또는 과실로 인하여 해난을 [해양사고를로 개정: 해난심판법 1999.2.5. 법률 5809호] 야기한 자
3. 정당한 거부에 불구하고 구조를 강행하는 자
4. 구조된 물건을 은닉하거나 정당한 이유없이 처분한 자

제858조 【구조자의 우선특권】 ① 구조에 종사한 자의 보수채권은 구조된 적하에 대하여 우선특권이 있다. 그러나 채무자가 그 적하를 제삼취득자에게 인도한 후에는 그 적하에 대하여 이 권리를 행사하지 못한다.

② 제1항의 [전항의: 개정 1991.12.31] 우선특권에는 선박채권자의 우선특권에 관한 규정을 준용한다.

제859조 【구조료지급에 관한 선장의 권한】 ① 선장은 보수를 지급할 채무자에 갈음하여 그 지급에 관한 재판상 또는 재판외의 모든 행위를 할 권한이 있다.

② 선장은 그 보수에 관한 소송의 당사자가 될 수 있고 그 확정판결은 구조의 보수액의 채무자에 대하여도 효력이 있다.

제860조 【구조료청구권의 소멸】 구조에 대한 보수의 청구권은 구조가 완료한 날부터 2년 내에 재판상 청구가 없으면 소멸한다. 그러나 제811조 단서의 규정은 이 경우에 준용한다 [1991.12.31 본조 개정].

[1991.12.31 이전 조문] 제860조(구조청구권의 시효) 구조에 대한 보수의 청구권은 구조가 완료한 날로부터 2년간 행사하지 아니하면 소멸시효가 완성한다.

제8장 선박채권

제861조 【선박우선특권 있는 채권】 ① 다음의 채권을 가진 자는 선박, 그 속구, 그 채권이 생긴 항해의 운임, 그 선박과 운임에 부수한 채권에 대하여 우선특권이 있다. [개정 1991.12.31]

1. 채권자의 공동이익을 위한 소송비용, 선박과 속구의 경매에 관한 비용, 항해에 관하여 선박에 과한 제세금, 도선료, 예선료, 최후입항 후의 선박과 그 속구의 보존비와 검사비

2. 선원 기타의 선박사용인의 고용계약으로 인한 채권
3. 선박의 구조에 대한 보수와 공동해손의 분담에 대한 채권
4. 선박의 충돌로 인한 손해 기타의 항해사고로 인한 항해시설, 항만시설 및 항로에 대한 손해와 선원이나 여객의 생명, 신체에 대한 손해의 배상채권 [1991.12.31 본호 개정]

[1991.12.31 이전 본호] 4. 선박의 충돌 또는 기타의 항해사고로 인한 항해시설 및 항로에 대한 손해, 선원이나 여객의 생명, 신체에 대한 손해와 적하 및 수하물에 대한 손해의 배상채권

5. [1991.12.31 본호 삭제]

[1991.12.31 이전 본호] 5. 선박의 보존 또는 항해계속의 필요로 인하여 선장이 선적항외에서 그 권한에 의하여 체결한 계약 또는 그 이행으로 인한 채권

6. [1991.12.31 본호 삭제]

[1991.12.31 이전 본호] 6.「최후의 항해준비에 요한 선박의 장비, 양식과 연료에 관한 채권」

② 제1항의 [전항의: 개정 1991.12.31] 우선특권을 가진 선박채권자는 이 법 [본법: 개정 1991.12.31] 기타의 법률의 규정에 따라 전항의 재산에 대하여 다른 채권자보다 자기채권의 우선변제를 받을 권리가 있다. 이 경우에는 그 성질에 반하지 아니하는 한 민법의 저당권에 관한 규정을 준용한다.

第862條【선박, 운임에 부수한 채권】 제861조의 [전조의: 개정 1991.12.31] 규정에 의한 선박과 운임에 부수한 채권은 다음과 같다.

1. 선박 또는 운임의 손실로 인하여 선박소유자에게 지급할 손해배상
2. 공동해손으로 인한 선박 또는 운임의 손실에 대하여 선박소유자에게 지급할 상금
3. 해난구조 [해양사고 구조로 개정: 해난심판법 1999.2.5. 법률 5809호] 로 인하여 선박소유자에게 지급할 보수

제863조【운임에 대한 우선특권】 운임에 대한 우선특권은 지급을 받지 아니한 운임, 지급을 받은 운임으로 선박소유자나 그 대리인이 소지한 금액에 한하여 이를 행사할 수 있다.

제864조【보험금 등의 제외】 보험계약에 의하여 선박소유자에게 지급할 보험금과 기타의 장려금이나 보조금에 대하여는 제862조의 규정을 적용하지 아니한다.

제865조【선박사용인의 고용계약으로 인한 채권】 제861조 제1항 제2호의 규정에 의한 채권은 고용계약존속중의 모든 항해로 인한 운임의 전부에 대하여 우선특권이 있다.

제866조【우선특권의 순위】 ① 동일항해로 인한 채권의 우선특권이 경합하는 때에는 그 우선의 순위는 제861조 제1항 각호의 순서에 의한다.

② 제861조 제1항 제3호의 규정에 의한 채권의 [제3호와 제5호의 채권은 그 각호의: 개정 1991.12.31] 우선특권이 경합하는 때에는 후에 생긴 채권이 전에 생긴 채권에 우선한다. 동일한 사고로 인한 채권은 동시에 생긴 것으로 본다.

제867조【동전】 ① 수회의 항해에 관한 채권의 우선특권이 경합하는 때에는 후의 항해에 관한 채권이 전의 항해에 관한 채권에 우선한다.

② 제865조의 규정에 의한 우선특권은 그 최후의 항해에 관한 다른 채권과 동일한 순위로 한다.

제868조【동일순위의 우선특권이 경합한 경우】 제865조 내지 제867조의 [전3조의: 개정 1991.12.31] 규정에 의한 동일순위의 우선특권이 경합하는 때에는 각 채권액의 비율에 따라 변제한다 [변제를 받는다: 개정 1991.12.31].

제869조【우선특권의 추급권】 선박채권자의 우선특권은 그 선박소유권의 이전으로 인하여 영향을 받지 아니한다.

제870조【우선특권의 소멸 [시효 등: 개정 1991.12.31]**】** ① 선박채권자의 우선특권은 그 채권이 생긴 날로부터 1년 내에 실행하지 아니하면 소멸한다 [1년간 행사하지 아니하면 소멸시효가 완성한다: 개정 1991.12.31].

② [1991.12.31 본항 삭제]

[1991.12.31 이전 본항] ② 제861조 제1항 제6호의 규정에 의한 우선특권은 그 선박의 발항으로 인하여 소멸한다.

제871조【선박저당권】 ① 등기한 선박은 저당권의 목적으로 할 수 있다.

② 선박의 저당권은 그 속구에 미친다.

③ 선박의 저당권에는 민법의 저당권에 관한 규정을 준용한다.

제872조【선박저당권 등과 우선특권의 경합】 선박채권자의 우선특권은 질권과 저당권에 우선한다.

제873조【등기선박의 입질불허】 등기한 선박은 질권의 목적으로 하지 못한다.

제874조【건조중의 선박에의 준용】 이 장의 [본장의 : 개정 1991.12.31] 규정은 건조중의 선박에 준용한다.

부칙 〈제4470호, 1991.12.31〉

제1조【시행일】 이 법은 1993년 1월 1일부터 시행한다.

제2조【경과조치】 ② 이 법 제5편의 규정은 이 법 시행 전에 발생한 사고로 인하여 생긴 손해에 관한 채권에는 이를 적용하지 아니하고 종전의 예에 의한다.

제3조【책임제한톤수의 적용에 관한 경과조치】 제751조의 적용에 관하여 국제항해에 종사하는 선박으로서 선박법 제13조의 규정에 의하여 해운항만청장으로부터 국제톤수증서 또는 국제톤수확인서를 아직 교부받지 못한 선박에 대하여는 국제총톤수 대신에 총톤수를 적용한다.

제4조【다른 법률과의 관계】 이 법 시행 당시 다른 법률에서 종전의 상법 규정을 인용한 경우에 이 법 중 그에 해당하는 규정이 있을 때에는 종전의 규정에 갈음하여 이 법의 해당 조항을 인용한 것으로 본다.

해상편

2007년 개정 상법

상법 개정 2007.8.3. 법률 제8581호

개정 상법 시행 2008.8.3.

제5편 해 상

제1장 해상기업

제1절 선 박

제740조 【선박의 의의】 이 법에서 "선박"이란 상행위나 그 밖의 영리를 목적으로 항해에 사용하는 선박을 말한다.

제741조 【적용범위】 ① 항해용 선박에 대하여는 상행위나 그 밖의 영리를 목적으로 하지 아니하더라도 이 편의 규정을 준용한다. 다만 국유 또는 공유의 선박에 대하여는 「선박법」 제29조 단서에도 불구하고 항해의 목적·성질 등을 고려하여 이 편의 규정을 준용하는 것이 적합하지 아니한 경우로서 대통령령으로 정하는 경우에는 그러하지 아니하다 [2007년 추가 → 이전 선박법 제29조 참조].

② 이 편의 규정은 단정(短艇) 또는 주로 노 또는 상앗대로 운전하는 선박에는 적용하지 아니한다 [2007년 본항 개정].

[2007년 이전 본항] 제741조(단정 또는 노도선) 이 편의 규정은 단정 또는 주로 노도로 운전하는 선박에 적용하지 아니한다.

第742조 【선박의 종물】 선박의 속구목록(屬具目錄)에 기재한 물건은 선박의 종물로 추정한다.

第743조 【선박소유권의 이전】 등기 및 등록할 수 있는 선박의 경우 그 소유권의 이전은 당사자 사이의 합의만으로 그 효력이 생긴다. 다만 이를 등기하고 선박국적증서에 기재하지 아니하면 제3자에게 대항하지 못한다 [2007년 본조 개정].

[2007년 이전 조문] 제743조(선박에 관한 권리의 이전) 선박에 관한 권리의 이전은 당사자간의 합의만으로써 효력이 생긴다. 그러나 이를 등기하고 선박국적증서에 기재하지 아니하면 제삼자에게 대항하지 못한다.

第744조 【선박의 압류·가압류】 ① 항해의 준비를 완료한 선박과 그 속구는 압류 또는 가압류를 하지 못한다. 다만 항해를 준비하기 위하여 생긴 채무에 대하여는 그러하지 아니하다.

② 제1항은 총톤수 20톤 미만의 선박에는 적용하지 아니한다 [2007년 본항 변경].

[2007년 이전 본항] 제745조(소형선박) 제743조와 제744조의 규정은 총톤수 20톤 미만의 선박에 적용하지 아니한다.

제2절 선 장

第745조 【선장의 선임·해임】 선장은 선박소유자가 선임 또는 해임한다 [2007년 이전 제767조].

第746조 【선장의 부당한 해임에 대한 손해배상청구권】 선박소유자가 정당한 사유 없이 선장을 해임한 때에는 선장은 이로 인하여 생긴 손해의 배상을 청구할 수 있다.

본조는 2007년 이전 제768조 제1항임 → 제768조 제2항 및 3항은 공유선박에 관한 제762조로 됨

第747조 【선장의 계속직무집행의 책임】 선장은 항해 중에 해임 또는 임기가 만료

된 경우에도 다른 선장이 그 업무를 처리할 수 있는 때 또는 그 선박이 선적항에 도착할 때까지 그 직무를 집행할 책임이 있다 [2007년 이전 제769조].

제748조 【선장의 대선장 선임의 권한 및 책임】 선장은 불가항력으로 인하여 그 직무를 집행하기가 불능한 때에 법령에 다른 규정이 있는 경우를 제외하고는 자기의 책임으로 타인을 선정하여 선장의 직무를 집행하게 할 수 있다 [2007년 이전 제772조].

제749조 【대리권의 범위】 ① 선적항 외에서는 선장은 항해에 필요한 재판상 또는 재판 외의 모든 행위를 할 권한이 있다.

② 선적항에서는 선장은 특히 위임을 받은 경우 외에는 해원의 고용과 해고를 할 권한만을 가진다 [2007년 이전 제773조].

제750조 【특수한 행위에 대한 권한】 ① 선장은 선박수선료·해난구조료, 그 밖에 항해의 계속에 필요한 비용을 지급하여야 할 경우 외에는 다음의 행위를 하지 못한다.

1. 선박 또는 속구를 담보에 제공하는 일
2. 차재(借財)하는 일
3. 적하의 전부나 일부를 처분하는 일

② 적하를 처분할 경우의 손해배상액은 그 적하가 도달할 시기의 양륙항의 가격에 의하여 정한다. 다만 그 가격 중에서 지급을 요하지 아니하는 비용을 공제하여야 한다 [2007년 이전 제774조].

제751조 【대리권에 대한 제한】 선장의 대리권에 대한 제한은 선의의 제3자에게 대항하지 못한다 [2007년 이전 제775조].

제752조 【이해관계인을 위한 적하의 처분】 ① 선장이 항해 중에 적하를 처분하는 경우에는 이해관계인의 이익을 위하여 가장 적당한 방법으로 하여야 한다.

② 제1항의 경우에 이해관계인은 선장의 처분으로 인하여 생긴 채권자에게 적하의 가액을 한도로 하여 그 책임을 진다. 다만 그 이해관계인에게 과실이 있는 때에는 그러하지 아니하다 [2007년 이전 제776조].

제753조 【선박경매권】 선적항 외에서 선박이 수선하기 불가능하게 된 때에는 선장은 해무관청의 인가를 받아 이를 경매할 수 있다 [2007년 이전 제777조].

제754조 【선박의 수선불능】 ① 다음 각 호의 경우에는 선박은 수선하기 불가능하게 된 것으로 본다.

1. 선박이 그 현재지에서 수선을 받을 수 없으며 또 그 수선을 할 수 있는 곳에 도달하기 불가능한 때
2. 수선비가 선박의 가액의 4분의 3을 초과할 때

② 제1항 제2호의 가액은 선박이 항해 중 훼손된 경우에는 그 발항한 때의 가액으로 하고 그 밖의 경우에는 그 훼손 전의 가액으로 한다 [2007년 이전 제778조].

제755조【보고 · 계산의 의무】 ① 선장은 항해에 관한 중요한 사항을 지체 없이 선박소유자에게 보고하여야 한다.

② 선장은 매 항해를 종료한 때에는 그 항해에 관한 계산서를 지체 없이 선박소유자에게 제출하여 그 승인을 받아야 한다.

③ 선장은 선박소유자의 청구가 있을 때에는 언제든지 항해에 관한 사항과 계산의 보고를 하여야 한다 [2007년 이전 제779조].

제3절 선박공유

제756조【선박공유자의 업무결정】 ① 공유선박의 이용에 관한 사항은 공유자의 지분의 가격에 따라 그 과반수로 결정한다.

② 선박공유에 관한 계약을 변경하는 사항은 공유자의 전원일치로 결정하여야 한다 [2007년 이전 제753조].

제757조.【선박공유와 비용의 부담】 선박공유자는 그 지분의 가격에 따라 선박의 이용에 관한 비용과 이용에 관하여 생긴 채무를 부담한다 [2007년 이전 제754조].

제758조【손익분배】 손익의 분배는 매 항해의 종료 후에 있어서 선박공유자의 지분의 가격에 따라서 한다 [2007년 이전 제755조].

제759조【지분의 양도】 선박공유자 사이에 조합관계가 있는 경우에도 각 공유자는 다른 공유자의 승낙 없이 그 지분을 타인에게 양도할 수 있다. 다만 선박관리인의 경우에는 그러하지 아니하다 [2007년 이전 제756조].

제760조【공유선박의 국적상실과 지분의 매수 또는 경매청구】 선박공유자의 지분의 이전 또는 그 국적상실로 인하여 선박이 대한민국의 국적을 상실할 때에는 다른 공유자는 상당한 대가로 그 지분을 매수하거나 그 경매를 법원에 청구할 수 있다 [2007년 이전 제757조 제1항 → 제2항은 삭제].

[2007년 이전 제757조 제2항] 제757조(공유선박의 국적상실과 지분의 매수 또는 경매청구) ② 사원의 지분의 이전으로 회사의 소유에 속하는 선박이 대한민국의 국적을 상실할 때에는 합명회사에 있어서는 다른 사원, 합자회사에 있어서는 다른 무한책임사원이 상당한 대가로 그 지분을 매수할 수 있다.

제761조【결의반대자의 지분매수청구권】 ① 선박공유자가 신항해를 개시하거나 선박을 대수선할 것을 결의한 때에는 그 결의에 이의가 있는 공유자는 다른 공유자에 대하여 상당한 가액으로 자기의 지분을 매수할 것을 청구할 수 있다.

② 제1항의 청구를 하고자 하는 자는 그 결의가 있은 날부터, 결의에 참가하지 아니한 경우에는 결의통지를 받은 날부터 3일 이내에 다른 공유자 또는 선박관리인에 대하여 그 통지를 발송하여야 한다 [2007년 이전 제758조].

제762조【해임선장의 지분매수청구권】 ① 선박공유자인 선장이 그 의사에 반하여 해임된 때에는 다른 공유자에 대하여 상당한 가액으로 그 지분을 매수할 것을 청구할 수 있다.

② 선박공유자가 제1항의 청구를 하고자 하는 때에는 지체 없이 다른 공유자 또는 선박관리인에 대하여 그 통지를 발송하여야 한다 [2007년 이전 제768조 제2항 및 제3항].

제763조【항해 중 선박 등의 양도】 항해 중에 있는 선박이나 그 지분을 양도한 경우에 당사자 사이에 다른 약정이 없으면 양수인이 그 항해로부터 생긴 이익을 얻고 손실을 부담한다 [2007년 이전 제759조].

제764조【선박관리인의 선임 · 등기】 ① 선박공유자는 선박관리인을 선임하여야 한다. 이 경우 선박공유자가 아닌 자를 선박관리인으로 선임함에는 공유자 전원의 동의가 있어야 한다.

② 선박관리인의 선임과 그 대리권의 소멸은 등기하여야 한다 [2007년 이전 제760조].

제765조【선박관리인의 권한】 ① 선박관리인은 선박의 이용에 관한 재판상 또는 재판 외의 모든 행위를 할 권한이 있다.

② 선박관리인의 대리권에 대한 제한은 선의의 제3자에게 대항하지 못한다 [2007년 이전 제761조].

제766조【선박관리인의 권한의 제한】 선박관리인은 선박공유자의 서면에 의한 위

임이 없으면 다음 각 호의 행위를 하지 못한다.
1. 선박을 양도 · 임대 또는 담보에 제공하는 일
2. 신항해를 개시하는 일
3. 선박을 보험에 붙이는 일
4. 선박을 대수선하는 일
5. 차재하는 일 [2007년 이전 제762조]

제767조 【장부의 기재 · 비치】 선박관리인은 업무집행에 관한 장부를 비치하고 그 선박의 이용에 관한 모든 사항을 기재하여야 한다 [2007년 이전 제763조].

제768조 【선박관리인의 보고 · 승인】 선박관리인은 매 항해의 종료 후에 지체 없이 그 항해의 경과상황과 계산에 관한 서면을 작성하여 선박공유자에게 보고하고 그 승인을 받아야 한다 [2007년 이전 제764조].

제4절 선박소유자 등의 책임제한

제769조 【선박소유자의 유한책임】 선박소유자는 청구원인의 여하에 불구하고 다음 각 호의 채권에 대하여 제770조에 따른 금액의 한도로 그 책임을 제한할 수 있다. 다만 그 채권이 선박소유자 자신의 고의 또는 손해발생의 염려가 있음을 인식하면서 무모하게 한 작위 또는 부작위로 인하여 생긴 손해에 관한 것인 때에는 그러하지 아니하다.
1. 선박에서 또는 선박의 운항에 직접 관련하여 발생한 사람의 사망, 신체의 상해 또는 그 선박 외의 물건의 멸실 또는 훼손으로 인하여 생긴 손해에 관한 채권
2. 운송물, 여객 또는 수하물의 운송의 지연으로 인하여 생긴 손해에 관한 채권
3. 제1호 및 제2호 외에 선박의 운항에 직접 관련하여 발생한 계약상의 권리 외의 타인의 권리의 침해로 인하여 생긴 손해에 관한 채권
4. 제1호부터 제3호까지의 채권의 원인이 된 손해를 방지 또는 경감하기 위한 조치에 관한 채권 또는 그 조치의 결과로 인하여 생긴 손해에 관한 채권

제770조 【책임의 한도액】 ① 선박소유자가 제한할 수 있는 책임의 한도액은 다음 각 호의 금액으로 한다.
1. 여객의 사망 또는 신체의 상해로 인한 손해에 관한 채권에 대한 책임의 한도액

은 그 선박의 선박검사증서에 기재된 여객의 정원에 17만5천 계산단위(국제통화기금의 1 특별인출권에 상당하는 금액을 말한다. 이하 같다)를 곱하여 얻은 금액으로 한다 [2007년 본호 개정].

[2007년 이전 본호] 1. 여객의 사망 또는 신체의 상해로 인한 손해에 관한 채권에 대한 책임의 한도액은 그 선박의 선박검사증서에 기재된 여객의 정원에 4만6천6백6십6 계산단위를 곱하여 얻은 금액과 2천5백만 계산단위에 상당하는 금액중 적은 금액으로 한다.

2. 여객 외의 사람의 사망 또는 신체의 상해로 인한 손해에 관한 채권에 대한 책임의 한도액은 그 선박의 톤수에 따라서 다음 각 목에 정하는 바에 따라 계산된 금액으로 한다. 다만 300톤 미만의 선박의 경우에는 16만7천 계산단위에 상당하는 금액으로 한다 [2007년 본호 개정].
   가. 500톤 이하의 선박의 경우에는 33만3천 계산단위에 상당하는 금액
   나. 500톤을 초과하는 선박의 경우에는 가목의 금액에 500톤을 초과하여 3천톤까지의 부분에 대하여는 매 톤당 500 계산단위, 3천톤을 초과하여 3만톤까지의 부분에 대하여는 매 톤당 333 계산단위, 3만톤을 초과하여 7만톤까지의 부분에 대하여는 매 톤당 250 계산단위 및 7만톤을 초과한 부분에 대하여는 매 톤당 167 계산단위를 각 곱하여 얻은 금액을 순차로 가산한 금액

[2007년 이전 본호] 2. 여객 이외의 사람의 사망 또는 신체의 상해로 인한 손해에 관한 채권에 대한 책임의 한도액은 그 선박의 톤수에 따라서 다음 각목에 정하는 바에 의하여 계산된 금액으로 한다. 그러나 3백톤 미만의 선박의 경우에는 16만7천 계산단위에 상당하는 금액으로 한다.
가. 5백톤 이하의 선박의 경우에는 3십3만3천 계산단위에 상당하는 금액
나. 5백톤을 초과하는 선박의 경우에는 가목의 금액에 5백톤을 초과하여 3천톤까지의 부분에 대하여는 매톤당 5백 계산단위, 3천톤을 초과하여 3만톤까지의 부분에 대하여는 매톤당 3백3십3 계산단위, 3만톤을 초과하여 7만톤까지의 부분에 대하여는 매톤당 2백5십 계산단위 및 7만톤을 초과한 부분에 대하여는 매톤당 1백6십7 계산단위를 각 곱하여 얻은 금액을 순차로 가산한 금액

3. 제1호 및 제2호 외의 채권에 대한 책임의 한도액은 그 선박의 톤수에 따라서 다

음 각 목에 정하는 바에 따라 계산된 금액으로 한다. 다만 300톤 미만의 선박의 경우에는 8만3천 계산단위에 상당하는 금액으로 한다 [2007년 본호 개정].

가. 500톤 이하의 선박의 경우에는 16만7천 계산단위에 상당하는 금액

나. 500톤을 초과하는 선박의 경우에는 가목의 금액에 500톤을 초과하여 3만톤까지의 부분에 대하여는 매 톤당 167 계산단위, 3만톤을 초과하여 7만톤까지의 부분에 대하여는 매 톤당 125 계산단위 및 7만톤을 초과한 부분에 대하여는 매 톤당 83 계산단위를 각 곱하여 얻은 금액을 순차로 가산한 금액

[2007년 이전 본호] 3. 제1호 및 제2호 이외의 채권에 대한 책임의 한도액은 그 선박의 톤수에 따라서 다음 각목에 정하는 바에 의하여 계산된 금액으로 한다. 그러나 3백톤 미만의 선박의 경우에는 8만3천 계산단위에 상당하는 금액으로 한다.

가. 5백톤 이하의 선박의 경우에는 1십6만7천 계산단위에 상당하는 금액

나. 5백톤을 초과하는 선박의 경우에는 가목의 금액에 5백톤을 초과하여 3만톤까지의 부분에 대하여는 매톤당 1백6십7 계산단위, 3만톤을 초과하여 7만톤까지의 부분에 대하여는 매톤당 1백2십5 계산단위 및 7만톤을 초과한 부분에 대하여는 매톤당 8십3 계산단위를 각 곱하여 얻은 금액을 순차로 가산한 금액

② 제1항 각 호에 따른 각 책임한도액은 선박마다 동일한 사고에서 생긴 각 책임한도액에 대응하는 선박소유자에 대한 모든 채권에 미친다.

③ 제769조에 따라 책임이 제한되는 채권은 제1항 각 호에 따른 각 책임한도액에 대하여 각 채권액의 비율로 경합한다.

④ 제1항 제2호에 따른 책임한도액이 같은 호의 채권의 변제에 부족한 때에는 제3호에 따른 책임한도액을 그 잔액채권의 변제에 충당한다. 이 경우 동일한 사고에서 제3호의 채권도 발생한 때에는 이 채권과 제2호의 잔액채권은 제3호에 따른 책임한도액에 대하여 각 채권액의 비율로 경합한다.

⑤ [2007년 본항 삭제]

[2007년 이전 제5항] ⑤ 제1항에서 "계산단위"라 함은 국제통화기금의 1 특별인출권에 상당하는 금액을 이른다.

제771조【동일한 사고로 인한 반대채권액의 공제】 선박소유자가 책임의 제한을 받는 채권자에 대하여 동일한 사고로 인하여 생긴 손해에 관한 채권을 가지는 경우에는 그 채권액을 공제한 잔액에 한하여 책임의 제한을 받는 채권으로 한다 [2007년 이전 제749조].

제772조【책임제한을 위한 선박톤수】 제770조 제1항에서 규정하는 선박의 톤수는 국제항해에 종사하는 선박의 경우에는 「선박법」에서 규정하는 국제총톤수로 하고 그 밖의 선박의 경우에는 같은 법에서 규정하는 총톤수로 한다 [2007년 이전 제751조].

제773조【유한책임의 배제】 선박소유자는 다음 각 호의 채권에 대하여는 그 책임을 제한하지 못한다 [2007년 이전 제748조].

1. 선장·해원, 그 밖의 사용인으로서 그 직무가 선박의 업무에 관련된 자 또는 그 상속인, 피부양자, 그 밖의 이해관계인의 선박소유자에 대한 채권
2. 해난구조로 인한 구조료 채권 및 공동해손의 분담에 관한 채권
3. 1969년 11월 29일 성립한 「유류오염손해에 대한 민사책임에 관한 국제조약」 또는 그 조약의 개정조항이 적용되는 유류오염손해에 관한 채권
4. 침몰·난파·좌초·유기, 그 밖의 해양사고를 당한 선박 및 그 선박 안에 있거나 있었던 적하와 그 밖의 물건의 인양·제거·파괴 또는 무해조치에 관한 채권
5. 원자력손해에 관한 채권

제774조【책임제한을 할 수 있는 자의 범위】 ① 다음 각 호의 어느 하나에 해당하는 자는 이 절의 규정에 따라 선박소유자의 경우와 동일하게 책임을 제한할 수 있다.

1. 용선자·선박관리인 및 선박운항자
2. 법인인 선박소유자 및 제1호에 규정된 자의 무한책임사원
3. 자기의 행위로 인하여 선박소유자 또는 제1호에 규정된 자에 대하여 제769조 각 호에 따른 채권이 성립하게 한 선장·해원·도선사, 그 밖의 선박소유자 또는 제1호에 규정된 자의 사용인 또는 대리인

② 동일한 사고에서 발생한 모든 채권에 대한 선박소유자 및 제1항에 규정된 자에 의한 책임제한의 총액은 선박마다 제770조에 따른 책임한도액을 초과하지 못한다.

③ 선박소유자 또는 제1항 각 호에 규정된 자의 1인이 책임제한절차개시의 결정

을 받은 때에는 책임제한을 할 수 있는 다른 자도 이를 원용할 수 있다 [2007년 이전 제750조].

제775조【구조자의 책임제한】 ① 구조자 또는 그 피용자의 구조활동과 직접 관련하여 발생한 사람의 사망・신체의 상해, 재산의 멸실이나 훼손, 계약상 권리 외의 타인의 권리의 침해로 인하여 생긴 손해에 관한 채권 및 그러한 손해를 방지 혹은 경감하기 위한 조치에 관한 채권 또는 그 조치의 결과로 인하여 생긴 손해에 관한 채권에 대하여는 제769조부터 제774조(제769조 제2호 및 제770조 제1항 제1호를 제외한다)까지의 규정에 따라 구조자도 책임을 제한할 수 있다 [2007년 제1항 개정].

[2007년 이전 제752조의2 제1항] ① 제746조 내지 제752조의 규정은 해난구조자의 구조활동에 직접 관련하여 발생한 채권에 대한 책임의 제한에 준용한다.

② 구조활동을 선박으로부터 행하지 아니한 구조자 또는 구조를 받는 선박에서만 행한 구조자는 제770조에 따른 책임의 한도액에 관하여 1천500톤의 선박에 의한 구조자로 본다.
③ 구조자의 책임의 한도액은 구조선마다 또는 제2항의 경우에는 구조자마다 동일한 사고로 인하여 생긴 모든 채권에 미친다.
④ 제1항에서 "구조자"란 구조활동에 직접 관련된 용역을 제공한 자를 말하며, "구조활동"이란 해난구조시의 구조활동은 물론 침몰・난파・좌초・유기, 그 밖의 해양사고를 당한 선박 및 그 선박 안에 있거나 있었던 적하와 그 밖의 물건의 인양・제거・파괴 또는 무해조치 및 이와 관련된 손해를 방지 또는 경감하기 위한 모든 조치를 말한다 [2007년 제4항 추가].

제776조【책임제한의 절차】 ① 이 절의 규정에 따라 책임을 제한하고자 하는 자는 채권자로부터 책임한도액을 초과하는 청구금액을 명시한 서면에 의한 청구를 받은 날부터 1년 이내에 법원에 책임제한절차개시의 신청을 하여야 한다.
② 책임제한절차 개시의 신청, 책임제한의 기금의 형성・공고・참가・배당, 그 밖에 필요한 사항은 별도로 법률로 정한다 [2007년 이전 제752조].

제5절 선박담보

제777조 【선박우선특권 있는 채권】 ① 다음의 채권을 가진 자는 선박·그 속구, 그 채권이 생긴 항해의 운임, 그 선박과 운임에 부수한 채권에 대하여 우선특권이 있다 [2007년 이전 제761조].

1. 채권자의 공동이익을 위한 소송비용, 항해에 관하여 선박에 과한 제세금, 도선료·예선료, 최후 입항 후의 선박과 그 속구의 보존비·검사비 [2007년 제1호 변경]

[2007년 이전 제1호] 1. 채권자의 공동이익을 위한 소송비용, 선박과 속구의 경매에 관한 비용, 항해에 관하여 선박에 과한 제세금, 도선료와 예선료, 최후입항 후의 선박과 그 속구의 보존비와 검사비

2. 선원과 그 밖의 선박사용인의 고용계약으로 인한 채권
3. 해난구조로 인한 선박에 대한 구조료 채권과 공동해손의 분담에 대한 채권 [2007년 제3호 변경]

[2007년 이전 제3호] 3. 선박의 구조에 대한 보수와 공동해손의 분담에 대한 채권

4. 선박의 충돌과 그 밖의 항해사고로 인한 손해, 항해시설·항만시설 및 항로에 대한 손해와 선원이나 여객의 생명·신체에 대한 손해의 배상채권 [2007년 제4호 변경]

[2007년 이전 제4호] 4. 선박의 충돌로 인한 손해 기타의 항해사고로 인한 항해시설, 항만시설 및 항로에 대한 손해와 선원이나 여객의 생명, 신체에 대한 손해의 배상채권

② 제1항의 우선특권을 가진 선박채권자는 이 법과 그 밖의 법률의 규정에 따라 제1항의 재산에 대하여 다른 채권자보다 자기채권의 우선변제를 받을 권리가 있다. 이 경우 그 성질에 반하지 아니하는 한 「민법」의 저당권에 관한 규정을 준용한다.

제778조 【선박·운임에 부수한 채권】 제777조에 따른 선박과 운임에 부수한 채

권은 다음과 같다 [2007년 이전 제862조].

1. 선박 또는 운임의 손실로 인하여 선박소유자에게 지급할 손해배상
2. 공동해손으로 인한 선박 또는 운임의 손실에 대하여 선박소유자에게 지급할 상금
3. 해난구조로 인하여 선박소유자에게 지급할 구조료

제779조【운임에 대한 우선특권】 운임에 대한 우선특권은 지급을 받지 아니한 운임 및 지급을 받은 운임 중 선박소유자나 그 대리인이 소지한 금액에 한하여 행사할 수 있다 [2007년 이전 제863조].

제780조【보험금 등의 제외】 보험계약에 의하여 선박소유자에게 지급할 보험금과 그 밖의 장려금이나 보조금에 대하여는 제778조를 적용하지 아니한다 [2007년 이전 제863조].

제781조【선박사용인의 고용계약으로 인한 채권】 제777조 제1항 제2호에 따른 채권은 고용계약 존속 중의 모든 항해로 인한 운임의 전부에 대하여 우선특권이 있다 [2007년 이전 제865조].

제782조【동일항해로 인한 채권에 대한 우선특권의 순위】 ① 동일항해로 인한 채권의 우선특권이 경합하는 때에는 그 우선의 순위는 제777조 제1항 각 호의 순서에 따른다.

② 제777조 제1항 제3호에 따른 채권의 우선특권이 경합하는 때에는 후에 생긴 채권이 전에 생긴 채권에 우선한다. 동일한 사고로 인한 채권은 동시에 생긴 것으로 본다 [2007년 이전 제866조].

제783조【수회항해에 관한 채권에 대한 우선특권의 순위】 ① 수회의 항해에 관한 채권의 우선특권이 경합하는 때에는 후의 항해에 관한 채권이 전의 항해에 관한 채권에 우선한다.

② 제781조에 따른 우선특권은 그 최후의 항해에 관한 다른 채권과 동일한 순위로 한다 [2007년 이전 제867조].

제784조【동일순위의 우선특권이 경합한 경우】 제781조부터 제783조까지의 규정에 따른 동일순위의 우선특권이 경합하는 때에는 각 채권액의 비율에 따라 변제한다 [2007년 이전 제868조].

제785조【우선특권의 추급권】 선박채권자의 우선특권은 그 선박소유권의 이전으로 인하여 영향을 받지 아니한다 [2007년 이전 제869조].

제786조 【우선특권의 소멸】 선박채권자의 우선특권은 그 채권이 생긴 날부터 1년 이내에 실행하지 아니하면 소멸한다 [2007년 이전 제870조].

제787조 【선박저당권】 ① 등기한 선박은 저당권의 목적으로 할 수 있다.

② 선박의 저당권은 그 속구에 미친다.

③ 선박의 저당권에는 「민법」의 저당권에 관한 규정을 준용한다 [2007년 이전 제871조].

제788조 【선박저당권 등과 우선특권의 경합】 선박채권자의 우선특권은 질권과 저당권에 우선한다 [2007년 이전 제872조].

제789조 【등기선박의 입질불허】 등기한 선박은 질권의 목적으로 하지 못한다 [2007년 이전 제873조].

제790조 【건조 중의 선박에의 준용】 이 절의 규정은 건조 중의 선박에 준용한다 [2007년 이전 제874조].

제2장 운송과 용선

제1절 개품운송

제791조 【개품운송계약의 의의】 개품운송계약은 운송인이 개개의 물건을 해상에서 선박으로 운송할 것을 인수하고, 송하인이 이에 대하여 운임을 지급하기로 약정함으로써 그 효력이 생긴다 [2007년 본조 추가].

제792조 【운송물의 제공】 ① 송하인은 당사자 사이의 합의 또는 선적항의 관습에 의한 때와 곳에서 운송인에게 운송물을 제공하여야 한다.

② 제1항에 따른 때와 곳에서 송하인이 운송물을 제공하지 아니한 경우에는 계약을 해제한 것으로 본다. 이 경우 선장은 즉시 발항할 수 있고, 송하인은 운임의 전액을 지급하여야 한다 [2007년 이전 제785조].

제793조 【운송에 필요한 서류의 교부】 송하인은 선적기간 이내에 운송에 필요한 서류를 선장에게 교부하여야 한다 [2007년 이전 제781조].

제794조 【감항능력 주의의무】 운송인은 자기 또는 선원이나 그 밖의 선박사용인이 발항 당시 다음의 사항에 관하여 주의를 해태하지 아니하였음을 증명하지 아니하

면 운송물의 멸실・훼손 또는 연착으로 인한 손해를 배상할 책임이 있다 [2007년 이전 제787조].

1. 선박이 안전하게 항해를 할 수 있게 할 것
2. 필요한 선원의 승선, 선박의장(艤裝)과 필요품의 보급
3. 선창・냉장실, 그 밖에 운송물을 적재할 선박의 부분을 운송물의 수령・운송과 보존을 위하여 적합한 상태에 둘 것

제795조【운송물에 관한 주의의무】 ① 운송인은 자기 또는 선원이나 그 밖의 선박사용인이 운송물의 수령・선적・적부(積付)・운송・보관・양륙과 인도에 관하여 주의를 해태하지 아니하였음을 증명하지 아니하면 운송물의 멸실・훼손 또는 연착으로 인한 손해를 배상할 책임이 있다.

② 운송인은 선장・해원・도선사, 그 밖의 선박사용인의 항해 또는 선박의 관리에 관한 행위 또는 화재로 인하여 생긴 운송물에 관한 손해를 배상할 책임을 면한다. 다만 운송인의 고의 또는 과실로 인한 화재의 경우에는 그러하지 아니하다 [2007년 이전 제788조].

제796조【운송인의 면책사유】 운송인은 다음 각 호의 사실이 있었다는 것과 운송물에 관한 손해가 그 사실로 인하여 보통 생길 수 있는 것임을 증명한 때에는 이를 배상할 책임을 면한다. 다만 제794조 및 제795조 제1항에 따른 주의를 다하였더라면 그 손해를 피할 수 있었음에도 불구하고 그 주의를 다하지 아니하였음을 증명한 때에는 그러하지 아니하다 [2007년 이전 제789조].

1. 해상이나 그 밖에 항행할 수 있는 수면에서의 위험 또는 사고
2. 불가항력
3. 전쟁・폭동 또는 내란
4. 해적행위나 그 밖에 이에 준한 행위
5. 재판상의 압류, 검역상의 제한, 그 밖에 공권에 의한 제한
6. 송하인 또는 운송물의 소유자나 그 사용인의 행위
7. 동맹파업이나 그 밖의 쟁의행위 또는 선박폐쇄
8. 해상에서의 인명이나 재산의 구조행위 또는 이로 인한 항로이탈이나 그 밖의 정당한 사유로 인한 항로이탈
9. 운송물의 포장의 불충분 또는 기호의 표시의 불완전
10. 운송물의 특수한 성질 또는 숨은 하자

11. 선박의 숨은 하자

제797조【책임의 한도】 ① 제794조부터 제796조까지의 규정에 따른 운송인의 손해배상의 책임은 당해 운송물의 매 포장당 또는 선적단위당 666과 100분의 67 계산단위의 금액과 중량 1킬로그램당 2 계산단위의 금액 중 큰 금액을 한도로 제한할 수 있다. 다만 운송물에 관한 손해가 운송인 자신의 고의 또는 손해발생의 염려가 있음을 인식하면서 무모하게 한 작위 또는 부작위로 인하여 생긴 것인 때에는 그러하지 아니하다 [2007년 이전 제789조의2: 2007년 제1항 개정].

[2007년 이전 제789조의2] ① 제787조 내지 제789조의 규정에 의한 운송인의 손해배상의 책임은 당해 운송물의 매 포장당 또는 선적단위당 500계산단위의 금액을 한도로 이를 제한할 수 있다. 그러나 운송물에 관한 손해가 운송인 자신의 고의 또는 그 손해가 생길 염려가 있음을 인식하면서 무모하게 한 작위 또는 부작위로 인하여 생긴 것인 때에는 그러하지 아니하다.

② 제1항의 적용에 있어서 운송물의 포장 또는 선적단위의 수는 다음과 같이 정한다.

1. 컨테이너나 그 밖에 이와 유사한 운송용기가 운송물을 통합하기 위하여 사용되는 경우에 그러한 운송용기에 내장된 운송물의 포장 또는 선적단위의 수를 선하증권이나 그 밖에 운송계약을 증명하는 문서에 기재한 때에는 그 각 포장 또는 선적단위를 하나의 포장 또는 선적단위로 본다. 이 경우를 제외하고는 이러한 운송용기 내의 운송물 전부를 하나의 포장 또는 선적단위로 본다.
2. 운송인이 아닌 자가 공급한 운송용기 자체가 멸실 또는 훼손된 경우에는 그 용기를 별개의 포장 또는 선적단위로 본다.

③ 제1항 및 제2항은 송하인이 운송인에게 운송물을 인도할 때에 그 종류와 가액을 고지하고 선하증권이나 그 밖에 운송계약을 증명하는 문서에 이를 기재한 경우에는 적용하지 아니한다. 다만 송하인이 운송물의 종류 또는 가액을 고의로 현저하게 부실의 고지를 한 때에는 운송인은 자기 또는 그 사용인이 악의인 경우를 제외하고 운송물의 손해에 대하여 책임을 면한다.

④ 제1항부터 제3항까지의 규정은 제769조부터 제774조까지 및 제776조의 적용에 영향을 미치지 아니한다.

⑤ [2007년 본항 삭제]

[2007년 이전 제789조의2 제5항 → 제770조 제1항 제1호에 의해 불요] ⑤ 제1항의 계산단위는 제747조 제5항의 규정에 의한 계산단위를 이른다.

제798조【비계약적 청구에 대한 적용】 ① 이 절의 운송인의 책임에 관한 규정은 운송인의 불법행위로 인한 손해배상의 책임에도 적용한다.

② 운송물에 관한 손해배상청구가 운송인의 사용인 또는 대리인에 대하여 제기된 경우에 그 손해가 그 사용인 또는 대리인의 직무집행에 관하여 생긴 것인 때에는 그 사용인 또는 대리인은 운송인이 주장할 수 있는 항변과 책임제한을 원용할 수 있다. 다만 그 손해가 그 사용인 또는 대리인의 고의 또는 운송물의 멸실・훼손 또는 연착이 생길 염려가 있음을 인식하면서 무모하게 한 작위 또는 부작위로 인하여 생긴 것인 때에는 그러하지 아니하다.

③ 제2항 본문의 경우에 운송인과 그 사용인 또는 대리인의 운송물에 대한 책임제한금액의 총액은 제797조 제1항에 따른 한도를 초과하지 못한다.

④ 제1항부터 제3항까지의 규정은 운송물에 관한 손해배상청구가 운송인 외의 실제운송인 또는 그 사용인이나 대리인에 대하여 제기된 경우에도 적용한다 [2007년 이전 제789조의3].

제799조【운송인의 책임경감금지】 ① 제794조부터 제798조까지의 규정에 반하여 운송인의 의무 또는 책임을 경감 또는 면제하는 당사자 사이의 특약은 효력이 없다. 운송물에 관한 보험의 이익을 운송인에게 양도하는 약정 또는 이와 유사한 약정도 또한 같다.

② 제1항은 산 동물의 운송 및 선하증권이나 그 밖에 운송계약을 증명하는 문서의 표면에 갑판적(甲板積)으로 운송할 취지를 기재하여 갑판적으로 행하는 운송에 대하여는 적용하지 아니한다 [2007년 이전 제790조].

③ [2007년 본항 삭제]

[2007년 이전 제790조 → 2007년 이후 제839조 참조] ③ 제1항의 규정은 제787조의 규정에 반하는 경우를 제외하고 용선계약에는 이를 적용하지 아니한다. 그러나 용선계약에 따라 선하증권이 발행된 경우에 용선자 이외의 선하증권소지인에 대한 운송인의 의무 또는 책

임에 관하여는 그러하지 아니하다.

제800조【위법선적물의 처분】 ① 선장은 법령 또는 계약을 위반하여 선적된 운송물은 언제든지 이를 양륙할 수 있고, 그 운송물이 선박 또는 다른 운송물에 위해를 미칠 염려가 있는 때에는 이를 포기할 수 있다.

② 선장이 제1항의 물건을 운송하는 때에는 선적한 때와 곳에서의 동종 운송물의 최고운임의 지급을 청구할 수 있다.

③ 제1항 및 제2항은 운송인과 그 밖의 이해관계인의 손해배상청구에 영향을 미치지 아니한다 [2007년 이전 제791조].

제801조【위험물의 처분】 ① 인화성·폭발성이나 그 밖의 위험성이 있는 운송물은 운송인이 그 성질을 알고 선적한 경우에도 그 운송물이 선박이나 다른 운송물에 위해를 미칠 위험이 있는 때에는 선장은 언제든지 이를 양륙·파괴 또는 무해조치할 수 있다.

② 운송인은 제1항의 처분에 의하여 그 운송물에 발생한 손해에 대하여는 공동해손분담책임을 제외하고 그 배상책임을 면한다 [2007년 이전 제791조의2].

제802조【운송물의 수령】 운송물의 도착통지를 받은 수하인은 당사자 사이의 합의 또는 양륙항의 관습에 의한 때와 곳에서 지체 없이 운송물을 수령하여야 한다 [2007년 이전 제799조].

제803조【운송물의 공탁 등】 ① 수하인이 운송물의 수령을 게을리한 때에는 선장은 이를 공탁하거나 세관이나 그 밖에 법령으로 정한 관청의 허가를 받은 곳에 인도할 수 있다. 이 경우 지체 없이 수하인에게 그 통지를 발송하여야 한다.

② 수하인을 확실히 알 수 없거나 수하인이 운송물의 수령을 거부한 때에는 선장은 이를 공탁하거나 세관이나 그 밖에 법령으로 정한 관청의 허가를 받은 곳에 인도하고 지체 없이 용선자 또는 송하인 및 알고 있는 수하인에게 그 통지를 발송하여야 한다.

③ 제1항 및 제2항에 따라 운송물을 공탁하거나 세관이나 그 밖에 법령으로 정한 관청의 허가를 받은 곳에 인도한 때에는 선하증권소지인이나 그 밖의 수하인에게 운송물을 인도한 것으로 본다 [2007년 이전 제803조].

제804조【운송물의 일부 멸실·훼손에 관한 통지】 ① 수하인이 운송물의 일부 멸실 또는 훼손을 발견한 때에는 수령 후 지체 없이 그 개요에 관하여 운송인에게

서면에 의한 통지를 발송하여야 한다. 다만 그 멸실 또는 훼손이 즉시 발견할 수 없는 것인 때에는 수령한 날부터 3일 이내에 그 통지를 발송하여야 한다.

② 제1항의 통지가 없는 경우에는 운송물이 멸실 또는 훼손 없이 수하인에게 인도된 것으로 추정한다.

③ 제1항 및 제2항은 운송인 또는 그 사용인이 악의인 경우에는 적용하지 아니한다.

④ 운송물에 멸실 또는 훼손이 발생하였거나 그 의심이 있는 경우에는 운송인과 수하인은 서로 운송물의 검사를 위하여 필요한 편의를 제공하여야 한다.

⑤ 제1항부터 제4항까지의 규정에 반하여 수하인에게 불리한 당사자 사이의 특약은 효력이 없다 [2007년 이전 제800조의2].

제805조【운송물의 중량·용적에 따른 운임】 운송물의 중량 또는 용적으로 운임을 정한 때에는 운송물을 인도하는 때의 중량 또는 용적에 의하여 그 액을 정한다 [2007년 이전 제801조].

제806조【운송기간에 따른 운임】 ① 기간으로 운임을 정한 때에는 운송물의 선적을 개시한 날부터 그 양륙을 종료한 날까지의 기간에 의하여 그 액을 정한다.

② 제1항의 기간에는 불가항력으로 인하여 선박이 선적항이나 항해도중에 정박한 기간 또는 항해 도중에 선박을 수선한 기간을 산입하지 아니한다 [2007년 이전 제802조].

제807조【수하인의 의무, 선장의 유치권】 ① 수하인이 운송물을 수령하는 때에는 운송계약 또는 선하증권의 취지에 따라 운임·부수비용·체당금·체선료, 운송물의 가액에 따른 공동해손 또는 해난구조로 인한 부담액을 지급하여야 한다.

② 선장은 제1항에 따른 금액의 지급과 상환하지 아니하면 운송물을 인도할 의무가 없다 [2007년 이전 제800조].

제808조【운송인의 운송물경매권】 ① 운송인은 제807조 제1항에 따른 금액의 지급을 받기 위하여 법원의 허가를 받아 운송물을 경매하여 우선변제를 받을 권리가 있다.

② 선장이 수하인에게 운송물을 인도한 후에도 운송인은 그 운송물에 대하여 제1항의 권리를 행사할 수 있다. 다만 인도한 날부터 30일을 경과하거나 제3자가 그 운송물에 점유를 취득한 때에는 그러하지 아니하다 [2007년 이전 제804조].

제809조【항해용선자 등의 재운송계약시 선박소유자의 책임】 항해용선자 또는 정

기용선자가 자기의 명의로 제3자와 운송계약을 체결한 경우에는 그 계약의 이행이 선장의 직무에 속한 범위 안에서 선박소유자도 그 제3자에 대하여 제794조 및 제795조에 따른 책임을 진다 [2007년 이전 제806조: 2007년 본조 개정].

[2007년 이전 조문] 제806조(재운송계약과 선박소유자의 책임) 용선자가 자기의 명의로 제3자와 운송계약을 체결한 경우에는 그 계약의 이행이 선장의 직무에 속한 범위안에서 선박소유자도 그 제삼자에 대하여 제787조와 제788조의 규정에 의한 책임을 진다.

제810조 【운송계약의 종료사유】 ① 운송계약은 다음의 사유로 인하여 종료한다.

1. 선박이 침몰 또는 멸실한 때
2. 선박이 수선할 수 없게 된 때
3. 선박이 포획된 때
4. 운송물이 불가항력으로 인하여 멸실된 때

② 제1항 제1호부터 제3호까지의 사유가 항해 도중에 생긴 때에는 송하인은 운송의 비율에 따라 현존하는 운송물의 가액의 한도에서 운임을 지급하여야 한다 [2007년 이전 제807조].

제811조 【법정사유로 인한 해제 등】 ① 항해 또는 운송이 법령을 위반하게 되거나 그 밖에 불가항력으로 인하여 계약의 목적을 달할 수 없게 된 때에는 각 당사자는 계약을 해제할 수 있다.

② 제1항의 사유가 항해 도중에 생긴 경우에 계약을 해지한 때에는 송하인은 운송의 비율에 따라 운임을 지급하여야 한다 [2007년 이전 제808조].

제812조 【운송물의 일부에 관한 불가항력】 ① 제810조 제1항 제4호 및 제811조 제1항의 사유가 운송물의 일부에 대하여 생긴 때에는 송하인은 운송인의 책임이 가중되지 아니하는 범위 안에서 다른 운송물을 선적할 수 있다.

② 송하인이 제1항의 권리를 행사하고자 하는 때에는 지체 없이 운송물의 양륙 또는 선적을 하여야 한다. 그 양륙 또는 선적을 게을리한 때에는 운임의 전액을 지급하여야 한다 [2007년 이전 제809조].

제813조 【선장의 적하처분과 운임】 운송인은 다음 각 호의 어느 하나에 해당하는 경우에는 운임의 전액을 청구할 수 있다.

1. 선장이 제750조 제1항에 따라 적하를 처분하였을 때

2. 선장이 제865조에 따라 적하를 처분하였을 때 [2007년 이전 제810조]

제814조【운송인의 채권·채무의 소멸】 ① 운송인의 송하인 또는 수하인에 대한 채권 및 채무는 그 청구원인의 여하에 불구하고 운송인이 수하인에게 운송물을 인도한 날 또는 인도할 날부터 1년 이내에 재판상 청구가 없으면 소멸한다. 다만 이 기간은 당사자의 합의에 의하여 연장할 수 있다 [2007년 이전 제811조].

② 운송인이 인수한 운송을 다시 제3자에게 위탁한 경우에 송하인 또는 수하인이 제1항의 기간 이내에 운송인과 배상 합의를 하거나 운송인에게 재판상 청구를 하였다면, 그 합의 또는 청구가 있은 날부터 3개월이 경과하기 이전에는 그 제3자에 대한 운송인의 채권·채무는 제1항에도 불구하고 소멸하지 아니한다. 운송인과 그 제3자 사이에 제1항 단서와 동일한 취지의 약정이 있는 경우에도 또한 같다 [2007년 제2항 추가].

③ 제2항의 경우에 있어서 재판상 청구를 받은 운송인이 그로부터 3개월 이내에 그 제3자에 대하여 소송고지를 하면 3개월의 기간은 그 재판이 확정되거나 그 밖에 종료된 때부터 기산한다 [2007년 제3항 추가].

제815조【준용규정】 제134조, 제136조부터 제140조까지의 규정은 이 절에서 정한 운송인에 준용한다 [2007년 이전 제812조].

제816조【복합운송인의 책임】 ① 운송인이 인수한 운송에 해상 외의 운송구간이 포함된 경우 운송인은 손해가 발생한 운송구간에 적용될 법에 따라 책임을 진다.

② 어느 운송구간에서 손해가 발생하였는지 불분명한 경우 또는 손해의 발생이 성질상 특정한 지역으로 한정되지 아니하는 경우에는 운송인은 운송거리가 가장 긴 구간에 적용되는 법에 따라 책임을 진다. 다만 운송거리가 같거나 가장 긴 구간을 정할 수 없는 경우에는 운임이 가장 비싼 구간에 적용되는 법에 따라 책임을 진다 [2007년 본조 추가].

제2절 해상여객운송

제817조【해상여객운송계약의 의의】 해상여객운송계약은 운송인이 특정한 여객을 출발지에서 도착지까지 해상에서 선박으로 운송할 것을 인수하고, 이에 대하여 상대방이 운임을 지급하기로 약정함으로써 그 효력이 생긴다 [2007년 본조 추가].

제818조【기명식의 선표】 기명식의 선표는 타인에게 양도하지 못한다 [2007년 이전 제821조].

제819조【식사·거처제공의무 등】 ① 여객의 항해 중의 식사는 다른 약정이 없으면 운송인의 부담으로 한다 [2007년 이전 제822조].

② 항해 도중에 선박을 수선하는 경우에는 운송인은 그 수선 중 여객에게 상당한 거처와 식사를 제공하여야 한다. 다만 여객의 권리를 해하지 아니하는 범위 안에서 상륙항까지의 운송의 편의를 제공한 때에는 그러하지 아니하다 [2007년 이전 제823조 제1항].

③ 제2항의 경우에 여객은 항해의 비율에 따른 운임을 지급하고 계약을 해지할 수 있다 [2007년 이전 제823조 제2항].

제820조【수하물 무임운송의무】 여객이 계약에 의하여 선내에서 휴대할 수 있는 수하물에 대하여는 운송인은 다른 약정이 없으면 별도로 운임을 청구하지 못한다 [2007년 이전 제824조].

제821조【승선지체와 선장의 발항권】 ① 여객이 승선시기까지 승선하지 아니한 때에는 선장은 즉시 발항할 수 있다. 항해 도중의 정박항에서도 또한 같다.

② 제1항의 경우에는 여객은 운임의 전액을 지급하여야 한다 [2007년 이전 제825조].

제822조【여객의 계약해제와 운임】 여객이 발항 전에 계약을 해제하는 경우에는 운임의 반액을 지급하고, 발항 후에 계약을 해제하는 경우에는 운임의 전액을 지급하여야 한다 [2007년 이전 제826조].

제823조【법정사유에 의한 해제】 여객이 발항 전에 사망·질병이나 그 밖의 불가항력으로 인하여 항해할 수 없게 된 때에는 운송인은 운임의 10분의 3을 청구할 수 있고, 발항 후에 그 사유가 생긴 때에는 운송인의 선택으로 운임의 10분의 3 또는 운송의 비율에 따른 운임을 청구할 수 있다 [2007년 이전 제827조].

제824조【사망한 여객의 수하물처분의무】 여객이 사망한 때에는 선장은 그 상속인에게 가장 이익이 되는 방법으로 사망자가 휴대한 수하물을 처분하여야 한다 [2007년 이전 제828조].

제825조【법정종료사유】 운송계약은 제810조 제1항 제1호부터 제3호까지의 사유로 인하여 종료한다. 그 사유가 항해 도중에 생긴 때에는 여객은 운송의 비율에 따른 운임을 지급하여야 한다 [2007년 이전 제829조].

제826조【준용규정】 ① 제148조·제794조·제799조 제1항 및 제809조는 해상여객운송에 준용한다.
② 제134조·제136조·제149조 제2항·제794조부터 제801조까지·제804조·제807조·제809조·제811조 및 제814조는 운송인이 위탁을 받은 여객의 수하물의 운송에 준용한다.
③ 제150조, 제797조 제1항·제4항, 제798조, 제799조 제1항, 제809조 및 제814조는 운송인이 위탁을 받지 아니한 여객의 수하물에 준용한다 [2007년 부분 조정].

제3절 항해용선

제827조【항해용선계약의 의의】 ① 항해용선계약은 특정한 항해를 할 목적으로 선박소유자가 용선자에게 선원이 승무하고 항해장비를 갖춘 선박의 전부 또는 일부를 물건의 운송에 제공하기로 약정하고 용선자가 이에 대하여 운임을 지급하기로 약정함으로써 그 효력이 생긴다.
② 이 절의 규정은 그 성질에 반하지 아니하는 한 여객운송을 목적으로 하는 항해용선계약에도 준용한다.
③ 선박소유자가 일정한 기간 동안 용선자에게 선박을 제공할 의무를 지지만 항해를 단위로 운임을 계산하여 지급하기로 약정한 경우에도 그 성질에 반하지 아니하는 한 이 절의 규정을 준용한다 [2007년 본조 신설].

제828조【용선계약서】 용선계약의 당사자는 상대방의 청구에 의하여 용선계약서를 교부하여야 한다 [2007년 이전 제781조].

제829조【선적준비완료의 통지, 선적기간】 ① 선박소유자는 운송물을 선적함에 필요한 준비가 완료된 때에는 지체 없이 용선자에게 그 통지를 발송하여야 한다.
② 운송물을 선적할 기간의 약정이 있는 경우에는 그 기간은 제1항의 통지가 오전에 있은 때에는 그 날의 오후 1시부터 기산하고, 오후에 있은 때에는 다음날 오전 6시부터 기산한다. 이 기간에는 불가항력으로 인하여 선적할 수 없는 날과 그 항의 관습상 선적작업을 하지 아니하는 날을 산입하지 아니한다.
③ 제2항의 기간을 경과한 후 운송물을 선적한 때에는 선박소유자는 상당한 보수를 청구할 수 있다 [2007년 이전 제782조].

제830조【제3자가 선적인인 경우의 통지·선적】 용선자 외의 제3자가 운송물을 선적할 경우에 선장이 그 제3자를 확실히 알 수 없거나 그 제3자가 운송물을 선적하지 아니한 때에는 선장은 지체 없이 용선자에게 그 통지를 발송하여야 한다. 이 경우 선적기간 이내에 한하여 용선자가 운송물을 선적할 수 있다[2007년 이전 제783조].

제831조【용선자의 발항청구권, 선장의 발항권】 ① 용선자는 운송물의 전부를 선적하지 아니한 경우에도 선장에게 발항을 청구할 수 있다.

② 선적기간의 경과 후에는 용선자가 운송물의 전부를 선적하지 아니한 경우에도 선장은 즉시 발항할 수 있다.

③ 제1항 및 제2항의 경우에 용선자는 운임의 전액과 운송물의 전부를 선적하지 아니함으로 인하여 생긴 비용을 지급하고, 또한 선박소유자의 청구가 있는 때에는 상당한 담보를 제공하여야 한다[2007년 이전 제784조].

제832조【전부용선의 발항 전의 계약해제 등】 ① 발항 전에는 전부용선자는 운임의 반액을 지급하고 계약을 해제할 수 있다.

② 왕복항해의 용선계약인 경우에 전부용선자가 그 회항 전에 계약을 해지하는 때에는 운임의 3분의 2를 지급하여야 한다.

③ 선박이 다른 항에서 선적항에 항행하여야 할 경우에 전부용선자가 선적항에서 발항하기 전에 계약을 해지하는 때에도 제2항과 같다[2007년 이전 제792조].

제833조【일부용선과 발항 전의 계약해제 등】 ① 일부용선자나 송하인은 다른 용선자와 송하인 전원과 공동으로 하는 경우에 한하여 제832조의 해제 또는 해지를 할 수 있다.

② 제1항의 경우 외에는 일부용선자나 송하인이 발항 전에 계약을 해제 또는 해지한 때에도 운임의 전액을 지급하여야 한다.

③ 발항 전이라도 일부용선자나 송하인이 운송물의 전부 또는 일부를 선적한 경우에는 다른 용선자와 송하인의 동의를 받지 아니하면 계약을 해제 또는 해지하지 못한다[2007년 이전 제793조].

제834조【부수비용·체당금 등의 지급의무】 ① 용선자나 송하인이 제832조 및 제833조 제1항에 따라 계약을 해제 또는 해지를 한 때에도 부수비용과 체당금을 지급할 책임을 면하지 못한다.

② 제832조 제2항 및 제3항의 경우에는 용선자나 송하인은 제1항에 규정된 것 외

에도 운송물의 가액에 따라 공동해손 또는 해난구조로 인하여 부담할 금액을 지급하여야 한다 [2007년 이전 제794조].

제835조【선적·양륙비용의 부담】 제833조 및 제834조의 경우에 운송물의 전부 또는 일부를 선적한 때에는 그 선적과 양륙의 비용은 용선자 또는 송하인이 부담한다 [2007년 이전 제795조].

제836조【선적기간 내의 불선적의 효과】 용선자가 선적기간 내에 운송물의 선적을 하지 아니한 때에는 계약을 해제 또는 해지한 것으로 본다 [2007년 이전 제796조].

제837조【발항 후의 계약해지】 발항 후에는 용선자나 송하인은 운임의 전액, 체당금·체선료와 공동해손 또는 해난구조의 부담액을 지급하고 그 양륙하기 위하여 생긴 손해를 배상하거나 이에 대한 상당한 담보를 제공하지 아니하면 계약을 해지하지 못한다 [2007년 이전 제781조].

제838조【운송물의 양륙】 ① 운송물을 양륙함에 필요한 준비가 완료된 때에는 선장은 지체 없이 수하인에게 그 통지를 발송하여야 한다.

② 제829조 제2항은 운송물의 양륙기간의 계산에 준용한다.

③ 제2항의 양륙기간을 경과한 후 운송물을 양륙한 때에는 선박소유자는 상당한 보수를 청구할 수 있다 [2007년 이전 제798조].

제839조【선박소유자의 책임경감 금지】 ① 제794조에 반하여 이 절에서 정한 선박소유자의 의무 또는 책임을 경감 또는 면제하는 당사자 사이의 특약은 효력이 없다. 운송물에 관한 보험의 이익을 선박소유자에게 양도하는 약정 또는 이와 유사한 약정도 또한 같다 [2007년 이전 제790조 제3항. 선하증권 → 현행 제855조 제5항].

② 제799조 제2항은 제1항의 경우에 준용한다 [2007년 이전 제790조 제2항 및 제3항].

제840조【선박소유자의 채권·채무의 소멸】 ① 선박소유자의 용선자 또는 수하인에 대한 채권 및 채무는 그 청구원인의 여하에 불구하고 선박소유자가 운송물을 인도한 날 또는 인도할 날부터 2년 이내에 재판상 청구가 없으면 소멸한다. 이 경우 제814조 제1항 단서를 준용한다 [2007년 이전 제811조].

② 제1항의 기간을 단축하는 선박소유자와 용선자의 약정은 이를 운송계약에 명시적으로 기재하지 아니하면 그 효력이 없다 [2007년 신설].

제841조【준용규정】 ① 제134조, 제136조, 제137조, 제140조, 제793조부터 제797

조까지, 제798조 제1항부터 제3항까지, 제800조, 제801조, 제803조, 제804조 제1항부터 제4항까지, 제805조부터 제808조까지와 제810조부터 제813조까지의 규정은 항해용선계약에 준용한다.

② 제1항에 따라 제806조의 운임을 계산함에 있어서 제829조 제2항의 선적기간 또는 제838조 제2항의 양륙기간이 경과한 후에 운송물을 선적 또는 양륙한 경우에는 그 기간경과 후의 선적 또는 양륙기간은 선적 또는 양륙기간에 산입하지 아니하고 제829조 제3항 및 제838조 제3항에 따라 별도로 보수를 정한다[2007년 신설].

제4절 정기용선

제842조【정기용선계약의 의의】 정기용선계약은 선박소유자가 용선자에게 선원이 승무하고 항해장비를 갖춘 선박을 일정한 기간동안 항해에 사용하게 할 것을 약정하고 용선자가 이에 대하여 기간으로 정한 용선료를 지급하기로 약정함으로써 그 효력이 생긴다[2007년 이전 제812조의2].

제843조【정기용선자의 선장지휘권】 ① 정기용선자는 약정한 범위 안의 선박의 사용을 위하여 선장을 지휘할 권리가 있다.

② 선장·해원, 그 밖의 선박사용인이 정기용선자의 정당한 지시를 위반하여 정기용선자에게 손해가 발생한 경우에는 선박소유자가 이를 배상할 책임이 있다[2007년 이전 제812조의3].

제844조【선박소유자의 운송물유치권 및 경매권】 ① 제807조 제2항 및 제808조는 정기용선자가 선박소유자에게 용선료·체당금, 그 밖에 이와 유사한 정기용선계약에 의한 채무를 이행하지 아니하는 경우에 준용한다. 다만 선박소유자는 정기용선자가 발행한 선하증권을 선의로 취득한 제3자에게 대항하지 못한다.

② 제1항에 따른 선박소유자의 운송물에 대한 권리는 정기용선자가 운송물에 관하여 약정한 용선료 또는 운임의 범위를 넘어서 행사하지 못한다[2007년 이전 제812조의4].

제845조【용선료의 연체와 계약해지 등】 ① 정기용선자가 용선료를 약정기일에 지급하지 아니한 때에는 선박소유자는 계약을 해제 또는 해지할 수 있다.

② 정기용선자가 제3자와 운송계약을 체결하여 운송물을 선적한 후 선박의 항해

중에 선박소유자가 제1항에 따라 계약을 해제 또는 해지한 때에는 선박소유자는 적하이해관계인에 대하여 정기용선자와 동일한 운송의무가 있다.

③ 선박소유자가 제2항에 따른 계약의 해제 또는 해지 및 운송계속의 뜻을 적하이해관계인에게 서면으로 통지를 한 때에는 선박소유자의 정기용선자에 대한 용선료·체당금, 그 밖에 이와 유사한 정기용선계약상의 채권을 담보하기 위하여 정기용선자가 적하이해관계인에 대하여 가지는 용선료 또는 운임의 채권을 목적으로 질권을 설정한 것으로 본다.

④ 제1항부터 제3항까지의 규정은 선박소유자 또는 적하이해관계인의 정기용선자에 대한 손해배상청구에 영향을 미치지 아니한다 [2007년 이전 제812조의5].

제846조【정기용선계약상의 채권의 소멸】 ① 정기용선계약에 관하여 발생한 당사자 사이의 채권은 선박이 선박소유자에게 반환된 날부터 2년 이내에 재판상 청구가 없으면 소멸한다. 이 경우 제814조 제1항 단서를 준용한다.

② 제840조 제2항은 제1항의 경우에 준용한다 [2007년 이전 제812조의6].

제5절 선체용선

제847조【선체용선계약의 의의】 ① 선체용선계약은 용선자의 관리·지배하에 선박을 운항할 목적으로 선박소유자가 용선자에게 선박을 제공할 것을 약정하고 용선자가 이에 따른 용선료를 지급하기로 약정함으로써 그 효력이 생긴다.

② 선박소유자가 선장과 그 밖의 해원을 공급할 의무를 지는 경우에도 용선자의 관리·지배하에서 해원이 선박을 운항하는 것을 목적으로 하면 이를 선체용선계약으로 본다 [2007년 본조 신설].

제848조【법적 성질】 ① 선체용선계약은 그 성질에 반하지 아니하는 한 「민법」상 임대차에 관한 규정을 준용한다.

② 용선기간이 종료된 후에 용선자가 선박을 매수 또는 인수할 권리를 가지는 경우 및 금융의 담보를 목적으로 채권자를 선박소유자로 하여 선체용선계약을 체결한 경우에도 용선기간 중에는 당사자 사이에서는 이 절의 규정에 따라 권리와 의무가 있다 [2007년 본조 신설].

제849조【선체용선자의 등기청구권, 등기의 효력】 ① 선체용선자는 선박소유자에

대하여 선체용선등기에 협력할 것을 청구할 수 있다.

② 선체용선을 등기한 때에는 그 때부터 제3자에 대하여 효력이 생긴다 [2007년 이전 제765조].

제850조【선체용선과 제3자에 대한 법률관계】 ① 선체용선자가 상행위나 그 밖의 영리를 목적으로 선박을 항해에 사용하는 경우에는 그 이용에 관한 사항에는 제3자에 대하여 선박소유자와 동일한 권리의무가 있다.

② 제1항의 경우에 선박의 이용에 관하여 생긴 우선특권은 선박소유자에 대하여도 그 효력이 있다. 다만 우선특권자가 그 이용의 계약에 반함을 안 때에는 그러하지 아니하다 [2007년 이전 제766조].

제851조【선체용선계약상의 채권의 소멸】 ① 선체용선계약에 관하여 발생한 당사자 사이의 채권은 선박이 선박소유자에게 반환된 날부터 2년 이내에 재판상 청구가 없으면 소멸한다. 이 경우 제814조 제1항 단서를 준용한다.

② 제840조 제2항은 제1항의 경우에 준용한다 [2007년 본조 신설].

제6절 운송증서

제852조【선하증권의 발행】 ① 운송인은 운송물을 수령한 후 송하인의 청구에 의하여 1통 또는 수통의 선하증권을 교부하여야 한다.

② 운송인은 운송물을 선적한 후 송하인의 청구에 의하여 1통 또는 수통의 선적선하증권을 교부하거나 제1항의 선하증권에 선적의 뜻을 표시하여야 한다.

③ 운송인은 선장 또는 그 밖의 대리인에게 선하증권의 교부 또는 제2항의 표시를 위임할 수 있다 [2007년 이전 제813조].

제853조【선하증권의 기재사항】 ① 선하증권에는 다음 각 호의 사항을 기재하고 운송인이 기명날인 또는 서명하여야 한다.

1. 선박의 명칭 · 국적 및 톤수
2. 송하인이 서면으로 통지한 운송물의 종류, 중량 또는 용적, 포장의 종별, 개수와 기호
3. 운송물의 외관상태
4. 용선자 또는 송하인의 성명 · 상호

5. 수하인 또는 통지수령인의 성명・상호
6. 선적항
7. 양륙항
8. 운임
9. 발행지와 그 발행연월일
10. 수통의 선하증권을 발행한 때에는 그 수
11. 운송인의 성명 또는 상호
12. 운송인의 주된 영업소 소재지

② 제1항 제2호의 기재사항 중 운송물의 중량・용적・개수 또는 기호가 운송인이 실제로 수령한 운송물을 정확하게 표시하고 있지 아니하다고 의심할 만한 상당한 이유가 있는 때 또는 이를 확인할 적당한 방법이 없는 때에는 그 기재를 생략할 수 있다.

③ 송하인은 제1항 제2호의 기재사항이 정확함을 운송인에게 담보한 것으로 본다.

④ 운송인이 선하증권에 기재된 통지수령인에게 운송물에 관한 통지를 한 때에는 송하인 및 선하증권소지인과 그 밖의 수하인에게 통지한 것으로 본다 [2007년 이전 제814조].

제854조 【선하증권 기재의 효력】 ① 제853조 제1항에 따라 선하증권이 발행된 경우 운송인과 송하인 사이에 선하증권에 기재된 대로 개품운송계약이 체결되고 운송물을 수령 또는 선적한 것으로 추정한다.

② 제1항의 선하증권을 선의로 취득한 소지인에 대하여 운송인은 선하증권에 기재된 대로 운송물을 수령 혹은 선적한 것으로 보고 선하증권에 기재된 바에 따라 운송인으로서 책임을 진다 [2007년 이전 제814조의2: 본조 변경].

[2007년 이전 본조] 제814조의2(선하증권 기재의 효력) 제814조 제1항의 규정에 따라서 선하증권이 발행된 경우에는 운송인이 그 증권에 기재된 대로 운송물을 수령 또는 선적한 것으로 추정한다. 그러나 운송인은 선하증권을 선의로 취득한 제삼자에게 대항하지 못한다.

제855조 【용선계약과 선하증권】 ① 용선자의 청구가 있는 경우 선박소유자는 운송물을 수령한 후에 제852조 및 제853조에 따라 선하증권을 발행한다.

② 제1항에 따라 선하증권이 발행된 경우 선박소유자는 선하증권에 기재된 대로 운송물을 수령 또는 선적한 것으로 추정한다.

③ 제3자가 선의로 제1항의 선하증권을 취득한 경우 선박소유자는 제854조 제2항에 따라 운송인으로서 권리와 의무가 있다. 용선자의 청구에 따라 선박소유자가 제3자에게 선하증권을 발행한 경우에도 또한 같다.

④ 제3항의 경우에 그 제3자는 제833조부터 제835조까지 및 제837조에 따른 송하인으로 본다.

⑤ 제3항의 경우 제799조를 위반하여 운송인으로서의 의무와 책임을 감경 또는 면제하는 특약을 하지 못한다 [2007년 본조 신설].

제856조【등본의 교부】 선하증권의 교부를 받은 용선자 또는 송하인은 발행자의 청구가 있는 때에는 선하증권의 등본에 기명날인 또는 서명하여 교부하여야 한다 [2007년 이전 제815조].

제857조【수통의 선하증권과 양륙항에 있어서의 운송물의 인도】 ① 양륙항에서 수통의 선하증권 중 1통을 소지한 자가 운송물의 인도를 청구하는 경우에도 선장은 그 인도를 거부하지 못한다.

② 제1항에 따라 수통의 선하증권 중 1통의 소지인이 운송물의 인도를 받은 때에는 다른 선하증권은 그 효력을 잃는다 [2007년 이전 제816조].

제858조【수통의 선하증권과 양륙항 외에서의 운송물의 인도】 양륙항 외에서는 선장은 선하증권의 각 통의 반환을 받지 아니하면 운송물을 인도하지 못한다 [2007년 이전 제817조].

제859조【2인 이상 소지인의 운송물인도청구와 공탁】 ① 2인 이상의 선하증권소지인이 운송물의 인도를 청구한 때에는 선장은 지체 없이 운송물을 공탁하고 각 청구자에게 그 통지를 발송하여야 한다.

② 선장이 제857조 제1항에 따라 운송물의 일부를 인도한 후 다른 소지인이 운송물의 인도를 청구한 경우에도 그 인도하지 아니한 운송물에 대하여는 제1항과 같다 [2007년 이전 제818조].

제860조【수인의 선하증권소지인의 순위】 ① 제859조에 따라 공탁한 운송물에 대하여는 수인의 선하증권소지인에게 공통되는 전 소지인으로부터 먼저 교부를 받은 증권소지인의 권리가 다른 소지인의 권리에 우선한다.

② 격지자에 대하여 발송한 선하증권은 그 발송한 때를 교부받은 대로 본다 [2007

년 이전 제819조].

제861조【준용규정】 제129조 · 제130조 · 제132조 및 제133조는 제852조 및 제855조의 선하증권에 준용한다 [2007년 이전 제820조].

제862조【전자선하증권】 ① 운송인은 제852조 또는 제855조의 선하증권을 발행하는 대신에 송하인 또는 용선자의 동의를 받아 법무부장관이 지정하는 등록기관에 등록을 하는 방식으로 전자선하증권을 발행할 수 있다. 이 경우 전자선하증권은 제852조 및 제855조의 선하증권과 동일한 법적 효력을 갖는다.

② 전자선하증권에는 제853조 제1항 각 호의 정보가 포함되어야 하며, 운송인이 전자서명을 하여 송신하고 용선자 또는 송하인이 이를 수신하여야 그 효력이 생긴다.

③ 전자선하증권의 권리자는 배서의 뜻을 기재한 전자문서를 작성한 다음 전자선하증권을 첨부하여 지정된 등록기관을 통하여 상대방에게 송신하는 방식으로 그 권리를 양도할 수 있다.

④ 제3항에서 정한 방식에 따라 배서의 뜻을 기재한 전자문서를 상대방이 수신하면 제852조 및 제855조의 선하증권을 배서하여 교부한 것과 동일한 효력이 있고, 제2항 및 제3항의 전자문서를 수신한 권리자는 제852조 및 제855조의 선하증권을 교부받은 소지인과 동일한 권리를 취득한다.

⑤ 전자선하증권의 등록기관의 지정요건, 발행 및 배서의 전자적인 방식, 운송물의 구체적인 수령절차와 그 밖에 필요한 사항은 대통령령으로 정한다 [2007년 본조 신설].

제863조【해상화물운송장의 발행】 ① 운송인은 용선자 또는 송하인의 청구가 있으면 제852조 또는 제855조의 선하증권을 발행하는 대신 해상화물운송장을 발행할 수 있다. 해상화물운송장은 당사자 사이의 합의에 따라 전자식으로도 발행할 수 있다.

② 해상화물운송장에는 해상화물운송장임을 표시하는 외에 제853조 제1항 각 호 사항을 기재하고 운송인이 기명날인 또는 서명하여야 한다.

③ 제853조 제2항 및 제4항은 해상화물운송장에 준용한다 [2007년 본조 신설].

제864조【해상화물운송장의 효력】 ① 제863조 제1항의 규정에 따라 해상화물운송장이 발행된 경우 운송인이 그 운송장에 기재된 대로 운송물을 수령 또는 선적한 것으로 추정한다.

② 운송인이 운송물을 인도함에 있어서 수령인이 해상화물운송장에 기재된 수하인 또는 그 대리인이라고 믿을 만한 정당한 사유가 있는 때에는 수령인이 권리자가 아니라고 하더라도 운송인은 그 책임을 면한다 [2007년 본조 신설].

제3장 해상위험

제1절 공동해손

제865조【공동해손의 요건】 선박과 적하의 공동위험을 면하기 위한 선장의 선박 또는 적하에 대한 처분으로 인하여 생긴 손해 또는 비용은 공동해손으로 한다 [2007년 이전 제832조].

제866조【공동해손의 분담】 공동해손은 그 위험을 면한 선박 또는 적하의 가액과 운임의 반액과 공동해손의 액과의 비율에 따라 각 이해관계인이 이를 분담한다 [2007년 이전 제833조].

제867조【공동해손분담액의 산정】 공동해손의 분담액을 정함에 있어서는 선박의 가액은 도달의 때와 곳의 가액으로 하고, 적하의 가액은 양륙의 때와 곳의 가액으로 한다. 다만 적하에 관하여는 그 가액 중에서 멸실로 인하여 지급을 면하게 된 운임과 그 밖의 비용을 공제하여야 한다 [2007년 이전 제834조].

제868조【공동해손분담자의 유한책임】 제866조 및 제867조에 따라 공동해손의 분담책임이 있는 자는 선박이 도달하거나 적하를 인도한 때에 현존하는 가액의 한도에서 책임을 진다 [2007년 이전 제835조].

제869조【공동해손의 손해액산정】 공동해손의 액을 정함에 있어서는 선박의 가액은 도달의 때와 곳의 가액으로 하고, 적하의 가액은 양륙의 때와 곳의 가액으로 한다. 다만 적하에 관하여는 그 손실로 인하여 지급을 면하게 된 모든 비용을 공제하여야 한다 [2007년 이전 제836조].

제870조【책임있는 자에 대한 구상권】 선박과 적하의 공동위험이 선박 또는 적하의 하자나 그 밖의 과실 있는 행위로 인하여 생긴 경우에는 공동해손의 분담자는 그 책임이 있는 자에 대하여 구상권을 행사할 수 있다 [2007년 이전 제837조].

제871조【공동해손분담제외】 선박에 비치한 무기, 선원의 급료, 선원과 여객의 식

량・의류는 보존된 경우에는 그 가액을 공동해손의 분담에 산입하지 아니하고, 손실된 경우에는 그 가액을 공동해손의 액에 산입한다 [2007년 이전 제838조].

제872조【공동해손분담청구에서의 제외】 ① 속구목록에 기재하지 아니한 속구, 선하증권이나 그 밖에 적하의 가격을 정할 수 있는 서류 없이 선적한 하물 또는 종류와 가액을 명시하지 아니한 화폐나 유가증권과 그 밖의 고가물은 보존된 경우에는 그 가액을 공동해손의 분담에 산입하고, 손실된 경우에는 그 가액을 공동해손의 액에 산입하지 아니한다.

② 갑 판에 적재한 하물에 대하여도 제1항과 같다. 다만 갑판에 선적하는 것이 관습상 허용되는 경우와 그 항해가 연안항행에 해당되는 경우에는 그러하지 아니하다 [2007년 이전 제839조].

제873조【적하가격의 부실기재와 공동해손】 ① 선하증권이나 그 밖에 적하의 가격을 정할 수 있는 서류에 적하의 실가보다 고액을 기재한 경우에 그 하물이 보존된 때에는 그 기재액에 의하여 공동해손의 분담액을 정하고, 적하의 실가보다 저액을 기재한 경우에 그 하물이 손실된 때에는 그 기재액을 공동해손의 액으로 한다.

② 제1항은 적하의 가격에 영향을 미칠 사항에 관하여 거짓 기재를 한 경우에 준용한다 [2007년 이전 제840조].

제874조【공동해손인 손해의 회복】 선박소유자・용선자・송하인, 그 밖의 이해관계인이 공동해손의 액을 분담한 후 선박・속구 또는 적하의 전부나 일부가 소유자에게 복귀된 때에는 그 소유자는 공동해손의 상금으로 받은 금액에서 구조료와 일부손실로 인한 손해액을 공제하고 그 잔액을 반환하여야 한다 [2007년 이전 제841조].

제875조【공동해손 채권의 소멸】 공동해손으로 인하여 생긴 채권 및 제870조에 따른 구상채권은 그 계산이 종료한 날부터 1년 이내에 재판상 청구가 없으면 소멸한다. 이 경우 제814조 제1항 단서를 준용한다 [2007년 이전 제842조].

제2절 선박충돌

제876조【선박충돌에의 적용법규】 ① 항해선 상호 간 또는 항해선과 내수항행선

간의 충돌이 있은 경우에 선박 또는 선박 내에 있는 물건이나 사람에 관하여 생긴 손해의 배상에 대하여는 어떠한 수면에서 충돌한 때라도 이 절의 규정을 적용한다 [2007년 이전 제814조].

② 이 절에서 "선박의 충돌"이란 2척 이상의 선박이 그 운용상 작위 또는 부작위로 선박 상호 간에 다른 선박 또는 선박 내에 있는 사람 또는 물건에 손해를 생기게 하는 것을 말하며, 직접적인 접촉의 유무를 묻지 아니한다 [2007년 제2항 신설].

제877조【불가항력으로 인한 충돌】 선박의 충돌이 불가항력으로 인하여 발생하거나 충돌의 원인이 명백하지 아니한 때에는 피해자는 충돌로 인한 손해의 배상을 청구하지 못한다 [2007년 이전 제844조].

제878조【일방의 과실로 인한 충돌】 선박의 충돌이 일방의 선원의 과실로 인하여 발생한 때에는 그 일방의 선박소유자는 피해자에 대하여 충돌로 인한 손해를 배상할 책임이 있다 [2007년 이전 제845조].

제879조【쌍방의 과실로 인한 충돌】 ① 선박의 충돌이 쌍방의 선원의 과실로 인하여 발생한 때에는 쌍방의 과실의 경중에 따라 각 선박소유자가 손해배상의 책임을 분담한다. 이 경우 그 과실의 경중을 판정할 수 없는 때에는 손해배상의 책임을 균분하여 부담한다.

② 제1항의 경우에 제3자의 사상에 대한 손해배상은 쌍방의 선박소유자가 연대하여 그 책임을 진다 [2007년 이전 제846조].

제880조【도선사의 과실로 인한 충돌】 선박의 충돌이 도선사의 과실로 인하여 발생한 경우에도 선박소유자는 제878조 및 제879조를 준용하여 손해를 배상할 책임이 있다 [2007년 이전 제847조].

제881조【선박충돌채권의 소멸】 선박의 충돌로 인하여 생긴 손해배상의 청구권은 그 충돌이 있은 날부터 2년 이내에 재판상 청구가 없으면 소멸한다. 이 경우 제814조 제1항 단서를 준용한다 [2007년 이전 제848조].

제3절 해난구조

제882조【해난구조의 요건】 항해선 또는 그 적하 그 밖의 물건이 어떠한 수면에서 위난에 조우한 경우에 의무 없이 이를 구조한 자는 그 결과에 대하여 상당한 보수

를 청구할 수 있다. 항해선과 내수항행선 간의 구조의 경우에도 또한 같다 [2007년 이전 제849조].

제883조【보수의 결정】 구조의 보수에 관한 약정이 없는 경우에 그 액에 대하여 당사자 사이에 합의가 성립하지 아니한 때에는 법원은 당사자의 청구에 의하여 구조된 선박·재산의 가액, 위난의 정도, 구조자의 노력과 비용, 구조자나 그 장비가 조우했던 위험의 정도, 구조의 효과, 환경손해방지를 위한 노력, 그 밖의 제반 사정을 참작하여 그 액을 정한다 [2007년 이전 제850조].

제884조【보수의 한도】 ① 구조의 보수액은 다른 약정이 없으면 구조된 목적물의 가액을 초과하지 못한다.

② 선순위의 우선특권이 있는 때에는 구조의 보수액은 그 우선특권자의 채권액을 공제한 잔액을 초과하지 못한다 [2007년 이전 제852조].

제885조【환경손해방지작업에 대한 특별보상】 ① 선박 또는 그 적하로 인하여 환경손해가 발생할 우려가 있는 경우에 손해의 경감 또는 방지의 효과를 수반하는 구조작업에 종사한 구조자는 구조의 성공 여부 및 제884조와 상관없이 구조에 소요된 비용을 특별보상으로 청구할 수 있다.

② 제1항에서 "비용"이란 구조작업에 실제로 지출한 합리적인 비용 및 사용된 장비와 인원에 대한 정당한 보수를 말한다.

③ 구조자는 발생할 환경손해가 구조작업으로 인하여 실제로 감경 또는 방지된 때에는 보상의 증액을 청구할 수 있고, 법원은 제883조의 사정을 참작하여 증액 여부 및 그 금액을 정한다. 이 경우 증액된다 하더라도 구조료는 제1항의 비용의 배액을 초과할 수 없다.

④ 구조자의 고의 또는 과실로 인하여 손해의 감경 또는 방지에 지장을 가져 온 경우 법원은 제1항 및 제3항에서 정한 금액을 감액 혹은 부인할 수 있다.

⑤ 하나의 구조작업을 시행한 구조자가 제1항부터 제4항까지의 규정에서 정한 특별보상을 청구하는 것 외에 제882조에서 정한 보수도 청구할 수 있는 경우 그 중 큰 금액을 구조료로 청구할 수 있다 [2007년 본조 신설].

제886조【구조료의 지급의무】 선박소유자와 그 밖에 구조된 재산의 권리자는 그 구조된 선박 또는 재산의 가액에 비례하여 구조에 대한 보수를 지급하고 특별보상을 하는 등 구조료를 지급할 의무가 있다 [2007년 본조 신설].

제887조【구조에 관한 약정】 ① 당사자가 미리 구조계약을 하고 그 계약에 따라

구조가 이루어진 경우에도 그 성질에 반하지 아니하는 한 구조계약에서 정하지 아니한 사항은 이 절에서 정한 바에 따른다 [2007년 본항 신설].

② 해난 당시에 구조료의 금액에 대하여 약정을 한 경우에도 그 금액이 현저하게 부당한 때에는 법원은 제883조의 사정을 참작하여 그 금액을 증감할 수 있다 [2007년 이전 제851조].

제888조【공동구조자 간의 구조료 분배】 ① 수인이 공동으로 구조에 종사한 경우에 그 구조료의 분배비율에 관하여는 제883조를 준용한다.

② 인명의 구조에 종사한 자도 제1항에 따라 구조료의 분배를 받을 수 있다 [2007년 이전 제853조].

제889조【1선박 내부의 구조료 분배】 ① 선박이 구조에 종사하여 그 구조료를 받은 경우에는 먼저 선박의 손해액과 구조에 들어간 비용을 선박소유자에게 지급하고 잔액을 절반하여 선장과 해원에게 지급하여야 한다.

② 제1항에 따라 해원에게 지급할 구조료의 분배는 선장이 각 해원의 노력, 그 효과와 사정을 참작하여 그 항해의 종료 전에 분배안을 작성하여 해원에게 고시하여야 한다 [2007년 이전 제854조].

제890조【예선의 구조의 경우】 예선의 본선 또는 그 적하에 대한 구조에 관하여는 예선계약의 이행으로 볼 수 없는 특수한 노력을 제공한 경우가 아니면 구조료를 청구하지 못한다 [2007년 이전 제855조].

제891조【동일소유자에 속한 선박 간의 보수】 동일소유자에 속한 선박의 상호 간에 있어서도 구조에 종사한 자는 상당한 구조료를 청구할 수 있다 [2007년 이전 제856조].

제892조【구조료청구권 없는 자】 다음 각 호에 해당하는 자는 구조료를 청구하지 못한다.

1. 구조받은 선박에 종사하는 자
2. 고의 또는 과실로 인하여 해난사고를 야기한 자
3. 정당한 거부에도 불구하고 구조를 강행한 자
4. 구조된 물건을 은닉하거나 정당한 사유 없이 처분한 자 [2007년 이전 제857조]

제893조【구조자의 우선특권】 ① 구조에 종사한 자의 구조료채권은 구조된 적하에 대하여 우선특권이 있다. 다만 채무자가 그 적하를 제3취득자에게 인도한 후에는 그 적하에 대하여 이 권리를 행사하지 못한다.

② 제1항의 우선특권에는 그 성질에 반하지 아니하는 한 제777조의 우선특권에 관한 규정을 준용한다 [2007년 이전 제858조].

제894조【구조료지급에 관한 선장의 권한】 ① 선장은 구조료를 지급할 채무자에 갈음하여 그 지급에 관한 재판상 또는 재판 외의 모든 행위를 할 권한이 있다.

② 선장은 그 구조료에 관한 소송의 당사자가 될 수 있고, 그 확정판결은 구조료의 채무자에 대하여도 효력이 있다 [2007년 이전 제859조].

제895조【구조료청구권의 소멸】 구조료청구권은 구조가 완료된 날부터 2년 이내에 재판상 청구가 없으면 소멸한다. 이 경우 제814조 제1항 단서를 준용한다 [2007년 이전 제860조].

부칙 〈제8581호, 2007.8.3〉

제1조【시행일】 이 법은 공포 후 1년이 경과한 날부터 시행한다. 다만 제797조 제1항의 개정규정 중 중량 1킬로그램당 2 계산단위의 금액 부분은 공포 후 3년이 경과한 날부터 시행한다.

제2조【운송장에 관한 경과조치】 이 법 시행 당시 종전의 규정에 따라 발행된 운송장은 제126조의 개정규정에 따라 발행된 화물명세서로 본다.

제3조【손해배상에 관한 경과조치】 이 법 시행 전에 발생한 사고와 그 밖의 손해배상의 원인으로 인하여 생긴 손해에 관한 채권에는 제5편의 개정규정에도 불구하고 종전의 규정에 따른다.

제4조【책임한도액에 관한 경과조치】 이 법 시행 후 3년간 발생한 사고에 대한 제770조 제1항 제1호의 개정규정에 따른 선박소유자의 책임한도에 관하여는 그 선박의 선박검사증서에 기재된 여객의 정원에 8만7천500 계산단위를 곱하여 얻은 금액을 그 책임한도액으로 한다.

제5조【운송인 등의 채권·채무에 관한 경과조치】 ①이 법 시행 전에 운송인 또는 선박소유자가 개품운송계약·항해용선계약 또는 정기용선계약을 체결한 경우에 용선자·송하인 또는 수하인에 대한 채권·채무의 소멸에 관하여는 제814조 제2항·제840조 및 제846조의 개정규정에도 불구하고 종전의 규정에 따른다.

② 이 법 시행 전에 선박소유자가 선박임대차계약을 체결한 경우에 있어서 당사자 간 채권의 소멸에 관하여는 제851조의 개정규정에도 불구하고 종전의 규정에

따른다.

제6조【선박임대차계약에 관한 경과조치】 이 법 시행 전에 체결된 선박임대차계약은 이 법 시행과 동시에 제847조의 개정규정에 따른 선체용선계약의 효력이 있는 것으로 본다.

제7조【선하증권에 관한 경과조치】 이 법 시행 당시 종전의 규정에 따라 발행된 선하증권은 제853조 제1항의 개정규정에 적합한 선하증권으로 본다.

제8조【다른 법률과의 관계】 이 법 시행 당시 다른 법률에서 종전의 「상법」 규정을 인용한 경우에 이 법 중 그에 해당하는 규정이 있을 때에는 종전의 규정에 갈음하여 이 법의 해당 조항을 인용한 것으로 본다.

제9조【다른 법률의 개정】 ①민사집행법 일부를 다음과 같이 개정한다.

제185조 제3항 중 "상법 제760조"를 "「상법」 제764조"로 한다.

② 비송사건절차법 일부를 다음과 같이 개정한다.

제72조 제5항 중 "동법 제804조 제1항"을 "같은 법 제808조 제1항"으로 한다.

③ 선박소유자 등의 책임제한절차에 관한 법률 일부를 다음과 같이 개정한다.

제1조 중 "상법 제746조 내지 제752조의2"를 "「상법」 제769조부터 제776조까지"로 한다.

제10조 중 "상법 제747조 제1항"을 "「상법」 제770조 제1항"으로 한다.

제11조 제1항 중 "상법 제747조 제1항 각호와 제4항"을 "「상법」 제770조 제1항 각 호와 제4항"으로 하고, 동조 제2항 중 "상법 제747조 제5항"을 "「상법」 제770조 제5항"으로 한다.

제17조 제1호 중 "상법 제752조 제1항"을 "「상법」 제776조 제1항"으로 한다.

제18조 제1호 중 "상법 제747조 제1항"을 "「상법」 제770조 제1항"으로 하고, 동조 제2호 중 "상법 제746조 단서 또는 제748조"를 "「상법」 제769조 각 호 외의 부분 단서 또는 제773조"로 한다.

제31조 제1항 중 "상법 제747조 제1항"을 "「상법」 제770조 제1항"으로 한다.

제43조 제2항 제4호 중 "상법 제747조 제1항"을 "「상법」 제770조 제1항"으로 한다.

제53조 중 "상법 제747조 제1항"을 "「상법」 제770조 제1항"으로 한다.

제56조 중 "상법 제747조 제1항"을 "「상법」 제770조 제1항"으로 한다

제57조 제2항 중 "상법 제747조 제1항"을 "「상법」 제770조 제1항"으로 한다.

제66조 제2항 중 "상법 제747조 제1항"을 "「상법」 제770조 제1항"으로 한다.

④ 원자력손해배상법 일부를 다음과 같이 개정한다.

제3조 제4항 중 "상법 제746조 내지 제748조 · 제842조 및 제848조"를 "「상법」 제769조, 제770조, 제773조, 제875조 및 제881조"로 한다.

⑤ 유류오염손해배상 보장법 일부를 다음과 같이 개정한다.

제41조 후단 중 "상법 제747조 제1항"을 각각 "상법 제770조 제1항"으로, "각호와 제4항"을 "각 호와 제4항"으로, "상법 제752조 제1항"을 "「상법」 제776조 제1항"으로 한다.

제43조 제2항 중 "상법 제861조 제1항 제4호"를 "「상법」 제777조 제1항 제4호"로 하고, 동조 제3항 중 "상법 제861조 내지 제870조"를 "「상법」 제777조부터 제786조까지"로 한다.

선박소유자 등의 책임제한절차에 관한 법률

※ 개정 경과 불표시, 현행법에 한해 기재

1991.12.31 (법률 4471호) 제정

2009.12.29 (법률 9833호) 최종 개정

제1장 총 칙

제1조【목적】 이 법은 「상법」 제769조부터 제776조까지의 규정에 따른 선박소유자 등의 책임제한의 절차에 관하여 필요한 사항을 규정함을 목적으로 한다.

제2조【책임제한사건의 관할】 책임제한사건은 책임을 제한할 수 있는 채권(이하 "제한채권"이라 한다)이 발생한 선박의 선적 소재지, 신청인의 보통재판적 소재지, 사고 발생지, 사고 후에 사고선박이 최초로 도달한 곳 또는 제한채권에 의하여 신청인의 재산에 대한 압류 또는 가압류가 집행된 곳을 관할하는 지방법원의 관할에 전속한다.

제3조【책임제한사건의 이송】 법원은 현저한 손해 또는 지연을 피하기 위하여 필요하다고 인정할 때에는 직권으로 책임제한사건을 다른 관할 법원이나 제한채권자의 보통재판적 소재지의 관할 법원 또는 동일한 사고로 인하여 생긴 유류오염손해에 관한 책임제한사건이 계속하는 법원에 이송할 수 있다.

제4조【「민사소송법」 등의 준용】 책임제한사건에 관하여는 이 법 외에 「민사소송법」 및 「민사집행법」을 준용한다.

제5조【임의적 변론 및 직권조사】 ① 책임제한절차에 관한 재판은 변론 없이 할 수 있다.

② 법원은 직권으로 책임제한사건에 관하여 필요한 조사를 할 수 있다.

제6조【즉시항고】 ① 책임제한절차에 관한 재판에 대하여는 이해관계인은 이 법

에 특별한 규정이 있는 경우에만 즉시항고를 할 수 있다.

② 제1항에 따른 즉시항고는 재판의 고지를 받은 날부터 7일 내에 하여야 하며, 재판의 고지를 받지 아니한 경우에는 재판의 공고일부터 30일 내에 하여야 한다.

③ 제2항의 기간은 불변기간으로 한다.

제7조【공고】 ① 이 법에 따른 공고는 법원이 지정하는 일간신문에 두 번 이상 게재함으로써 한다.

② 이 법에 따라 송달을 하여야 할 경우에도 송달을 받을 자의 주소, 거소, 그 밖에 송달을 할 장소를 알기 어려울 때에는 법원은 제1항과 같은 방법으로 공고함으로써 그 송달을 갈음할 수 있다.

③ 공고는 마지막으로 게재된 날의 다음 날에 그 효력이 생긴다.

제8조【공고와 송달】 ① 이 법에 따라 공고와 송달을 하여야 할 경우 송달은 서류를 등기우편으로 발송하는 방법으로 할 수 있다.

② 제1항에 따른 공고는 모든 이해관계인에 대하여 송달의 효력이 있다.

③ 국내에 송달을 받을 장소가 없는 외국의 제한채권자 등에게 송달을 하는 경우에는, 그 제한채권자 등에게 국내에 송달을 받을 장소와 송달영수인을 정하여 법원에 신고할 것을 명하여야 한다.

제2장 책임제한절차 개시의 신청

제9조【절차 개시의 신청】 ① 책임제한절차 개시의 신청은 서면으로 하여야 한다.

② 제1항의 신청서에는 다음 각 호의 사항을 적어야 한다.

1. 신청인의 성명 또는 상호 및 주소
2. 신청의 취지 및 원인
3. 신청인과 사고선박·구조선박 또는 구조자와의 관계
4. 사고선박 또는 구조선박의 국제총톤수 또는 총톤수와 그 밖의 주요 명세
5. 책임한도액 및 그 산정의 기초
6. 제한채권의 원인 및 금액과 그 산정의 기초
7. 알고 있는 제한채권자의 성명 또는 상호 및 주소

8. 동일한 사고에 관하여 책임제한을 할 수 있는 신청인 외의 자(이하 "수익채무자"라 한다)로서 신청인이 알고 있는 자의 성명 또는 상호 및 주소와 사고선박・구조선박 또는 구조자와의 관계

제10조【소명】 책임제한절차 개시의 신청을 할 때에는 사고를 특정하는 데에 필요한 신청의 원인사실과 이로 인하여 발생한「상법」제770조 제1항 각 호의 구분에 따른 제한채권(그 원인사실이 발생한 이후의 이자나 지연손해금 또는 위약금 등의 청구권은 제외한다. 제18조 제1호에서도 또한 같다)의 각 총액이 이에 대응하는 각 책임한도액을 초과함을 소명하여야 한다.

제11조【공탁명령】 ① 법원은 책임제한절차 개시의 신청이 타당하다고 인정할 때에는 신청인에 대하여 14일을 넘지 아니하는 일정 기일(이하 "공탁지정일"이라 한다)에「상법」제770조 제1항 각 호 및 같은 조 제4항에 따른 책임한도액에 상당하는 금전과 이에 대하여 사고발생일이나 그 밖에 법원이 정하는 기산일부터 공탁지정일까지 연 6퍼센트의 비율로 산정한 이자를 더하여 법원에 공탁할 것을 명하여야 한다.

② 제1항의 책임한도액에 상당하는 금전은 공탁지정일에 가장 가까운 날에 공표되어 있는 계산단위(국제통화기금의 1 특별인출권에 상당하는 금액을 말한다. 이하 같다)에 대한 원화 표시금액에 의하여 산정한다.

③ 제1항에 따른 공탁명령은 신청인에게 송달하여야 한다.

④ 제1항에 따른 결정에 대하여는 즉시항고를 할 수 있다.

제12조【공탁서 정본의 제출】 신청인이 제11조에 따른 공탁명령에 따라 공탁을 하였을 때에는 지체 없이 그 공탁서 정본을 법원에 제출하여야 한다.

제13조【현금 공탁을 갈음하는 공탁보증서】 ① 신청인은 책임제한절차 개시의 신청을 할 때 공탁보증인이 작성한 공탁보증서를 제출함으로써 현금 공탁을 갈음하는 허가를 법원에 신청할 수 있다. 다만, 법원이 공탁명령을 한 후에는 그러하지 아니하다.

② 제1항의 신청을 할 때에는 보증인의 공탁 이행능력이 충분함을 소명하여야 한다.

③ 공탁보증서는 책임제한절차 개시의 결정이 있는 경우에 계산단위로 그 수치를 명시한 책임한도액에 상당하는 금전과 이에 대하여 사고발생일이나 그 밖에 법원이 정하는 기산일부터 법원이 정하는 공탁지정일까지 연 6퍼센트의 비율로

산정한 이자를 더하여 법원의 명에 따라 공탁의무를 이행한다는 것을 보증하는 인증증서여야 한다.

④ 법원은 제1항부터 제3항까지의 규정에 따른 신청이 타당하다고 인정할 때에는 제11조에 따른 공탁명령을 갈음하여 공탁보증을 허가하는 결정을 하여야 하고, 그 신청이 이유 없다고 인정할 때에는 제11조를 적용한다.

⑤ 공탁보증을 허가하는 결정에는 공탁보증인이 공탁할 책임한도액과 이자기산일을 정하고 법원의 명령이 있을 때에 공탁보증인은 그 책임한도액에 상당하는 금전과 이에 대한 이자기산일부터 법원이 정하는 공탁지정일까지 연 6퍼센트의 비율로 산정한 이자를 더하여 공탁하여야 한다는 내용을 적어야 한다.

⑥ 공탁보증에 대한 허가 또는 불허가의 결정은 신청인과 공탁보증인에게 송달하여야 한다.

⑦ 제4항에 따라 공탁보증을 허가하는 결정이 있은 후에는 공탁보증인은 법원의 허가 없이 이를 변경하거나 취소하지 못한다.

⑧ 외국의 보험사업자나 선주책임상호보험조합 또는 그 밖에 국내에 송달을 받을 장소가 없는 공탁보증인은 국내에 송달을 받을 장소와 송달영수인을 정하여 법원에 신고하여야 한다.

제14조【공탁보증인에 대한 공탁명령】 ① 법원은 제65조에 따른 배당을 할 때 또는 그 밖에 필요하다고 인정할 때에는 공탁보증인에 대하여 14일을 넘지 아니하는 공탁지정일을 정하여 책임한도액에 상당하는 금전과 이에 대한 공탁보증의 허가결정에서 법원이 정한 기산일부터 공탁지정일까지 연 6퍼센트의 비율로 산정한 이자를 더하여 법원에 공탁할 것을 명하여야 한다.

② 제1항의 책임한도액에 상당하는 금전을 산정할 때에는 제11조 제2항을 준용한다.

③ 제1항에 따른 공탁명령은 공탁보증인에게 송달하여야 한다.

④ 공탁보증인이 공탁을 한 경우에는 제12조를 준용한다.

⑤ 공탁보증인이 한 공탁은 신청인이 공탁자로서 한 공탁으로 본다.

제15조【공탁보증인에 대한 공탁 이행강제】 ① 공탁보증인이 제14조에 따른 법원의 공탁명령을 이행하지 아니한 경우 법원은 제20조에 따라 선임된 관리인의 신청에 의하여 공탁보증인에 대하여 공탁보증인이 법원의 공탁지정일에 공탁하였어야 할 금전과 그 중 책임한도액에 대하여 공탁지정일부터 완제일까지 「소송

촉진 등에 관한 특례법」 제3조 제1항에 따른 이율로 산정한 이자를 더한 금전을 관리인에게 지급할 것을 명하여야 한다.

② 제1항에 따른 결정은 관리인 및 공탁보증인에게 송달하여야 한다.

③ 제1항에 따른 결정은 집행력 있는 채무명의와 동일한 효력이 있다.

④ 제1항의 신청에 대한 재판에 대하여는 즉시항고를 할 수 있다.

⑤ 관리인이 제1항의 명령에 따라 공탁보증인으로부터 금전을 지급받았을 때에는 즉시 이를 공탁하고 그 결과를 법원에 보고하여야 한다. 이 경우에는 제12조를 준용한다.

⑥ 제5항에 따른 관리인의 공탁은 신청인이 공탁자로서 한 공탁으로 본다.

제16조【다른 절차의 정지명령 등】 ① 책임제한절차 개시의 신청이 있는 경우 법원은 신청인 또는 수익채무자의 신청에 의하여 책임제한절차 개시의 결정이 있을 때까지 제한채권에 의하여 신청인 또는 수익채무자의 재산에 대하여 진행 중인 강제집행, 가압류, 가처분 또는 담보권실행으로서의 경매절차의 정지를 명할 수 있다.

② 법원은 직권으로 또는 당사자의 신청에 의하여 제1항에 따른 결정을 변경하거나 취소할 수 있다.

제17조【각하】 법원은 다음 각 호의 경우에는 책임제한절차 개시의 신청을 각하하여야 한다.

1. 「상법」 제776조 제1항의 기간을 초과하여 책임제한절차 개시를 신청한 경우
2. 신청인이 파산선고를 받은 경우
3. 절차비용을 예납하지 아니한 경우
4. 신청인이 제11조 제1항에 따른 공탁명령을 이행하지 아니한 경우

제18조【기각】 법원은 다음 각 호의 경우에는 책임제한절차 개시의 신청을 기각하여야 한다.

1. 「상법」 제770조 제1항 각 호의 구분에 따른 제한채권의 각 총액이 이에 대응하는 각 책임한도액을 초과하지 아니함이 명백한 경우
2. 「상법」 제769조 각 호 외의 부분 단서 또는 제773조 각 호의 사유에 해당하는 경우

제3장 책임제한절차 개시의 결정

제19조【책임제한절차의 효력 발생시기】 책임제한절차는 그 개시의 결정이 있는 때부터 그 효력이 생긴다.

제20조【개시결정과 동시에 정하여야 할 사항】 법원은 책임제한절차의 개시결정과 동시에 관리인을 선임하고 다음 각 호의 사항을 정하여야 한다.

1. 제한채권의 신고기간. 다만, 그 기간은 결정일부터 30일 이상 90일 이내로 정하여야 한다.
2. 제한채권의 조사기일. 다만, 그 기일은 신고기간 만료 후 7일 이상 30일 이내로 정하여야 한다.

제21조【개시결정의 공고 등】 ① 법원은 책임제한절차 개시의 결정을 하였을 때에는 지체 없이 다음 각 호의 사항을 공고하여야 한다. 다만, 신청인이 알고 있는 제한채권자 및 수익채무자로서 법원에 신고한 자 외에는 이해관계인이 존재하지 아니함을 소명한 경우에는 법원은 공고를 생략할 수 있다.

1. 사건번호와 사건명칭
2. 신청인과 알고 있는 수익채무자의 성명 또는 상호 및 주소, 이들과 사고선박・구조선박 또는 구조자와의 관계
3. 주문
4. 관리인의 성명 및 주소
5. 책임한도액 및 공탁된 금액 또는 공탁보증인의 상호
6. 제한채권의 신고기간 및 조사기일
7. 신청인과 수익채무자에 대한 제한채권을 그 신고기간에 신고하여야 한다는 내용
8. 국내에 송달을 받을 장소가 없는 외국의 제한채권자가 채권을 신고하는 경우에는 국내에 송달영수인을 정하여 신고하여야 한다는 내용
9. 결정 연월일

② 제1항에 따른 공고 외에 법원은 제1항 각 호의 사항을 적은 서면을 관리인, 신청인 및 알고 있는 제한채권자와 수익채무자에게 송달하여야 한다.

③ 제1항 제2호・제4호・제5호 또는 제6호의 사항이 변경된 경우에는 제1항과 제2항을 준용한다. 다만, 제한채권의 조사기일이 변경된 경우에는 공고가 필요하

지 아니하다.

제22조【신청서류의 열람】 책임제한절차 개시의 신청에 관한 서류는 이해관계인이 열람할 수 있도록 법원에 갖추어 두어야 한다.

제23조【즉시항고】 ① 책임제한절차 개시의 신청에 관한 재판에 대하여는 즉시항고를 할 수 있다.

② 책임제한절차 개시의 신청을 각하하거나 기각하는 결정에 대하여 즉시항고가 있는 경우에는 제16조를 준용한다.

제24조【공탁보정명령 등】 ① 책임제한절차 개시의 결정에 대한 즉시항고가 있는 경우에 제11조 제1항에 따른 공탁명령에서 정하여진 책임한도액이나 사고발생일, 그 밖에 법원이 정한 이자기산일이 부당하여 공탁된 금액이 부족하다고 인정할 때에는 법원은 신청인에 대하여 14일을 넘지 아니하는 공탁지정일에 그 부족한 책임한도액에 상당하는 금전과 이에 대하여 사고발생일이나 그 밖에 법원이 정하는 기산일부터 공탁지정일까지 연 6퍼센트의 비율로 산정한 이자를 더한 금전이나 부족한 이자계산기간에 해당하는 이자를 책임제한법원에 공탁할 것을 명하여야 한다.

② 책임제한절차 개시의 결정에 대한 즉시항고가 있는 경우에 제13조 제4항에 따른 공탁보증의 허가결정에서 정하여진 책임한도액이 부족하다고 인정할 때에는 법원은 신청인에 대하여 14일을 넘지 아니하는 일정한 기간에 그 부족한 책임한도액에 관하여 추가로 제13조 제3항에 따른 공탁보증서를 책임제한법원에 제출할 것을 명하여야 한다. 그러나 그 부족한 책임한도액이 제13조 제3항에 따른 공탁보증인의 보증한도액을 넘지 아니하는 경우에는 그러하지 아니하다.

③ 제1항 또는 제2항에 따른 결정은 항고인과 신청인에게 송달하여야 한다.

④ 제1항에 따른 명령에 따라 공탁을 한 경우에는 제12조를 준용한다.

제25조【개시결정의 취소가 확정된 경우의 공고 등】 ① 책임제한절차 개시의 결정을 취소하는 결정이 확정되었을 때에는 책임제한절차 개시의 결정을 한 법원은 지체 없이 그 사실을 공고하여야 한다. 다만, 이 경우에는 제21조 제1항 단서를 준용한다.

② 제1항의 법원은 관리인, 신청인과 알고 있는 제한채권자 및 수익채무자에 대하여 제1항의 공고에 관한 사항을 적은 서면을 송달하여야 한다.

제26조【개시결정이 취소된 경우의 공탁금 회수의 제한】 신청인은 제25조 제1항

의 결정이 확정된 날부터 30일이 지난 후가 아니면 이 법에 따른 공탁금을 회수하거나 그 회수청구권을 처분하지 못한다. 다만, 제한채권자 모두가 동의한 경우에는 그러하지 아니하다.

제27조【절차 개시의 효과】 ① 책임제한절차가 개시된 경우 제한채권자는 이 법에 따라 공탁된 금전과 이에 대한 이자의 합계액(이하 "기금"이라 한다)에서 이 법에 정하는 바에 따라 배당을 받을 수 있다.

② 제1항의 경우 제한채권자는 기금 외에 신청인 또는 수익채무자의 재산에 대하여 권리를 행사하지 못한다.

제28조【상계 금지】 책임제한절차가 개시된 경우 제한채권자는 제한채권으로 신청인 또는 수익채무자의 책임제한절차와 관계없는 채권과 상계하지 못한다.

제29조【강제집행에 대한 이의의 소】 ① 신청인 또는 수익채무자가 제27조 제2항의 사유를 주장하여 제한채권에 의한 강제집행의 불허를 청구하려면 강제집행에 대한 이의의 소를 제기하여야 한다.

② 제1항에 따른 소에 대하여는 「민사집행법」 제44조를 준용한다.

제30조【담보권 실행에 대한 이의의 소】 ① 신청인 또는 수익채무자가 제27조 제2항의 사유를 주장하여 제한채권에 의한 담보권 실행의 불허를 청구하려면 담보권 실행에 대한 이의의 소를 제기하여야 한다.

② 제1항에 따른 소는 피고의 보통재판적 소재지를 관할하는 법원 또는 담보권의 목적이 되는 재산 소재지의 법원의 관할에 전속한다.

③ 제1항에 따른 소에 대하여는 「민사집행법」 제46조 및 제47조를 준용한다.

제4장 책임제한절차의 확장

제31조【절차 확장의 신청】 ① 「상법」 제770조 제1항 각 호의 어느 하나에 해당하는 제한채권에 대하여만 책임제한절차가 개시된 경우 신청인 또는 수익채무자는 같은 항의 다른 호에 해당하는 제한채권에 대하여도 책임을 제한하기 위하여 책임제한절차의 확장을 신청할 수 있다. 다만, 제한채권의 조사기일이 시작된 후에는 신청할 수 없다.

② 제1항에 따른 신청에 대하여는 제9조부터 제18조까지의 규정을 준용한다.

제32조【절차 확장의 결정】 ① 책임제한절차를 확장하는 결정에는 책임제한절차가 그 확장되는 제한채권에 대하여도 효력을 미친다는 취지를 적어야 한다.

② 제1항의 결정을 할 경우에는 제3장(제20조 중 관리인의 선임에 관한 부분은 제외한다)을 준용한다.

제33조【수익채무자를 신청인으로 보는 경우】 수익채무자의 신청에 따하여 제32조 제1항의 결정이 있는 경우에 제80조부터 제82조까지와 제88조부터 제92조까지의 규정을 적용할 때에는 그 책임제한절차 확장의 신청을 한 수익채무자를 신청인으로 본다.

제5장 관 리 인

제34조【권한】 ① 관리인은 제한채권의 조사기일 동안 의견의 진술, 배당, 그 밖에 이 법에서 규정한 직무를 수행할 권한을 가진다.

② 제1항에 따른 직무를 수행하기 위하여 관리인은 신청인 또는 수익채무자에게 필요한 사항의 보고나 장부 또는 그 밖의 서류의 제출을 요구할 수 있다.

제35조【감독】 관리인은 법원의 감독을 받는다.

제36조【주의의무】 관리인은 선량한 관리자의 주의로 그 직무를 수행하여야 한다.

제37조【관리인대리】 관리인은 그 직무를 수행할 때 법원의 허가를 받아 관리인대리를 선임할 수 있다.

제38조【보수 등】 관리인은 책임제한절차를 위하여 필요한 비용의 선급 및 법원이 정하는 보수를 받을 수 있다.

제39조【자격증명서의 발급】 ① 법원은 관리인에게 그의 선임을 증명하는 서면을 발급하여야 한다.

② 관리인은 그 직무를 수행함에 있어서 이해관계인이 요구할 경우에는 제1항의 서면을 제시하여야 한다.

제40조【관리인의 사임 등】 ① 관리인은 정당한 사유가 있으면 법원의 허가를 받아 사임할 수 있다.

② 관리인의 직무 수행이 곤란하거나 공정한 직무 수행이 의심스러운 경우에는 법원은 직권으로 또는 이해관계인의 신청에 의하여 관리인을 해임할 수 있다.

③ 제1항과 제2항의 경우 법원은 지체 없이 관리인을 새로 선임하여야 한다.

제41조【계산 보고의무와 긴급처분】 ① 관리인의 임무가 끝났을 때에는 관리인 또는 그 승계인은 지체 없이 법원에 계산의 보고를 하여야 한다.

② 관리인의 임무가 끝났더라도 급박한 사정이 있는 경우에는 관리인 또는 그 상속인은 후임 관리인이 그 직무를 수행할 수 있을 때까지 필요한 처분을 하여야 한다.

제6장 책임제한절차에의 참가

제42조【참가】 ① 제한채권자는 신청인에 대하여 가지는 제한채권(이자, 지연손해금 또는 위약금 등의 청구권은 제한채권의 최초 조사기일까지 발생한 것만 해당한다. 이하 이 장에서 같다)으로 책임제한절차에 참가할 수 있다.

② 제한채권을 변제한 신청인 또는 수익채무자는 그 변제의 한도에서 변제받은 제한채권자를 대위하여 책임제한절차에 참가할 수 있다.

③ 제한채권에 대하여 장래 제한채권자를 대위하게 되거나 신청인 또는 수익채무자에 대하여 구상권을 가지게 되는 자는 자기의 제한채권을 가지는 것으로 보고 이에 의하여 책임제한절차에 참가할 수 있다. 다만, 제한채권자가 이미 책임제한절차에 참가한 경우에는 그 참가한 한도에서 다시 참가하지 못한다.

④ 신청인 또는 수익채무자가 제한채권에 의하여 외국에서 강제집행을 당할 염려가 있음을 소명한 경우에는 그 강제집행에 따라 지급할 제한채권의 금액에 관하여 신청인 또는 수익채무자가 제한채권을 가지는 것으로 보고 이에 의하여 책임제한절차에 참가할 수 있다. 이 경우에는 제3항 단서를 준용한다.

제43조【참가방법】 ① 책임제한절차에 참가하기 위한 신고는 서면으로 하여야 한다.

② 제1항에 따른 제한채권 신고서에는 다음 각 호의 사항을 적어야 한다.

1. 책임제한사건의 번호
2. 참가인의 성명 또는 상호 및 주소(국내에 송달을 받을 장소가 없는 참가인의 경우에는 송달영수인의 성명과 주소)
3. 제한채권의 원인 및 금액과 그 산정의 기초

4. 「상법」 제770조 제1항 각 호의 구분에 따른 제한채권의 분류

③ 제42조 제2항부터 제4항까지의 규정에 따른 제한채권 신고서에는 제2항 각 호의 사항 외에 제한채권자의 성명 또는 상호 및 주소와 제한채권으로 보게 될 사유를 적어야 한다.

④ 제2항과 제3항의 신고서에는 각 증거서류 또는 그 등본이나 초본을 첨부하여야 한다.

제44조【제한채권에 대하여 신청인 및 수익채무자 외의 자가 전부이행의무를 지는 경우】 제한채권에 대하여 신청인 또는 수익채무자 외에 그 채권 전액에 대한 이행의무를 부담하는 자가 있는 경우에 그 자를 위하여도 책임제한절차가 개시 또는 확장된 때에는 제한채권자는 각 책임제한절차가 개시 또는 확장된 때에 가지는 채권의 전액으로 각 책임제한절차에 참가할 수 있다.

제45조【제한채권의 신고기간】 ① 제43조에 따른 신고는 제20조(제32조 제2항에서 준용되는 경우를 포함한다)에 따라 법원이 정한 신고기간에 하여야 한다.

② 제42조에 따라 책임제한절차에 참가할 수 있는 자가 그의 책임 없는 사유로 제1항의 기간에 제한채권의 신고를 할 수 없었음을 소명한 경우에는 그 신고기간이 지난 후에도 신고할 수 있다. 다만, 제한채권의 조사기일이 끝난 후에는 그러하지 아니하다.

제46조【변경의 신고 등】 ① 책임제한절차에 참가한 자는 그 신고한 사항이 변경된 경우 또는 신고한 사항을 변경하려는 경우에는 그 뜻을 법원에 신고하여야 한다. 이 경우에는 제43조를 준용한다.

② 다른 제한채권자의 이익을 침해할 변경신고에 대하여는 제45조를 준용한다.

③ 제42조 제3항 또는 제4항에 따라 책임제한절차에 참가한 자가 다음 각 호의 어느 하나에 해당하는 경우에는 그 사실을 법원에 신고하여야 하고 그 신고 원인을 증명하여야 한다.

1. 제한채권에 대위한 경우
2. 신청인이나 수익채무자에 대하여 구상권을 취득한 경우
3. 제한채권금액을 지급한 경우

제47조【참가인 지위의 승계】 ① 책임제한절차에 참가한 자의 신고채권을 취득한 자는 그 참가한 자의 지위를 승계할 수 있다.

② 제1항의 승계를 하려는 자는 다음 각 호의 사항을 적은 서면으로 법원에 신고

하여야 하고 그 취득 원인을 증명하여야 한다.

1. 책임제한사건의 번호
2. 승계하려는 자의 성명 또는 상호 및 주소
3. 취득한 채권 및 그 원인과 취득 연월일

③ 제42조 제1항에 따라 책임제한절차에 참가한 자의 신고채권을 변제한 신청인 또는 수익채무자에 대하여는 제1항과 제2항을 준용한다.

제48조【신고의 각하】 ① 법원은 제한채권의 신고가 제42조 제3항 단서 및 제4항, 제43조, 제45조, 제46조 제3항, 제47조 제2항 및 제3항에 위반된 경우에는 신고를 각하하여야 한다.

② 제1항에 따른 결정에 대하여는 즉시항고를 할 수 있다.

제49조【시효의 중단 등】 ① 책임제한절차에의 참가는 시효중단의 효력이 있다. 다만, 그 신고가 취하되거나 각하된 경우에는 그러하지 아니하다.

② 제척기간을 적용받는 제한채권자가 책임제한절차에 참가한 때에는 그 때부터 그 기간의 진행이 정지된다. 다만, 그 신고가 취하되거나 각하의 결정이 확정된 때에는 그 때부터 제척기간의 남은 기간이 다시 진행된다.

③ 제2항 본문의 경우에 책임제한절차 개시의 결정이 취소되거나 책임제한절차가 폐지된 경우에는 그 채권은 그 취소 또는 폐지가 확정된 날부터 180일 내에 재판상 청구가 없으면 소멸한다.

④ 제한채권자가 가지는 선박 우선특권의 존속기간에 대하여는 제2항과 제3항을 준용한다.

제50조【알고 있는 제한채권자의 신고의무 등】 ① 신청인 및 수익채무자는 제9조 제2항 제7호(제31조 제2항에서 준용되는 경우를 포함한다)에 따라 신고한 제한채권자 외의 제한채권자로서 아직 책임제한절차에 참가하지 아니한 자의 성명 또는 상호 및 주소를 안 때에는 지체 없이 이를 법원에 신고하여야 한다. 다만, 제한채권의 조사기일이 끝난 경우에는 그러하지 아니하다.

② 제1항에 따라 신고된 제한채권자에 대하여는 제21조 제2항 및 제3항(제32조 제2항에서 준용되는 경우를 포함한다)을 준용한다.

제51조【제한채권자표의 작성 등】 ① 법원의 사무관 등은 법원에 신고된 제한채권에 관하여 제한채권자표를 작성하여 제한채권의 신고 내용과 이에 대한 조사의 결과, 사정의 재판의 요지 및 이에 대한 이의소송의 결과를 적어야 한다.

② 제한채권이 비금전채권, 불확정채권 또는 외화표시채권인 경우에는 최초 조사기일 당시의 평가액에 따른다.

③ 법원의 사무관 등은 제한채권자표의 등본을 관리인에게 건네주어야 한다.

제52조【제한채권 신고서류 및 제한채권자표의 비치】 제한채권의 신고에 관한 서류 및 제한채권자표는 이해관계인이 열람할 수 있도록 법원에 갖추어 두어야 한다.

제7장 제한채권의 조사 및 확정

제53조【제한채권의 조사】 제한채권의 조사기일에 는 신고된 채권이 제한채권인지 여부를 조사하고, 제한채권인 경우에는 그 내용 및 「상법」 제770조 제1항 각 호의 구분에 따른 제한채권의 분류를 조사한다.

제54조【관계인의 출석과 이의진술권】 ① 신청인, 수익채무자 및 책임제한절차에 참가한 자 또는 이들의 대리인은 제한채권의 조사기일에 출석하여 신고된 채권에 대하여 이의를 진술할 수 있다.

② 조사기일에 출석하는 대리인은 대리권을 증명하는 서면을 제출하여야 한다.

제55조【관리인의 출석】 제한채권의 조사기일에는 관리인이 출석하여야 한다.

제56조【이의 없는 제한채권의 확정】 제한채권의 조사기일에 관리인 및 제54조에 규정된 자의 이의가 없는 경우에는 신고된 채권이 제한채권이라는 것과 그 내용 및 「상법」 제770조 제1항 각 호의 구분에 따른 제한채권의 분류가 확정된다.

제57조【사정의 재판】 ① 법원은 이의가 있는 채권에 대하여 사정의 재판을 하여야 한다.

② 제1항의 재판에서는 그 채권이 제한채권인지 여부를 정하고, 제한채권인 경우에는 그 내용 및 「상법」 제770조 제1항 각 호의 구분에 따른 제한채권의 분류를 정한다.

③ 사정의 재판은 그 채권을 신고한 자와 이에 대하여 이의를 진술한 자에게 송달하여야 한다.

제58조【관리인의 조사 등】 법원은 사정의 재판을 할 경우에는 관리인에게 필요한 사항에 관하여 조사를 명하거나 의견을 요구할 수 있다.

제59조【사정의 재판에 대한 이의의 소】 ① 사정의 재판에 불복하는 자(관리인은 제외한다)는 결정의 송달을 받은 날부터 14일 내에 이의의 소를 제기할 수 있다. 위 기간은 불변기간으로 한다.

② 제1항의 소를 제기하는 자가 이의 있는 채권을 신고한 자인 경우에는 이의를 진술한 자를 피고로 하고, 이의를 진술한 자인 경우에는 이의 있는 채권을 신고한 자를 피고로 하여야 한다.

③ 제1항의 소는 책임제한법원의 관할에 전속한다.

④ 동일한 채권에 관하여 여러 개의 소가 동시에 계속하는 경우에는 변론 및 재판은 병합하여야 한다. 이 경우에는 「민사소송법」 제67조를 준용한다.

⑤ 제1항의 소에 관한 판결을 할 때에는 소가 부적법하여 각하하는 경우를 제외하고는 사정의 재판을 인가하거나 변경한다.

제60조【이의소송의 소송목적의 값】 사정의 재판에 대한 이의소송의 소송목적의 값은 배당의 예정액을 표준으로 하여 책임제한법원이 정한다.

제61조【소송절차의 중지】 ① 제42조와 제43조에 따라 책임제한절차에 참가한 제한채권자와 신청인 또는 수익채무자 간에 그 채권에 관한 소송(이하 "절차외소송"이라 한다)이 계속 중일 때에는 법원은 원고의 신청에 의하여 그 소송절차의 중지를 명할 수 있다.

② 법원은 원고의 신청에 의하여 제1항에 따른 중지의 결정을 취소할 수 있다.

제62조【절차외소송의 관할】 사정의 재판에 대한 이의의 소가 계속 중일 때에는 그 소송의 목적인 채권을 가진 자와 신청인 또는 수익채무자 간의 그 채권에 관한 소는 책임제한법원에 제기할 수 있다.

제63조【이송】 ① 사정의 재판에 대한 이의의 소가 계속 중인 경우에 그 소송의 목적인 채권에 관하여 절차외소송이 다른 제1심법원에 계속 중일 때에는 책임제한법원은 당사자의 신청에 의하여 그 소송의 이송을 요구할 수 있다.

② 제1항에 따른 결정이 있는 경우 이송 요구를 받은 법원은 절차외소송을 그 책임제한법원에 이송하여야 한다.

③ 제2항에 따른 이송은 소송절차의 중단 또는 중지 중에도 할 수 있다.

제64조【병합】 책임제한법원에 사정의 재판에 대한 이의의 소와 절차외소송이 계속하는 경우에는 변론 및 재판은 병합하여야 한다.

제8장 배 당

제65조【기금의 충당】 기금은 제91조 제5항 및 제92조 제4항에 따라 기금으로부터 지출되는 비용 등을 제외하고는 배당에 충당한다.

제66조【배당표의 작성】 ① 관리인은 조사기일이 끝난 후에 배당표를 작성하여 법원의 인가를 받아야 한다.

② 배당표에는 「상법」 제770조 제1항 각 호에 따른 제한채권의 구분에 따라 다음 각 호의 사항을 적어야 한다.

1. 배당을 받을 제한채권자의 성명 또는 상호 및 주소
2. 배당을 받을 제한채권자의 채권 총액
3. 배당할 금액
4. 배당률
5. 각 제한채권자에 대한 배당액
6. 그 밖에 배당에 필요한 사항

제67조【배당표의 공고 및 비치】 ① 법원이 배당표를 인가하였을 때에는 지체 없이 그 내용을 공고하여야 한다. 다만, 배당을 받을 제한채권자가 소수인 경우에는 법원은 이들에게 배당표의 등본을 송달함으로써 공고를 갈음할 수 있다.

② 법원이 인가한 배당표는 이해관계인이 열람할 수 있도록 법원에 갖추어 두어야 한다.

제68조【배당표에 대한 이의】 ① 배당표에 불복하는 자는 제67조에 따른 공고일 또는 배당표 등본의 송달을 받은 날부터 14일 내에 법원에 이의를 신청할 수 있다. 위 기간은 불변기간으로 한다.

② 법원은 이의가 타당하다고 인정하는 경우에는 관리인에게 배당표를 경정할 것을 명하여야 한다.

③ 제2항에 따른 결정서는 이해관계인이 열람할 수 있도록 법원에 갖추어 두어야 한다.

④ 이의에 대한 재판은 이의를 신청한 자에게 송달하여야 한다.

⑤ 이의에 대한 재판에 대하여는 즉시항고를 할 수 있다.

제69조【배당】 ① 관리인은 제68조 제1항에 따른 이의기간이 지나면 지체 없이 배당을 하여야 한다.

② 배당표에 대하여 이의신청이 있는 경우에는 이의에 대한 재판이 확정된 후가 아니면 배당을 하지 못한다. 다만, 이의 없는 제한채권자에 대하여는 이의에 대한 재판이 확정되기 전이라도 법원의 허가를 받은 범위에서 배당을 할 수 있다.

③ 배당은 대법원규칙으로 정하는 바에 따라 관리인이 공탁관에게 기금으로부터의 지급을 위탁하는 방법으로 한다.

제70조【배당 유보의 신청】 ① 책임제한절차에 참가한 자는 배당표에 대한 이의신청기간이 지나기 전에 관리인에게 자기의 신고채권에 관하여 절차외소송이 계속 중인 사실 또는 그 채권에 의한 강제집행이나 담보권이 실행 중인 사실을 증명하여 배당의 유보를 신청할 수 있다.

② 제1항의 신청은 서면으로 하여야 한다.

제71조【배당의 유보】 관리인은 다음 각 호의 채권에 대하여는 배당을 유보하여야 한다.

1. 제70조에 따라 배당의 유보가 신청된 채권
2. 제42조 제3항 또는 제4항에 따라 책임제한절차에 참가한 자의 신고채권으로서 제46조 제3항에 따른 신고가 없는 채권
3. 책임제한절차에서 아직 확정되지 아니한 채권으로서 제1호와 제2호 외의 채권

제72조【비용 등의 유보명령】 ① 제90조 제1항에 따라 체당된 비용 등으로서 그 금액이 확정되지 아니한 것이 있는 경우에는 법원은 관리인에게 기금 중 상당한 금액을 유보할 것을 명하여야 한다.

② 법원은 제1항에 따른 결정을 변경하거나 취소할 수 있다.

제73조【배당의 효과】 책임제한절차에 참가한 자가 공탁에 관한 법령에 따라 기금으로부터 배당액을 수령할 수 있게 된 경우 신청인 및 수익채무자는 책임제한절차 외에서 해당 제한채권에 대하여 그 책임을 면한다.

제74조【절차로부터의 제척】 ① 신고한 채권이 절차외소송에서 제한채권이 아닌 것으로 확정된 경우에는 그 채권은 책임제한절차로부터 제척된다.

② 제1항의 경우에 절차외소송의 당사자는 그 확정을 증명하는 서면으로 책임제한법원에 이를 신고하여야 한다.

제75조【유보된 배당의 실시】 제71조 각 호에 규정된 채권에 관하여 다음 각 호의 구분에 따른 사유가 발생하였을 때에는 관리인은 지체 없이 유보된 배당을 하여야 한다.

1. 제71조 제1호의 채권: 그 내용이 확정되고 유보 신청을 한 자가 배당을 청구한 때
2. 제71조 제2호의 채권: 그 내용이 확정되고 제46조 제3항에 따른 신고가 있는 때
3. 제71조 제3호의 채권: 그 내용이 확정된 때

제76조【추가 배당】 ① 기금에 새로 배당에 충당할 부분이 생긴 경우 관리인은 추가로 배당을 하여야 한다.

② 관리인은 법원의 허가를 받아 일정 기간 제1항의 배당을 하지 아니할 수 있다.

③ 제1항과 제2항에 따른 추가 배당의 경우에는 제66조부터 제75조까지의 규정을 준용한다.

제77조【배당 실시 완료의 보고】 배당이 모두 끝났을 때에는 관리인은 지체 없이 그 사실을 법원에 보고하여야 한다.

제78조【절차의 종결】 제77조에 따른 보고가 있는 경우 법원은 책임제한절차 종결의 결정을 하고 그 뜻을 공고하여야 한다. 다만, 제한채권자 및 수익채무자가 소수인 경우에는 법원은 이들과 신청인에게 책임제한절차 종결 결정의 정본을 송달함으로써 공고를 갈음할 수 있다.

제79조【손해배상】 신청인 또는 수익채무자는 제9조 제2항 제7호, 제31조 제2항 또는 제50조 제1항을 위반하여 알고 있는 제한채권자를 법원에 신고하지 아니하여 그 채권이 책임제한절차에서 제척되었을 경우에는 이로 인하여 손해를 입은 자에게 배상을 할 책임이 있다.

제9장 책임제한절차의 폐지

제80조【절차의 폐지】 다음 각 호의 경우 법원은 직권으로 또는 당사자의 신청에 의하여 책임제한절차를 폐지하는 결정을 하여야 한다. 다만, 제2호의 경우에 제한채권자에게 현저한 손해를 입힐 염려가 있다고 인정되는 경우에는 그러하지 아니하다.

1. 신청인이 제24조 제1항 또는 제2항(제32조 제2항에 따라 준용되는 경우를 포함한다)에 따른 결정에 따르지 아니한 경우
2. 신청인이 제89조 제2항에 따른 결정에 따르지 아니한 경우
3. 제15조에 따른 공탁보증인에 대한 공탁명령의 집행이 불가능한 경우

제81조【동의에 의한 절차의 폐지】 ① 신청인은 알고 있는 수익채무자 및 책임제한절차에 참가한 자 모두의 동의를 받아 책임제한절차의 폐지를 신청할 수 있다.

② 제1항의 신청이 있는 경우 법원은 책임제한절차를 폐지하는 결정을 하여야 한다.

제82조【파산선고와 폐지】 신청인이 파산선고를 받은 경우에 책임제한절차를 계속하는 것이 파산채권자를 현저히 해칠 염려가 있다고 인정될 때에는 법원은 파산관재인의 신청에 의하여 책임제한절차를 폐지하는 결정을 하여야 한다. 다만, 배당표를 인가하는 공고가 있는 경우 또는 파산절차에서 배당공고를 한 경우에는 그러하지 아니하다.

제83조【폐지의 공고와 송달】 ① 법원이 책임제한절차를 폐지하는 결정을 하였을 때에는 지체 없이 그 주문 및 이유의 요지를 공고하여야 한다. 다만, 이 경우에는 제21조 제1항 단서를 준용한다.

② 제1항의 경우에는 제25조 제2항을 준용한다.

제84조【즉시항고】 책임제한절차의 폐지의 신청을 각하하거나 기각하는 결정 또는 책임제한절차를 폐지하는 결정에 대하여는 즉시항고를 할 수 있다.

제85조【폐지결정의 취소의 공고와 송달】 ① 책임제한절차를 폐지하는 결정을 취소하는 결정이 확정되었을 때에는 책임제한절차를 개시하는 결정을 한 법원은 지체 없이 그 사실을 공고하여야 한다. 다만, 이 경우에는 제21조 제1항 단서를 준용한다.

② 제1항의 경우에는 제25조 제2항을 준용한다.

제86조【폐지결정의 효력 발생시기】 책임제한절차의 폐지의 결정은 확정됨으로써 그 효력이 생긴다.

제87조【폐지결정이 확정된 경우의 공탁금 회수의 제한】 책임제한절차를 폐지하는 결정이 확정된 경우에는 제26조를 준용한다.

제10장 비 용

제88조【비용 부담의 원칙】 책임제한절차를 위하여 필요한 비용 및 관리인의 보수(이하 "비용 등"이라 한다)는 신청인의 부담으로 한다. 다만, 이 법에 달리 규정된

경우에는 그러하지 아니하다.

제89조【예납의무】 ① 신청인이 책임제한절차 개시의 신청을 할 때에는 비용 등으로서 법원이 정한 금액을 예납하여야 한다.

② 예납한 비용 등이 부족한 경우에 법원은 그 부족한 비용 등을 예납할 것을 명하여야 한다.

제90조【비용 등의 기금으로부터의 체당】 ① 다음 각 호의 경우에는 관리인은 법원의 허가를 받아 비용 등의 추산액을 기금으로부터 체당할 수 있다.

1. 제80조 제2호에 해당하는 경우에 같은 조 단서에 규정된 사유가 있는 경우
2. 관리인이 사정에 대한 이의의 소의 피고로서 소송을 수행하기 위하여 소송비용(법원이 허가하는 범위의 변호사비용을 포함한다. 이하 같다)이 필요한 경우

② 관리인은 제1항 제1호에 따른 비용 등을 받은 경우에는 지체 없이 이를 법원에 납부하여야 한다.

제91조【체당 비용 등의 회수】 ① 관리인은 제90조 제1항 제1호에 따라 체당한 비용 등을 신청인으로부터 회수하여야 한다.

② 제1항의 경우에 법원은 관리인의 신청에 의하여 신청인에 대하여 관리인이 체당한 비용 등과 같은 금액의 금전을 관리인에게 지급할 것을 명하여야 한다.

③ 제2항에 따른 결정은 관리인과 신청인에게 송달하여야 한다.

④ 제2항에 따른 결정에 대하여는 제15조 제3항 및 제4항을 준용한다.

⑤ 제1항부터 제4항까지의 규정에 따른 비용 등의 회수가 불가능한 경우 관리인은 법원의 허가를 받아 그 비용 등을 기금에서 지출한다.

제92조【관리인이 회수한 비용 등의 공탁】 ① 관리인은 다음 각 호에 따라 회수 또는 반환된 비용 등을 신청인을 위하여 공탁하고, 그 결과를 법원에 보고하여야 한다.

1. 제91조에 따라 신청인으로부터 체당 비용 등을 회수한 경우
2. 제90조 제2항에 따라 법원에 납부한 체당 비용 중 비용 등으로 지출할 필요가 없게 된 금액으로서 신청인으로부터 그 체당 비용 등을 회수하지 못하였음을 이유로 관리인이 다시 법원으로부터 반환을 받은 경우
3. 관리인이 제90조 제1항 제2호에 따라 기금으로부터 체당한 소송비용 중 관리인이 이를 지출할 필요가 없게 되었거나 승소판결이 확정되어 상대방으로부터 이를 회수한 경우

② 제1항에 따른 공탁은 신청인이 공탁자로서 한 공탁으로 본다.

③ 제1항에 따른 관리인의 공탁에 대하여는 제12조를 준용한다.

④ 관리인이 사정에 대한 이의의 소의 피고가 된 경우 판결에 따라 관리인의 부담으로 확정된 소송비용과 상대방으로부터의 회수가 불가능한 소송비용에 대하여는 제91조 제5항을 준용한다.

제11장 벌 칙

제93조【관리인의 수뢰죄】 ① 관리인 또는 관리인대리가 그 직무에 관하여 뇌물을 수수, 요구 또는 약속한 경우에는 5년 이하의 징역 또는 500만원 이하의 벌금에 처한다.

② 제1항의 경우 수수된 뇌물은 몰수한다. 그 전부 또는 일부를 몰수할 수 없는 경우에는 그 가액을 추징한다.

제94조【뇌물의 제공 등】 제93조 제1항에 따른 뇌물을 약속 또는 제공하거나 제공의 의사를 표시한 자는 3년 이하의 징역 또는 200만원 이하의 벌금에 처한다.

제95조【거짓 보고 등】 ① 제34조 제2항에 규정된 자가 같은 조에 따른 보고 또는 서류 제출을 요구받고 이를 이행하지 아니하거나 거짓으로 보고하거나 거짓 서류를 제출한 경우에는 1년 이하의 징역 또는 100만원 이하의 벌금에 처한다.

② 법인의 대표자나 법인 또는 개인의 대리인, 사용인, 그 밖의 종업원이 그 법인 또는 개인의 업무에 관하여 제1항의 위반행위를 하면 그 행위자를 벌하는 외에 그 법인 또는 개인에게도 제1항의 벌금형을 과한다. 다만, 법인 또는 개인이 그 위반행위를 방지하기 위하여 해당 업무에 관하여 상당한 주의와 감독을 게을리하지 아니한 경우에는 그러하지 아니하다.

일본 해상법

JAPANESE MARITIME CODE
WITH ITS REVISIONS

海商法の改正史

早稲田大学 教授　箱井崇史

1. 旧商法典の海商編

日本で最初に制定された商法典は、1890年(明治23年)の商法典(旧商法典)である。これは、ドイツ人ヘルマン・レェスラー(Hermann Roesler)が起草したものであり、法律取調会の修正を受けた後、元老院[1)]により可決されて、1890年4月27日に公布された「商法」(1890年法律32号)である(旧商法)。旧商法は、「商ノ通則」、「海商」、「破産」の3つの編により構成された。第2編 「海商」は、第1章 「船舶」(824条～833条)、第2章 「船舶所有者」(834条～848条)、第3章 「船舶債権者」(849条～859条)、第4章「船舶及ヒ船員」(860条～886条)、第5章「運送契約」(887条～929条)、第6章 「海損」(930条～945条)、第7章「冒険貸借」(946条～952条)、第8章「保険」(953条～975条)、第9章「時効」(976条~997条)の全174か条から構成されていた[2)]。

この商法典は、翌1891年(明治24年)1月1日より施行されることになっていたが、まず1890年、次いで1892年(明治25年)の2度にわたって延期法により実施が

---

1) 明治期初期の立法機関であり、議会の設置により廃止された。日本の最初の憲法(大日本帝国憲法)は、1889年(明治22年)に発布され、第1回の国会(帝国議会)は、1890年(明治23年)に開かれた。

2) 条文は、現代法制資料編纂会編・明治『旧法』集(1983年)などに収録されている。

해상법의 개정사

▌와세다 대학 교수 하코이 타카시* ▌

1. 구상법전의 해상편

일본 최초의 제정상법전은, 1890년(명치23년)의 상법전(구상법전)이다. 이것은 독일인인 헤르만 뢰슬러가 기초한 것으로, 법률취조회의 수정을 거치고, 원로원[1]에 의하여 가결되어 1890년 4월 27일에 공포된 상법(1890년 법률32호)이다(구상법). 구상법은 상의 통칙, 해상, 파산의 3편으로 구성되었다. 제2편 해상은 제1장 선박(824조~833조), 제2장 선박소유자(834조~848조), 제3장 선박채권자(849조~859조), 제4장 선박 및 선원(860조~886조), 제5장 운송계약(887조~929조), 제6장 해손(930조~945조), 제7장 모험대차(946조~952조), 제8장 보험(953조~975조), 제9장 시효(976조~997조)의 총 174개조로 구성되어 있다.[2]

이 상법전은 이듬해 1891년(명치24년) 1월 1일부터 시행되기로 되어 있었으나 1890년 그리고 1892년에 각각 한 번씩 연기법이 만들어짐에 의하여 그 시행이 총 2

---

* 하코이 교수는 현재 일본 해상법을 대표하는 학자이다. 해상법의 개정사 번역은 하코이 교수의 조수인 곽윤진 양이 하였다.

1) 명치 초기의 입법기관으로서 의회의 설치에 의하여 폐지되었다. 일본의 초기의 헌법(대일본제국헌법)은 1889년(명치22년)에 폐지되어 제1회 국회(제국의회)는 1890년(명치23년)에 열렸다.

2) 조문은 현대법제자료편찬회 편, 명치[구법]집(1983년) 등에 수록되어 있다.

見送られた。その後、商事会社および共算商業組合(第1編6章)、手形・小切手(第1編12章)および破産(第3編)と、会社に関する商業登記(第1編2章)および帳簿(第1編4章)だけは、1893年(明治26年)7月1日から実施されたものの、ここでは海商編は実施されていない。この商法典については、1893年に設けられた法典調査会で修正の検討が続けられたが、商法典全体の実施は、さらに1898年(明治31年)7月1日まで延期された。これは、いわゆる民法典論争と同根にある商法典論争といわれるものの結果である。日本が西洋諸国を範とした国家建設を急速に推進するなかで、法制度の整備も急務とされたものの[3]、招聘外国人によって起草された法典が日本の実情を反映せず外国法の模倣にすぎないなどの批判を受けることになった。

新商法の草案は1897年(明治30年)12月に完成したが、相次ぐ議会の解散という予想外の事態が生じ、延期期限の切れた旧商法典は、1898年7月1日に一時的に全体が効力を生じることになった。もっとも、翌1899年(明治32年)6月からは現行商法典が施行されているので、この旧商法典は、一部実施の対象とならなかった海商法については、実質的には使われていないに等しい。なお、1890年の商法は、1899年の現行商法の施行に伴い、第3編「破産」以外はすべて廃止された。第3編破産も、1923年に破産法が単行法として制定されたために廃止された。

2. 現行商法典

現在の日本の商法典は、1899年3月9日に公布された商法(法律48号)である(6月16日施行)。制定当時は、第1編「総則」、第2編「会社」、第3編「商行為」、第4編「手形」、第5編「海商」の全5編で構成されていた。第5編「海商」は、実質的には日本で最初の海商法であるといえる。これは主に1861年のドイツ旧商法をモデルとするものであったが、フランス法系の委付主義を採用するなど、各国の立法例を研究して制定されていた。

海商編の構成は、第1章「船舶及ヒ船舶所有者」(538条～557条)、第2章「船員」

3) 日本では、幕末に結ばれた不平等条約の改正が最大の外交課題であり、そのために憲法をはじめとする法整備と議会の開設が急がれた。

회 연기되게 되었다. 그 후 상사회사 및 공산상업조합(제1편 6장), 어음과 수표(제1편 12장) 및 파산(제3편) 그리고 회사에 관한 상업등기(제1편 2장) 및 장부(제1편 4장)에 대한 조문들은 1893년(명치26년) 7월1일부터 실시되었으나 해상편은 실시되지 않았다. 이 상법전에 대하여는 1893년에 만들어진 법전 조사회에서 수정과 검토를 계속하였으나 상법전 전체의 실시는1898년(명치 31년) 7월 1일로 한 번 더 연장되었다. 그 이유는 이른바 민법전 논쟁과 근거를 같이 하는 상법전 논쟁의 결과였다. 일본이 서양제국을 모델로 하는 국가건설을 서둘러 추진하면서 법제도의 정비 역시 급히 이루어졌으나[3] 초빙 외국인에 의하여 기초된 법전은 일본의 실정을 반영하지 못하고 있을 뿐만 아니라 그것은 외국법의 모방에 지나지 않는다는 비판을 받고 있었다.

신상법의 초안은 1897년(명치30년) 12월에 완성되었으나 의회가 거듭 해산하게 되는 예상외의 사태가 벌어지면서 구상법은 연기기한이 만료하게 되었고 그에 따라서 1898년 7월 1일 일시적으로 구상법 전체가 효력을 갖게 되었다. 하지만 이듬해인 1899년(명치32년) 6월부터는 현행 상법전이 시행되었기 때문에 구상법 안에서도 일부 실시 대상에 포함되지 않았던 해상법은 실질적으로 시행되지 않았다고 할 수 있다. 한편 1890년의 상법은 1899년의 현행 상법의 시행에 수반하여 제3편 파산을 제외하고는 모두 폐지되었다. 제3편 파산 역시 1923년에 파산법이 단행법으로 제정되면서 폐지되었다.

2. 현행상법전

현재의 일본의 상법전은 1899년 3월 9일에 공포된 상법(법률 48호)이다(6월 16일 시행). 제정 당시는 제1편 총칙 제2편 회사 제3편 상행위 제4편 어음 제5편 해상의 총 5편으로 구성되어 있었다. 여기서의 제5편 해상이 실질적으로는 일본 최초의 해상법이라고 할 수 있다. 이는 주로 1861년의 독일 구상법을 모델로 삼은 것이나 프랑스 법계의 위부주의를 채용하는 등 각국의 입법례를 연구하여 제정된 것이다.

해상편의 구성은 제1장 선박 및 선박소유자(538조~557조), 제2장 선원(558조~589

---

3) 당시의 일본은 에도막부 말에 결성된 불평등조약의 개정이 최대의 외교과제였기 때문에 헌법을 포함한 법개정과 의회의 개설을 서둘러 추진하였다.

(558条～589条)、第3章「運送」(590条～640条)、第4章「海損」(641条～652条)、第5章「保険」(653条～679条)、第6章「船舶債権者」(680条～689条)となっていた。

なお、商法538条1項(現684条1項)は、商法海商編の対象となる船舶を「商行為ヲ為ス目的ヲ以テ航海ノ用ニ供スルモノ」(商行為船)に限定しているが、同じく1899年に制定された船舶法(法律46号)は、非商行為船であっても、公船を除いては、航海の用に供する船舶(航海船)について商法海商編を準用するものとしている(現船舶法附則35条)。

商法海商編の改正は、次の通りである。

(1) 1911年(明治44 年) の改正(第1 次商法改正)

この商法は、1911年に大規模な改正(法律73号)が行われた。海商法については、ドイツ商法および海難救助統一条約の原案を参考にして、新たに第5章「海難救助」が追加され、保険と船舶債権者は、それぞれ第6章と第7章になった。なお、この追加は、652条ノ2から652条ノ16 に入れられたため、既存の条文番号に変化はなかった。

このほか、いくつかの細かい改正が行われている。

① 船舶所有権の登記の効力に関する541条の文言が、船舶所有権の「譲渡」から「移転」に修正された。

② 委付の登記の効力に関する544条の2 が追加された[4)]。

③ 海難救助規定の新設により、従来使われてきた「救援」と「救助」の区別がなくなり、「救援」に一本化されたほか、救援または救助の費用を「救助料」とした。568条の「船舶ノ修繕、救援又ハ救助の費用」は、「船舶の修繕費、救助料」に改正され、599条の「救援」が削除され、606条は「立替金」の下に「碇泊料」を加えて「救援」が削除され、649条の「救助ノ費用」は「救助料」に改正された。

④ 貨物引換証に関する規定が改正されたため、これを船荷証券に準用する629条が改正された。関連する貨物引換証に関する規定の改正は、334条ノ2(貨物

---

4) この条文は、1938年の改正で商法691条となったが、1975年の改正により現在は削除されているので紹介する。商法544条ノ2(1975年改正前691条): 登記シタル船舶ノ委付ハ登記ヲ為スニ因リテ其効力ヲ生ス。

조), 제3장 운송(590조~640조), 제4장 해손(641조~652조), 제5장 보험(653조~679조), 제6장 선박채권자(680조~689조)로 이루어져 있다.

또한 상법 제538조 제1항(현 684조 1항)은 상법 해상편의 대상인 선박을 "상행위를 행할 목적을 가지고 항해용으로 사용되는 것"(상행위선)으로 한정하고 있었으나 같은 해인 1899년에 제정된 선박법(법률 46호)은 비상행위선이라 하더라도 공용선을 제외하고는 항해용으로 사용되는 모든 선박(항해선)에 대하여 상법 해상편을 준용한다고 규정하고 있다(현 선박법 부칙 35조).

상법 해상편의 개정은 다음과 같다.

(1) 1911년(명치44년)의 개정(제1차 상법개정)

이 상법은 1911년에 대규모적으로 개정되었다(법률 73호). 해상법에 있어서는 독일 상법 및 해난구조통일조약의 원안을 참고로 하여 새롭게 제5장 해난구조 부분이 추가되었고 보험과 선박채권자는 각각 제6장과 7장이 되었다. 한편 이들 개정은 652조의2부터 652조의16으로서 삽입되었기 때문에 기존의 조문번호는 변하지 않고 그대로 유지되었다.

이 밖에 몇 가지 소소하게 개정된 사항을 살펴보면,

1) 선박소유권의 등기의 효력에 관한 541조의 문언이 선박소유권의 '양도'에서 '이전'으로 수정됨.

2) 위부의 등기효력에 관한 544조의2가 추가됨.[4)]

3) 해난구조규정의 신설에 의하여 종래 사용되었던 '구원'과 '구조'의 구별이 없어지고 '구원'으로 통일되었으며, 구원 또는 구조의 비용을 '구조비'라고 함. 그리고 568조의 '선박의 수선, 구원 또는 구조의 비용'은 '선박의 수선비, 구조료'라고 개정되고, 599조의 '구원'이 삭제되고, 606조의 '체당금'에 '정박료'를 추가하고 '구원'을 삭제하였으며 649조의 '구조의 비용'은 '구조료'로 개정되었다.

4) 화물상환증에 관한 규정이 개정되었기 때문에 이를 선하증권에 준용하는 내용의 629조가 개정되었다. 관련하는 화물상환증에 관한 규정의 개정은 334조의2

4) 이 조문은 1938년의 개정에서 상법 691조가 되었으나 1975년의 개정에 의하여 현재는 삭제되었다. 상법 544조의2(1975년 개정전 691조): 등기한 선박의 위부는 등기함에 의하여 효력이 생긴다.

引換証の処分証券性: 現573条)の追加、334条ノ3(貨物引換証の当然の指図証券性: 現574条)の追加および335条(貨物引換証の物権的効力：現575条)の改正である。これらの追加条文(それまでは為替手形に関する455条および483条を準用していた)を船荷証券について準用するため、「第334条乃至第335条及ヒ第344条ノ規定ハ船荷証券ニ之ヲ準用ス」と改正された。

⑤ 荷送人に関する船荷証券の記載事項を掲げる622条5号から、「又ハ所持人ニ運送品ヲ引渡スヘキコト」を削除した。

(2) 1937年の船員法制定による改正

1937年(昭和12年)に、船員法(法律79号)が制定され、同法附則68条により商法海商編が改正された。これにより、商法575条(現在の削除条文722条)[5]と、第2章第2節「海員」(576条～589条) の全部が削除された。

(3) 1938年(昭和13年) の改正(第2次商法改正)

1938年には、長く準備された商法の改正(法律72号)があった。海商法についても、すでに1935年に法制審議会による改正要綱が決定していたが、この1938年の商法改正では実質的な改正はなされなかった。手形法(1932年法律20号)、小切手法(1933年法律57号)が制定されたため、商法第4編の「手形」が削除され、さらに総則と会社の大改正の結果、条文数が大幅に増加したため、条文番号の繰り下げがあった。海商法については、第4編に繰り上がるとともに、条文番号が変更された。すなわち、538条から689条に置かれていた海商編は、条文の変更はないまま、684条から851条に繰り下げられ、これは現在においても変わっていない。条文数が増えているように見えるのは、1911年に追加された海難救助に関する条文が枝番号から変更されたためである。

この大改正で海商法が改正されなかったのは、戦時体制において海運が国家管理の下に置かれていたことが大きな理由である。

---

5) 削除前商法575条: 船長ノ船舶所有者ニ対スル債権ハ1年ヲ経過シタルトキハ時効ニ因リテ消滅ス。

(화물상환증의 처분증권성: 현행 573조)의 추가, 334조의 3(화물상환증의 당연의 지시증권성: 현행 574조)의 추가 및 335조(화물상환증의 물권적 효력: 현행 575조)의 개정이다. 또한 이들 새로이 추가된 조문들(이전에는 455조 및 483조를 준용하고 있었다)을 선하증권에 대하여도 준용하기 위하여 '제334조 내지 제335조 및 제344조의 규정은 선하증권에 준용한다'고 개정하였다.

5) 송하인에 관한 선하증권의 기재사항을 정한 622조 5호에서 "또는 소지인에게 운송품을 인도해야 함"이라는 문언을 삭제하였다.

(2) 1937년의 선원법 제정에 의한 개정

1937년(소화12년)에 선원법(법률 79호)이 제정되고 동법 부칙 68조에 의하여 상법 해상편이 개정되었다. 이에 의하여 상법575조(현재의 삭제조문 722조)[5]와 제2장 제2절 '해원'(576조~589조)의 전부가 삭제되었다.

(3) 1938년(소화13년)의 개정(제2차 상법개정)

1938년에는 오랜 시간 준비를 해온 상법의 큰 개정(법률 72호)이 있었다. 해상법에 대하여도 이미 1935년에 법제심의회에 의하여 개정요강이 만들어져 있었으나 이 1938년 상법 개정에서는 해상법의 실질적인 개정은 이루어지지 않았다. 어음법(1932년 법률20호)과 수표법(1933년 법률 57호)이 제정되면서 상법 제4편인 '어음'편이 삭제되고, 또한 총칙과 회사법의 대개정에 의하여 조문수가 대폭 증가되면서 해상법은 제4편으로 이동하여 해상법의 조문번호가 전체적으로 바뀌는 정도의 변화가 있을 뿐이었다. 즉 538조부터 689조에 있던 해상편은 조문 자체의 변경은 없는 채로 684조부터 851조에 배치되었고 이는 현재까지도 변함이 없다. 조문수가 증가한 것으로 보이는 것은 1911년에 추가된 해난구조에 관한 조문이 추가조문 형식으로 삽입되었기 때문이다.

이 대개정에서 해상법이 개정되지 않았던 가장 큰 이유는 전시 체제 아래에서 해군이 국가관리하에 있었기 때문이다.

---

5) 삭제전 상법 575조: 선장이 선박소유자에 대하여 갖는 채권은 1년을 경과한 때에 시효로 소멸한다.

(4) 1947年(昭和22年) の新船員法制定による改正

第2次世界大戦の後、1947年に新しい船員法(法律100号)が制定され、その附則146条により商法海商編が改正された。

船長の船舶書類の備え置き義務に関する709条が改正されたほか、708条(堪航能力検査義務)、710条(在船義務)および711条(航海成就義務)が削除された。

(5) 1975年(昭和50年) の船主責任制限法制定による改正

1975年に船舶の所有者の責任の制限に関する法律(法律94号)が制定され、その附則3項により商法海商編が改正された。

これにより、690条(委付による責任制限)、700条1項1号(船舶管理人の権限)、759条(再運送契約における船舶所有者の責任)、760条1項(全部傭船契約の法定原因による終了)、762条(760条1項改正による引用条文の変更)、763条(同前)、784条(旅客運送の法定原因による終了)が改正され、また、691条(委付の登記)、692条(委付の権利の制限)、716条(事務管理と船舶所有者の委付) および842条9号(船舶先取特権を有する債権のうち、委付に関するもの) が削除された。

(6) 2005年(平成17年) 会社法制定による改正

2005年に単行法である会社法が制定され(法律86号)、商法第2編「会社」が削除されたため、海商編は第3編に繰り上がった。また、会社法の施行に伴う関係法律の整備等に関する法律(2005年法律87号)により、第3章の章名が「船長」に変更された。また、757条に新しく2項が追加され、旧2項が3項となった。いずれも会社法に直接の関係はないが、この機会に改正されたものである。

(7) 2008年(平成20年) 保険法制定による改正

2008年に単行法である保険法が制定され(法律56号)、商法第2編(商行為)10章「保険」(629条～683条)が削除された。これにより海商編の条文番号などに変更はないが、保険法の施行に伴う関係法律の整備等に関する法律(2008年法律57号)により、次のような若干の改正が行われている。

削除された商法の保険規定の一部の適用を保険法の規定(第2章1節～4節、第6節、第5章)の適用に変更する815条の改正、海上保険証券の記載事項について649

(4) 1947년(소화22년)의 신 선원법 제정에 의한 개정

제2차세계대전후 1947년에 새로운 선원법(법률 100호)이 저정되면서 그 부칙 146조에 의하여 상법 해상편이 개정되었다.

선장의 선박서류의 비치의무에 관한 709조가 개정되는 외에, 708조(감항능력검사의무), 710조(재선의무) 및 711조(항해성취의무)가 삭제되었다.

(5) 1975년(소화50년)의 선주책임제한법 제정에 의한 개정

1975년에 선박소유자의 책임의 제한에 관한 법률(법률 94호)이 제정되면서 그 부칙 3항에 의하여 상법 해상편이 개정되었다. 선주책임제한법은 단행법으로 제정되었고 상법이 정하는 위부주의를 폐지하는 것이 이번 개정의 중심내용이었다.

이에 따라 690조(위부에 의한 책임제한), 700조 1항 1호(선박관리인의 권한), 759조(재운송계약에 있어서의 선박소유자의 책임), 760조 1항(전부용선계약의 법정원인에 의한 종료), 762조(760조 1항 개정에 의한 인용조문의 변경), 763조(동전), 784조(여객운송의 법정원인에 의한 종료)가 개정되고 또한 691조(위부의 등기), 692조(위부의 권리의 제한), 716조(사무관리와 선박소유자의 위부) 및 842조 9호(선박우선특권을 가지는 채권 중 위부에 관한 것)가 삭제되었다.

(6) 2005년(평성17년) 회사법 제정에 의한 개정

2005년에 단행법인 회사법이 제정되면서(법률 86호) 상법 제2편 '회사'가 삭제되었기 때문에 해상편은 다시 제3편으로 이동하게 되었다. 또한 「회사법의 시행에 수반한 관계법률의 정비 등에 관한 법률」(2005년 법률 87호)에 의하여 제3장의 명칭이 '선장'으로 변경되었다. 그리고 757조에 새롭게 2항이 추가되면서 기존의 2항은 3항으로 옮겨졌다. 이상의 어떠한 변경도 회사법과는 직접적인 관계는 없고 회사법의 개정에 의하여 형식적으로 변경된 것이다.

(7) 2008년(평성20년) 보험법 제정에 의한 개정

2008년에 보험법이 단행법으로 제정되고(법률56호), 상법 제2편(상행위) 10장 '보험'(629조~683조)이 삭제되었다. 이에 의하여 해상편의 조문번호 등에는 변경이 없었으나 「보험법의 시행에 수반하는 관계법률의 정비 등에 관한 법률」(2008년 법률 57호)에 의하여 다음과 같은 약간의 개정이 이루어졌다.

삭제된 상법의 보험규정의 일부 적용을 보험법 규정(제2장 1절~4절, 제6절, 제5

条2項(削除)に代えて保険法6条1項を参照する823条の改正、不可抗力による積荷売却の場合に一部保険に関する636条(削除)に代えて保険法19条の適用を確認する832条の改正のほか、841条ノ2が新設されて、「本章ノ規定ハ相互保険ニ之ヲ準用ス但其性質ガ之ヲ許サザルトキハ此限ニ在ラズ」としている。

(8) その他の改正

① 1950年(昭和25年)に、株式合資会社の廃止に伴い、船舶の国籍維持に関する702条2項から「及ヒ合資会社」が削除された。

② 1958年(昭和33年)に、計量単位の統一に伴う関係法律の整備に関する法律(法律62号) により、686条2項から「又ハ積石数200石未満」が削除された。

③ 1979年(昭和54年)に、民事執行法の施行に伴う関係法律の整備に関する法律(法律5号)により、689条の「仮差押」が、「仮差押ノ執行(仮差押ノ登記ヲ為ス方法ニ依ルモノヲ除ク)」に改正された。

④ 1999年(平成11年)に、中央省庁等改革関連法施行法(法律160号)により、709条2項の「命令」が、「国土交通省令」に改正された。

3. 国際海上物品運送法

(1) 制　定

船荷証券統一条約は、1924年に成立し、日本もこれに署名していた。この条約はすでに主要な海運国が参加する成功した条約となっていたが、日本がこれを批准したのは、第2次世界大戦後に国際社会に復帰した後の、1957年(昭和32年)である。条約批准に伴う国内法制定の方針は1957年に法務省の法制審議会によって決められ、特別法の制定要綱が法務大臣に答申された。これを受けて、法務省は国際海上物品運送法案を作成して、内閣により国会に上程され、法律として成立した。国際海上物品運送法(1957年法律172号)は、1957年6月13日に公布され、船荷証券統一条約が日本について効力生じた1958年1月1日から施行されている(国際海上物品運送法附則1項)。

日本は、条約の内容に即しながらも大幅に構成を変えた特別法として国際海上物品運送法を制定した。また、条約に規定のない事項についても、商法の規

장)의 적용으로 변경하는 내용의 815조의 개정, 해상보험증권의 기재사항에 대한 649조 2항(삭제) 대신에 보험법 6조 1항을 참조하도록 하는 823조의 개정, 불가항력에 의한 화물매각의 경우에 일부보험에 관한 636조(삭제)를 대신하여 보험법 19조의 적용을 확인하는 832조의 개정이 있었고 "본장의 규정은 상호보험에 준용하나 다만 그 성질이 그것을 허용하지 않는 경우에는 그렇지 아니하다"라는 841조의2 조문이 신설되었다.

(8) 기타 개정

1) 1950년(소화 25년)에 주식합자회사의 폐지에 수반하여 선박의 국적유지에 관한 702조 2항에서 '및 합자회사'의 문구가 삭제되었다.

2) 1958년(소화 33년)에 「계량단위의 통일에 수반한 관련 법률의 정비에 관한 법률」(법률 62호)에 의하여 686조 2항의 '또는 적석수 200석 미만'의 문구가 삭제되었다.

3) 1979년(소화 54년)에 「민사집행법의 시행에 수반하는 관련 법률의 정비에 관한 법률」(법률 5호)에 의하여 689조의 '가압류'가 '가압류의 집행(가압류 등기를 하는 방법에 의하는 것을 제외한다)'으로 개정되었다.

4) 1999년(평성11년)에 「중앙부서 등 개혁관련법 시행법」(법률160호)에 의하여 709조 2항의 '명령'이 '국토교통성령'으로 개정되었다.

3. 국제해상물품운송법

(1) 제 정

선하증권통일조약은 1924년에 성립되었고 일본은 이에 서명하였다. 이 조약은 이미 주요 해운국이 참가하고 있는 성공적인 조약이었으나 일본이 이를 비준한 것은 제2차 세계대전이 끝나고 국제사회에 복귀한 후인 1957년(소화32년)이다. 조약 비준에 수반하는 국내법 제정의 방침이 1957년 법무성의 법제심의회에 의해 결정되고 특별법의 제정요강이 법무대신에게 답신으로 보내졌다. 이를 받아 법무성은 국제해상물품운송법안을 작성하고 내각은 이를 국회에 상정시켜 마침내 법률로서 성립되기에 이르렀다. 「국제해상물품운송법」(1957년 법률 172호)은 1957년 6월 13일에 공포되어 선하증권통일조약이 일본에서 효력을 발생하는 1958년 1월 1일부터 시행되었다(국제해상물품운송법 부칙 1항).

일본은 조약의 내용을 충실히 따르면서도 상당 부분 구성을 바꾸어 특별법인 국제해상물품운송법을 제정하였다. 또한 조약에 규정이 없는 사항에 대하여도 상

定に基づいて追加しているほか、多くの商法(商行為編、海商編)の規定の適用と準用を定めている。この新法の制定により国際海上物品運送については新法が適用されることになったため(国際海上物品運送法1条)、商法海商編の海上物品運送に関する規定は国内海上物品運送に限って適用される。

なお、国際海上物品運送法については、次項で述べる1992年の改正までは、沖縄の日本復帰に伴う関係法令の改廃として附則の一部を削除し(1971年法律130号)、また、1975年(昭和50年)の船主責任制限法(法律94号)によって商法842条(船舶先取特権)が改正されたことに伴い、19条2項を改正する、いずれも形式的な改正だけが行われていた。

(2) 改正議定書摂取のための改正

1924年の船荷証券統一条約については、1968年の改正議定書(ヴィスビー・ルール)と1979年の改正議定書(SDR議定書)が成立していたが、日本は、1993年3月1日に1979年改正議定書を批准した。形式的には、日本は1968年の改正議定書を批准していない。しかし、1979年の改正議定書は1968年の改正議定書により改正された1924年の条約を前提としており(1979年議定書1条)、1979年の改正議定書の批准は1968年の改正議定書の批准の効果を有するものとされている(1979年議定書6条2項)。この両議定書の摂取のために、1992年(平成4年)に国際海上物品運送法が改正された(法律69号)[6]。改正法は、1992年6月3日に公布され、改正条約が日本について効力を有する1993年6月1日より施行されている。

改正点は次の通りである。

① 第1条(適用範囲) 第20条の2を新設して、不法行為による損害賠償に関する規定を設けたことによる改正。

② 第2条4項(定義) 1特別引出権(SDR)を1計算単位とする定義を新設。

③ 第9条(船荷証券の不実記載) 改正条約3条4項を反映する改正。

④ 第12条の2(損害賠償の額) 改正条約4条5項(b)を摂取する規定の新設(改正前国際海上物品運送法は、20条2項で、同趣旨の商法580条・581条を準用していた)。

---

6) この改正については、立法担当官による正確な解説が刊行されている(菊池洋一・改正国際海上物品運送法、1992年)。

법의 규정에 기초하여 추가하는 한편 다수의 상법(상행위편, 해상편) 규정의 적용과 준용 규정을 만들었다. 이러한 신법의 제정에 의하여 국제해상물품운송에 대하여는 신법이 적용되게 되었기 때문에(국제해상물품운송법 1조), 상법 해상편의 해상물품운송에 관한 규정은 국내해상물품운송에 국한되어 적용되게 되었다.

또한 국제해상물품운송에 대하여, 다음 항에서 서술할 1992년의 개정 전까지, 오키나와의 일본 복귀에 수반하는 관계 법령의 개폐로서의 부칙의 일부를 삭제하고(1971년 법률 130호), 1975년(소화50년)의 선주책임제한법(법률 94호)에 의하여 상법842조(선박우선특권)이 개정된 것에 수반하여 19조 2항을 개정하는 등 형식적인 개정이 이루어졌다.

(2) 개정의정서의 계수를 위한 개정

1924년의 선하증권통일조약에 대하여는 1968년의 개정의정서(비스비룰)와 1979년의 개정의정서(SDR의정서)가 성립되어 있었으나 일본은 1993년 3월 1일에 1979년의 개정의정서를 비준하였다. 형식적으로는 일본은 1968년의 개정의정서를 비준하지 않고 있다. 그러나 1979년의 개정의정서는 1968년의 개정의정서에 의하여 개정된 1924년 조약을 전제로 하고 있기 때문에(1979년 의정서 1조) 1979년의 개정의정서를 비준하는 것은 1968년 개정의정서를 비준하는 것과 같은 효과를 가지는 것이다(1979년 의정서 6조 2항). 이 두 개의 의정서를 계수하기 위하여 1992년(평성 4년)에 국제해상물품운송법이 다시 개정되었다(법률 69호)[6]. 개정법은 1992년 6월 3일에 공포되어 개정조약이 일본에서 효력을 가지는 1993년 6월 1일부터 시행되었다.

개정내용은 다음과 같다.

1) 제1조(적용범위) 제20조의2를 신설하여 불법행위에 의한 손해배상에 관한 규정을 마련함에 의한 개정.

2) 제2조 4항(정의) 1특별인출권(SDR)을 1계산단위로 하는 정의를 신설.

3) 제9조(선하증권의 부실기재) 개정조약 3조 4항을 반영하는 개정.

4) 제12조의2(손해배상액) 개정조약 4조 5항(b)를 계수하는 규정의 신설(개정전 국제해상물품운송법은 20조 2항에서 같은 취지의 상법 580조와 581조를 준용하고 있었다).

---

6) 이 개정에 대하여는 입법담당관에 의한 정확한 해설이 간행되어 있다(키쿠치 요이치, 개정국제해상물품운송법, 1992년).

⑤ 第13条(責任の限度) 改正条約4条5項の責任制限制度を反映する改正。

⑥ 第13条の2(損害賠償の額及び責任の限度の特例) 改正条約4条5項(e)を反映した責任制限の阻却事由を定める規定の新設。

⑦ 第14条(責任の消滅) 第1項但書きの削除(運送人に悪意のある場合)。求償訴訟について、改正条約3条6項2を反映させる規定を第2項および第3項に新設。

⑧ 第20条(商法の適用等) 商法580条・581条の準用をやめるための改正(④を参照)。

⑨ 第20条の2(運送人等の不法行為責任) 改正条約4条の2を反映させるための規定の新設(運送人の不法行為責任、ヒマラヤ・クローズなど)。

4. 船主責任制限法

船主責任制限については、1957年の条約が発効していたが、日本は戦後の復興途上にあり、P&I保険制度の整備も十分でなかったため、ただちにこれを摂取することはできなかった。1970年代に入り、国内環境も整ったことから、その批准のための国内法制定の作業が行われ、1975年(昭和50年)に、船舶の所有者等の責任の制限に関する法律(法律94号)を制定した。これにより、委付主義による責任制限を定めた商法690条が改正された。また、船主責任制限法とあわせて、1969年の油濁損害に関する民事責任条約(CLC)および1971年の国際基金条約(FC)を摂取するための油濁損害賠償保障法(法律95号)が制定された(現在は、船舶油濁損害賠償保障法[7]と改名されている)。

船主責任制限法の主要な改正としては、1976年の海事債権条約(LLMC)を摂取するため1982年(昭和57年)の改正(法律54号)、および、1976年条約を改正する1996年の議定書を摂取するための2005年(平成17年)の改正(法律58号)がある。

---

7) 日本は、1994年(平成6年)に、1961年の民事責任条約を改正する1992年の議定書および1971年の国際基金条約を改正する1992年の議定書を批准し、同年に油濁損害賠償保障法を改正している(法53号)。その後、同法については、タンカー以外の一般船舶を対象に含めるための改正が2004年(平成16年)に行われ、あわせて船舶油濁損害賠償保障法と改名されている(法律37号)。なお、日本は2001年のバンカー条約(BC)を批准していないが、2004年の改正はこの条約をモデルとしている。

5) 제13조(책임의 한도) 개정조약 4조 5항의 책임제한제도를 반영하는 개정.

6) 제13조의2(손해배상액 및 책임의 한도의 특례) 개정조약 4조 5항(e)를 반영한 책임제한의 조각사유를 정하는 규정의 신설.

7) 제14조(책임의 소멸) 제1항 단서의 삭제(운송인에게 악의가 있는 경우). 구상소송에 대하여 개정조약 3조 6항 2를 반영시킨 규정을 제2항 및 제3항에 신설.

8) 제20조(상법의 적용 등) 상법 580조, 581조의 준용을 없애기 위한 개정(이에 대하여는 위의 4)을 참조.

9) 제20조의2(운송인 등의 불법행위책임) 개정조약 4조의2를 반영시키기 위한 규정의 신설(운송인의 불법행위책임, 히말라야 클로스 등).

4. 선주책임제한법

선주책임제한에 대하여는 1957년의 조약이 발효되었으나 일본은 전쟁 후의 부흥을 위한 도상에 있었기 때문에 P&I 보험제도의 정비가 아직 충분하지 않아 이 조약을 즉시 계수할 수 없는 상태였다. 1970년대에 들어가 국내환경이 정리되면서 조약 비준을 위한 국내법 제정의 작업이 시작되고 1975년(소화 50년)에 선박소유자 등의 책임의 제한에 관한 법률(법률 94호)을 제정하였다. 이에 따라서 위부주의에 의한 책임제한을 정한 상법 690조가 개정되었다. 또한 선주책임제한법에 맞추어 1969년 유탁손해에 관한 민사책임조약(CLC) 및 1971년 국제기금조약(FC)을 계수하기 위한 유탁손해배상보장법(법률 95호)이 제정되었다(현재는 선박유탁손해배상보장법[7]으로 개명되었다).

선주책임제한법의 주요한 개정으로서는, 1976년의 해사채권조약(LLMC)을 계수하기 위한 1982년(소화57년)의 개정(법률 54호) 및 1976년의 조약을 개정하는 1996년의 의정서를 계수하기 위한 2005년(평성 17년)의 개정(법률 58호)이 있다.

---

7) 일본은 1994년(평성6년)에 1961년의 민사책임조약을 개정한 1992년 의정서 및 1971년의 국제기금조약을 개정한 1992년 의정서를 비준하였으며 같은 해 유탁손해배상보장법을 개정하였다(법률 53호). 그 후 동법에 있어서, 2004년에 탱커 이외의 일반선박을 대상으로 포함하기 위한 개정이 되면서 이에 맞추어 법률명이 선박유탁손해배상보장법으로 개명되었다(법률 37호). 한편 일본은 2001년의 벙커 조약(BC)을 비준하고 있지 않지만 2004년의 개정은 이 조약을 모델로 하고 있다.

日本商法 1899年-1945年
[依用商法 1912年-1962年]

第四編　海　商

第一章　船舶及ヒ船舶所有者

第六百八十四条 [昭和 13年 以前→ 第538条]　本法ニ於テ船舶トハ商行為ヲ為ス目的ヲ以テ航海ノ用ニ供スルモノヲ謂フ

本編ノ規定ハ端舟其他櫓櫂ノミヲ以テ運転シ又ハ主トシテ櫓櫂ヲ以テ運転スル舟ニハ之ヲ適用セス

第六百八十五条 [昭和 13年 以前 → 第539条]　船舶ノ属具目録ニ記載シタル物ハ其従物ト推定ス

第六百八十六条 [昭和 13年 以前 → 第540条]　船舶所有者ハ特別法ノ定ムル所ニ従ヒ登記ヲ為シ且船舶国籍証書ヲ請受クルコトヲ要ス

前項ノ規定ハ総噸数二十噸未満又ハ積石數二百石未滿ノ船舶ニハ之ヲ適用セス

第六百八十七条 [昭和 13年 以前 → 第541条]　船舶所有権ノ移転ハ其登記ヲ為シ且船舶国籍証書ニ之ヲ記載スルニ非サレハ之ヲ以テ第三者ニ対抗スルコトヲ得ス [明治四四年 改正]

일본상법 1899년-1945년
[의용상법 1912년-1962년]

일본법전 편집 및 번역: 채이식 교수

제4편 해 상*

제1장 선박 및 선박소유자

제684조 [1938년 이전 538조] 본법에서 선박이라 함은 상행위를 할 목적으로써 항해의 용에 공하는 것을 말한다.

본편의 규정은 단주 기타 노도만으로써 운전하고 또는 주로 노도로써 운전하는 배에는 이를 적용하지 아니한다.

제685조 [1938년 이전 539조] 선박의 속구목록에 기재한 물건은 그 종물로 추정한다.

제686조 [1938년 이전 540조] 선박소유자는 특별법의 정하는 바에 따라 등기를 하고 또한 선박국적증서를 받아야 한다.

전항의 규정은 총톤수 이십 톤 미만 또는 적석수 이백 석 미만의 선박에는 이를 적용하지 아니한다.

제687조 [1938년 이전 541조] 선박소유권의 이전은 그 등기를 하고 또한 선박국적증서에 이를 기재하지 않으면 이로써 제삼자에 대항할 수 없다 [1911년 개정].

---

* 이하 일본법전 편집과 한국어 번역은 기번역을 참조하여 채이식 교수가 하였다.

[明治四四年 以前] 船舶所有権ノ譲渡ハ其登記ヲ為シ且船舶国籍証書ニ之ヲ記載スルニ非サレハ之ヲ以テ第三者ニ対抗スルコトヲ得ス

第六百八十八条 [昭和 13年 以前 → 第542条] 航海中ニ在ル船舶ノ所有権ヲ譲渡シタル場合ニ於テ特約ナキトキハ其航海ニ因リテ生スル損益ハ譲受人ニ帰スヘキモノトス

第六百八十九条 [昭和 13年 以前 → 第543条] 差押及ヒ假差押ハ發航ノ準備ヲ終ハリタル船舶ニ対シテハ之ヲ為スコトヲ得ス

但其船舶カ発航ヲ為ス為メニ生シタル債務ニ付テハ此限ニ在ラス

第六百九十条 [昭和 13年 以前 → 第544条] 船舶所有者ハ船長カ 其法定ノ權限内ニ於テ爲シタル行爲又ハ船長其他ノ船員カ其職務ヲ行フニ當タリ他人ニ加ヘタル損害ニ付テハ航海ノ終ニ於テ船舶, 運送賃及ヒ船舶所有者カ其船舶ニ付キ有スル損害賠償又ハ報酬ノ請求權ヲ債權者ニ委付シテ其責ヲ免ルルコトヲ得但船舶所有者ニ過失アリタルトキハ此限ニ在ラス.

前項ノ規定ハ雇傭契約ニ因リテ生シタル船員ノ權利ニ付テハ之ヲ適用セス.

第六百九十一条 [明治四四年 本条 追加: 昭和 13年 以前 → 第544条ノ2] 登記シタル船舶ノ委付ハ登記ヲ爲メニ困リテ共其效力ヲ生ス

第六百九十二条 [昭和 13年 以前 → 第545条] 船舶所有者カ債權者ノ同意ヲ得スシテ更ニ航海ヲ為サシメタルトキハ第690條 [昭和 13年 以前 544條] ニ定メテル權利ヲ行フコトヲ得ス

第六百九十三条 [昭和 13年 以前 → 第546条] 船舶共有者ノ間ニ在リテハ船舶ノ利用ニ関スル事項ハ各共有者ノ持分ノ價格ニ従ヒ其過半数ヲ以テ之ヲ決ス

第六百九十四条 [昭和 13年 以前 → 第547条] 船舶共有者ハ其持分ノ価格ニ応シ船舶ノ利用ニ関スル費用ヲ負担スルコトヲ要ス

第六百九十五条 [昭和 13年 以前 → 第548条] 船舶共有者カ新ニ航海ヲ為シ又ハ船舶ノ大修繕ヲ為スヘキコトヲ決議シタルトキハ其決議ニ対シテ異議アル者ハ他ノ共有者ニ対シ相当代価ヲ以テ自己ノ持分ヲ買取ルヘキコトヲ請求スルコトヲ得

前項ノ請求ヲ為サント欲スル者ハ決議ノ日ヨリ三日内ニ他ノ共有者又ハ船

[1911년 개정 이전 조문] 선박소유권의 양도는 그 등기를 하고 또한 선박국적증서에 이를 기재하지 않으면 이로써 제삼자에게 대항할 수 없다.

제688조 [1938년 이전 542조] 항해중에 있는 선박의 소유권을 양도한 경우에 특약이 없는 때는 그 항해로 인하여 생긴 손익은 양수인에 속할 것으로 한다.

제689조 [1938년 이전 543조] 차압 및 가차압은 발항의 준비를 종료한 선박에 대하여는 이를 할 수 없다.

단 그 선박이 발항을 하기 위하여 생긴 채무에 관하여는 예외로 한다.

제690조 [1938년 이전 544조] 선박소유자는 선장이 그 법정의 권한 내에서 한 행위 또는 선장 기타의 선원이 그 직무를 행함에 당하여 타인에 가한 손해에 관하여는 항해의 종말에 있어서 선박, 운송임 및 선박소유자가 그 선박에 관하여 가지고 있는 손해배상 또는 보수의 청구권을 채권자에게 위부하여 그 책임을 면할 수 있다. 단 선박소유자에 과실이 있는 때는 예외로 한다.

전항의 규정은 고용계약에 의하여 생긴 선원의 권리에 관하여는 이를 적용하지 아니한다.

제691조 [1911년 본조 추가: 1938년 이전 544조의2] 등기한 선박의 위부는 등기를 함으로 인하여 그 효력이 생긴다.

제692조 [1938년 이전 545조] 선박소유자가 채권자의 동의를 얻지 않고 다시 항해를 하게 한 때는 제690조(1938년 이전 544조)에 정한 권리를 행할 수 없다.

제693조 [1938년 이전 546조] 선박공유자 간에서는 선박의 이용에 관한 사항은 각 공유자의 지분의 가격에 따라 그 과반수로써 이를 결한다.

제694조 [1938년 이전 547조] 공유자는 그 지분의 가격에 응하여 선박의 이용에 관한 비용을 부담하여야 한다.

제695조 [1938년 이전 548조] 선박공유자가 새로 항해를 하고 또는 선박의 대수선을 할 것을 결의한 때는 그 결의에 대하여 이의가 있는 자는 타공유자에 대하여 상당한 대가로써 자기의 지분을 매수할 것을 청구할 수 있다.

전항의 청구를 하고자 하는 자는 결의의 일자부터 3일 내에 타공유자 또는 선박관리인에 대하여 그 통지를 발하여야 한다. 단 이 기한은 결의에 참가하지 아니한자

舶管理人ニ対シテ其通知ヲ発スルコトヲ要ス但此期間ハ決議ニ加ハラサリシ者ニ付テハ其決議ノ通知ヲ受ケタル日ノ翌日ヨリ之ヲ起算ス

第六百九十六条 [昭和 13年 以前 → 第549条] 船舶共有者ハ其持分ノ価格ニ応シ船舶ノ利用ニ付テ生シタル債務ヲ弁済スル責ニ任ス

第六百九十七条 [昭和 13年 以前 → 第550条] 損益ノ分配ハ毎航海ノ終ニ於テ船舶共有者ノ持分ノ価格ニ応シテ之ヲ為ス

第六百九十八条 [昭和 13年 以前 → 第551条] 船舶共有者間ニ組合関係アルトキト雖モ各共有者ハ他ノ共有者ノ承諾ヲ得スシテ其持分ノ全部又ハ一部ヲ他人ニ譲渡スコトヲ得但船舶管理人ハ此限ニ在ラス

第六百九十九条 [昭和 13年 以前 → 第552条] 船舶共有者ハ船舶管理人ヲ選任スルコトヲ要ス

船舶共有者ニ非サル者ヲ船舶管理人ト為スニハ共有者全員ノ同意アルコトヲ要ス

船舶管理人ノ選任及ヒ其代理権ノ消滅ハ之ヲ登記スルコトヲ要ス

第七百条 [昭和 13年 以前 → 第553条] 船舶管理人ハ左ニ掲ケタル行為ヲ除ク外船舶共有者ニ代ハリテ船舶ノ利用ニ関スル一切ノ裁判上又ハ裁判外ノ行為ヲ為ス権限ヲ有ス

一. 船舶ノ譲渡,委付若クハ賃貸ヲ為シ又ハ之ヲ抵当ト為スコト

二. 船舶ヲ保険ニ付スルコト

三. 新ニ航海ヲ為スコト

四. 船舶ノ大修繕ヲ為スコト

五. 借財ヲ為スコト

船舶管理人ノ代理権ニ加ヘタル制限ハ之ヲ以テ善意ノ第三者ニ対抗スルコトヲ得ス

第七百一条 [昭和 13年 以前 → 第554条] 船舶管理人ハ特ニ帳簿ヲ備ヘ之ニ船舶ノ利用ニ関スル一切ノ事項ヲ記載スルコトヲ要ス

船舶管理人ハ毎航海ノ終ニ於テ遅滞ナク其航海ニ関スル計算ヲ為シテ各船舶共有者ノ承認ヲ求ムルコトヲ要ス

第七百二条 [昭和 13年 以前 → 第555条] 船舶共有者ノ持分ノ移転又ハ其国籍喪失ニ因リテ船舶カ日本ノ国籍ヲ喪失スヘキトキハ他ノ共有者ハ相当代価ヲ以テ

에 관하여는 그 결의의 통지를 받은 일자의 익일부터 이를 기산한다.

제696조 [1938년 이전 549조] 선박공유자는 그 지분의 가격에 응하여 선박의 이용에 관하여 생긴 채무를 변제할 책임을 진다.

제697조 [1938년 이전 550조] 손익의 분배는 매 항해의 종말에 있어서 선박공유자의 지분의 가격에 응하여 이를 한다.

제698조 [1938년 이전 551조] 선박공유자 간에 조합관계가 있는 때라 할지라도 각 공유자는 타공유자의 승낙을 얻지 않고 그 지분의 전부 또는 일부를 타인에게 양도할 수 있다. 단 선박관리인은 예외로 한다.

제699조 [1938년 이전 552조] 선박공유자는 선박관리인을 선임하여야 한다.

선박공유자가 아닌 자를 선박관리인으로 하는 때는 공유자 전원의 동의가 있어야 한다.

선박관리인의 선임 및 그 대리권의 소멸은 이를 등기하여야 한다.

제700조 [1938년 이전 553조] 선박관리인은 좌에 게기한 행위를 제한 의에 선박공유자에 대신하여 선박의 이용에 관한 일체의 재판상 또는 재판외의 행위를 하는 권한이 있다.

1. 선박의 양도, 위부 혹은 임대를 하거나 또는 이를 저당으로 하는 것
2. 선박을 보험에 붙이는 것
3. 새로 항해를 하는 것
4. 선박의 대수선을 하는 것
5. 차재를 하는 것

선박관리인의 대리권에 가한 제한은 이로써 선의의 제삼자에게 대항할 수 없다.

제701조 [1938년 이전 554조] 선박관리인은 특히 장부를 비치하고 이에 선박의 이용에 관한 일체의 사항을 기재하여야 한다.

선박관리인은 매 항해의 종료 후에 지체없이 그 항해에 관한 계산을 하여 각 선박공유자의 승인을 구하여야 한다.

제702조 [1938년 이전 555조] 선박공유자의 지분의 이전 또는 그 국적상실로 인하여 선박이 우리 국적을 상실하게 되는 때는 타의 공유자는 상당한 대가로써 그 지분

其持分ヲ買取リ又ハ其競売ヲ裁判所ニ請求スルコトヲ得

社員ノ持分ノ移転ニ因リ会社ノ所有ニ属スル船舶カ日本ノ国籍ヲ喪失スヘキトキハ合名会社ニ在テハ他ノ社員、合資会社及ビ株式合資会社ニ在テハ他ノ無限責任社員ハ相当代価ヲ以テ其持分ヲ買取ルコトヲ得

第七百三条 [昭和 13年 以前 → 第556条] 船舶ノ賃貸借ハ之ヲ登記シタルトキハ爾後其船舶ニ付キ物権ヲ取得シタル者ニ対シテモ其効力ヲ生ス

第七百四条 [昭和 13年 以前 → 第557条] 船舶ノ賃借人カ商行為ヲ為ス目的ヲ以テ其船舶ヲ航海ノ用ニ供シタルトキハ其利用ニ関スル事項ニ付テハ第三者ニ対シテ船舶所有者ト同一ノ権利義務ヲ有ス

前項ノ場合ニ於テ船舶ノ利用ニ付キ生シタル先取特権ハ船舶所有者ニ対シテモ其効力ヲ生ス但先取特権者カ其利用ノ契約ニ反スルコトヲ知レルトキハ此限ニ在ラス

第二章 海　員

第1節 船　長

第七百五条 [昭和 13年 以前 → 第558条] 船長ハ其職務ヲ行フニ付キ注意ヲ怠ラサリシコトヲ証明スルニ非サレハ船舶所有者、傭船者、荷送人其他ノ利害関係人ニ対シテ損害賠償ノ責ヲ免ルルコトヲ得ス

船長ハ船舶所有者ノ指図ニ従ヒタルトキト雖モ船舶所有者以外ノ者ニ対シテハ前項ニ定メタル責任ヲ免ルルコトヲ得ス

第七百六条 [昭和 13年 以前 → 第559条] 海員カ其職務ヲ行フニ当タリ他人ニ損害ヲ加ヘタル場合ニ於テ船長ハ監督ヲ怠ラサリシコトヲ証明スルニ非サレハ損害賠償ノ責ヲ免ルルコトヲ得ス

第七百七条 [昭和 13年 以前 → 第560条] 船長カ已ムコトヲ得サル事由ニ因リテ自ラ船舶ヲ指揮スルコト能ハサルトキハ法令ニ別段ノ定アル場合ヲ除ク外他人ヲ選任シテ自己ノ職務ヲ行ハシムルコトヲ得此場合ニ於テハ船長ハ其選任ニ付キ船舶所有者ニ対シテ其責ニ任ス

을 매수하거가 또는 그 경매를 법원에 청구할 수 있다.

사원의 지분의 이전으로 인하여 회사의 소유에 속한 선박이 우리 국적을 상실하게 되는 때에는 합명회사에서는 타사원, 합자회사 및 주식합자회사에서는 타의 무한책임사원은 상당한 대가로써 그 지분을 매수할 수 있다

제703조 [1938년 이전 556조] 선박의 임대차는 이를 등기한 때는 이후 그 선박에 관하여 물권을 취득한 자에 대하여도 그 효력이 생긴다.

제704조 [1938년 이전 557조] 선박의 임차인이 상행위를 할 목적으로 그 선박을 항해의 용에 공한 때는 그 이용에 관한 사항에 관하여서는 제삼자에 대하여 선박소유자와 동일한 권리의무가 있다.

전항의 경우에 선박의 이용에 관하여 생긴 선취특권은 선박소유자에 대하여도 그 효력이 생긴다. 단 선취특권자가 그 이용의 계약에 반하는 것을 안 때는 예외로 한다.

제2장 선 원

제1절 선 장

제705조 [1938년 이전 558조] 선장은 그 직무를 행하는 데 주의를 태만히하지 않은 것을 증명하지 않으면 선박소유자, 용선자, 송하인 기타 이해관계인에 대하여 손해배상의 책임을 면할 수 없다.

선장은 선박소유자의 지시에 따른 때라 할지라도 선박소유자 이외의 자에 대하여 전항에 정한 책임을 면할 수 없다.

제706조 [1938년 이전 559조] 해원이 그 직무를 행하는 데 있어서 타인에게 손해를 가한 경우에 선장은 감독을 태만히하지 아니한 것을 증명하지 않으던 손해배상의 책임을 면할 수 없다.

제707조 [1938년 이전 560조] 선장이 부득이한 사유로 인하여 자신이 선박을 지휘할 수 없는 때는 법령에 별단의 규정이 있는 경우를 제한 외에는 타인을 선임하여 자기의 직무를 행하게 할 수 있다. 이 경우에는 선장은 그 선임에 관하여 선박소유자에 대하여 책임을 진다.

第七百八条 [昭和 13年 以前 → 第561条] 船長ハ發港前船舶ノ航海ニ支障ナキヤ否ヤ其他 航海ニ必要ナル準備ノ整頓セルヤ否ヤヲ檢査スルコトヲ要ス

第七百九条 [昭和 13年 以前 → 第562条] 船長ハ左ニ掲ケタル書類ヲ船中ニ備ヘ置クコトヲ要ス

1. 船舶國籍證書
2. 海員名簿
3. 屬具目錄
4. 航海日誌
5. 旅客名簿
6. 運送契約及ヒ積荷ニ関スル書類
7. 稅關ヨリ交付シタル書類

前項第三3號乃至第5五號ニ掲ケタル書類ハ外國ニ航行セサル船舶ニ限リ命令ヲ以テ之ヲ備フルコトヲ要セサルモノト定ムルコトヲ得.

第七百十条 [昭和 13年 以前 → 第563条] 船長ハ已ムコトヲ得サル場合ヲ除ク外自己ニ代ハリテ船舶ヲ指揮スヘキ者ニ其職務ヲ委任シタル後ニ非サレハ荷物ノ船積及ヒ旅客ノ乗込ノ時ヨリ荷物ノ陸揚及ヒ旅客ノ上陸ノ時マテ其指揮スル船舶ヲ去ルコトヲ得ス

第七百十一条 [昭和 13年 以前 → 第564条] 船長ハ航海ノ準備カ終ハリタルトキハ遲滯ナク發港ヲ為シ且必要アル場合ヲ除ク外豫定ノ航路ヲ變更セスシテ到達港マテ航行スルコトヲ要ス.

第七百十二条 [昭和 13年 以前 → 第565条] 船長ハ航海中最モ利害関係人ノ利益ニ適スヘキ方法ニ依リテ積荷ノ処分ヲ為スコトヲ要ス

利害関係人ハ船長ノ行為ニ因リ其積荷ニ付テ生シタル債権ノ為メ之ヲ債権者ニ委付シテ其責ヲ免ルルコトヲ得但利害関係人ニ過失アリタルトキハ此限ニ在ラス

第七百十三条 [昭和 13年 以前 → 第566条] 船籍港外ニ於テハ船長ハ航海ノ為メニ必要ナル一切ノ裁判上又ハ裁判外ノ行為ヲ為ス權限ヲ有ス

船籍港ニ於テハ船長ハ特ニ委任ヲ受ケタル場合ヲ除ク外海員ノ雇入及ヒ雇止ヲ為ス權限ノミヲ有ス

第七百十四条 [昭和 13年 以前 → 第567条] 船長ノ代理權ニ加ヘタル制限ハ之ヲ以

제708조 [1938년 이전 561조] 선장은 발항 전 선박이 항해에 지장이 없는가 기타 항해에 필요한 준비가 정돈되었는가를 검사하여야 한다.

제709조 [1938년 이전 562조] 선장은 좌에 게기한 서류를 선중에 비치하여야 한다.

1. 선박국적증서
2. 해원명부
3. 속구목록
4. 항해일지
5. 여객명부
6. 운송계약 및 적하에 관한 서류
7. 세관으로부터 교부한 서류

전항 제3호 내지 제5호에 게기한 서류는 외국에 항해하지 않는 선박에 한하여 명령으로써 이를 비치할 필요가 없다고 정할 수 있다.

제710조 [1938년 이전 563조] 선장은 부득이한 경우를 제한 외에 자기에 대신하여 선박을 지휘할 자에게 그 직무를 위임한 후가 아니면 하물의 선적 및 여객의 탑승시부터 하물의 양륙 및 여객의 상륙시까지 그 지휘하는 선박을 떠날 수 없다.

제711조 [1938년 이전 564조] 선장은 항해의 준비가 종료한 때는 지체없이 발항을 하고 또 필요한 경우를 제한 외에 예정의 항로를 변치 아니하고 도달항까지 항행하여야 한다.

제712조 [1938년 이전 565조] 선장은 항해 중 이해관계인의 이익에 가장 적합한 방법에 의하여 적하의 처분을 하여야 한다.

이해관계인은 선장의 행위로 인하여 그 적하에 관하여 생긴 채권을 위하여 이를 채권자에게 위부하고 그 책임을 면할 수 있다. 단 이해관계인에게 과실이 있는 때는 예외로 한다.

제713조 [1938년 이전 566조] 선적항 외에서는 선장은 항해를 위하여 필요한 일체의 재판상 또는 재판외의 행위를 할 권한이 있다.

선적항에서는 선장은 특히 위임을 받은 경우를 제한 외에 해원의 고용 및 해고를 할 권한만이 있다.

제714조 [1938년 이전 567조] 선장의 대리권에 가한 제한은 이로써 선의의 제삼자에게

善意ノ第三者ニ対抗スルコトヲ得ス

第七百十五条 [昭和 13年 以前 → 第568条] 船長ハ船舶ノ修繕費、救助料其他航海ヲ継続スルニ必要ナル費用ヲ支弁スル為メニ非サレハ左ニ掲ケタル行為ヲ為スコトヲ得ス [明治四四年 本項 本文 改正]

[明治四四年 以前 本項 本文] 船長ハ船舶ノ修繕、救援又ハ救助ノ費用其他航海ヲ継続スルニ必要ナル費用ヲ支辨スル為メニ非サレハ左ニ掲ケタル行為ヲ為スコトヲ得ス

一. 船舶ヲ抵当ト為スコト

二. 借財ヲ為スコト

三. 積荷ノ全部又ハ一部ヲ売却又ハ質入スルコト但第七百十二条 [昭和 13年 以前 第565条] 第一項ノ場合ハ此限ニ在ラス

船長カ積荷ヲ売却又ハ質入シタル場合ニ於ケル損害賠償ノ額ハ其積荷ノ到達スヘカリシ時ニ於ケル陸揚港ノ価格ニ依リテ之ヲ定ム但其価格中ヨリ支払フコトヲ要セサリシ費用ヲ控除スルコトヲ要ス

第七百十六条 [昭和 13年 以前 → 第569条] 船長カ特ニ委任ヲ受ケスシテ航海ノ為メニ費用ヲ出タシ又ハ債務ヲ負擔シタルトキハ船舶所有者ハ船長ニ對シテ第690條 [昭和 13年 以前 第544条] ニ定メタル權利ヲ行フコトヲ得.

第七百十七条 [昭和 13年 以前 → 第570条] 船籍港外ニ於テ船舶カ修繕スルコト能ハサルニ至リタルトキハ船長ハ管海官庁ノ認可ヲ得テ之ヲ競売スルコトヲ得

第七百十八条 [昭和 13年 以前 → 第571条] 左ノ場合ニ於テハ船舶ハ修繕スルコト能ハサルニ至リタルモノト看做ス

一. 船舶カ其現在地ニ於テ修繕ヲ受クルコト能ハス且其修繕ヲ為スヘキ地ニ到ルコト能ハサルトキ.

二. 修繕費カ船舶ノ価額ノ四分ノ三ニ超ユルトキ

前項第二号ノ価額ハ船舶カ航海中毀損シタル場合ニ於テハ其発航ノ時ニ於ケル価額トシ其他ノ場合ニ於テハ其毀損前ニ有セシ価額トス

第七百十九条 [昭和 13年 以前 → 第572条] 船長ハ航海ヲ継続スル為メ必要ナルトキハ積荷ヲ航海ノ用ニ供スルコトヲ得此場合ニ於テハ第七百十五条 [昭和 13年 以前 第568条] 第二項ノ規定ヲ準用ス

第七百二十条 [昭和 13年 以前 → 第573条] 船長ハ遅滞ナク航海ニ関スル重要ナル事

대항할 수 없다.

제715조 [1938년 이전 568조] ① 선장은 선박수선비, 구조료 기타 항해를 계속하는 데 필요한 비용을 지급하기 위하여서가 아니면 좌의 행위를 할 수 없다 [1911년 본항 본문 개정]

[1911년 이전 본항 본문] 선장은 선박의 수선, 구원 또는 구조의 비용 기타 항해를 계속하는 데 필요한 비용을 지급하기 위하여서가 아니면 좌의 행위를 할 수 없다.

1. 선박을 저당으로 하는 것
2. 차재를 하는 것
3. 적하의 전부 또는 일부를 매각 또는 입질하는 것. 단 제712조 [1938년 이전 565조] 제1항의 경우는 예외로 한다.

선장이 적하를 매각 또는 입질한 경우에 있어서 손해배상의 액은 그 적하가 도달하여야 할 때에 있어서의 양륙항의 가격에 의하여 이를 정한다. 단 그 가격 중에서 지불을 요하지 않는 비용을 제하여야 한다.

제716조 [1938년 이전 569조] 선장이 특히 위임을 받지 않고 항해를 위하여 비용을 내거나 또는 채무를 부담한 때는 선박소유자는 선장에 대하여 제690조 [1938년 이전 544조]에 정한 권리를 행사할 수 있다.

제717조 [1938년 이전 570조] 선적항 외에서 선박이 수선할 수 없게 된 때에는 선장은 관할관청의 인가를 얻고 이를 경매할 수 있다.

제718조 [1938년 이전 571조] 좌의 경우에는 선박은 수선할 수 없게 된 것으로 간주한다.

1. 선박이 그 현재지에서 수선을 받을 수 없고 또한 그 수선을 할 지소에 도달할 수 없을 때
2. 수선비가 선박의 가액의 4분의 3을 넘는 때

항 제2호의 가액은 선박이 항해중 훼손한 경우에는 그 발항시의 가액으로 하고 기타 경우에는 그 훼손 전에 가지는 가액으로 한다.

제719조 [1938년 이전 572조] 선장은 항해를 계속하기 위하여 필요한 때는 적하를 항해용에 공할 수 있다. 이 경우에는 제715조 [1938년 이전 568조] 제2항의 규정을 준용한다.

제720조 [1938년 이전 573조] 선장은 지체없이 항해에 관한 중요한 사항을 선박소유

項ヲ船舶所有者ニ報告スルコトヲ要ス船長ハ毎航海ノ終ニ於テ遅滞ナク其航海ニ関スル計算ヲ為シテ船舶所有者ノ承認ヲ求メ又船舶所有者ノ請求アルトキハ何時ニテモ計算ノ報告ヲ為スコトヲ要ス

第七百二十一条 [昭和 13年 以前 → 第745条] 船舶所有者ハ何時ニテモ船長ヲ解任スルコトヲ得但正当ノ理由ナクシテ之ヲ解任シタルトキハ船長ハ船舶所有者ニ対シ解任ニ因リテ生シタル損害ノ賠償ヲ請求スルコトヲ得

船長カ船舶共有者ナル場合ニ於テ其意ニ反シテ解任セラレタルトキハ他ノ共有者ニ対シ相当代価ヲ以テ自己ノ持分ヲ買取ルヘキコトヲ請求スルコトヲ得

船長カ前項ノ請求ヲ為サント欲スルトキハ遅滞ナク他ノ共有者又ハ船舶管理人ニ対シテ其通知ヲ発スルコトヲ要ス

第七百二十二条; 昭和 12年 船員法 削除 [昭和 12年 以前 → 第575条]

[昭和 12年 以前 條文] 船長ノ船舶所有者ニ對スル債權ハ一年ヲ經過シタルトキハ時效ニ因リテ消滅ス.

第2節 海員(昭和 12年 船員法 節 全部 削除)

第七百二十三条; 昭和 12年 削除 [昭和 12年 以前 → 第576条]

[昭和 12年 以前 條文] 海員ハ其雇人ノ手續カ終ハリタルトキハ船長ノ指定シタル時ニ於テ船舶ニ乘込ムコトヲ要ス
海員ハ船長ノ許可ヲ得ルニ非サレハ其乘込ミタル船舶ヲ去ルコトヲ得ス

第七百二十四条; 昭和 12年 削除 [昭和 12年 以前 → 第577条]

[昭和 12年 以前 條文] 海員ノ服役中ノ食料ハ船舶所有者ノ負擔トス.

第七百二十五条; 昭和 12年 削除 [昭和 12年 以前 → 第578条]

자에게 보고하여야 한다. 선장은 매 항해의 종말에 지체없이 그 항해에 관한 계산을 하여 선박소유자의 청구가 있는 때는 언제든지 계산의 보고를 하여야 한다.

제721조 [1938년 이전 574조] 선박소유자는 언제든지 선장을 해임할 수 있다. 단 정당한 이유가 없이 해임한 때는 선장은 선박소유자에 대하여 해임으로 인하여 생긴 손해의 배상을 청구할 수 있다.

선장이 선박공유자인 경우에 그 의사에 반하여 해임된 때는 다른 공유자에 대하여 상당한 대가로써 자기의 지분을 매수할 것을 청구할 수 있다.

선장이 전항의 청구를 하고자 하는 때는 지체없이 타공유자 또는 선박관리인에 대하여 그 통지를 발하여야 한다.

제722조: 1937년 선원법에 의해 삭제 [1937년 이전 575조]

[1937년 이전 조문] 선장의 선박소유자에 대한 채권은 1년을 경과한 때는 시효로 인하여 소멸한다.

제2절 해원(1937년 선원법에 의해 절 삭제)

제723조: 1937년 선원법에 의해 삭제 [1937년 이전 576조]

[1937년 이전 조문] 해원은 그 고용의 수속이 종료한 때는 선장이 지정한 때에 선박에 탑승하여야 한다.
해원은 선장의 허가를 얻지 아니하면 그 탑승한 선박을 떠날 수 없다.

제724조: 1937년 선원법에 의해 삭제 [1937년 이전 577조]

[1937년 이전 조문] 해원의 복무중의 식료는 선박소유자의 부담으로 한다.

제725조: 1937년 선원법에 의해 삭제 [1937년 이전 578조]

[昭和 12年 以前 條文] 海員カ服役中不行跡其他重大ナル過失ニ因ラスシテ疾病ニ罹リ又ハ傷痍ヲ受ケタルトキハ船舶所有者ハ三个月ヲ超エサル期間内ノ治療及ヒ看護ノ費用ヲ負擔ス.
前項ノ場合ニ於テ海員ハ其服役シタル期間ニ対スル給料ヲ請求スルコトヲ得但其職務ヲ行フニ因リテ疾病ニ罹リ又ハ傷痍ヲ受ケタルトキハ其給料ノ全額ヲ請求スルコトヲ得.

第七百二十六条; 昭和 12年 削除 [昭和 12年 以前 → 第579条]

[昭和 12年 以前 條文] 一航海ニ付キ給料ヲ定メタル場合ニ於テ航海ノ日數ヲ延長シ又ハ不可抗力ニ因ラスシテ其里程ヲ延長シタルトキハ海員ハ其割合ニ應シテ給料ノ增加ヲ請求スルコトヲ得但航海ノ日數又ハ里程ヲ短縮シタルトキト雖モ給料ノ全額ヲ請求スルコトヲ得.

第七百二十七条; 昭和 12年 削除 [昭和 12年 以前 → 第580条]

[昭和 12年 以前 條文] 海員カ就役ノ後死亡シタルトキハ船舶所有者ハ死亡ノ日マテノ給料ヲ支拂フコトヲ要ス.
海員カ其職務ヲ行フニ因リテ死亡シタルトキハ其葬式ノ費用ハ船舶所有者ノ負擔トス.

第七百二十八条; 昭和 12年 削除 [昭和 12年 以前 → 第581条]

[昭和 12年 以前 條文] 左ノ場合ニ於テハ船長ハ海員ヲ雇止ムルコトヲ得
1. 發航前海員カ其職務ニ不適任ナルコトヲ認メタルトキ
2. 海員カ著シク其職務ヲ怠リ又ハ其職務ニ關シ之ニ重大ナル過失アリタルトキ
3. 海員カ禁錮以上ノ形ニ處セラレタルトキ
4. 海員カ疾病ニ罹リ又ハ傷痍ヲ受ケ其職務ニ堪ヘサルニ至リタルトキ
5. 不可抗力ニ因リ發航ヲ爲シ又ハ航海ヲ繼續スルコト能ハサルニ至リタルトキ
前項第一號乃至第三號ノ場合ニ於テハ海員ハ其服役シタル期間ニ對スル給料ヲ請求スルコトヲ得
第一項 第四號及ヒ第五號ノ場合ニ於テハ海員ハ其雇止ノ日マテノ給料及ヒ雇入港マテノ送還ヲ請求スルコトヲ得但第四號ノ場合ニ於テ海員ニ過失アルトキハ前項ノ規定ヲ準用ス.

[1937년 이전 조문] 해원이 복무중 불품행 기타 중대한 과실로 인하지 않고서 질병에 걸리거나 또는 상이를 받은 때에는 선박소유자는 3개월을 넘지 않는 기간 내의 치료 및 간호의 비용을 부담한다.
전항의 경우에 해원은 그 복역한 기간에 대한 급료를 청구할 수 있다. 단 그 직무를 행함으로 인하여 질병에 걸리거나 또는 상이를 받은 때는 그 급료의 전액을 청구할 수 있다.

제726조: 1937년 선원법에 의해 삭제 [1937년 이전 579조]

[1937년 이전 조문] 일 항해에 관하여 급료를 정한 때에 항해의 일수를 연장하거나 또는 불가항력에 인하지 않고 그 이정을 연장한 때는 해원은 그 비례에 응하여 급료의 증가를 청구할 수 있다.
단 항해의 일수 또는 이정을 단축한 때라 할지라도 급료의 전액을 청구할 수 있다.

제727조: 1937년 선원법에 의해 삭제 [1937년 이전 580조]

[1937년 이전 조문] 해원이 취역한 후 사망한 때는 선박소유자는 사망일까지의 급료를 지불하여야 한다.
해원이 그 직무를 행함으로 인하여 사망한 때는 그 장식의 비용은 선박소유자의 부담으로 한다.

제728조: 1937년 선원법에 의해 삭제 [1937년 이전 581조]

[1937년 이전 조문] 좌의 경우에는 선장은 해원을 해고할 수 있다.
1. 발항 전 해원이 그 직무에 부적합한 것을 인정한 때
2. 해원이 현저하게 그 직무를 태만히하거나 또는 그 직무에 관하여 중대한 과실이 있는 때
3. 해원이 금고 이상의 형으로 처벌된 때
4. 해원이 질병에 걸리거나 또는 상이를 받아 그 직무를 감당치 못하게 된 때
5. 불가항력으로 인하여 발항 또는 항해를 할 수 없게 된 때
전항 제1호 내지 제3호의 경우에는 해원은 그 복역한 기간에 대한 급료를 청구할 수 있다.
제1항 제4호 및 제5호의 경우에는 해원은 그 해고한 일자까지의 급료 및 고용항까지의 송환을 청구할 수 있다. 단 제4호의 경우에 있어 해원에 과실이 있는 때는 전항의 규정을 준용한다.

第七百二十九条; 昭和 12年 削除 [昭和 12年 以前 → 第582条]

[昭和 12年 以前 條文] 海員カ前條第一項ニ掲ケタル事由ニ因ラスシテ雇止メラレタルトキハ其服役シタル期間ニ對スル給料ノ外一个月分ノ給料ヲ請求スルコトヲ得若シ雇入港外ニ於テ雇止メラレタルトキハ雇入港マテ歸航スルニ必要ナル期間ニ對スル給料及ヒ雇入港マテノ送還ヲ請求スルコトヲ得

第七百三十条; 昭和 12年 削除 [昭和 12年 以前 → 第583条]

[昭和 12年 以前 條文] 左ノ場合ニ於テハ海員ハ其雇止ヲ請求スルコトヲ得
一. 船舶カ日本ノ國籍ヲ喪失シタルトキ
二. 自己ノ過失ニ因ラスシテ疾病ニ罹リ又ハ傷痍ヲ受ケ其職務ニ堪ヘサルニ至リタルトキ
三. 船長ヨリ虐待ヲ受ケタルトキ
前項ノ場合ニ於テハ海員ハ其雇止ノ日マテノ給料及ヒ雇入港マテノ送還ヲ請求スルコトヲ得

第七百三十一条; 昭和 12年 削除 [昭和 12年 以前 → 第584条]

[昭和 12年 以前 條文] 航海中船舶ノ所有權者カ變更シタルトキハ海員ハ新所有者ニ對シ雇傭契約ニ因リテ生シタル權利義務ヲ有ス

第七百三十二条; 昭和 12年 削除 [昭和 12年 以前 → 第585条]

[昭和 12年 以前 條文] 海員ノ雇入期間ハ一年ヲ超ユルコトヲ得ス若シ之ヨリ長キ期間ヲ以テ海員ヲ雇入レタルトキハ其期間ハ之ヲ一年ニ短縮ス
海員ノ雇入ハ之ヲ更新スルコトヲ得但其期間ハ更新ノ時ヨリ一年ヲ超ユルコトヲ得ス

第七百三十三条; 昭和 12年 削除 [昭和 12年 以前 → 第586条]

[昭和 12年 以前 條文] 雇入期間ノ定ナキトキハ海員ハ特約アル場合ヲ除ク外船舶カ安全ニ碇泊シ且積荷ノ陸揚及ヒ旅客ノ上陸カ終ハリタル後ニ非サレハ其雇止ヲ請求スルコトヲ得ス

제729조: 1937년 선원법에 의해 삭제 [1937년 이전 582조]

[1937년 이전 조문] 해원이 전조 제1항에 게기한 사유에 인하지 않고 해고된 때는 그 복역한 기간에 대한 급료 외에 1개월분의 급료를 청구할 수 있다. 만약 고용항 외에서 해고된 때는 고용항까지 귀항하는 데 필요한 기간에 대한 급료 및 고용항까지의 송환을 청구할 수 있다.

제730조: 1937년 선원법에 의해 삭제 [1937년 이전 583조]

[1937년 이전 조문] 좌의 경우에는 해원은 그 해고를 청구할 수 있다.
1. 선박이 우리 국적을 상실한 때
2. 자기의 과실에 인하지 않고 질병에 걸리거나 또는 상이를 받아 그 직무를 감당치 못하게 된 때
3. 선장으로부터 학대를 받은 때
전항의 경우에는 해원은 그 해고한 날까지의 급료 및 고용항까지의 송환을 청구할 수 있다.

제731조: 1937년 선원법에 의해 삭제 [1937년 이전 584조]

[1937년 이전 조문] 항해중 선박의 소유권자가 변경된 때는 해원은 신소유자에 다하여 고용계약으로 인하여 생긴 권리의무가 있다.

제732조: 1937년 선원법에 의해 삭제 [1937년 이전 585조]

[1937년 이전 조문] 해원의 고용기간은 1년을 넘을 수 없다. 만약 이보다 긴 기간으로써 해원을 고용한 때는 그 기간은 이를 1년으로 단축한다.
해원의 고용은 이를 갱신할 수 있다. 단 그 기간은 갱신한 때로부터 1년을 넘을 수 없다.

제733조: 1937년 선원법에 의해 삭제 [1937년 이전 586조]

[1937년 이전 조문] 고용기간의 약정이 없는 때는 해원은 특약이 있는 경우를 제한 외 선박이 안전히 정박하고 또한 적하의 양륙 및 여객의 상륙이 종료된 후가 아니면 그 해고를 청구할 수 없다.

第七百三十四条; 昭和 12年 削除 [昭和 12年 以前 → 第587条]

[昭和 12年 以前 條文] 海員ノ雇入契約ハ左ノ事由ニ因リテ終了ス
一. 船舶カ沈沒シタルコト
二. 船舶カ修繕スルコト能ハサルニ至リタルコト
三. 船舶カ捕獲セラレタルコト
前項ノ場合ニ於テハ海員ハ契約終了ノ日マテノ給料及ヒ雇入港マテノ送還ヲ請求スルコトヲ得

第七百三十五条; 昭和 12年 削除 [昭和 12年 以前 → 第588条]

[昭和 12年 以前 條文] 海員カ雇入港マテノ送還ヲ請求スル權利ヲ有スル場合ニ於テハ送還ニ代ヘテ其費用ヲ請求スルコトヲ得

第七百三十六条; 昭和 12年 削除 [昭和 12年 以前 → 第589条]

[昭和 12年 以前 條文] 第七百二十二條 (1938年 以前 575條)ノ規定ハ海員ノ債權ニ之ヲ準用ス

第三章 運 送

第一節 物品運送

第一款 総 則

第七百三十七条 [昭和 13年 以前 → 第590条] 船舶ノ全部又ハ一部ヲ以テ運送契約ノ目的ト為シタルトキハ各当事者ハ相手方ノ請求ニ因リ運送契約書ヲ交付スルコトヲ要ス

第七百三十八条 [昭和 13年 以前 → 第591条] 船舶所有者ハ傭船者又ハ荷送人ニ対シ発航ノ当時船舶カ安全ニ航海ヲ為スニ堪フルコトヲ担保ス

第七百三十九条 [昭和 13年 以前 → 第592条] 船舶所有者ハ特約ヲ為シタルトキト雖

제734조: 1937년 선원법에 의해 삭제 [1937년 이전 587조]

[1937년 이전 조문] 해원의 고용계약은 좌의 사유로 인하여 종료한다.
1. 선박이 침몰한 때
2. 선박이 수선할 수 없게 된 때
3. 선박이 포획된 때
전항의 경우에는 해원은 계약종료한 날까지의 급여 및 고용항까지의 송환을 청구할 수 있다.

제735조: 1937년 선원법에 의해 삭제 [1937년 이전 588조]

[1937년 이전 조문] 해원은 고용항까지의 송환을 청구할 권리를 가진 경우에는 송환에 대하여 그 비용을 청구할 수 있다.

제736조: 1937년 선원법에 의해 삭제 [1937년 이전 589조]

[1937년 이전 조문] 제722조(1938년 이전 570조)의 규정은 해원의 차권에 이를 준용한다.

제3장 운 송

제1절 물품운송

제1관 총 칙

제737조 [1938년 이전 590조] 선박의 전부 또는 일부로써 운송계약의 목적으로 한 때는 각 당사자는 상대방의 청구에 의하여 운송계약서를 교부하여야 한다.

제738조 [1938년 이전 591조] 선박소유자는 용선자 또는 송하인에 대하여 발항의 당시 선박이 안전히 항해를 하기에 감당할 것을 담보한다.

제739조 [1938년 이전 592조] 선박소유자는 특약이 있는 때라 할지라도 자기의 과실,

モ自己ノ過失、船員其他ノ使用人ノ悪意若クハ重大ナル過失又ハ船舶カ航海ニ堪ヘサルニ因リテ生シタル損害ヲ賠償スル責ヲ免ルルコトヲ得ス

第七百四十条 [昭和 13年 以前 → 第593条] 法令ニ違反シ又ハ契約ニ依ラスシテ船積シタル運送品ハ船長ニ於テ何時ニテモ之ヲ陸揚シ、若シ船舶又ハ積荷ニ危害ヲ及ホス虞アルトキハ之ヲ放棄スルコトヲ得但船長カ之ヲ運送スルトキハ其船積ノ地及ヒ時ニ於ケル同種ノ運送品ノ最高ノ運送賃ヲ請求スルコトヲ得

前項ノ規定ハ船舶所有者其他ノ利害関係人カ損害賠償ノ請求ヲ為スコトヲ妨ケス

第七百四十一条 [昭和 13年 以前 → 第594条] 船舶ノ全部ヲ以テ運送契約ノ目的ト為シタル場合ニ於テ運送品ヲ船積スルニ必要ナル準備カ整頓シタルトキハ船舶所有者ハ遅滞ナク傭船者ニ対シテ其通知ヲ発スルコトヲ要ス

傭船者カ運送品ヲ船積スヘキ期間ノ定アル場合ニ於テハ其期間ハ前項ノ通知アリタル日ノ翌日ヨリ之ヲ起算ス其期間経過ノ後運送品ヲ船積シタルトキハ船舶所有者ハ特約ナキトキト雖モ相当ノ報酬ヲ請求スルコトヲ得

前項ノ期間中ニハ不可抗力ニ因リテ船積ヲ為スコト能ハサル日ヲ算入セス

第七百四十二条 [昭和 13年 以前 → 第595条] 船長カ第三者ヨリ運送品ヲ受取ルヘキ場合ニ於テ其者ヲ確知スルコト能ハサルトキ又ハ其者カ運送品ヲ船積セサルトキハ船長ハ直チニ傭船者ニ対シテ其通知ヲ発スルコト ヲ要ス此場合ニ於テハ船積期間内ニ限リ傭船者ニ於テ運送品ヲ船積スルコトヲ得

第七百四十三条 [昭和 13年 以前 → 第596条] 傭船者ハ運送品ノ全部ヲ船積セサルトキト雖モ船長ニ対シテ発航ノ請求ヲ為スコトヲ得

傭船者カ前項ノ請求ヲ為シタルトキハ運送賃ノ全額ノ外運送品ノ全部ヲ船積セサルニ因リテ生シタル費用ヲ支払ヒ尚ホ船舶所有者ノ請求アルトキハ相当ノ担保ヲ供スルコトヲ要ス

第七百四十四条 [昭和 13年 以前 → 第597条] 船積期間経過ノ後ハ傭船者カ運送品ノ全部ヲ船積セサルトキト雖モ船長ハ直チニ発航ヲ為スコトヲ得

前条第二項ノ規定ハ前項ノ場合ニ之ヲ準用ス

第七百四十五条 [昭和 13年 以前 → 第598条] 発航前ニ於テハ傭船者ハ運送賃ノ半額ヲ支払ヒテ契約ノ解除ヲ為スコトヲ得

선원 기타 사용인의 악의 혹은 중대한 과실 또는 선박이 항허에 감당치 못함으로 인하여 생긴 손해를 배상할 책임을 면할 수 없다.

제740조 [1938년 이전 593조] 법령에 위반하거나 또는 계약에 의하지 아니하고 선적한 운송품은 선장이 언제든지 이를 양륙하고 만약 선박 또는 적하에 위해를 끼칠 우려가 있는 때는 이를 포기할 수 있다. 단 선장이 이를 운송한 때는 그 선적의 지 및 시에 있는 동종의 운송품의 최고의 운송임을 청구할 수 있다.

전항의 규정은 선박소유자 기타 이해관계인의 손해배상의 청구를 방해하지 아니한다.

제741조 [1938년 이전 594조] 선박의 전부로써 운송계약의 목적으로 한 경우에 운송품을 선적하는 데 필요한 준비가 정돈된 때는 선박소유자는 지체없이 용선자에 대하여 그 통지를 발하여야 한다.

용선자가 운송품을 선적할 기간의 약정이 있는 경우에는 그 기간은 전항의 통지가 있는 날의 익일부터 이를 기산한다. 그 기간경과 후 운송품을 선적한 때는 선박소유자는 특약이 없는 때라 할지라도 상당한 보수를 청구할 수 있다.

전항의 기간 중에는 불가항력으로 인하여 선적을 할 수 없는 일자는 산입하지 않는다.

제742조 [1938년 이전 595조] 선장이 제삼자로부터 운송품을 수취할 경우에 그 자를 확지할 수 없는 때 또는 그 자가 운송품을 선적하지 않는 때는 선장은 즉시 용선자에 대하여 그 통지를 발하여야 한다. 이 경우에는 선적기간 내에 한하여 용선자가 운송품을 선적할 수 있다.

제743조 [1938년 이전 596조] 용선자는 운송품의 전부를 선적하지 않은 때라 할지라도 선장에 대하여 발항의 청구를 할 수 있다.

용선자가 전항의 청구를 한 때는 운송임의 전액 이외에 운송품의 전부를 선적하지 않음으로 인하여 생긴 비용을 지불하고 또한 선박소유자의 청구가 있는 때는 상당한 담보를 제공하여야 한다.

제744조 [1938년 이전 597조] 선적기간 경과 후에는 용선자가 운송품의 전부를 선적하지 않은 때라 할지라도 선장은 즉시 발항할 수 있다.

전조 제2항의 규정은 전항의 경우에 이를 준용한다.

제745조 [1938년 이전 598조] 발항 전에는 용선자는 운송임의 반액을 지불하고 계약의 해제를 할 수 있다.

往復航海ヲ為スヘキ場合ニ於テ傭船者カ其帰航ノ発航前ニ契約ノ解除ヲ為シタルトキハ運送賃ノ三分ノ二ヲ支払フコトヲ要ス他港ヨリ船積港ニ航行スヘキ場合ニ於テ傭船者カ其船積港ヲ発スル前ニ契約ノ解除ヲ為シタルトキ亦同シ

運送品ノ全部又ハ一部ヲ船積シタル後前二項ノ規定ニ従ヒテ契約ノ解除ヲ為シタルトキハ其船積及ヒ陸揚ノ費用ハ傭船者之ヲ負担ス

傭船者カ船積期間内ニ運送品ノ船積ヲ為ササリシトキハ契約ノ解除ヲ為シタルモノト看做ス

第七百四十六条 [昭和 13年 以前 → 第599条] 傭船者カ前条ノ規定ニ従ヒテ契約ノ解除ヲ為シタルトキト雖モ附随ノ費用及ヒ立替金ヲ支払フ責ヲ免ルルコトヲ得ス

前条第二項ノ場合ニ於テハ傭船者ハ前項ニ掲ケタルモノノ外運送品ノ価格ニ応シ共同海損又ハ救助ノ為メ負担スヘキ金額ヲ支払フコトヲ要ス [明治四四年 本項 改正]

[明治四四年 以前 本項] 前条第二項ノ場合ニ於テハ傭船者ハ前項ニ掲ケタルモノノ外運送品ノ価格ニ応シ共同海損, 救援 又ハ救助ノ為メ負担スヘキ金額ヲ支払フコトヲ要ス

第七百四十七条 [昭和 13年 以前 → 第600条] 発航後ニ於テハ傭船者ハ運送賃ノ全額ヲ支払フ外第七百五十三条 [昭和 13年 以前 第606条] 第一項ニ定メタル債務ヲ弁済シ且陸揚ノ為メニ生スヘキ損害ヲ賠償シ又ハ相当ノ担保ヲ供スルニ非サレハ契約ノ解除ヲ為スコトヲ得ス

第七百四十八条 [昭和 13年 以前 → 第601条] 船舶ノ一部ヲ以テ運送契約ノ目的ト為シタル場合ニ於テ傭船者カ他ノ傭船者及ヒ荷送人ト共同セスシテ発航前ニ契約ノ解除ヲ為シタルトキハ運送賃ノ全額ヲ支払フコトヲ要ス但船舶所有者カ他ノ運送品ヨリ得タル運送賃ハ之ヲ控除ス

発航前ト雖モ傭船者カ既ニ運送品ノ全部又ハ一部ヲ船積シタルトキハ他ノ傭船者及ヒ荷送人ノ同意ヲ得ルニ非サレハ契約ノ解除ヲ為スコトヲ得ス

前七条ノ規定ハ船舶ノ一部ヲ以テ運送契約ノ目的ト為シタル場合ニ之ヲ準用ス

第七百四十九条 [昭和 13年 以前 → 第602条] 箇箇ノ運送品ヲ以テ運送契約ノ目的ト

왕복항해를 하여야 할 경우에 용선자가 그 귀항의 발항 전에 계약의 해제를 한 때는 운송임의 3분의 2를 지불하여야 한다. 타항으로부터 선적항에 항행할 경우에 용선자가 그 선적항을 발하기 전에 계약의 해제를 한 때도 또한 같다.

운송품의 전부 또는 일부를 선적한 후 전2항의 규정에 따라 계약의 해제를 한 때는 그 선적 및 양륙의 비용은 용선자가 이를 부담한다.

용선자가 선적기간 내에 운송품의 선적을 하지 않은 때는 계약의 해제를 한 것으로 간주한다.

제746조 [1938년 이전 599조] 용선자가 전조의 규정에 따라 계약의 해제를 한 때라 할지라도 부수의 비용 및 입체금을 지불할 책임을 면할 수 없다.

전조 제2항의 경우에는 용선자는 전항의 게기한 것 외에 운송품의 가격에 응하여 공동해손 또는 구조를 위하여 부담할 금액을 지불하여야 한다 [1911년 본항 변경].

[1911년 이전 본항] 전조 제2항의 경우에는 용선자는 전항의 게기한 것 외에 운송품의 가격에 응하여 공동해손, 구원 또는 구조를 위하여 부담할 금액을 지불하여야 한다.

제747조 [1938년 이전 600조] 발항 후에는 용선자는 운송임의 전액을 지불하는 외에 제753조 [1938년 이전 606조] 제1항에 정한 채무를 변제하고 또한 양륙을 위하여 생기게 된 손해를 배상하고 또는 상당한 담보를 제공하지 아니하면 계약의 해제를 할 수 없다.

제748조 [1938년 이전 601조] 선박의 일부로써 운송계약의 목적으로 한 경우에 용선자가 타용선자 및 송하인과 공동하지 않고 발항 전에 계약의 해제를 한 때는 운송임의 전액을 지불하여야 한다. 단 선박소유자가 타인의 운송품으로부터 얻은 운송임은 이를 공제한다.

발항전이라 할지라도 용선자가 이미 운송품의 전부 또는 일부를 선적한 때는 타용선자 및 송하인의 동의를 얻지 않으면 계약의 해제를 할 수 없다.

전7조의 규정은 선박의 일부로써 운송계약의 목적으로 한 경우에 이를 준용한다.

제749조 [1938년 이전 602조] 개개의 운송품으로써 운송계약의 목적으로 한 때는 송

為シタルトキハ荷送人ハ船長ノ指図ニ従ヒ遅滞ナク運送品ヲ船積スルコトヲ要ス

荷送人カ運送品ノ船積ヲ怠リタルトキハ船長ハ直チニ発航ヲ為スコトヲ得此場合ニ於テハ荷送人ハ運送賃ノ全額ヲ支払フコトヲ要ス但船舶所有者カ他ノ運送品ヨリ得タル運送賃ハ之ヲ控除ス

第七百五十条 [昭和 13年 以前 → 第603条] 第七百四十八条 [昭和 13年 以前 第601条] ノ規定ハ荷送人カ契約ノ解除ヲ為ス場合ニ之ヲ準用ス

第七百五十一条 [昭和 13年 以前 → 第604条] 傭船者又ハ荷送人ハ船積期間内ニ運送ニ必要ナル書類ヲ船長ニ交付スルコトヲ要ス

第七百五十二条 [昭和 13年 以前 → 第605条] 船舶ノ全部又ハ一部ヲ以テ運送契約ノ目的ト為シタル場合ニ於テ運送品ヲ陸揚スルニ必要ナル準備カ整頓シタルトキハ船長ハ遅滞ナク荷受人ニ対シテ其通知ヲ発スルコトヲ要ス

運送品ヲ陸揚スヘキ期間ノ定アル場合ニ於テハ其期間ハ前項ノ通知アリタル日ノ翌日ヨリ之ヲ起算ス其期間経過ノ後運送品ヲ陸揚シタルトキハ船舶所有者ハ特約ナキトキト雖モ相当ノ報酬ヲ請求スルコトヲ得

前項ノ期間中ニハ不可抗力ニ因リテ陸揚ヲ為スコト能ハサル日ヲ算入セス

箇箇ノ運送品ヲ以テ運送契約ノ目的ト為シタルトキハ荷受人ハ船長ノ指図ニ従ヒ遅滞ナク運送品ヲ陸揚スルコトヲ要ス

第七百五十三条 [昭和 13年 以前 → 第606条] 荷受人カ運送品ヲ受取リタルトキハ運送契約又ハ船荷証券ノ趣旨ニ従ヒ運送賃、附随ノ費用、立替金、碇泊料及ヒ運送品ノ価格ニ応シ共同海損又ハ救助ノ為メ負担スヘキ金額ヲ支払フ義務ヲ負フ [明治四四年 本項 改正]

[明治四四年 以前 本項] 「受荷人カ 運送品チ 受取リタルトキハ運送契約 マタハ船荷證券ノ 趣旨ニ ニ運送任, 部首費用, 立替金, 運送品ノ 價格ニ於テハシ 共同海損, 救援 ハ또는 救助ノ 為メ 負擔スヘキ金額チ 支佛フ 義務チ フ」

船長ハ前項ニ定メタル金額ノ支払ト引換ニ非サレハ運送品ヲ引渡スコトヲ要セス

第七百五十四条 [昭和 13年 以前 → 第607条] 荷受人カ運送品ヲ受取ルコトヲ怠リタ

하인은 선장의 지시에 따라 지체없이 운송품을 선적하여야 한다.

송하인이 운송품의 선적을 태만히 한 때는 선장은 즉시 발항을 할 수 있다. 이 경우에는 송하인은 운송임의 전액을 지불하여야 한다. 단 선박소유자가 타운송품에서 얻은 운송임은 이를 공제한다.

제750조 [1938년 이전 603조] 제748조 [1938년 이전 601조] 의 규정은 송하인이 계약의 해제를 할 경우에 이를 준용한다.

제751조 [1938년 이전 604조] 용선자 또는 송하인은 선적기간 내에 운송에 필요한 서류를 선장에게 교부하여야 한다.

제752조 [1938년 이전 605조] 선박의 전부 또는 일부로써 운송계약의 목적으로 한 경우에 운송품을 양륙하는 데 필요한 준비가 정돈된 때는 선장은 지체없이 수하인에 대하여 그 통지를 발하여야 한다.

운송품을 양륙할 기간이 정해 있는 경우에는 그 기간은 전항의 통지가 있은 날의 익일부터 이를 기산한다. 그 기간경과 후 운송품을 양륙한 때는 선박소유자는 특약이 없는 때라 할지라도 상당한 보수를 청구할 수 있다.

전항의 기간 중에는 불가항력으로 인하여 양륙을 할 수 없는 일자는 산입하지 아니한다.

개개의 운송품으로써 운송계약의 목적으로 한 때는 수하인은 선장의 지시에 따라 지체없이 운송품을 양륙하여야 한다.

제753조 [1938년 이전 606조] 수하인이 운송품을 수취한 때는 운송계약 또는 선하증권의 취지에 따라 운송임, 부수비용, 입체금, 정박료 및 운송품의 가격에 응하여 공동해손 또는 구조를 위하여 부담할 금액을 지불할 의무를 진다 [1911년 본항 변경].

[1911년 이전 본항] 「수하인이 운송품을 수취한 때는 운송계약 또는 선하증권의 취지에 따라 운송임, 부수비용, 입체금 및 운송품의 가격에 응하여 공동해손, 구원 또는 구조를 위하여 부담할 금액을 지불할 의무를 진다」

선장은 전항에 정한 금액의 지불과 상환이 아니면 운송품을 인도할 필요가 없다.

제754조 [1938년 이전 607조] 수하인이 운송품을 수취하는 것을 태만히 하는 때는 선

ルトキハ船長ハ之ヲ供託スルコトヲ得此場合ニ於テハ遅滞ナク荷受人ニ対シテ其通知ヲ発スルコトヲ要ス

荷受人ヲ確知スルコト能ハサルトキ又ハ荷受人カ運送品ヲ受取ルコトヲ拒ミタルトキハ船長ハ運送品ヲ供託スルコトヲ要ス此場合ニ於テハ遅滞ナク傭船者又ハ荷送人ニ対シテ其通知ヲ発スルコトヲ要ス

第七百五十五条 [昭和 13年 以前 → 第608条] 運送品ノ重量又ハ容積ヲ以テ運送賃ヲ定メタルトキハ其額ハ運送品引渡ノ当時ニ於ケル重量又ハ容積ニ依リテ之ヲ定ム

第七百五十六条 [昭和 13年 以前 → 第609条] 期間ヲ以テ運送賃ヲ定メタルトキハ其額ハ運送品ノ船積著手ノ日ヨリ其陸揚終了ノ日マテノ期間ニ依リテ之ヲ定ム但船舶カ不可抗力ニ因リ発航港若クハ航海ノ途中ニ於テ碇泊ヲ為スヘキトキ又ハ航海ノ途中ニ於テ船舶ヲ修繕スヘキトキハ其期間ハ之ヲ算入セス第七百四十一条 [昭和 13年 以前 第594条] 第二項又ハ第七百五十二条 [昭和 13年 以前 第605条] 第二項ノ場合ニ於テ船積期間又ハ陸揚期間経過ノ後運送品ノ船積又ハ陸揚ヲ為シタル日数亦同シ

第七百五十七条 [昭和 13年 以前 → 第610条] 船舶所有者ハ第七百五十三条 [昭和 13年 以前 第606条] 第一項ニ定メタル金額ノ支払ヲ受クル為メ裁判所ノ許可ヲ得テ運送品ヲ競売スルコトヲ得

船長カ荷受人ニ運送品ヲ引渡シタル後ト雖モ船舶所有者ハ其運送品ノ上ニ権利ヲ行使スルコトヲ得但引渡ノ日ヨリ二週間ヲ経過シタルトキ又ハ第三者カ其占有ヲ取得シタルトキハ此限ニ在ラス

第七百五十八条 [昭和 13年 以前 → 第611条] 船舶所有者カ前条ニ定メタル権利ヲ行ハサルトキハ傭船者又ハ荷送人ニ対スル請求権ヲ失フ但傭船者又ハ荷送人ハ其受ケタル利益ノ限度ニ於テ償還ヲ為スコトヲ要ス

第七百五十九条 [昭和 13年 以前 → 第612条] 船舶ノ全部又ハ一部ヲ以テ運送契約ノ目的ト為シタル場合ニ於テ傭船者カ更ニ第三者ト運送契約ヲ為シタルトキハ其契約ノ履行カ船長ノ職務ニ属スル範囲内ニ於テハ船舶所有者ノミ其第三者ニ対シテ履行ノ責ニ任ス

但 第六百九十條 [昭和 13年 以前 第544条] ニ定メタル權利ヲ行フコトヲ妨ケス.

第七百六十条 [昭和 13年 以前 → 第613条] 船舶ノ全部ヲ以テ運送契約ノ目的ト為シ

장은 이를 공탁할 수 있다. 이 경우에는 지체없이 수하인에 대하여 그 통지를 발하여야 한다.

수하인을 확지할 수 없는 때 또는 수하인이 운송품을 수취할 것을 거부한 때는 선장은 운송품을 공탁하여야 한다. 이 경우에는 지체없이 용선자 또는 송하인에 대하여 그 통지를 발하여야 한다.

제755조 [1938년 이전 608조] 운송품의 중량 또는 용적으로써 운송임을 정한 때는 그 액은 운송품 인도 당시의 중량 또는 용적에 의하여 이를 정한다.

제756조 [1938년 이전 609조] 기간으로써 운송임을 정한 때는 그 액은 운승품의 선적 착수일부터 그 양륙 종료일까지의 기간에 의하여 이를 정한다. 단 선박이 불가항력으로 인하여 발항항 혹은 항해의 도중에 정박을 할 때 또는 항해의 도중에 선박을 수선할 때는 그 기간은 이를 산입하지 아니한다. 제741조 [1938년 이전 594조] 제2항 또는 제752조 [1938년 이전 605조] 제2항의 경우에 선적기간 또는 양륙기간 경과 후 운송품의 선적 또는 양륙을 한 일수도 또한 같다.

제757조 [1938년 이전 610조] 선박소유자는 제753조 [1938년 이전 606조] 제1항에 정한 금액의 지불을 받기 위하여 법원의 허가를 얻고 운송품을 경매할 수 있다.

선장이 수하인에게 운송품을 인도한 후라도 선박소유자는 그 운송품 위에 권리를 행사할 수 있다. 단 인도한 날부터 2주간을 경과한 때 또는 제삼자가 점유를 취득한 때는 예외로 한다.

제758조 [1938년 이전 611조] 선박소유자가 전조에 정한 권리를 행하지 않는 때는 용선자 또는 송하인에 대한 청구권을 상실한다. 단 용선자 또는 송하인은 그 받은 이익의 한도 내에서 상환을 하여야 한다.

제759조 [1938년 이전 612조] 선박의 전부 또는 일부로써 운송계약의 목적으로 한 경우에 용선자가 다시 제삼자와 운송계약을 한 때는 그 계약의 이행이 선장의 직무에 속하는 범위 내에서는 선박소유자만 그 제삼자에 대하여 이행의 책임을 진다. 단 제690조 [1938년 이전 544조] 에 정한 권리를 행하는 것은 무방하다.

제760조 [1938년 이전 613조] 선박의 전부로써 운송계약의 목적으로 한 경우에는 그

タル場合ニ於テハ其契約ノ左ノ事由ニ因リテ終了ス.

一. 第734條 [1938年 以前 587条] 第1項ニ掲ケタル事由

二. 運送品カ不可抗力ニ因リテ滅失シタルコト

第734條 [1938年 以前 587條] 第1項ニ掲ケタル事由カ航海中ニ生シタルトキハ傭船者ハ運送ノ割合ニ應シ運送品ノ價格ヲ超エサル限度ニ於テ運送賃ヲ支拂フコトヲ要ス.

第七百六十一条 [昭和 13年 以前 → 第614条] 航海又ハ運送カ法令ニ反スルニ至リタルトキ其他不可抗力ニ因リテ契約ヲ為シタル目的ヲ達スルコト能ハサルニ至リタルトキハ各当事者ハ契約ノ解除ヲ為スコトヲ得

前項ニ掲ケタル事由カ発航後ニ生シタル場合ニ於テ契約ノ解除ヲ為シタルトキハ傭船者ハ運送ノ割合ニ応シテ運送賃ヲ支払フコトヲ要ス

第七百六十二条 [昭和 13年 以前 → 第615条] 第七百六十条 [昭和 13年 以前 第613条] 第一項第二号及ヒ前条第一項ニ掲ケタル事由カ運送品ノ一部ニ付テ生シタルトキハ傭船者ハ船舶所有者ノ負担ヲ重カラシメサル範囲内ニ於テ他ノ運送品ヲ船積スルコトヲ得

傭船者カ前項ニ定メタル権利ヲ行ハントス欲スルトキハ遅滞ナク運送品ノ陸揚又ハ船積ヲ為スコトヲ要ス若シ其陸揚又ハ船積ヲ怠リタルトキハ運送賃ノ全額ヲ支払フコトヲ要ス

第七百六十三条 [昭和 13年 以前 → 第616条] 第七百六十条及ヒ第七百六十一条 [昭和 13年 以前 第613条及ヒ614条] ノ規定ハ船舶ノ一部又ハ箇箇ノ運送品ヲ以テ運送契約ノ目的ト為シタル場合ニ之ヲ準用ス

第七百六十条 [昭和 13年 以前 第613条] 第一項第二号及ヒ第七百六十一条 [昭和 13年 以前 第614条] 第一項ニ掲ケタル事由カ運送品ノ一部ニ付テ生シタルトキト雖モ傭船者又ハ荷送人ハ契約ノ解除ヲ為スコトヲ得但運送賃ノ全額ヲ支払フコトヲ要ス

第七百六十四条 [昭和 13年 以前 → 第617条] 船舶所有者ハ左ノ場合ニ於テハ運送賃ノ全額ヲ請求スルコトヲ得

一. 船長カ第七百十五条 [昭和 13年 以前 第568条] 第一項ノ規定ニ従ヒテ積荷ヲ売却又ハ質入シタルトキ

二. 船長カ第七百十九条 [昭和 13年 以前 第572条] ノ規定ニ従ヒテ積荷ヲ航海ノ用

계약은 좌의 사유로 인하여 종료한다.

1. 제734조 [1938년 이전 587조] 제1항에 게기한 사유
2. 운송품이 불가항력으로 인하여 멸실한 것

제734조 [1938년 이전 587조] 제1항에 게기한 사유가 항해 중에 생긴 때는 용선자는 운송의 비례에 응하여 운송품의 가격을 초과하지 않는 한도에서 운송임을 지불하여야 한다.

제761조 [1938년 이전 614조] 항해 또는 운송이 법령에 반하게 된 때 기타 불가항력으로 인하여 계약의 목적을 달성할 수 없게 된 때는 각 당사자는 계약의 해제를 할 수 있다.

전항에 게기한 사유가 발항 후에 생긴 경우에 계약의 해제를 한 때는 용선자는 운송의 비례에 응하여 운송임을 지불하여야 한다.

제762조 [1938년 이전 615조] 제760조 [1938년 이전 613조] 제1항 제2호 및 전조 제1항에 게기한 사유가 운송품의 일부에 관하여 생긴 때는 용선자는 선박소유자의 부담을 무겁게 하지 않는 범위 내에서 타운송품을 선적할 수 있다.

용선자가 전항의 권리를 행하고자 하는 때는 지체없이 운송품의 양륙 또는 선적을 하여야 한다. 만약 그 양륙 또는 선적을 태만히 한 때는 운송임의 전액을 지불하여야 한다.

제763조 [1938년 이전 616조] 제760조 및 제761조 [1938년 이전 613조 및 614조] 의 규정은 선박의 일부 또는 개개의 운송품으로써 운송계약의 목적으로 한 경우에 이를 준용한다.

제760조 [1938년 이전 613조] 제1항 제2호 및 제761조 [1938년 이전 614조] 제1항에 게기한 사유가 운송품의 일부에 관하여 생긴 때라 할지라도 용선자 또는 송하인은 계약의 해제를 할 수 있다. 단 운송임의 전액을 지불하여야 한다.

제764조 [1938년 이전 617조] 선박소유자는 좌의 경우에는 운송임의 전액을 청구할 수 있다.

1. 선장이 제715조 [1938년 이전 568조] 제1항의 규정에 따라서 적하를 매각 또는 입질한 때
2. 선장이 제719조 [1938년 이전 572조] 의 규정에 따라 적하를 항해의 용에 제공한 때

ニ供シタルトキ

三. 船長カ第七百八十八条 [昭和 13年 以前 第641条] ノ規定ニ従ヒテ積荷ヲ処分シタルトキ

第七百六十五条 [昭和 13年 以前 → 第618条] 船舶所有者ノ傭船者、荷送人又ハ荷受人ニ対スル債権ハ一年ヲ経過シタルトキハ時効ニ因リテ消滅ス

第七百六十六条 [昭和 13年 以前 → 第619条] 第五百六十六条、第五百七十六条乃至第五百八十一条及ヒ第五百八十八条 [昭和 13年 以前 第328条, 第336条 乃至 第341条 及ヒ 第348条] ノ規定ハ船舶所有者ニ之ヲ準用ス

第二款 船荷証券

第七百六十七条 [昭和 13年 以前 → 第620条] 船長ハ傭船者又ハ荷送人ノ請求ニ因リ運送品ノ船積後遅滞ナク一通又ハ数通ノ船荷証券ヲ交付スルコトヲ要ス

第七百六十八条 [昭和 13年 以前 → 第621条] 船舶所有者ハ船長以外ノ者ニ船長ニ代ハリテ船荷証券ヲ交付スルコトヲ委任スルコトヲ得

第七百六十九条 [昭和 13年 以前 → 第622条] 船荷証券ニハ左ノ事項ヲ記載シ船長又ハ之ニ代ハル者署名スルコトヲ要ス

一. 船舶ノ名称及ヒ国籍

二. 船長カ船荷証券ヲ作ラサルトキハ船長ノ氏名

三. 運送品ノ種類、重量若クハ容積及ヒ其荷造ノ種類、箇数並ニ記号

四. 傭船者又ハ荷送人ノ氏名又ハ商号

五. 荷受人ノ氏名若クハ商号 [明治四四年 本号 改正]

[明治四四年 以前 本号] 荷受人ノ氏名若クハ商号又ハ所持人ニ運送物ヲ引導スヘキコト

六. 船積港

七. 陸揚港但発航後傭船者又ハ荷送人カ陸揚港ヲ指定スヘキトキハ其之ヲ指定スヘキ港

八. 運送賃

九. 数通ノ船荷証券ヲ作リタルトキハ其員数

十. 船荷証券ノ作成地及ヒ其作成ノ年月日

3. 선장이 제788조 [1938년 이전 641조] 의 규정에 따라 적하를 처분한 때

제765조 [1938년 이전 618조] 선박소유자의 용선자, 송하인 또는 수하인에 대한 채권은 1년을 경과한 때는 시효로 인하여 소멸한다.

제766조 [1938년 이전 619조] 제566조, 제576조 내지 제581조 및 588조 [1938년 이전 328조, 336조 내지 341조 및 348조] 의 규정은 선박소유자에 이를 준용한다.

제2관 선하증권

제767조 [1938년 이전 620조] 선장은 용선자 또는 송하인의 청구에 의하여 운송품의 선적 후 지체없이 1통 또는 수 통의 선하증권을 교부하여야 한다.

제768조 [1938년 이전 621조] 선박소유자는 선장 이외의 자에게 선장에 대신하여 선하증권을 교부하는 것을 위임할 수 있다.

제769조 [1938년 이전 622조] 선하증권에는 좌의 사항을 기재하고 선장 또는 이를 대신하는 자가 서명하여야 한다.

1. 선박의 명칭 및 국적
2. 선장이 선하증권을 작성치 아니한 때는 선장의 성명
3. 운송품의 종류, 중량 또는 용적 및 그 포장의 종류, 개수와 기호
4. 용선자 또는 송하인의 성명 또는 상호
5. 수하인의 성명 또는 상호 [1911년 본호 개정]

[1911년 이전 본호] 수하인의 성명 또는 상호 혹은 소지인에게 운송물를 인도하는 것.

6. 선적항
7. 양륙항, 단 발항 후 선용자 또는 송하인이 양륙항을 지정하게 된 대는 그가 이를 지정하는 항

8 운송임

9. 수 통의 선하증권을 작성한 때는 그 원수
10. 선하증권의 작성지 및 그 작성년월일

第七百七十条 [昭和 13年 以前 → 第623条] 傭船者又ハ荷送人ハ船長又ハ之ニ代ハル者ノ請求ニ因リ船荷証券ノ謄本ニ署名シテ之ヲ交付スルコトヲ要ス

第七百七十一条 [昭和 13年 以前 → 第624条] 陸揚港ニ於テハ船長ハ数通ノ船荷証券中ノ一通ノ所持人カ運送品ノ引渡ヲ請求シタルトキト雖モ其引渡ヲ拒ムコトヲ得ス

第七百七十二条 [昭和 13年 以前 → 第625条] 陸揚港外ニ於テハ船長ハ船荷証券ノ各通ノ返還ヲ受クルニ非サレハ運送品ヲ引渡スコトヲ得ス

第七百七十三条 [昭和 13年 以前 → 第626条] 二人以上ノ船荷証券所持人カ運送品ノ引渡ヲ請求シタルトキハ船長ハ遅滞ナク運送品ヲ供託シ且請求ヲ為シタル各所持人ニ対シテ其通知ヲ発スルコトヲ要ス船長カ第七百七十一条 [昭和 13年 以前 第624条] ノ規定ニ依リテ運送品ノ一部ヲ引渡シタル後他ノ所持人カ運送品ノ引渡ヲ請求シタル場合ニ於テ其残部ニ付キ亦同シ

第七百七十四条 [昭和 13年 以前 → 第627条] 二人以上ノ船荷証券所持人アル場合ニ於テ其一人カ他ノ所持人ニ先チテ船長ヨリ運送品ノ引渡ヲ受ケタルトキハ他ノ所持人ノ船荷証券ハ其効力ヲ失フ

第七百七十五条 [昭和 13年 以前 → 第628条] 二人以上ノ船荷証券所持人アル場合ニ於テ船長カ未タ運送品ノ引渡ヲ為ササルトキハ原所持人カ最モ先ニ発送シ又ハ引渡シタル証券ヲ所持スル者他ノ所持人ニ先チテ其権利ヲ行フ

第七百七十六条 [昭和 13年 以前 → 第629条] 第五百七十二条乃至第五百七十五条及ヒ第五百八十四条 [昭和 13年 以前 第333条, 第335条, 第455条 及ヒ 第483条] ノ規定ハ船荷証券ニ之ヲ準用ス

第二節 旅客運送

第七百七十七条 [昭和 13年 以前 → 第630] 記名ノ乗船切符ハ之ヲ他人ニ譲渡スコトヲ得ス

第七百七十八条 [昭和 13年 以前 → 第631条] 旅客ノ航海中ノ食料ハ船舶所有者ノ負担トス

第七百七十九条 [昭和 13年 以前 → 第632条] 旅客カ契約ニ依リ船中ニ携帯スルコト

제770조 [1938년 이전 623조] 용선자 또는 송하인은 선장 또는 이에 대신하는 자의 청구에 의하여 선하증권의 등본에 서명하여 이를 교부하여야 한다.

제771조 [1938년 이전 624조] 양륙항에서는 선장은 수 통의 선하증권 중 1통의 소지인이 운송품의 인도를 청구한 때라 할지라도 그 인도를 거부할 수 없다.

제772조 [1938년 이전 625조] 양륙항 외에서는 선장은 선하증권의 각 통의 반환을 받지 아니하면 운송품을 인도할 수 없다.

제773조 [1938년 이전 626조] 2인 이상의 선하증권소지인이 운송품의 인도를 청구한 때는 선장은 지체없이 운송품을 공탁하고 또한 청구를 한 각 소지인에 대하여 그 통지를 발하여야 한다. 선장이 제771조 [1938년 이전 624조]의 규정에 의하여 운송품의 일부를 인도한 후 타의 소지인이 운송품의 인도를 청구한 경우에 그 잔부에 대하여도 같다.

제774조 [1938년 이전 627조] 2인 이상의 선하증권소지인이 있는 경우에 그 1인이 타 소지인보다 먼저 선장으로부터 운송품의 인도를 받은 때는 타의 소지인의 선하증권은 그 효력을 상실한다.

제775조 [1938년 이전 628조] 2인 이상의 선하증권 소지인이 있는 경우에 선장이 아직 운송품의 인도를 하지 않은 때는 원소지인이 가장 먼저 발송하거나 또는 인도한 증권을 소지한 자가 타의 소지인보다 먼저 그 권리를 행사한다.

제776조 [1938년 이전 629조] 제572조 내지 제575조 및 제584조 [1938년 이전 제334조, 제335조, 제455조 및 제483조]의 규정은 선하증권에 이를 준용한다.

제2절 여객운송

제777조 [1938년 이전 630조] 기명의 승선표는 이를 타인에게 양도할 수 없다.

제778조 [1938년 이전 631조] 여객의 항해중의 식료는 선박소유자의 부담으로 한다.

제779조 [1938년 이전 632조] 여객이 계약에 의하여 선중에 휴대할 수 있는 수하물에

ヲ得ル手荷物ニ付テハ船舶所有者ハ特約アルニ非サレハ別ニ運送賃ヲ請求スルコトヲ得ス

第七百八十条 [昭和 13年 以前 → 第633条] 旅客カ乗船時期マテニ船舶ニ乗込マサルトキハ船長ハ発航ヲ為シ又ハ航海ヲ継続スルコトヲ得此場合ニ於テハ旅客ハ運送賃ノ全額ヲ支払フコトヲ要ス

第七百八十一条 [昭和 13年 以前 → 第634条] 発航前ニ於テハ旅客ハ運送賃ノ半額ヲ支払ヒテ契約ノ解除ヲ為スコトヲ得

発航後ニ於テハ旅客ハ運送賃ノ全額ヲ支払フニ非サレハ契約ノ解除ヲ為スコトヲ得ス

第七百八十二条 [昭和 13年 以前 → 第635条] 旅客カ発航前ニ死亡、疾病其他一身ニ関スル不可抗力ニ因リテ航海ヲ為スコト能ハサルニ至リタルトキハ船舶所有者ハ運送賃ノ四分ノ一ヲ請求スルコトヲ得

前項ニ掲ケタル事由カ発航後ニ生シタルトキハ船舶所有者ハ其選択ニ従ヒ運送賃ノ四分ノ一ヲ請求シ又ハ運送ノ割合ニ応シテ運送賃ヲ請求スルコトヲ得

第七百八十三条 [昭和 13年 以前 → 第636条] 航海ノ途中ニ於テ船舶ヲ修繕スヘキトキハ船舶所有者ハ其修繕中旅客ニ相当ノ住居及ヒ食料ヲ供スルコトヲ要ス但旅客ノ権利ヲ害セサル範囲内ニ於テ他ノ船舶ヲ以テ上陸港マテ旅客ヲ運送スルコトヲ提供シタルトキハ此限ニ在ラス

第七百八十四条 [昭和 13年 以前 → 第637条] 旅客運送契約ハ第七百六十条[昭和 13年 以前 → 第587条] 第一項ニ掲ケタル事由ニ因リテ終了ス若シ其事由カ航海中ニ生シタルトキハ旅客ハ運送ノ割合ニ応シテ運送賃ヲ支払フコトヲ要ス

第七百八十五条 [昭和 13年 以前 → 第638条] 旅客カ死亡シタルトキハ船長ハ最モ其相続人ノ利益ニ適スヘキ方法ニ依リテ其船中ニ在ル手荷物ノ処分ヲ為スコトヲ要ス

第七百八十六条 [昭和 13年 以前 → 第639条] 第五百九十条、第五百九十一条第一項、第五百九十二条、第七百三十八条、第七百三十九条、第七百六十一条及ヒ第七百六十五条 [昭和 13年 以前 第350条, 第351条第一項, 第352条, 第359条, 第641条及ヒ 第618条] ノ規定ハ海上ノ旅客運送ニ之ヲ準用ス

第七百四十条及ヒ第七百六十四条 [昭和 13年 以前 第593条 及ヒ 第617条] ノ規

관하여는 선박소유자는 특약이 없으면 따로 운송임을 청구할 수 없다.

제780조 [1938년 이전 633조] 여객이 승선시기까지에 선박에 ㅜ 탑승하지 않는 때는 선장은 발항을 하거나 또는 항해를 계속할 수 있다. 이 경우에는 여객은 운송임의 전부를 지불하여야 한다.

제781조 [1938년 이전 634조] 발항 전에는 여객은 운송임의 반액을 지쿨하고 계약의 해제를 할 수 있다.

발항 후에는 여객은 운송임의 전액을 지불하지 않으면 계약의 해제를 할 수 없다.

제782조 [1938년 이전 635조] 여객이 발항 전에 사망, 질병 기타 일신에 관한 불가항력으로 인하여 항해를 할 수 없게 된 때는 선박소유자는 운송임의 4분의 1을 청구할 수 있다.

전항에 게기한 사유가 발항 후에 생긴 때는 선박소유자는 그 선택에 따라 운송임의 4분의 1을 청구하든지 또는 운송의 비례에 응하여 운송임을 청구할 수 있다.

제783조 [1938년 이전 636조] 항해의 도중에 선박을 수선하는 때는 선박소유자는 그 수선 중 여객에게 상당한 주거 및 식료를 제공하여야 한다. 단 여객의 권리를 해하지 않는 범위 내에서 타의 선박으로써 상륙항까지 여객을 운송할 것을 제공한 때는 예외로 한다.

제784조 [1938년 이전 637조] 여객운송계약은 제734조 [1938년 이전 587조] 제1항에 게기한 사유로 인하여 종료한다. 만약 그 사유가 항해 중에 생긴 때는 여객은 운송의 비례에 응하여 운송임을 지불하여야 한다.

제785조 [1938년 이전 638조] 여객이 사망한 때는 선장은 그 상속인의 이익에 가장 적합한 방법에 의하여 그 선중에 있는 수하물의 처분을 하여야 한다.

제786조 [1938년 이전 639조] 제590조, 제591조 제1항, 제592조, 제738조, 제739조, 제761조 및 제765조 [1938년 이전 350조, 351조 1항, 352조, 359조, 614조 및 618조] 의 규정은 해상의 여객운송에 이를 준용한다.

제740조 및 제764조 [1938년 이전 593조 및 617조] 의 규정은 여객의 수하물에 이를 준용한다.

定ハ旅客ノ手荷物ニ之ヲ準用ス

第七百八十七条 [昭和 13年 以前 → 第640条] 旅客運送ヲ為ス為メ船舶ノ全部又ハ一部ヲ以テ運送契約ノ目的ト為シタル場合ニ於テハ船舶所有者ト傭船者トノ関係ニ付テハ前節第一款ノ規定ヲ準用ス

第四章 海　損

第七百八十八条 [昭和 13年 以前 → 第641条] 船長カ船舶及ヒ積荷ヲシテ共同ノ危険ヲ免レシムル為メ船舶又ハ積荷ニ付キ為シタル処分ニ因リテ生シタル損害及ヒ費用ハ之ヲ共同海損トス

前項ノ規定ハ危険カ過失ニ因リテ生シタル場合ニ於テ利害関係人ノ過失者ニ対スル求償ヲ妨ケス

第七百八十九条 [昭和 13年 以前 → 第642条] 共同海損ハ之ニ因リテ保存スルコトヲ得タル船舶又ハ積荷ノ価格ト運送賃ノ半額ト共同海損タル損害ノ額トノ割合ニ応シテ各利害関係人之ヲ分担ス

第七百九十条 [昭和 13年 以前 → 第643条] 共同海損ノ分担額ニ付テハ船舶ノ価格ハ到達ノ地及ヒ時ニ於ケル価格トシ積荷ノ価格ハ陸揚ノ地及ヒ時ニ於ケル価格トス但積荷ニ付テハ其価格中ヨリ滅失ノ場合ニ於テ支払フコトヲ要セサル運送賃其他ノ費用ヲ控除スルコトヲ要ス

第七百九十一条[昭和 13年 以前 → 第644条] 前二条ノ規定ニ依リ共同海損ヲ分担スヘキ者ハ船舶ノ到達又ハ積荷ノ引渡ノ時ニ於テ現存スル価額ノ限度ニ於テノミ其責ニ任ス

第七百九十二条 [昭和 13年 以前 → 第645条] 船舶ニ備附ケタル武器、船員ノ給料、船員及ヒ旅客ノ食料並ニ衣類ハ共同海損ノ分担ニ付キ其価額ヲ算入セス但此等ノ物ニ加ヘタル損害ハ他ノ利害関係人之ヲ分担ス

第七百九十三条 [昭和 13年 以前 → 第646条] 船荷証券其他積荷ノ価格ヲ評定スルニ足ルヘキ書類ナクシテ船積シタル荷物又ハ属具目録ニ記載セサル属具ニ加ヘタル損害ハ利害関係人ニ於テ之ヲ分担スルコトヲ要セス

甲板ニ積込ミタル荷物ニ加ヘタル損害亦同シ但沿岸ノ小航海ニ在リテハ此

제787조 [1938년 이전 640조] 여객운송을 하기 위하여 선박의 전부 또는 일부르써 운송계약의 목적으로 한 경우에는 선박소유자와 용선자와의 관계에 관하여는 전절 제1관의 규정을 준용한다.

제4장 해 손

제788조 [1938년 이전 641조] 선장이 선박 및 적하로 하여금 공동의 위험을 면하게 하기 위하여 선박 또는 적하에 관하여 한 처분으로 인하여 생긴 손해 및 비용은 이를 공동해손으로 한다.

전항의 규정은 위험이 과실로 인하여 생긴 경우에 이해관계인의 과실자에 대한 구상을 방해하지 아니한다.

제789조 [1938년 이전 642조] 공동해손은 이로 인하여 보존함을 얻은 선박 또는 적하의 가격과 운송임의 반액과 공동해손되는 손해의 액과의 비율에 응하여 각 이해관계인이 이를 분담한다.

제790조 [1938년 이전 643조] 공동해손의 분담액에 관하여는 선박의 가격은 도달의 지 및 시의 가격으로 하고 적하의 가격은 양륙의 지 및 시의 가격으로 한다. 단 적하에 관하여는 그 가격 중에서 멸실의 경우에 있어서 지불을 요치 않는 운송임 기타의 비용을 공제하여야 한다.

제791조 [1938년 이전 644조] 전2조의 규정에 의하여 공동해손을 분담하는 자는 선박의 도달 또는 적하의 인도의 시에 있어서 현존하는 가액의 한도에 있어만 그 책임을 진다.

제792조 [1938년 이전 645조] 선박에 비치한 무기, 선원의 급료, 선원 및 여객의 식료와 의류는 공동해손의 분담에 관하여 그 가액을 산입하지 아니한다. 단 차등의 물건에 가한 손해는 타의 이해관계인이 이를 분담한다.

제793조 [1938년 이전 646조] 선하증권 및 기타 적하의 가격을 평정하기에 족한 서류가 없이 선적한 하물 또는 속구목록에 기재하지 않은 속구에 가한 손해는 이해관계인이 이를 분담함을 요치 아니한다.

갑판에 적재한 하물에 가한 손해도 또한 같다. 단 연안의 소항해에 있어서는 예외

限ニ在ラス

前二項ニ掲ケタル積荷ノ利害関係人ト雖モ共同海損ヲ分担スル責ヲ免ルルコトヲ得ス

第七百九十四条 [昭和 13年 以前 → 第647条] 共同海損タル損害ノ額ハ到達ノ地及ヒ時ニ於ケル船舶ノ価格又ハ陸揚ノ地及ヒ時ニ於ケル積荷ノ価格ニ依リテ之ヲ定ム但積荷ニ付テハ其滅失又ハ毀損ノ為メ支払フコトヲ要セサリシ一切ノ費用ヲ控除スルコトヲ要ス

第五百七十八条 [昭和 13年 以前 第338条] ノ規定ハ共同海損ノ場合ニ之ヲ準用ス

第七百九十五条 [昭和 13年 以前 → 第648条] 船荷証券其他積荷ノ価格ヲ評定スルニ足ルヘキ書類ニ積荷ノ実価ヨリ低キ価額ヲ記載シタルトキハ其積荷ニ加ヘタル損害ノ額ハ其記載シタル価額ニ依リテ之ヲ定ム

積荷ノ実価ヨリ高キ価額ヲ記載シタルトキハ其積荷ノ利害関係人ハ其記載シタル価額ニ応シテ共同海損ヲ分担ス

前二項ノ規定ハ積荷ノ価格ニ影響ヲ及ホスヘキ事項ニ付キ虚偽ノ記載ヲ為シタル場合ニ之ヲ準用ス

第七百九十六条 [昭和 13年 以前 → 第649条] 第七百八十九条 [昭和 13年 以前 第642条] ノ規定ニ依リテ利害関係人カ共同海損ヲ分担シタル後船舶、其属具若クハ積荷ノ全部又ハ一部カ其所有者ニ復シタルトキハ其所有者ハ償金中ヨリ救助料及ヒ一部滅失又ハ毀損ニ因リテ生シタル損害ノ額ヲ控除シタルモノヲ返還スルコトヲ要ス [明治四四年 本条 改正]

[明治四四年 以前 本条] 第七百八十九条(昭和 13年 以前 第642条)ノ規定ニ依リテ利害関係人カ共同海損ヲ分担シタル後船舶、其属具若クハ積荷ノ全部又ハ一部カ其所有者ニ復シタルトキハ其所有者ハ償金中ヨリ救助ノ費用及ヒ一部滅失又ハ毀損ニ因リテ生シタル損害ノ額ヲ控除シタルモノヲ返還スルコトヲ要ス

第七百九十七条 [昭和 13年 以前 → 第650条] 船舶カ双方ノ船員ノ過失ニ因リテ衝突シタル場合ニ於テ双方ノ過失ノ軽重ヲ判定スルコト能ハサルトキハ其衝突ニ因リテ生シタル損害ハ各船舶ノ所有者平分シテ之ヲ負担ス

로 한다.

전2항에 게기한 적하의 이해관계인이라 할지라도 공동해손을 분담하는 책임을 면할 수 없다.

제794조 [1938년 이전 646조] 공동해손되는 손해의 액은 도달의 지 및 시에 있어서의 선박의 가격 또는 양륙의 지 및 시에 있어서의 적하의 가격에 의하여 이를 정한다. 단 적하에 관하여는 그 멸실 또는 훼손으로 인하여 지불할 것을 요치 않는 일체의 비용을 공제하여야 한다.

제578조 [1938년 이전 338조] 의 규정은 공동해손의 경우에 이를 준용한다.

제795조 [1938년 이전 648조] 선하증권 기타 적하의 가격을 평정하기에 족한 서류에 적하의 실가보다 낮은 가액을 기재한 때는 그 적하에 가한 손해의 액은 그 기재한 가액에 의하여 이를 정한다.

적하의 실가보다 높은 가액을 기재한 때는 그 적하의 이해관계인은 그 기재한 가액에 의하여 공동해손을 분담한다.

전2항의 규정은 적하의 가격에 영향이 미칠 사항에 관하여 허위의 기재를 한 경우에 이를 준용한다.

제796조 [1938년 이전 649조] 제789 [1938년 이전 642조] 조의 규정에 의하여 이해관계인이 공동해손을 분담한 후 선박, 그 속구 혹은 적하의 전부 또는 일부가 그 소유자에 복귀한 때는 그 소유자는 상금 중에서 구조료 및 일부 멸실 또는 훼손으로 인하여 생긴 손해의 액을 공제한 것을 반환하여야 한다 [1911년 본조 개정].

[1911년 이전 본조] 제789조의 규정에 의하여 이해관계인이 공동해손을 분담한 후 선박, 그 속구 혹은 적하의 전부 또는 일부가 그 소유자에 복귀한 때는 그 소유자는 상금 중에서 구조의 비용 및 일부 멸실 또는 훼손으로 인하여 생긴 손해의 액을 공제한 것을 반환하여야 한다.

제797조 [1938년 이전 650조] 선박이 쌍방의 선원의 과실로 인하여 충돌한 경우에 쌍방의 과실의 경중을 판정할 수 없는 때는 그 충돌로 인하여 생긴 손해는 각 선박의 소유자가 평균하여 이를 부담한다.

第七百九十八条 [昭和 13年 以前 → 第651条] 共同海損又ハ船舶ノ衝突ニ因リテ生シタル債権ハ一年ヲ経過シタルトキハ時効ニ因リテ消滅ス

前項ノ期間ハ共同海損ニ付テハ其計算終了ノ時ヨリ之ヲ起算ス

第七百九十九条 [昭和 13年 以前 → 第652条] 本章ノ規定ハ船舶カ不可抗力ニ因リ発航港又ハ航海ノ途中ニ於テ碇泊ヲ為ス為メニ要スル費用ニ之ヲ準用ス

第五章 海難救助 [明治 44年 本章 追加]

第八百条 [昭和 13年 以前 → 第652条ノ2: 明治44年 本条 追加] 船舶又ハ積荷ノ全部又ハ一部カ海難ニ遭遇セル場合ニ於テ義務ナクシテ之ヲ救助シタル者ハ其結果ニ対シテ相当ノ救助料ヲ請求スルコトヲ得

第八百一条 [昭和 13年 以前 → 第652条ノ3: 明治44年 本条 追加] 救助料ニ付キ特約ナキ場合ニ於テ其額ニ付キ争アルトキハ危険ノ程度、救助ノ結果、救助ノ為メニ要シタル労力及ヒ費用其他一切ノ事情ヲ斟酌シテ裁判所之ヲ定ム

第八百二条 [昭和 13年 以前 → 第652条ノ4: 明治44年 本条 追加] 海難ニ際シ契約ヲ以テ救助料ヲ定メタル場合ニ於テ其額カ著シク不相当ナルトキハ当事者ハ其増加又ハ減少ヲ請求スルコトヲ得此場合ニ於テハ前条ノ規定ヲ準用ス

第八百三条 [昭和 13年 以前 → 第652条ノ5: 明治44年 本条 追加] 救助料ノ額ハ特約ナキトキハ救助セラレタル物ノ価額ニ超ユルコトヲ得ス

先順位ノ先取特権アルトキハ救助料ノ額ハ先取特権者ノ債権額ヲ控除シタル残額ニ超ユルコトヲ得ス

第八百四条 [昭和 13年 以前 → 第652条ノ6: 明治44年 本条 追加] 数人カ共同シテ救助ヲ為シタル場合ニ於テ救助料分配ノ割合ニ付テハ第八百一条 [昭和 13年 以前 第652条ノ3] ノ規定ヲ準用ス

人命ノ救助ニ従事シタル者モ亦前項ノ規定ニ従ヒテ救助料ノ分配ヲ受クルコトヲ得

第八百五条 [昭和 13年 以前 → 第652条ノ7: 明治44年 本条 追加] 救助ニ従事シタル船舶カ汽船ナルトキハ救助料ノ三分ノ二、帆船ナルトキハ其二分ノ一ヲ船舶所有者ニ支払ヒ其残額ハ折半シテ之ヲ船長及ヒ海員ニ支払フコトヲ要ス

제798조 [1938년 이전 651조] 공동해손 또는 선박의 충돌로 인하여 생긴 채권은 1년을 경과한 때는 시효로 인하여 소멸한다.

전항의 기간은 공동해손에 관하여는 그 계산종료시부터 이를 기산한다.

제799조 [1938년 이전 652조] 본장의 규정은 선박이 불가항력으로 인하여 발항항 또는 항해의 도중에서 정박을 하기 위하여 요하는 비용에 이를 준용한다.

제5장 해난구조 [1911년 본장 추가]

제800조 [1911년 본조 추가: 1938년 이전 652조의2] 선박 또는 적하의 전부 또는 일부가 해난에 조우한 경우에 의무없이 이를 구조한 자는 그 결과에 대하여 상당한 구조료를 청구할 수 있다.

제801조 [1911년 본조 추가: 1938년 이전 652조의3] 구조료에 관하여 특약이 없는 경우에 그 액에 관하여 분쟁이 있는 때는 위험의 정도, 구조의 결과, 구조를 위하여 요한 노력 및 비용 기타 일체의 사정을 참작하여 법원이 이를 정한다.

제802조 [1911년 본조 추가: 1938년 이전 652조의4] 해난을 당하여 계약으로써 구조료를 정한 경우에 그 액이 현저히 부당한 때는 당사자는 그 증가 또는 감소를 청구할 수 있다. 이 경우에는 전조의 규정을 준용한다.

제803조 [1911년 본조 추가: 1938년 이전 652조의5] 구조료의 액은 특약이 없는 때는 구조가 된 물건의 가액을 초과할 수 없다.

선순위의 선취특권이 있는 때는 구조료의 액은 선취특권자의 채권액을 공제한 잔액을 초과할 수 없다.

제804조 [1911년 본조 추가: 1938년 이전 652조의6] 수인이 공동하여 구조를 한 경우에 구조료분배의 비례에 관하여는 제801조 [1938년 이전 652조의3] 의 규정을 준용한다.

인명의 구조에 종사한 자도 또한 전항의 규정에 따라 구조료의 분배를 받을 수 있다.

제805조 [1911년 본조 추가: 1938년 이전 652조의7] 구조에 종사한 선박이 기선인 때는 구조료의 3분의 2, 범선인 때는 그 2분의 1을 선박소유자에게 지불하고 그 잔액은 절반하여 이를 선장 및 해원에게 지불하여야 한다.

前項ノ規定ニ依リテ海員ニ支払フヘキ金額ノ分配ハ船長之ヲ行フ此場合ニ於テハ前条ノ規定ヲ準用ス

前二項ノ規定ニ反スル契約ハ無効トス

第八百六条 [昭和 13年 以前 → 第652条ノ8: 明治44年 本条 追加] 船長カ前条第二項ノ規定ニ依リ救助料ノ分配ヲ為スニハ航海ヲ終ハルマテニ分配案ヲ作リ之ヲ海員ニ告示スルコトヲ要ス

第八百七条 [昭和 13年 以前 → 第652条ノ9: 明治44年 本条 追加] 海員カ前条ノ分配案ニ対シテ異議ノ申立ヲ為サントスルトキハ其告示アリタル後異議ノ申立ヲ為スコトヲ得ル最初ノ港ノ管海官庁ニ之ヲ為スコトヲ要ス

管海官庁ハ異議ヲ理由アリトスルトキハ分配案ヲ更正スルコトヲ得

船長ハ異議ノ落著前ニハ救助料ノ支払ヲ為スコトヲ得ス

第八百八条 [昭和 13年 以前 → 第652条ノ10: 明治44年 本条 追加] 船長カ分配案ノ作成ヲ怠リタルトキハ管海官庁ハ海員ノ請求ニ因リ船長ニ対シテ分配案ノ作成ヲ命スルコトヲ得

船長カ前項ノ命令ニ従ハサルトキハ管海官庁ハ分配案ヲ作ルコトヲ得

第八百九条 [昭和 13年 以前 → 第652条ノ11: 明治44年 本条 追加] 左ノ場合ニ於テハ救助者ハ救助料ヲ請求スルコトヲ得ス

一. 故意又ハ過失ニ因リテ海難ヲ惹起シタルトキ

二. 正当ノ事由ニ因リテ救助ヲ拒マレタルニ拘ハラス強ヒテ之ニ従事シタルトキ

三. 救助シタル物品ヲ隠匿シ又ハ濫ニ之ヲ処分シタルトキ

第八百十条 [昭和 13年 以前 → 第652条ノ12: 明治44年 本条 追加] 救助者ハ其債権ニ付キ救助シタル積荷ノ上ニ先取特権ヲ有ス

前項ノ先取特権ニハ船舶債権者ノ先取特権ニ関スル規定ヲ準用ス

第八百十一条 [昭和 13年 以前 → 第652条ノ13: 明治44年 本条 追加] 船長ハ救助料ノ債務者ニ代ハリテ其支払ニ関スル一切ノ裁判上又ハ裁判外ノ行為ヲ為ス権限ヲ有ス

救助料ニ関スル訴ニ於テハ船長ハ自ラ原告又ハ被告ト為ルコトヲ得但其訴ニ付キ言渡シタル判決ハ救助料ノ債務者ニ対シテモ其効力ヲ有ス

第八百十二条 [昭和 13年 以前 → 第652条ノ14: 明治44年 本条 追加] 積荷ノ所有者ハ救

전항의 규정에 의하여 해원에게 지불할 금액의 분배는 선장이 이를 행한다. 이 경우에는 전조의 규정을 준용한다.

전2항의 규정에 반하는 계약은 무효로 한다.

제806조 [1911년 본조 추가: 1938년 이전 652조의8] 선장이 전조 제2항의 규정에 의하여 구조료의 분배를 하는 데는 항해를 종료할 때까지에 분배안을 작성하여 이를 해원에게 고지하여야 한다.

제807조 [1911년 본조 추가: 1938년 이전 652조의9] 해원이 전조의 분배안에 대하여 이의의 신립을 하고자 하는 때는 그 고지가 있은 후 이의의 신립을 할 수 있는 최초의 항의 관할관청에 이를 하여야 한다.

관할 관청은 이의를 이유가 있다고 하는 때는 분배안을 경정할 수 있다.

선장은 이의의 낙착 전에는 구조료의 지불을 할 수 없다.

제808조 [1911년 본조 추가: 1938년 이전 652조의10] 선장이 분배안의 작성을 터만히한 때는 관할관청은 해원의 청구에 의하여 선장에 대하여 분배안의 작성을 명할 수 있다.

선장이 전항의 명령에 복종치 않는 때는 관할관청은 분배안을 작성할 수 있다.

제809조 [1911년 본조 추가: 1938년 이전 652조의 11] 좌의 경우에는 구조자는 구조료를 청구할 수 없다.

1. 고의 또는 과실로 인하여 해난을 야기한 때
2. 정당한 사유로 인하여 구조를 거부하였음에도 불구하고 무리하게 이에 종사한 때
3. 구조한 물품을 은닉하거나 또는 함부로 이를 처분한 때

제810조 [1911년 본조 추가: 1938년 이전 652조의12] 구조자는 그 채권에 관하여 구조한 적하상에 선취특권이 있다.

전항의 선취특권에는 선박채권자의 선취특권에 관한 규정을 준용한다.

제811조 [1911년 본조 추가: 1938년 이전 652조의13] 선장은 구조료의 채무자에 대신하여 그 지불에 관한 일체의 재판상 또는 재판외의 행위를 할 권한이 있다.

구조료에 관한 소송에서는 선장은 자신이 원고 또는 피고가 될 수 있다. 단 그 소송에 관하여 선고한 판결은 구조료의 채무자에 대하여도 그 효력이 있다.

제812조 [1911년 본조 추가: 1938년 이전 652조의14] 적하의 소유자는 구조된 물건으로

助セラレタル物ヲ以テ救助料ヲ支払フ義務ヲ負フ

第八百十三条 [昭和 13年 以前 → 第652条ノ15: 明治44年 本条 追加] 積荷ノ上ニ存スル先取特権ハ債務者カ其積荷ヲ第三取得者ニ引渡シタル後ハ其積荷ニ付キ之ヲ行フコトヲ得ス

第八百十四条 [昭和 13年 以前 → 第652条ノ16: 明治44年 本条 追加] 救助料ノ請求権ハ救助ヲ為シタル時ヨリ一年ヲ経過シタルトキハ時効ニ因リテ消滅ス

第六章 保　険

第八百十五条 [昭和 13年 以前 → 第653条] 海上保険契約ハ航海ニ関スル事故ニ因リテ生スルコトアルヘキ損害ノ填補ヲ以テ其目的トス

海上保険契約ニハ本章ニ別段ノ定アル場合ヲ除ク外第3編第10章第1節第1款のノ規定ヲ適用ス

第八百十六条 [昭和 13年 以前 → 第654条] 保険者ハ本章又ハ保険契約ニ別段ノ定アル場合ヲ除ク外保険期間中保険ノ目的ニ付キ航海ニ関スル事故ニ因リテ生シタル一切ノ損害ヲ填補スル責ニ任ス

第八百十七条 [昭和 13年 以前 → 第655条] 保険者ハ被保険者カ支払フヘキ共同海損ノ分担額ヲ填補スル責ニ任ス但保険価額ノ一部ヲ保険ニ付シタル場合ニ於テハ保険者ノ負担ハ保険金額ノ保険価額ニ対スル割合ニ依リテ之ヲ定ム

第八百十八条 [昭和 13年 以前 → 第656条] 船舶ノ保険ニ付テハ保険者ノ責任カ始マル時ニ於ケル其価額ヲ以テ保険価額トス

第八百十九条 [昭和 13年 以前 → 第657条] 積荷ノ保険ニ付テハ其船積ノ地及ヒ時ニ於ケル其価額及ヒ船積並ニ保険ニ関スル費用ヲ以テ保険価額トス

第八百二十条 [昭和 13年 以前 → 第658条] 積荷ノ到達ニ因リテ得ヘキ利益又ハ報酬ノ保険ニ付テハ契約ヲ以テ保険価額ヲ定メサリシトキハ保険金額ヲ以テ保険価額トシタルモノト推定ス

第八百二十一条 [昭和 13年 以前 → 第659条] 一航海ニ付キ船舶ヲ保険ニ付シタル場合ニ於テハ保険者ノ責任ハ荷物又ハ底荷ノ船積ニ著手シタル時ヲ以テ始マル

써 구조료를 지불할 의무를 진다.

제813조 [1911년 본조 추가: 1938년 이전 652조의15] 적하상에 있는 선취특권은 채무자가 그 적하를 제삼취득자에게 인도한 후는 그 적하에 대하여 이를 행사할 수 없다.

제814조 [1911년 본조 추가: 1938년 이전 652조의16] 구조료의 청구권은 구조를 한 때부터 1년을 경과한 때는 시효로 인하여 소멸한다.

제6장 보 험

제815조 [1938년 이전 653조] 해상보험계약은 항해에 관한 사고로 인하여 생길 수 있는 손해의 전보를 그 목적으로 한다.

해상보험계약에는 본장에 별단의 규정이 있는 경우를 제한 외 제3편 제10장 제1절 제1관의 규정을 적용한다.

제816조 [1938년 이전 654조] 보험자는 본장 또는 보험계약에 별단의 규정이 있는 경우를 제한 외 보험기간 중 보험의 목적에 관하여 항해에 관한 사고로 인하여 생긴 일체의 손해를 전보할 책임을 진다.

제817조 [1938년 이전 655조] 보험자는 피보험자가 지불하여야 할 공동해손의 분담액을 전보할 책임을 진다. 단 보험가액의 일부를 보험에 부한 경우에는 보험자의 부담은 보험금액의 보험가액에 대한 비례에 의하여 이를 정한다.

제818조 [1938년 이전 656조] 선박의 보험에 관하여는 보험자의 책임이 시작된 때에 있어서의 그 가액으로써 보험가액으로 한다.

제819조 [1938년 이전 657조] 적하의 보험에 관하여는 그 선적한 지 및 시에 있어서의 그 가액 및 선적과 보험에 관한 비용으로써 보험가액으로 한다.

제820조 [1938년 이전 658조] 적하의 도달로 인하여 얻을 이익 또는 보수의 보험에 관하여는 계약으로써 보험가액을 정하지 아니한 때는 보험금액으로써 보험가액으로 한 것으로 추정한다.

제821조 [1938년 이전 659조] 하나의 항해에 관하여 선박을 보험에 부한 경우에는 보험자의 책임은 하물 또는 저하의 선적에 착수한 때로써 시작한다.

荷物又ハ底荷ノ船積ヲ為シタル後船舶ヲ保険ニ付シタルトキハ保険者ノ責任ハ契約成立ノ時ヲ以テ始マル

前二項ノ場合ニ於テ保険者ノ責任ハ到達港ニ於テ荷物又ハ底荷ノ陸揚カ終了シタル 時ヲ以テ終ハル但其陸揚カ不可抗力ニ因ラスシテ遅延シタルトキハ其終了スヘカリシ時ヲ以テ終ハル

第八百二十二条 [昭和 13年 以前 → 第660条] 積荷ヲ保険ニ付シ又ハ積荷ノ到達ニ因リテ得ヘキ利益若クハ報酬ヲ保険ニ付シタル場合ニ於テハ保険者ノ責任ハ其積荷カ陸地ヲ離レタル時ヲ以テ始マリ陸揚港ニ於テ其陸揚カ終了シタル時ヲ以テ終ハル

前条第三項但書ノ規定ハ前項ノ場合ニ之ヲ準用ス

第八百二十三条 [昭和 13年 以前 → 第661条] 海上保険証券ニハ保険法第六四十九条 [昭和 13年 以前 第403条] 第一項ニ掲ケタル事項ノ外左ノ事項ヲ記載スルコトヲ要ス

一. 船舶ヲ保険ニ付シタル場合ニ於テハ其船舶ノ名称、国籍並ニ種類、船長ノ氏名及ヒ発航港、到達港又ハ寄航港ノ定アルトキハ其港名

二. 積荷ヲ保険ニ付シ又ハ積荷ノ到達ニ因リテ得ヘキ利益若クハ報酬ヲ保険ニ付シタル場合ニ於テハ船舶ノ名称、国籍並ニ種類、船積港及ヒ陸揚港

第八百二十四条 [昭和 13年 以前 → 第662条] 保険者ノ責任カ始マル前ニ於テ航海ヲ変更シタルトキハ保険契約ハ其効力ヲ失フ

保険者ノ責任カ始マリタル後航海ヲ変更シタルトキハ保険者ハ其変更後ノ事故ニ付キ責任ヲ負フコトナシ但其変更カ保険契約者又ハ被保険者ノ責ニ帰スヘカラサル事由ニ因リタルトキハ此限ニ在ラス

到達港ヲ変更シ其実行ニ著手シタルトキハ保険シタル航路ヲ離レサルトキト雖モ航海ヲ変更シタルモノト看做ス

第八百二十五条 [昭和 13年 以前 → 第663条] 被保険者カ発航ヲ為シ若クハ航海ヲ継続スルコトヲ怠リ又ハ航路ヲ変更シ其他著シク危険ヲ変更若クハ増加シタルトキハ保険者ハ其変更又ハ増加以後ノ事故ニ付キ責任ヲ負フコトナシ但其変更又ハ増加カ事故ノ発生ニ影響ヲ及ホササリシトキ又ハ保険者ノ負担ニ帰スヘキ不可抗力若クハ正当ノ理由ニ因リテ生シタルトキハ此限ニ在ラス

하물 또는 저하의 선적을 한 후 선박을 보험에 부한 때는 보험자의 책임은 계약성립의 때로써 시작한다.

전2항의 경우에 보험자의 책임은 도달항에서 하물 또는 저하의 양륙이 종료한 때로써 종료한다. 단 그 양륙이 불가항력으로 인하지 않고 지체된 때는 그 종료하여야 할 때로써 종료한다.

제822조 [1938년 이전 660조] 적하를 보험에 부하고 또는 적하의 도달로 인하여 얻을 이익 혹은 보수를 보험에 부한 경우에는 보험자의 책임은 그 적하가 육지를 떠난 때로써 시작되고 양륙항에서 그 양륙이 종료된 때로써 종료한다.

전조 제3항의 규정은 전항의 경우에 이를 준용한다.

제823조 [1938년 이전 661조] 해상보험증권에는 제649조 [1938년 이전 403조] 제2항에 게기한 사항 외에 좌의 사항을 기재하여야한다.

1. 선박을 보험에 부한 경우에는 그 선박의 명칭, 국적과 종류, 선장의 성명 및 발항항, 도달항 또는 기항항이 정해져 있는 때는 그 항명
2. 적하를 보험에 부하고 또는 적하의 도달로 인하여 얻을 이익 혹은 보수를 보험에 부한 경우에는 선박의 명칭, 국적과 종류, 선적항 및 양륙항

제824조 [1938년 이전 662조] 보험자의 책임이 시작되기 전에 항해를 변경한 때는 보험계약은 그 효력을 상실한다.

보험자의 책임이 시작된 후 항해를 변경한 때는 보험자는 그 변경 후의 사고에 관하여 책임을 지지 않는다. 단 그 변경이 보험계약자 또는 피보험자의 책임에 귀치 못할 사유로 인한 때는 예외로 한다.

도달항을 변경하고 그 실행에 착수한 때는 부보한 항로를 떠나지 아니한 때라 할지라도 항해를 변경한 것으로 간주한다.

제825조 [1938년 이전 663조] 피보험자가 발항을 할 것 혹은 항해를 계속할 것을 태만히하거나 또는 항로를 변경하거나 기타 현저하게 위험을 변경 혹은 증가한 때는 보험자는 그 변경 또는 증가 이후의 사고에 관하여 책임을 지지 아니한다. 단 그 변경 또는 증가가 사고의 발생에 영향을 미치지 아니한 때 또는 보험자의 부담에 귀할 불가항력 혹은 정당한 이유로 인하여 생긴 때는 예외로 한다.

第八百二十六条 [昭和 13年 以前 → 第664条] 保険契約中ニ船長ヲ指定シタルトキト雖モ船長ノ変更ハ契約ノ効力ニ影響ヲ及ホサス

第八百二十七条 [昭和 13年 以前 → 第665条] 積荷ヲ保険ニ付シ又ハ積荷ノ到達ニ因リテ得ヘキ利益若クハ報酬ヲ保険ニ付シタル場合ニ於テ船舶ヲ変更シタルトキハ保険者ハ其変更以後ノ事故ニ付キ責任ヲ負フコトナシ但其変更カ保険契約者又ハ被保険者ノ責ニ帰スヘカラサル事由ニ因リタルトキハ此限ニ在ラス

第八百二十八条 [昭和 13年 以前 → 第666条] 保険契約ヲ為スニ当タリ荷物ヲ積込ムヘキ船舶ヲ定メサリシ場合ニ於テ保険契約者又ハ被保険者カ其荷物ヲ船積シタルコトヲ知リタルトキハ遅滞ナク保険者ニ対シテ船舶ノ名称及ヒ国籍ノ通知ヲ発スルコトヲ要ス

保険契約者又ハ被保険者カ前項ノ通知ヲ怠リタルトキハ保険契約ハ其効力ヲ失フ

第八百二十九条 [昭和 13年 以前 → 第667条] 保険者ハ左ニ掲ケタル損害又ハ費用ヲ填補スル責ニ任セス

一. 保険ノ目的ノ性質若クハ瑕疵、其自然ノ消耗又ハ保険契約者若クハ被保険者ノ悪意若クハ重大ナル過失ニ因リテ生シタル損害

二. 船舶又ハ運送賃ヲ保険ニ付シタル場合ニ於テ発航ノ当時安全ニ航海ヲ為スニ必要ナル準備ヲ為サス又ハ必要ナル書類ヲ備ヘサルニ因リテ生シタル損害

三. 積荷ヲ保険ニ付シ又ハ積荷ノ到達ニ因リテ得ヘキ利益若クハ報酬ヲ保険ニ付シタル場合ニ於テ傭船者、荷送人又ハ荷受人ノ悪意若クハ重大ナル過失ニ因リテ生シタル損害

四. 水先案内料、入港料、燈台料、検疫料其他船舶又ハ積荷ニ付キ航海ノ為メニ出タシタル通常ノ費用

第八百三十条 [昭和 13年 以前 → 第668条] 共同海損ニ非サル損害又ハ費用カ其計算ニ関スル費用ヲ算入セスシテ保険価額ノ百分ノ二ヲ超エサルトキハ保険者ハ之ヲ填補スル責ニ任セス

右ノ損害又ハ費用カ保険価額ノ百分ノ二ヲ超エタルトキハ保険者ハ其全額ヲ支払フコトヲ要ス

제826조 [1938년 이전 664조] 보험계약 중에 선장을 지정한 때라 할지라도 선장의 변경은 계약의 효력에 영향을 미치지 않는다.

제827조 [1938년 이전 665조] 적하를 보험에 부하거나 또는 적하의 도달로 인하여 얻을 이익 혹은 보수를 보험에 부한 경우에 선박을 변경한 때는 보험자는 그 변경 이후의 사고에 관하여 책임을 지지 아니한다. 단 그 변경이 보험계약자 또는 피보험자의 책임에 귀하지 않을 사유로 인한 때는 예외로 한다.

제828조 [1938년 이전 666조] 보험계약을 함에 당하여 하물을 적재할 선박을 정하지 아니한 경우에 보험계약자 또는 피보험자가 그 하물을 선적한 것을 안 때는 지체 없이 보험자에 대하여 선박의 명칭 및 국적의 통지를 발하여야 한다.

보험계약자 또는 피보험자가 전항의 통지를 태만히한 때는 보험계약은 그 효력을 상실한다.

제829조 [1938년 이전 667조] 보험자는 좌에 게기한 손해 또는 비용을 전보할 책임을 지지 아니한다.

1. 보험의 목적의 성질 혹은 하자, 그 자연의 소모 또는 보험계약자 혹은 피보험자의 악의 또는 중대한 과실로 인하여 생긴 손해
2. 선박 또는 운송임을 보험에서 부한 경우에 발항의 당시 안전히 항해를 하는 데 필요한 준비를 하지 않고 또는 필요한 서류를 갖추지 않음으로 인하여 생긴 손해
3. 적하를 보험에 부하거나 또는 적하의 도달로 인하여 얻을 이익 혹은 보수를 보험에 부한 경우에 용선자, 송하인 또는 수하인의 악의나 중대한 과실로 생긴 손해
4. 도선료, 입항료, 등대료, 검역료 기타 선박 또는 적하에 관하여 항해를 위하여 지출한 통상의 비용

제830조 [1938년 이전 668조] 공동해손이 아닌 손해 또는 비용이 그 계산에 관한 비용을 산입하지 않고 보험가액의 100분의 2를 초과하지 않을 때는 보험자는 이를 전보할 책임을 지지 아니한다.

이러한 손해 또는 비용이 보험가액의 100분의 2를 초과한 때는 보험자는 그 전액을 지불하여야 한다.

前二項ノ規定ハ当事者カ契約ヲ以テ保険者ノ負担セサル損害又ハ費用ノ割合ヲ定メタル場合ニ之ヲ準用ス

前三項ニ定メタル割合ハ各航海ニ付キ之ヲ計算ス

第八百三十一条 [昭和 13年 以前 → 第669条] 保険ノ目的タル積荷カ毀損シテ陸揚港ニ到達シタルトキハ保険者ハ其積荷カ毀損シタル状況ニ於ケル価額ノ毀損セサル状況ニ於テ有スヘカリシ価額ニ対スル割合ヲ以テ保険価額ノ一部ヲ填補スル責ニ任ス

第八百三十二条 [昭和 13年 以前 → 第670条] 航海ノ途中ニ於テ不可抗力ニ因リ保険ノ目的タル積荷ヲ売却シタルトキハ其売却ニ依リテ得タル代価ノ中ヨリ運送賃其他ノ費用ヲ控除シタルモノト保険価額トノ差ヲ以テ保険者ノ負担トス但保険価額ノ一部ヲ保険ニ付シタル場合ニ於テ第六百三十六条 [昭和 13年 以前 第391条] ノ適用ヲ妨ケス

前項ノ場合ニ於テ買主カ代価ヲ支払ハサルトキハ保険者ハ其支払ヲ為スコトヲ要ス但其支払ヲ為シタルトキハ被保険者ノ買主ニ対シテ有セル権利ヲ取得ス

第八百三十三条 [昭和 13年 以前 → 第671条] 左ノ場合ニ於テハ被保険者ハ保険ノ目的ヲ保険者ニ委付シテ保険金額ノ全部ヲ請求スルコトヲ得

一. 船舶カ沈没シタルトキ

二. 船舶ノ行方カ知レサルトキ

三. 船舶カ修繕スルコト能ハサルニ至リタルトキ

四. 船舶又ハ積荷カ捕獲セラレタルトキ

五. 船舶又ハ積荷カ官ノ処分ニ依リテ押収セラレ六个月間解放セラレサルトキ

第八百三十四条 [昭和 13年 以前 → 第672条] 船舶ノ存否カ六个月間分明ナラサルトキハ其船舶ハ行方ノ知レサルモノトス

保険期間ノ定アル場合ニ於テ其期間カ前項ノ期間内ニ経過シタルトキト雖モ被保険者ハ委付ヲ為スコトヲ得但船舶カ保険期間内ニ滅失セサリシコトノ証明アリタルトキハ其委付ハ無効トス

第八百三十五条 [昭和 13年 以前 → 第673条] 第八百三十三条 [昭和 13年 以前 第671条] 第三号ノ場合ニ於テ船長カ遅滞ナク他ノ船舶ヲ以テ積荷ノ運送ヲ継続シタル

전2항의 규정은 당사자가 계약으로써 보험자가 부담하지 않을 손해 또는 비용의 비례를 정한 경우에 이를 준용한다.

전3항에 정한 비례는 각 항해에 관하여 이를 계산한다.

제831조 [1938년 이전 669조] 보험의 목적인 적하가 훼손되어 양륙항에 도달한 때는 보험자는 그 적하가 훼손된 상황에 있어서의 가액의 훼손되지 않은 상황에 있어서 가져야 할 가액에 대한 비례로써 보험가액의 일부를 전보할 책임을 진다.

제832조 [1938년 이전 670조] 항해의 도중에서 불가항력으로 인하여 보험의 목적인 적하를 매각한 때는 그 매각에 의하여 얻은 대가 중에서 운송임 기타 비용을 공제한 것과 보험가액과의 차를 보험자의 부담으로 한다. 단 보험가액의 일부를 보험에 부한 경우에 제636조 [1938년 이전 391조] 를 적용함은 무방하다.

전항의 경우에 매수인이 대가를 지불하지 아니하는 때는 보험자는 그 지불을 하여야 한다. 단 그 지불을 한 때는 피보험자가 매수인에 대하여 가진 권리를 취득한다.

제833조 [1938년 이전 671조] 좌의 경우에는 피보험자는 보험의 목적을 보험자에게 위부하고 보험금액의 전부를 청구할 수 있다.

1. 선박이 침몰한 때
2. 선박의 행방이 불명한 때
3. 선박이 수선할 수 없게 된 때
4. 선박 또는 적하가 포획된 때
5. 선박 또는 적하가 관의 처분에 의하여 몰수되어 6개월간 해방되지 아니한 때

제834조 [1938년 이전 672조] 선박의 존부가 6개월간 분명치 못할 때는 그 선박은 행방이 불명한 것으로 한다.

보험기간이 정해져 있는 경우에 그 기간이 전항의 기간 내에 경과한 때라 할지라도 피보험자는 위부를 할 수 있다. 단 선박이 보험기간 내에 멸실하지 아니한 증명이 있는 때는 그 위부는 무효로 한다.

제835조 [1938년 이전 673조] 제833조 [1938년 이전 671조] 제3호의 경우에 선장이 지체없이 다른 선박으로써 적하의 운송을 계속한 때는 피보험자는 그 적하를 위부할

トキハ被保険者ハ其積荷ヲ委付スルコトヲ得ス

第八百三十六条 [昭和 13年 以前 → 第674条] 被保険者カ委付ヲ為サント欲スルトキハ三个月内ニ保険者ニ対シテ其通知ヲ発スルコトヲ要ス

前項ノ期間ハ第八百三十三 [昭和 13年 以前 第671条] 条第一号、第三号及ヒ第四号ノ場合ニ於テハ被保険者カ其事由ヲ知リタル時ヨリ之ヲ起算ス

再保険ノ場合ニ於テハ第一項ノ期間ハ其被保険者カ自己ノ被保険者ヨリ委付ノ通知ヲ受ケタル時ヨリ之ヲ起算ス

第八百三十七条 [昭和 13年 以前 → 第675条] 委付ハ単純ナルコトヲ要ス

委付ハ保険ノ目的ノ全部ニ付テ之ヲ為スコトヲ要ス但委付ノ原因カ其一部ニ付テ生シタルトキハ其部分ニ付テノミ之ヲ為スコトヲ得

保険価額ノ一部ヲ保険ニ付シタル場合ニ於テハ委付ハ保険金額ノ保険価額ニ対スル割合ニ応シテ之ヲ為スコトヲ得

第八百三十八条 [昭和 13年 以前 → 第676条] 保険者カ委付ヲ承認シタルトキハ後日其委付ニ対シテ異議ヲ述フルコトヲ得ス

第八百三十九条 [昭和 13年 以前 → 第677条] 保険者ハ委付ニ因リ被保険者カ保険ノ目的ニ付キ有セル一切ノ権利ヲ取得ス

被保険者カ委付ヲ為シタルトキハ保険ノ目的ニ関スル証書ヲ保険者ニ交付スルコトヲ要ス

第八百四十条 [昭和 13年 以前 → 第678条] 被保険者ハ委付ヲ為スニ当タリ保険者ニ対シ保険ノ目的ニ関スル他ノ保険契約並ニ其負担ニ属スル債務ノ有無及ヒ其種類ヲ通知スルコトヲ要ス

保険者ハ前項ノ通知ヲ受クルマテハ保険金額ノ支払ヲ為スコトヲ要セス

保険金額ノ支払ニ付キ期間ノ定アルトキハ其期間ハ保険者カ第一項ノ通知ヲ受ケタル時ヨリ之ヲ起算ス

第八百四十一条 [昭和 13年 以前 → 第679条] 保険者カ委付ヲ承認セサルトキハ被保険者ハ委付ノ原因ヲ証明シタル後ニ非サレハ保険金額ノ支払ヲ請求スルコトヲ得ス

수 없다.

제836조 [1938년 이전 674조] 피보험자가 위부를 하고자 하는 때는 3개월 내에 보험자에 대하여 그 통지를 발하여야 한다.

전항의 기간은 제833조 [1938년 이전 671조] 제1호, 제3호 및 제4호의 경우에는 피보험자가 그 사유를 안 때로부터 이를 기산한다.

재보험의 경우에는 제1항의 기간은 그 피보험자가 자기의 피보험자로부터 위부의 통지를 받은 때로부터 이를 기산한다.

제837조 [1938년 이전 675조] 위부는 단순하여야 한다.

위부는 보험의 목적의 전부에 관하여 이를 하여야 한다. 단 위부의 원인이 그 일부에 관하여 생긴 때는 그 부분에 대하여서만 이를 할 수 있다.

보험가액의 일부를 보험에 부한 경우에는 위부는 보험금액의 보험가액에 대한 비례에 응하여 이를 할 수 있다.

제838조 [1938년 이전 676조] 보험자가 위부를 승인한 때는 후일 그 위부에 대하여 이의를 할 수 없다.

제839조 [1938년 이전 774조] 보험자는 위부로 인하여 피보험자가 보험의 목적에 관하여 가지고 있던 일단의 권리를 취득한다.

피보험자가 위부를 한 때는 보험의 목적에 관한 증서를 보험자에게 교부하여야 한다.

제840조 [1938년 이전 678조] 피보험자는 위부를 하는 데 당하여 보험자에 대하여 보험의 목적에 관한 타의 보험계약과 그 부담에 속하는 채무의 유무 및 그 종류를 통지하여야 한다.

보험자는 전항의 통지를 받을 때까지는 보험금액의 지불을 함을 요하지 아니한다. 보험금액의 지불에 관하여 기간이 정해져 있는 때는 그 기간은 보험자가 제1항의 통지를 받은 때로부터 이를 기산한다.

제841조 [1938년 이전 679조] 보험자가 위부를 승인하지 아니하는 때는 피보험자는 위부의 원인을 증명한 후가 아니면 보험금액의 지불을 청구할 수 없다.

第七章 船舶債権者

第八百四十二条 [昭和 13年 以前 → 第680条] 左ニ掲ケタル債権ヲ有スル者ハ船舶、其属具及ヒ未タ受取ラサル運送賃ノ上ニ先取特権ヲ有ス

一. 船舶並ニ其属具ノ競売ニ関スル費用及ヒ競売手続開始後ノ保存費

二. 最後ノ港ニ於ケル船舶及ヒ其属具ノ保存費

三. 航海ニ関シ船舶ニ課シタル諸税

四. 水先案内料及ヒ挽船料

五. 救助料及ヒ船舶ノ負担ニ属スル共同海損 [明治四四年 本号 改正]

[明治四四年 以前] 五. 救援竝ニ救助ノ費用及ヒ船舶ノ負担ニ属スル共同海損

六. 航海継続ノ必要ニ因リテ生シタル債権

七. 雇傭契約ニ因リテ生シタル船長其他ノ船員ノ債権

八. 船舶カ其売買又ハ製造ノ後未タ航海ヲ為ササル場合ニ於テ其売買又ハ製造並ニ艤装ニ因リテ生シタル債権及ヒ最後ノ航海ノ為メニスル船舶ノ艤装、食料並ニ燃料ニ関スル債権

九第二號, 製四號乃至第六號及ヒ前號ニ掲ケタルモノヲ除ク外第六百九十條 [昭和 13年 以前 第544条] ノ規定ニ依リ委付ヲ許シタル債權

第八百四十三条 [昭和 13年 以前 → 第681条] 船舶債権者ノ先取特権ハ運送賃ニ付テハ其先取特権ノ生シタル航海ニ於ケル運送賃ノ上ニノミ存在ス

第八百四十四条 [昭和 13年 以前 第680条] 船舶債権者ノ先取特権カ互ニ競合スル場合ニ於テハ其優先権ノ順位ハ第八百四十二条 [昭和 13年 以前 → 第661条] ニ掲ケタル順序ニ従フ但同条第四号乃至第六号ノ債権間ニ在リテハ後ニ生シタルモノ前ニ生シタルモノニ先ツ

同一順位ノ先取特権者数人アルトキハ各其債権額ノ割合ニ応シテ弁済ヲ受ク但第八百四十二条 [昭和 13年 以前 第680条] 第四号乃至第六号ノ債権カ同時ニ生セサリシ場合ニ於テハ後ニ生シタルモノ前ニ生シタルモノニ先ツ

先取特権カ数回ノ航海ニ付テ生シタル場合ニ於テハ前二項ノ規定ニ拘ハラス後ノ航海ニ付テ生シタルモノ前ノ航海ニ付テ生シタルモノニ先ツ

제7장 선박채권자

제842조 [1938년 이전 680조] 좌에 게기한 채권을 가진 자는 선박, 그 속구 및 아직 받지 않은 운송임상에 선취특권이 있다.

1. 선박과 그 속구의 경매에 관한 비용 및 경매절차 개시후의 보존비
2. 최후의 항에 있어서의 선박 및 그 속구의 보존비
3. 항해에 관하여 선박에 과한 제세
4. 수선안내료 및 만선료
5. 구조료 및 선박의 부담에 속하는 공동해손 [1911년 본호 변경]

[1911년 이전] 5. 구원과 구조의 비용 및 선박의 부담에 속하는 공동해손

6. 항해계속의 필요로 인하여 생긴 채권
7. 고용계약으로 인하여 생긴 선장 기타의 선원의 채권
8. 선박이 그 매매 또는 제조 후 아직 항해를 하지 아니한 경우에 그 매매 또는 제조와 의장으로 인하여 생긴 채권 및 최후의 항해를 위하여 하는 선박의 의장, 식료와 연료에 관한 채권
9. 제2호, 제4호 내지 제6호 및 전호에 게기한 것을 제한 외에 제690조 [1938년 이전 544조] 의 규정에 의하여 위부를 허한 채권

제843조 [1938년 이전 681조] 선박채권자의 선취특권은 운송임에 관하여는 그 선취특권이 생긴 항해에서의 운송임상에만 존재한다.

제844조 [1938년 이전 682조] 선박채권자의 선취특권이 서로 경합하는 경우에는 그 우선권의 순위는 제842조 [1938년 이전 680조] 에 게기한 순서에 따른다. 단 동조 제4호 내지 제6호의 채권 간에서는 후에 생긴 것이 전에 생긴 것에 앞선다.

동일순위의 선취특권자가 수인인 때는 각기 채권액의 비례에 응하여 변제를 받는다. 단 제842조 [1938년 이전 680조] 제4호 내지 제6호의 채권이 동시에 생기지 않은 경우에는 후에 생긴 것이 전에 생긴 것에 앞선다.

선취특권이 수회의 항해에 관하여 생긴 경우에는 전2항의 규정에 불구하고 후의 항해에 관하여 생긴 것이 전의 항해에 관하여 생긴 것에 앞선다.

第八百四十五条 [昭和 13年 以前 → 第683条] 船舶債権者ノ先取特権ト他ノ先取特権ト競合スル場合ニ於テハ船舶債権者ノ先取特権ハ他ノ先取特権ニ先ツ

第八百四十六条 [昭和 13年 以前 → 第684条] 船舶所有者カ其船舶ヲ譲渡シタル場合ニ於テハ譲受人ハ其譲渡ヲ登記シタル後先取特権者ニ対シ一定ノ期間内ニ其債権ノ申出ヲ為スヘキ旨ヲ公告スルコトヲ要ス但其期間ハ一个月ヲ下ルコトヲ得ス

先取特権者カ前項ノ期間内ニ其債権ノ申出ヲ為ササリシトキハ其先取特権ハ消滅ス

第八百四十七条 [昭和 13年 以前 → 第685条] 船舶債権者ノ先取特権ハ其発生後一年ヲ経過シタルトキハ消滅ス

第八百四十二条 [昭和 13年 以前 第680条] 第八号ノ先取特権ハ船舶ノ発航ニ因リテ消滅ス

第八百四十八条 [昭和 13年 以前 → 第686条] 登記シタル船舶ハ之ヲ以テ抵当権ノ目的ト為スコトヲ得

船舶ノ抵当権ハ其属具ニ及フ

船舶ノ抵当権ニハ不動産ノ抵当権ニ関スル規定ヲ準用ス

第八百四十九条 [昭和 13年 以前 → 第687条] 船舶ノ先取特権ハ抵当権ニ先チテ之ヲ行フコトヲ得

第八百五十条 [昭和 13年 以前 → 第688条] 登記シタル船舶ハ之ヲ以テ質権ノ目的ト為スコトヲ得ス

第八百五十一条 [昭和 13年 以前 → 第689条] 本章ノ規定ハ製造中ノ船舶ニ之ヲ準用ス

제845조 [1938년 이전 683조] 선박채권자의 선취특권과 타의 선취특권과 경합하는 경우에는 선박채권자의 선취특권이 타의 선취특권에 앞선다.

제846조 [1938년 이전 684조] 선박소유자가 그 선박을 양도한 경우에는 양수인은 그 양도를 등기한 후 선취특권자에 대하여 일정한 기간 내에 그 채권의 신고를 할 것을 공고하여야 한다. 단 그 기간은 1개월 미만으로 할 수 없다.

선취특권자가 전항의 기간 내에 그 채권의 신고를 하지 않은 때는 선취특권은 소멸한다.

제847조 [1938년 이전 685조] 선박채권자의 선취특권은 그 발생 후 1년을 경과한때는 소멸한다.

제842조 [1938년 이전 680조] 제8호의 선취특권은 선박의 발항에 의하여 소멸한다.

제848조 [1938년 이전 686조] 등기한 선박은 이를 저당권의 목적으로 할 수 있다.

선박의 저당권은 그 속구에 미친다.

선박의 저당권에는 부동산의 저당권에 관한 규정을 준용한다.

제849조 [1938년 이전 687조] 선박의 선취특권은 저당권에 앞서 이를 행할 수 있다.

제850조 [1938년 이전 688조] 등기한 선박은 이를 질권의 목적으로 할 수 없다.

제851조 [1938년 이전 689조] 본장의 규정은 제조중의 선박에 이를 준용한다.

日本商法 1946年-2012年

第三編 [平成 17年 以前 第4編] 海　商

第一章 船舶及ビ船舶所有者

商法684　1. 本法に於て船舶とは商行為を為す目的を以て航海の用に供するものを謂ふ

2. 本編の規定は端舟其他櫓櫂のみを以て運転し又は主として櫓櫂を以て運転する舟には之を適用せす

商法685　船舶の属具目録に記載したる物は其従物と推定す

商法686　1. 船舶所有者は特別法の定むる所に従ひ登記を為し且船舶国籍証書を請受くることを要す

2. 前項の規定は総噸数二十噸未満の船舶には之を適用せす [昭和33年 計量単位 統一法 本項 改正]

[昭和33年 以前] 2. 前項の規定は総噸数二十噸未満又は積石數二百石未満の船舶には之よ適用せす

商法687　船舶所有権の移転は其登記を為し且船舶国籍証書に之を記載するに非

일본상법 1946년-2012년

일본법전 편집 및 번역: 채이식 교수

제3편 [2005년 이전 제4편] 해　상

제1장 선박 및 선박소유자

제684조【선박의 의의】 ① 본법에 있어서 선박이란 상행위를 할 목적을 가지고 항해에 제공되는 것을 말한다.

② 본편의 규정은 단정 기타 노도만을 가지고 운전하거나 주로 노도를 가지고 운전하는 선박에는 이를 적용하지 아니한다.

제685조【선박의 종물】 선박의 속구목록에 기재된 물건은 그 종물로 추정한다.

제686조【등기】 ① 선박소유자는 특별법이 규정한 바에 따라 등기를 하고 또 선박국적증서를 받아야 한다.

② 전항의 규정은 총톤수 20톤 미만의 선박에는 이를 적용하지 아니한다[1958년 계량단위통일법에 의하여 본항 변경].

[1958년 이전] ② 전항의 규정은 총톤수 이십 톤 미만 또는 적석수 이백 석 미만의 선박에는 이를 적용하지 아니한다.

제687조【소유권이전의 대항요건】 선박소유권의 이전은 그 등기를 하고 또 국적

されは之を以て第三者に対抗することを得す

商法688　航海中に在る船舶の所有権を譲渡したる場合に於て特約なきときは其航海に因りて生する損益は譲受人に帰すへきものとす

商法689　差押及ひ仮差押の執行(仮差押の登記を為す方法に依るものを除く)は発航の準備を終はりたる船舶に対しては之を為すことを得す但其船舶か発航を為す為めに生したる債務に付ては此限に在らす [昭和54年 民事執行法 本條 改正]

[昭和54年 以前 條文] 差押及ヒ假差押ハ發航ノ準備ヲ終ハリタル船舶ニ対シテハ之ヲ為スコトヲ得ス但其船舶カ発航ヲ為ス為メニ生シタル債務ニ付テハ此限ニ在ラス

商法690　船舶所有者は船長其他の船員が其職務を行ふに当たり故意又は過失に因りて他人に加へたる損害を賠償する責に任ず [昭和 50年 船主責任制限法 本條 變更]

[昭和50年 以前 本條] 船舶所有者ハ船長カ 其法定ノ權限内ニ 於テ爲シタル行爲又ハ船長其他ノ船員カ其職務ヲ行フニ當タリ他人ニ加ヘタル損害ニ付テハ航海ノ終ニ於テ船舶, 運送賃及ヒ船舶所有者カ其船舶ニ付キ有スル損害賠償又ハ報酬ノ請求權ヲ債權者ニ委付シテ其責ヲ免ルルコトヲ得但船舶所有者ニ過失アリタルトキハ此限ニ在ラス.

前項ノ規定ハ雇傭契約ニ因リテ生シタル船員ノ權利ニ付テハ之ヲ適用セス.

商法691; 昭和50年 船主責任制限法 本條 削除

[昭和50年 以前 本條] 登記シタル船舶ノ委付ハ登記ヲ爲メニ因リテ共其效力ヲ生ス

商法692; 昭和50年 船主責任制限法 本條 削除

[昭和50年 以前 本條] 船舶所有者カ債權者ノ同意ヲ得スシテ更ニ航海ヲ為サシメタルトキハ第690條(昭和13年 以前 544條)ニ定メテル權利ヲ行フコトヲ得ス

商法693　船舶共有者の間に在りては船舶の利用に関する事項は各共有者の持分の価格に従ひ其過半数を以て之を決す

商法694　船舶共有者は其持分の価格に応し船舶の利用に関する費用を負担する

증서에 이를 기재하지 아니하면 이로써 제3자에 대항할 수 없다

제688조【항해중의 선박의 양도】 항해중에 있는 선박의 소유권을 양도할 경우에 있어 특약이 없는 때에는 그 항해에 의하여 생기는 손익은 양수인에게 귀속한다.

제689조 【선박의 압류 · 가압류】 압류 및 가압류의 집행(가압류의 등기를 하는 방법에 의한 것은 제외)은 발항의 준비를 마친 선박에 대하여는 이를 할 수 없다. 다만 그 선박이 발항을 하기 위하여 생긴 채무에 대하여는 그러하지 아니하다 [1979년 민사집행법에 의하여 본조 변경].

[1979년 이전 조문] 압류 및 가압류는 발항의 준비를 종료한 선박에 대하여는 이를 할 수 없다. 단 그 선박이 발항을 하기 위하여 생긴 채무에 관하여는 예외로 한다.

제690조【선박소유자의 배상책임】 선박소유자는 선장 기타 선원이 그 직무를 집행함에 있어 고의 또는 과실로 인하여 타인에게 가한 손해를 배상할 책임이 있다 [1975년 선주책임제한법에 의하여 변경].

[1975년 이전 제690조] 선박소유자는 선장이 그 법정의 권한 내에서 한 행위 또는 선장 기타의 선원이 그 직무를 행함에 당하여 타인에 가한 손해에 관하여는 항해의 종말에 있어서 선박, 운송임 및 선박소유자가 그 선박에 관하여 가지고 있는 손해배상 또는 보수의 청구권을 채권자에게 위부하여 그 책임을 면할 수 있다. 단 선박소유자에게 과실이 있는 때는 예외로 한다.
전항의 규정은 고용계약에 의하여 생긴 선원의 권리에 관하여는 이를 적용하지 아니한다.

제691조: 1975년 선주책임제한법에 의하여 삭제

[1975년 이전 본조] 등기한 선박의 위부는 등기를 함으로 인하여 그 효력이 생긴다.

제692조: 1975년 선주책임제한법에 의하여 삭제

[1975년 이전 본조] 선박소유자가 채권자의 동의를 얻지 않고 다시 항해를 하게 한 때는 제690조(1938년 이전 544조)에 정한 권리를 행할 수 없다.

제693조【선박공유자의 업무집행】 선박공유자 사이에 있어서는 선박의 이용에 관한 사항은 각 공유자의 지분의 가격에 따라 그 과반수로 이를 정한다.

제694조 【선박공유자의 비용분담】 선박공유자는 그 지분의 가격에 비례하여 선

ことを要す

商法695 1. 船舶共有者か新に航海を為し又は船舶の大修繕を為すへきことを決議したるときは其決議に対して異議ある者は他の共有者に対し相当代価を以て自己の持分を買取るへきことを請求することを得

2. 前項の請求を為さんと欲する者は決議の日より3日内に他の共有者又は船舶管理人に対して其通知を発することを要す但此期間は決議に加はらさりし者に付ては其決議の通知を受けたる日の翌日より之を起算す

商法696 船舶共有者は其持分の価格に応し船舶の利用に付て生したる債務を弁済する責に任す

商法697 損益の分配は毎航海の終に於て船舶共有者の持分の価格に応して之を為す

商法698 船舶共有者間に組合関係あるときと雖も各共有者は他の共有者の承諾を得すして其持分の全部又は一部を他人に譲渡すことを得但船舶管理人は此限に在らす

商法699 1. 船舶共有者は船舶管理人を選任することを要す

2. 船舶共有者に非さる者を船舶管理人と為すには共有者全員の同意あることを要す

3. 船舶管理人の選任及ひ其代理権の消滅は之を登記することを要す

商法700 1. 船舶管理人は左に掲けたる行為を除く外船舶共有者に代はりて船舶の利用に関する一切の裁判上又は裁判外の行為を為す権限を有す

一. 船舶の譲渡若くは賃貸を為し又は之を抵当と為すこと [昭和50年 船主責任制限法 本号 改正]

[昭和50年 以前 本号] 一. 船舶ノ譲渡,委付若クハ賃貸ヲ為シ又ハ之ヲ抵当ト為スコト

二. 船舶を保険に付すること

三. 新に航海を為すこと

四. 船舶の大修繕を為すこと

박의 이용에 관한 비용을 부담하여야 한다.

제695조 【결의반대자의 지분매수청구권】 ① 선박공유자가 새로이 항해를 하거나 또는 선박의 대수선을 할 것을 결의하는 때에는 그 결의에 반대하여 이의가 있는 사람은 다른 공유자에 대하여 상당한 대가를 가지고 자기의 지분을 매수할 것을 청구할 수 있다.

② 전항의 청구를 하려고 하는 사람은 결의의 날로부터 3일 내에 다른 공유자 또는 선박관리인에 대하여 그 통지를 발송하여야 한다. 다만 이 기간은 결의에 참가하지 아니한 사람에 대하여는 그 결의의 통지를 받은 날의 익일부터 이를 기산한다.

제696조 【선박공유자의 제삼자에 대한 책임】 선박공유자는 그 지분의 가격에 비례하여 선박의 이용에 관하여 생긴 채무를 변제할 책임이 있다.

제697조 【선박공유자의 손익분배】 손익의 분배는 매 항해의 종료시에 선박공유자의 지분의 가격에 비례하여 이를 한다.

제698조 【선박공유자의 지분의 양도】 선박공유자 사이에 조합관계가 있는 때라할지라도 각 공유자는 다른 공유자의 승낙을 얻지 않고서 그 지분의 전부 또는 일부를 타인에게 양도할 수 있다. 단, 선박관리인은 그러하지 아니하다.

제699조 【선박공유자의 선박관리인의 선임】 ① 선박공유자는 선박관리인을 선임하여야 한다.

② 선박공유자가 아닌 사람을 선박관리인으로 하려면 공유자 전원의 동의가 있어야 한다.

③ 선박관리인의 선임 및 그 대리권의 소멸은 이를 등기하여야 한다.

제700조 【선박관리인의 권한】 ① 선박관리인은 아래 열거한 행위를 제외하고는 선박공유자를 대리하여 선박의 이용에 관한 일체의 재판상 또는 재판외의 행위를 할 권한이 있다.

1. 선박의 양도나 임대를 하거나 또는 선박을 저당하는 일 [1975년 선주책임제한법에 의해 변경]

[1975년 이전 본호] 1. 선박의 양도, 위부 혹은 임대를 하거나 또는 이를 저당으로 하는 것

2. 선박을 보험에 붙이는 일
3. 새로이 항해를 하는 일
4. 선박의 대수선을 하는 일

五. 借財を為すこと

2. 船舶管理人の代理権に加へたる制限は之を以て善意の第三者に対抗することを得す

商法701　1. 船舶管理人は特に帳簿を備へ之に船舶の利用に関する一切の事項を記載することを要す

2. 船舶管理人は毎航海の終に於て遅滞なく其航海に関する計算を為して各船舶共有者の承認を求むることを要す

商法702　1. 船舶共有者の持分の移転又は其国籍喪失に因りて船舶か日本の国籍を喪失すへきときは他の共有者は相当代価を以て其持分を買取り又は其競売を裁判所に請求することを得

2. 社員の持分の移転に因り会社の所有に属する船舶か日本の国籍を喪失すへきときは合名会社に在ては他の社員、合資会社に在ては他の無限責任社員は相当代価を以て其持分を買取ることを得 [昭和25年 本項 變更]

[昭和25年 以前 本項] 社員ノ持分ノ移転ニ因リ会社ノ所有ニ属スル船舶カ日本ノ国籍ヲ喪失スヘキトキハ合名会社ニ在テハ他ノ社員、合資会社及ビ株式合資会社ニ在テハ他ノ無限責任社員ハ相当代価ヲ以テ其持分ヲ買取ルコトヲ得

商法703　船舶の賃貸借は之を登記したるときは爾後其船舶に付き物権を取得したる者に対しても其効力を生す

商法704　1. 船舶の賃借人か商行為を為す目的を以て其船舶を航海の用に供したるときは其利用に関する事項に付ては第三者に対して船舶所有者と同一の権利義務を有す

2. 前項の場合に於て船舶の利用に付き生したる先取特権は船舶所有者に対しても其効力を生す但先取特権者か其利用の契約に反することを知れるときは此限に在らす

5. 차재를 하는 일

② 선박관리인의 대리권에 가한 제한은 이를 가지고 선의의 제삼자에게 대항할 수 없다.

제701조【선박관리인의 의무】 ① 선박관리인은 특별히 장부를 비치해 여기에 선박의 이용에 관한 일체의 사항을 기재하여야 한다.

② 선박관리인은 매 항해의 종료 후에 지체없이 그 항해에 관한 계산을 하여 각 선박공유자의 승인을 구하여야 한다.

제702조【국적의 유지】 ① 선박공유자의 지분의 이전 또는 그 국적상실로 인하여 선박이 일본의 국적을 상실할 때에는 다른 공유자는 상당한 대가를 가지고 그 지분을 매수하거나 또는 그 경매를 법원에 청구할 수 있다.

② 사원의 지분의 이전에 의하여 회사의 소유에 속하는 선박이 일본의 국적을 상실할 때에는 합명회사에 있어서는 다른 사원, 합자회사에 있어서는 다른 무한책임사원이 상당한 대가를 치르고 그 지분을 매수할 수 있다 [1950년 본항 개정].

[1950년 이전 본항] 사원의 지분의 이전으로 인하여 회사의 소유에 속한 선박이 우리 국적을 상실하게 되는 때에는 합명회사에서는 타사원, 합자회사 및 주식합자회사에서는 타의 무한책임사원은 상당한 대가로써 그 지분을 매수할 수 있다.

제703조【선박임대차 등기의 효력】 선박의 임대차는 이를 등기한 때에는 이후 그 선박에 대하여 물권을 취득한 자에 대하여 그 효력을 갖는다.

제704조【선박임대차의 제삼자에 대한 관계】 ① 선박의 임차인이 상행위를 할 목적을 가지고 그 선박을 항해에 제공한 때에는 그 이용에 관한 사항에 대하여는 제삼자에 대하여 선박소유자와 동일한 권리・의무를 가진다.

② 전항의 경우에 있어서 선박의 이용에 관해 발생한 우선특권은 선박소유자에 대하여도 그 효력이 있다. 다만 우선특권자가 그 이용이 계약에 반한 것을 알았을 때에는 그러하지 아니하다.

第二章 船長 [平成 17年 以前→ 第2章 船員, 第1節 船長]

商法705　1. 船長は其職務を行ふに付き注意を怠らさりしことを証明するに非されは船舶所有者、傭船者、荷送人其他の利害関係人に対して損害賠償の責を免るることを得す

2. 船長は船舶所有者の指図に従ひたるときと雖も船舶所有者以外の者に対しては前項に定めたる責任を免るることを得す

商法706　海員か其職務を行ふに当たり他人に損害を加へたる場合に於て船長は監督を怠らさりしことを証明するに非されは損害賠償の責を免るることを得す

商法707　船長か已むことを得さる事由に因りて自ら船舶を指揮すること能はさるときは法令に別段の定ある場合を除く外他人を選任して自己の職務を行はしむることを得此場合に於ては船長は其選任に付き船舶所有者に対して其責に任す

商法708;　昭和22年 船員法 削除

[昭和22年 以前 條文] 船長ハ發港前船舶ノ航海ニ支障ナキヤ否ヤ其他 航海ニ必要ナル準備ノ整頓セルヤ否ヤヲ検査スルコトヲ要ス

商法709　1. 船長は属具目録及ひ運送契約に関する書類を船中に備へ置くことを要す

2. 前項の属具目録は外国に航行せさる船舶に限り国土交通省令を以て之を備ふることを要せさるものと定むることを得 [昭和22年 船員法 本條 改正)

[昭和22年 以前 條文] 船長ハ左ニ掲ケタル書類ヲ船中ニ備ヘ置クコトヲ要ス

1. 船舶國籍證書

2. 海員名簿

3. 屬具目錄

4. 航海日誌

5. 旅客名簿

6. 運送契約及ヒ積荷ニ関スル書類

제2장 선장 [2005년 이전 → 제2장 선원, 제1절 선장]

제705조【직무상 주의의무 위반에 따른 책임】 ① 선장은 그 직무를 수행함에 있어 주의를 태만히하지 아니한 것을 증명하지 아니하면 선박소유자, 용선자, 송하인 기타 이해관계인에 대하여 손해배상의 책임을 면하지 못한다.

② 선장은 선박소유자의 지시에 따랐다 하더라도 선박소유자 이외의 자에 대하여는 전항에 규정한 책임을 면할 수 없다.

제706조【해원감독상의 책임】 해원이 그 직무를 수행함에 있어 타인에게 손해를 가한 경우에 있어서 선장은 감독을 해태하지 아니하였다는 것을 증명하지 아니하면 손해배상책임을 면하지 못한다.

제707조【대선장 선임에 대한 책임】 선장이 부득이한 사유로 인하여 스스로 선박을 지휘하는 것이 불가능한 때에는 법령에 별도로 규정한 경우를 제외하고는 타인을 선임하여 자기의 직무를 수행하게 할 수 있다. 이 경우에 있어서는 선장은 그 선임에 있어 선박소유자에 대하여 그 책임이 있다.

제708조【감항능력검사의무】: 1947년 선원법에 의거 삭제

[1947년 이전 조문] 제708조 선장은 발항 전 선박이 항해에 지장이 없는가 기타 항해에 필요한 준비가 정돈되었는가를 검사하여야 한다.

제709조【선박서류 비치의무】 ① 선장은 속구목록 및 운송계약에 관한 서류를 선상에 비치하여야 한다.

② 전항의 속구목록은 외국에 항행하지 않는 선박에 한하여 명령으로 이를 비치할 것을 요구하지 아니하는 것으로 정할 수 있다 [1947년 선원법에 의거 변경].

[1947년 이전 조문] 제709조 선장은 좌에 게기한 서류를 선중에 비치하여야 한다.

1. 선박국적증서
2. 해원명부
3. 속구목록
4. 항해일지
5. 여객명부
6. 운송계약 및 적하에 관한 서류

7. 稅關ヨリ交付シタル書類

前項第三3號乃至第5五號ニ掲ケタル書類ハ外國ニ航行セサル船舶ニ限リ命令ヲ以テ之ヲ備フルコトヲ要セサルモノト定ムルコトヲ得.

商法710; 昭和22年 船員法 削除

[昭和22年 以前 條文] 船長ハ已ムコトヲ得サル場合ヲ除ク外自己ニ代ハリテ船舶ヲ指揮スヘキ者ニ其職務ヲ委任シタル後ニ非サレハ荷物ノ船積及ヒ旅客ノ乘込ノ時ヨリ荷物ノ陸揚及ヒ旅客ノ上陸ノ時マテ其指揮スル船舶ヲ去ルコトヲ得ス

商法711; 昭和22年 船員法 削除

[昭和22年 以前 條文] 船長ハ航海ノ準備カ終ハリタルトキハ遲滯ナク發港ヲ為シ且必要アル場合ヲ除ク外豫定ノ航路ヲ變更セスシテ到達港マテ航行スルコトヲ要ス.

商法712　1. 船長は航海中最も利害関係人の利益に適すへき方法に依りて積荷の処分を為すことを要す

2. 利害関係人は船長の行為に因り其積荷に付て生したる債権の為め之を債権者に委付して其責を免るることを得但利害関係人に過失ありたるときは此限に在らす

商法713　1. 船籍港外に於ては船長は航海の為めに必要なる一切の裁判上又は裁判外の行為を為す権限を有す

2. 船籍港に於ては船長は特に委任を受けたる場合を除く外海員の雇入及ひ雇止を為す権限のみを有す

商法714　船長の代理権に加へたる制限は之を以て善意の第三者に対抗することを得す

商法715　1. 船長は船舶の修繕費、救助料其他航海を継続するに必要なる費用を支弁する為めに非されは左に掲けたる行為を為すことを得す

一. 船舶を抵当と為すこと

二. 借財を為すこと

7. 세관으로부터 교부한 서류

전항 제3호 내지 제5호에 게기한 서류는 외국에 항해하지 않는 선박에 한하여 명령으로써 이를 비치할 필요가 없다고 정할 수 있다.

제710조【재선의무】 1947년 선원법에 의거 삭제

[1947년 이전 조문] 선장은 부득이한 경우를 제한 외 자기에 대신하여 선박을 지휘할 자에게 그 직무를 위임한 후가 아니면 하물의 선적 및 여객의 탑승시부터 하물의 양륙 및 여객의 상륙시까지 그 지휘하는 선박을 떠날 수 없다.

제711조【항해성취의무】 1947년 선원법에 의거 삭제

[1947년 이전 조문] 선장은 항해의 준비가 종료한 때는 지체없이 발항을 하고 또 필요한 경우를 제한 외 예정의 항로를 변치 아니하고 도달항까지 항행하여야 한다.

제712조【이해관계인을 위한 적하처분】 ① 선장은 항해 중 이해관계인의 이익에 가장 적절한 방법에 의해 적하의 처분을 할 수 있다.

② 이해관계인은 선장의 행위로 인하여 그 적하에 대해 발생한 채권을 위해 이를 채권자에 위탁하여 그 책임을 면할 수 있다. 단, 이해관계인이 과실이 있는 때에는 그러하지 아니하다.

제713조【대리권의 범위】 ① 선적항 외에서는 선장은 항해를 위하여 필요한 일체의 재판상 또는 재판외의 행위를 할 권한이 있다.

② 선적항에서는 선장은 특별히 위임을 받은 경우를 제외하고는 해원의 고용 및 해고를 위한 권한만 있다.

제714조【대리권의 제한】 선장의 대리권에 가한 제한은 이를 가지고 선의의 제삼자에게 대항할 수 없다.

제715조【특정행위에 관한 권한의 제한】 ① 선장은 선박의 수선비 및 구조료 기타 항해를 계속하는 데 필요한 비용을 지급하기 위한 것이 아니면 다음 열거한 행위를 할 수 없다

1. 선박을 저당하는 일
2. 차재하는 일

三. 積荷の全部又は一部を売却又は質入すること但第712条第１項の場合は此限に在らす

2. 船長か積荷を売却又は質入したる場合に於ける損害賠償の額は其積荷の到達すへかりし時に於ける陸揚港の価格に依りて之を定む但其価格中より支払ふことを要せさりし費用を控除することを要す

商法716; 昭和50年 船主責任制限法 削除

[昭和50年 以前 條文] 船長カ特ニ委任ヲ受ケスシテ航海ノ為メニ費用ヲ出タシ又ハ債務ヲ負擔シタルトキハ船舶所有者ハ船長ニ對シテ第690條ニ定メタル權利ヲ行フコトヲ得.

商法717　船籍港外に於て船舶か修繕すること能はさるに至りたるときは船長は管海官庁の認可を得て之を競売することを得

商法718　1. 左の場合に於ては船舶は修繕すること能はさるに至りたるものと看做す

一. 船舶か其現在地に於て修繕を受くること能はす且其修繕を為すへき地に到ること能はさるとき

二. 修繕費か船舶の価額の４分の３に超ゆるとき

2. 前項第2号の価額は船舶か航海中毀損したる場合に於ては其発航の時に於ける価額とし其他の場合に於ては其毀損前に有せし価額とす

商法719　船長は航海を継続する為め必要なるときは積荷を航海の用に供することを得此場合に於ては第715条第２項の規定を準用す

商法720　1. 船長は遅滞なく航海に関する重要なる事項を船舶所有者に報告することを要す

2. 船長は毎航海の終に於て遅滞なく其航海に関する計算を為して船舶所有者の承認を求め又船舶所有者の請求あるときは何時にても計算の報告を為すことを要す

商法721　1. 船舶所有者は何時にても船長を解任することを得但正当の理由なくして之を解任したるときは船長は船舶所有者に対し解任に因りて生したる損害の賠償を請求することを得

2. 船長か船舶共有者なる場合に於て其意に反して解任せられたるときは他

3. 적하의 전부 또는 일부를 매각 또는 입질하는 일. 단, 제712조 제1항의 경우는 그러하지 아니하다.

② 선장은 적하를 매각 또는 입질하는 경우에 있어서 손해배상액은 그 적하가 도달할 때에 있어 양륙항의 가격에 의하여 이를 정한다. 다만 그 가격에서 지급을 요하지 아니하는 비용을 공제하여야 한다.

제716조 【사무관리와 선박소유자의 의무】 1975년 선주책임제한법에 의거 삭제

[1975년 이전 조문] 선장이 특히 위임을 받지 않고 항해를 위하여 비용을 내거나 또는 채무를 부담한 때는 선박소유자는 선장에 대하여 제690조에 정한 권리를 행사할 수 있다.

제717조 【선박의 경매】 선적항 외에 있어 선박을 수선하는 것이 불가능하기에 이른 때에는 선장은 관할 해무관청의 승인을 얻어 이를 경매할 수 있다.

제718조 【선박의 수선불능】 ① 아래의 경우에 있어서는 선박을 수선하는 것이 불가능하다고 간주한다.

1. 선박이 그 현재지에서 수선을 받기가 불가능하거나 또는 그 수선을 할 수 있는 장소에 도착하기가 불가능한 때
2. 수선비가 선박의 가격의 3/4을 초과하는 때

② 전항 제2호의 가격은 선박이 항해중 훼손된 경우에 있어서는 그 발항시의 가격으로 하고 기타의 경우에는 그 훼손 전에 있었던 가격으로 한다.

제719조 【항해계속을 위한 적하 사용권】 선장은 항해를 계속하기 위해 필요한 때에는 적하를 항해에 제공할 수 있다. 이 경우에 있어서 제715조 제2항의 규정을 준용한다.

제720조 【보고 · 계산의무】 ① 선장은 지체없이 항해에 관한 중요한 사항을 선박소유자에게 보고하여야 한다.

② 선장은 매 항해가 종료되면 지체없이 그 항해에 관한 계산을 하여 선박소유자의 승인을 구하고 또 선박소유자의 청구가 있는 때에는 언제든지 계산의 보고를 하여야 한다.

제721조 【해임】 ① 선박소유자는 언제라도 선장을 해임할 수 있다. 다만 정당한 사유 없이 그를 해임한 경우에는 선장은 선박소유자에 대하여 해임으로 발생한 손해의 배상을 청구할 수 있다.

② 선장이 선박공유자인 경우에는 그 의사에 반하여 해임된 때에는 다른 공유자

の共有者に対し相当代価を以て自己の持分を買取るへきことを請求することを得

3. 船長か前項の請求を為さんと欲するときは遅滞なく他の共有者又は船舶管理人に対して其通知を発することを要す

第722條; [昭和 12年 削除: 平成 17年 削除 表示 統合]

第2節 海員 [昭和 12年 削除: 平成 17年 節名 削除]

第723條 乃至 第736條 [昭和 12年 削除: 平成 17年 削除 表示 統合]

第三章 運 送

第一節 物品運送

第一款 総 則

商法737 船舶の全部又は一部を以て運送契約の目的と為したるときは各当事者は相手方の請求に因り運送契約書を交付することを要す

商法738 船舶所有者は傭船者又は荷送人に対し発航の当時船舶か安全に航海を為すに堪ふることを担保す

商法739 船舶所有者は特約を為したるときと雖も自己の過失、船員其他の使用人の悪意若くは重大なる過失又は船舶か航海に堪へさるに因りて生したる損害を賠償する責を免るることを得す

商法740 1. 法令に違反し又は契約に依らすして船積したる運送品は船長に於て何時にても之を陸揚し、若し船舶又は積荷に危害を及ほす虞あるときは之を放棄することを得但船長か之を運送するときは其船積の地及ひ時に於ける同種の運送品の最高の運送賃を請求することを得

2. 前項の規定は船舶所有者其他の利害関係人か損害賠償の請求を為すことを妨けす

商法741 1. 船舶の全部を以て運送契約の目的と為したる場合に於て運送品を船

에 대하여 상당한 대가를 가지고 자기의 지분을 매수할 것을 청구할 수 있다.
③ 선장이 전항의 청구를 하려고 하는 때에는 지체없이 다른 공유자 또는 선박관리인에 대해 그 통지를 발송하여야 한다.

제722조 [1937년 삭제: 2005년 삭제 표시 통합]

제2절 해원 [1937년 삭제: 2005년 절제목 삭제]

제723조 내지 제736조 [1937년 삭제: 2005년 삭제 표시 통합]

제3장 운 송

제1절 물품운송

제1관 총 칙

제737조【용선계약】 선박의 전부 또는 일부를 운송계약의 목적으로 한 때에는 각 당사자는 상대방의 청구에 의해 운송계약서를 교부하여야 한다.

제738조【선박소유자의 감항능력의무】 선박소유자는 용선자 또는 송하인에 대하여 발항 당시 선박이 안전하게 항해를 하기 위해 감내할 수 있는 것을 담보한다.

제739조【면책약관의 제한】 선박소유자는 특약을 한다 하더라도 자기의 과실, 선원 기타 사용인의 악의 또는 중대한 과실 또는 선박이 항허를 감내할 수 없는 것에 기인하여 발생하는 손해를 배상하는 책임을 면할 수 없다.

제740조【위법선적물의 처분】 ① 법령에 위반하여 또는 계약에 의하지 아니하고 선적한 운송물은 선장에 의해 언제라도 이를 양륙하고 또한 선박 또는 적하에 위해를 가할 우려가 있는 때에는 이를 유기할 수 있다. 다만 선장이 이를 운송한 때에는 그 선적지와 시에 있어서 동종의 운송품의 최고의 운임을 청구할 수 있다.
② 전항의 규정은 선박소유자 기타 이해관계인이 손해배상청구를 하는 것에 영향을 미치지 아니한다.

제741조【전부용선의 선적준비정돈통지 · 선적기간】 ① 선박의 전부를 운송계약

積するに必要なる準備か整頓したるときは船舶所有者は遅滞なく傭船者に対して其通知を発することを要す

2. 傭船者か運送品を船積すへき期間の定ある場合に於ては其期間は前項の通知ありたる日の翌日より之を起算す其期間経過の後運送品を船積したるときは船舶所有者は特約なきときと雖も相当の報酬を請求することを得

3. 前項の期間中には不可抗力に因りて船積を為すこと能はさる日を算入せす

商法742　船長か第三者より運送品を受取るへき場合に於て其者を確知すること能はさるとき又は其者か運送品を船積せさるときは船長は直ちに傭船者に対して其通知を発することを要す此場合に於ては船積期間内に限り傭船者に於て運送品を船積することを得

商法743　1. 傭船者は運送品の全部を船積せさるときと雖も船長に対して発航の請求を為すことを得

2. 傭船者か前項の請求を為したるときは運送賃の全額の外運送品の全部を船積せさるに因りて生したる費用を支払ひ尚ほ船舶所有者の請求あるときは相当の担保を供することを要す

商法744　1. 船積期間経過の後は傭船者か運送品の全部を船積せさるときと雖も船長は直ちに発航を為すことを得

2. 前条第2項の規定は前項の場合に之を準用す

商法745　1. 発航前に於ては傭船者は運送賃の半額を支払ひて契約の解除を為すことを得

2. 往復航海を為すへき場合に於て傭船者か其帰航の発航前に契約の解除を為したるときは運送賃の3分の2を支払ふことを要す他港より船積港に航行すへき場合に於て傭船者か其船積港を発する前に契約の解除を為したるとき亦同し

3. 運送品の全部又は一部を船積したる後前2項の規定に従ひて契約の解除を為したるときは其船積及ひ陸揚の費用は傭船者之を負担す

4. 傭船者か船積期間内に運送品の船積を為さされしときは契約の解除を為したるものと看做す

商法746　1. 傭船者か前条の規定に従ひて契約の解除を為したるときと雖も附

의 목적으로 한 경우에는 운송물을 선적하기에 필요한 준비가 정돈된 때에는 선박소유자는 지체없이 용선자에 대하여 그 통지를 발송하여야 한다.

② 용선자가 운송물을 선적할 기간을 정한 경우에 있어서는 그 기간은 전항의 통지가 있는 날의 익일부터 이를 기산하고 그 기간경과 후 운송물을 선적한 때에는 선박소유자는 특약이 없다 하더라도 상당한 보수를 청구할 수 있다.

③ 전항의 기간 중에는 불가항력으로 인하여 선적을 할 수 없었던 날을 산입하지 아니한다.

제742조【제삼자가 선적인인 경우의 통지 · 선적】 선장이 제삼자로부터 운송물을 수령할 경우에는 그 자를 확지하는 것이 불가능한 때 또는 그 자가 운송물을 선적하지 아니하는 때에는 선장은 즉시 용선자에 대하여 그 통지를 발송하여야 하며, 이 경우에 있어서는 선적기간 내에 한하여 용선자가 운송물을 선적할 수 있다.

제743조【용선자의 발항청구권】 ① 용선자는 운송물의 전부를 선적하지 아니한 때에도 선장에 대하여 발항을 청구할 수 있다.

② 용선자가 전항의 청구를 한 때에는 운임의 전액 이외에 운송물의 전부를 선적함으로 인하여 발생하는 비용을 지급하고 또한 선박소유자의 청구가 있는 때에는 상당한 담보를 제공하여야 한다.

제744조【선장의 발항권】 ① 선적기간경과 후에는 용선자가 운송물의 전부를 선적하지 아니한 때에도 선장은 바로 발항을 할 수 있다.

② 전조 제2항의 규정은 전항의 경우에 이를 준용한다.

제745조【전부용선자의 발항 전의 계약해제】 ① 발항 전에는 용선자가 운임의 반액을 지불하고 계약을 해제할 수 있다.

② 왕복항해를 하는 경우에 있어서는 용선자가 그 귀항항해 전에 계약을 해제하는 때에는 운임의 2/3를 지불하여야 하고 다른 항구로부터 선적항으로 항행하여야 할 경우에 있어서 용선자가 그 선적항을 출발하기 전에 계약의 해제를 한 때에도 역시 마찬가지이다.

③ 운송품의 전부 또는 일부를 선적하기 전에 전 2항의 규정에 따라 계약의 해제를 한 때에는 그 선적 및 양륙의 비용은 용선자가 이를 부담한다.

④ 용선자가 선적기간 내에 운송물의 선적을 하지 아니하는 때에는 계약의 해제를 한 것으로 간주한다.

제746조【부수비용 · 체당금 등의 지급의무】 ① 용선자가 전조의 규정에 의해 계

随の費用及ひ立替金を支払ふ責を免るることを得す

2. 前条第2項の場合に於ては傭船者は前項に掲けたるものの外運送品の価格に応し共同海損又は救助の為め負担すへき金額を支払ふことを要す

商法747 発航後に於ては傭船者は運送賃の全額を支払ふ外第753条第1項に定めたる債務を弁済し且陸揚の為めに生すへき損害を賠償し又は相当の担保を供するに非されは契約の解除を為すことを得す

商法748 1. 船舶の一部を以て運送契約の目的と為したる場合に於て傭船者か他の傭船者及ひ荷送人と共同せすして発航前に契約の解除を為したるときは運送賃の全額を支払ふことを要す但船舶所有者か他の運送品より得たる運送賃は之を控除す

2. 発航前と雖も傭船者か既に運送品の全部又は一部を船積したるときは他の傭船者及ひ荷送人の同意を得るに非されは契約の解除を為すことを得す

3. 前7条の規定は船舶の一部を以て運送契約の目的と為したる場合に之を準用す

商法749 1. 箇箇の運送品を以て運送契約の目的と為したるときは荷送人は船長の指図に従ひ遅滞なく運送品を船積することを要す

2. 荷送人か運送品の船積を怠りたるときは船長は直ちに発航を為すことを得此場合に於ては荷送人は運送賃の全額を支払ふことを要す但船舶所有者か他の運送品より得たる運送賃は之を控除す

商法750 第748条の規定は荷送人か契約の解除を為す場合に之を準用す

商法751 傭船者又は荷送人は船積期間内に運送に必要なる書類を船長に交付することを要す

商法752 1. 船舶の全部又は一部を以て運送契約の目的と為したる場合に於て運送品を陸揚するに必要なる準備か整頓したるときは船長は遅滞なく荷受人に対して其通知を発することを要す

2. 運送品を陸揚すへき期間の定ある場合に於ては其期間は前項の通知ありたる日の翌日より之を起算す其期間経過の後運送品を陸揚したるときは船舶所有者は特約なきときと雖も相当の報酬を請求することを得

3. 前項の期間中には不可抗力に因りて陸揚を為すこと能はさる日を算入せす

약의 해제를 한 때에도 부수비용 및 체당금을 지급할 책임을 면하지 못한다.

② 전조 제2항의 경우에 있어서는 용선자는 전항에 게시한 것 이외에도 운송품의 가격에 따라 공동해손 및 구조를 위해 부담해야 할 금액을 지급하여야 한다.

제747조【전부용선자의 발항 후 계약해제】 발항 후에 있어서는 용선자는 운임의 전액을 지급하는 것 외에 제753조 제1항에 규정된 채무를 변제하여야 하고 또 양륙을 위하여 발생한 손해를 배상하며 또는 상당한 담보를 제공하지 아니하면 계약의 해제를 할 수 없다.

제748조【일부용선자의 발항 전 계약해제 등】 ① 선박의 일부를 운송계약의 목적으로 한 경우에 있어서는 용선자가 다른 용선자 및 송하인과 공동으로 하지 아니하고 발항 전에 계약을 해제하는 때에는 운임의 전액을 지급하여야 한다. 다만 선박소유자가 다른 운송물에 의해 취득한 운임은 이를 공제한다.

② 발항 전이라 하더라도 용선자가 이미 운송물의 전부 또는 일부를 선적한 때에는 다른 용선자 및 송하인의 동의를 얻지 아니하면 계약의 해제를 할 수 없다.

③ 전 7조의 규정은 선박의 일부를 운송계약의 목적으로 한 경우에 이를 준용한다.

제749조【개품운송의 선적·발항】 ① 개개의 운송품을 운송계약의 목적으로 한 때에는 송하인은 선장의 지시에 따라 지체없이 운송품을 선적하여야 한다.

② 송하인이 운송물의 선적을 태만히 하는 때에는 선장은 바로 발항을 할 수 있고 이 경우에 있어서는 송하인은 운임의 전액을 지급하여야 한다. 다만 선박소유자가 다른 운송물에 의해 취득한 운임은 이를 공제한다.

제750조【송하인의 발항 전의 계약해제권】 제748조의 규정은 송하인이 계약의 해제를 하는 경우에 이를 준용한다.

제751조【운송에 필요한 서류의 교부】 용선자 또는 송하인은 선적기간 내에 운송에 필요한 서류를 선장에게 교부하여야 한다.

제752조【운송물의 양륙】 ① 선박의 전부 또는 일부를 운송계약의 목적으로 한 경우에 있어서는 운송물을 양륙하는 데 필요한 준비가 정돈된 때에는 선장은 지체없이 송하인에 대하여 그 통지를 발송하여야 한다.

② 운송물을 양륙하는 기간이 정해진 경우에 있어서는 그 기간은 전항의 통지가 있는 날의 익일부터 이를 기산하고, 그 기간경과 후 운송물을 양륙한 경우에는 선박소유자는 특약이 없다 하더라도 상당한 보수를 청구할 수 있다.

③ 전항의 기간 중에는 불가항력에 의해 양륙을 하지 못한 날을 산입하지 아니한다.

4. 箇箇の運送品を以て運送契約の目的と為したるときは荷受人は船長の指図に従ひ遅滞なく運送品を陸揚することを要す

商法753　1. 荷受人か運送品を受取りたるときは運送契約又は船荷証券の趣旨に従ひ運送賃、附随の費用、立替金、碇泊料及ひ運送品の価格に応し共同海損又は救助の為め負担すへき金額を支払ふ義務を負ふ

2. 船長は前項に定めたる金額の支払と引換に非されは運送品を引渡すことを要せす

商法754　1. 荷受人か運送品を受取ることを怠りたるときは船長は之を供託することを得此場合に於ては遅滞なく荷受人に対して其通知を発することを要す

2. 荷受人を確知すること能はさるとき又は荷受人か運送品を受取ることを拒みたるときは船長は運送品を供託することを要す此場合に於ては遅滞なく傭船者又は荷送人に対して其通知を発することを要す

商法755　運送品の重量又は容積を以て運送賃を定めたるときは其額は運送品引渡の当時に於ける重量又は容積に依りて之を定む

商法756　期間を以て運送賃を定めたるときは其額は運送品の船積著手の日より其陸揚終了の日までの期間に依りて之を定む但船舶か不可抗力に因り発航港若くは航海の途中に於て碇泊を為すへきとき又は航海の途中に於て船舶を修繕すへきときは其期間は之を算入せす第741条第2項又は第752条第2項の場合に於て船積期間又は陸揚期間経過の後運送品の船積又は陸揚を為したる日数亦同し

商法757　1. 船舶所有者は第753条第1項に定めたる金額の支払を受くる為め裁判所の許可を得て運送品を競売することを得

2. 前項の許可に係る事件は同項の運送品の所在地の地方裁判所之を管轄す [平成 17年 本項 追加]

3. 船長か荷受人に運送品を引渡したる後と雖も船舶所有者は其運送品の上に権利を行使することを得但引渡の日より2週間を経過したるとき又は第三者か其占有を取得したるときは此限に在らす [平成 17年 以前 2項]

商法758　船舶所有者か前条に定めたる権利を行はさるときは傭船者又は荷送人に対する請求権を失ふ但傭船者又は荷送人は其受けたる利益の限度に於て

④ 개개의 운송물을 운송계약의 목적으로 하는 때에는 송하인이 선장의 지시에 따라 지체없이 운송물을 양륙하여야 한다.

제753조 【수하인의 의무, 선장의 유치권】 ① 수하인이 운송물을 수취한 때에는 운송계약 또는 선하증권의 취지에 따라 운임, 부수비용, 체당금, 정박료 및 운송물의 가격에 상응하는 공동해손 또는 구조를 위해 부담한 금액을 지급할 의무가 있다.

② 선장은 전항에 정한 금액의 지급과 상환하지 아니하고 운송물을 인도할 수 없다.

제754조 【운송물의 공탁】 ① 수하인이 운송물을 수취하는 것을 태만히 하는 때에는 선장은 이를 공탁할 수 있고 이 경우에 있어서는 지체없이 수하인에 대해 그 통지를 발송하여야 한다.

② 수하인을 확지할 수 없는 때 또는 수하인이 운송물을 수취하는 것을 거부하는 때에는 선장이 운송물을 공탁할 수 있고 이 경우에 있어서는 지체없이 용선자 또는 송하인에 대하여 그 통지를 발송하여야 한다.

제755조 【중량·용적에 의한 운임】 운송물의 중량 또는 용적을 가지고 운임을 정한 때에는 그 금액은 운송물 인도 당시에 있어서 중량 또는 용적에 의해 이를 정한다.

제756조 【기간에 의한 운임】 기간을 가지고 운임을 정한 경우에는 그 액은 운송물의 선적착수일로부터 그 양륙종료일까지의 기간에 의하여 이를 정하며 다만 선박이 불가항력에 의하여 발항항 또는 항해의 도중에 있어서 정박을 할 때 또는 항해의 도중에 있어서 선박을 수선할 때에는 그 기간은 이를 산입하지 않고 제741조 제2항 또는 제752조 제2항의 경우에 있어서 선적기간 또는 양륙기간 경과 후 운송물의 선적 또는 양륙을 한 일수 역시 마찬가지이다.

제757조 【선박소유자의 운송물 경매권】 ① 선박소유자는 제753조 제1항에 규정된 금액의 지급을 받기 위하여 법원의 허가를 얻어 운송물을 경매할 수 있다.

② 제1항의 허가와 관련된 사건은 동항의 운송품 소재지의 지방재판소가 관할한다 [2005년 본항 추가].

③ 선장이 수하인에 운송물을 인도한 후라 하더라도 선박소유자는 그 운송물 위에 권리를 행사할 수 있고, 다만 인도일로부터 2주간을 경과한 때 또는 제삼자가 그 점유를 취득한 때에는 그러하지 아니하다 [2005년 이전 ②항].

제758조 【경매권 불행사의 효과】 선박소유자가 전조에 규정한 권리를 행사하지 아니하는 때에는 용선자 또는 송하인에 대한 청구권을 상실하며 다만 용선자 또

償還を為すことを要す

商法759　船舶の全部又は一部を以て運送契約の目的と為したる場合に於て傭船者か更に第三者と運送契約を為したるときは其契約の履行か船長の職務に属する範囲内に於ては船舶所有者のみ其第三者に対して履行の責に任す [昭和 50年 船主責任制限法 條文 變更]

[昭和 50年 以前 條文] 船舶ノ全部又ハ一部ヲ以テ運送契約ノ目的ト為シタル場合ニ於テ傭船者カ更ニ第三者ト運送契約ヲ為シタルトキハ其契約ノ履行カ船長ノ職務ニ属スル範囲内ニ於テハ船舶所有者ノミ其第三者ニ対シテ履行ノ責ニ任ス但第六百九十條ニ定メタル權利ヲ行フコトヲ妨ケス.

商法760　1. 船舶の全部を以て運送契約の目的と為したる場合に於ては其契約は左の事由に因りて終了す

一. 船舶が沈没したること

二. 船舶が修繕すること能はざるに至りたること

三. 船舶が捕獲せられたること

四. 運送品か不可抗力に因りて滅失したること

2.　前項第1号乃至第3号に掲けたる事由か航海中に生したるときは傭船者は運送の割合に応し運送品の価格を超えさる限度に於て運送賃を支払ふことを要す [昭和 50年 船主責任制限法 條文 變更]

[昭和 50年 以前 條文] 船舶ノ全部ヲ以テ運送契約ノ目的ト為シタル場合ニ於テハ　其契約ノ左ノ事由ニ因リテ終了ス.

一. 第734條第1項ニ掲ケタル事由

二. 運送品カ不可抗力ニ因リテ滅失シタルコト

第734條第1項ニ掲ケタル事由カ航海中ニ生シタルトキハ傭船者ハ運送ノ割合ニ應シ運送品ノ價格ヲ超エサル限度ニ於テ運送賃ヲ支拂フコトヲ要ス.

商法761　1. 航海又は運送か法令に反するに至りたるとき其他不可抗力に因りて契約を為したる目的を達すること能はさるに至りたるときは各当事者は契約の解除を為すことを得

는 송하인은 그 취득한 이익의 한도 내에서 상환을 하여야 한다.

제759조 【재운송계약과 선박소유자의 책임】 선박의 전부 또는 일부를 운송계약의 목적으로 한 경우에 용선자가 다시 제삼자와 운송계약을 한 때에는 그 계약의 이행이 선장의 직무에 속한 범위 내에 있어서는 선박소유자만이 그 제삼자에 대하여 이행을 책임진다 [1975년 선주책임제한법에 의거 변경].

[1975년 이전 조문] 선박의 전부 또는 일부로써 운송계약의 목적으르 한 경우에 용선자가 다시 제삼자와 운송계약을 한 때는 그 계약의 이행이 선장의 직무에 속하는 범의 내에서는 선박소유자만 그 제삼자에 대하여 이행의 책임을 진다. 단 제690조에 정한 권리를 행하는 것은 무방하다.

제760조 【전부용선계약의 법정종료원인】 ① 선박의 전부를 운송계약의 목적으로 한 경우에 있어서는 그 계약은 다음의 사유에 의하여 종료된다.

1. 선박이 침몰한 경우
2. 선박의 수선이 불가능하게 된 경우
3. 선박이 포획된 경우
4. 운송물이 불가항력에 의하여 멸실된 경우

② 전항 제1호 내지 제3호에서 말하는 사유가 항해 중에 생긴 때에는 용선자는 운송의 비율에 따라 운송물의 가격을 초과하지 아니하는 한도 내에서 운임을 지급하여야 한다 [1975년 선주책임제한법에 의거 변경].

[1975년 이전 본조] 제760조 선박의 전부로써 운송계약의 목적으로 한 경우에는 그 계약은 좌의 사유로 인하여 종료한다.

1. 제734조 제1항에 게기한 사유
2. 운송품이 불가항력으로 인하여 멸실한 것

제734조 제1항에 게기한 사유가 항해 중에 생긴 때는 용선자는 운송의 비례에 응하여 운송품의 가격을 초과하지 않는 한도에서 운송임을 지불하여야 한다.

제761조 【전부용선계약의 법정원인에 의한 해제】 ① 항해 또는 운송이 법령에 반하게 된 때 기타 불가항력에 의하여 계약을 하는 목적을 달성하는 것이 불가능하게 된 때에는 각 당사자는 계약의 해제를 할 수 있다.

2. 前項に掲けたる事由か発航後に生したる場合に於て契約の解除を為したるときは傭船者は運送の割合に応して運送賃を支払ふことを要す

商法762 1. 第760条第1項第4号 [昭和 50年 船主責任制限法 以前 2号] 及ひ前条第1項に掲けたる事由か運送品の一部に付て生したるときは傭船者は船舶所有者の負担を重からしめさる範囲内に於て他の運送品を船積することを得

2. 傭船者か前項に定めたる権利を行はんと欲するときは遅滞なく運送品の陸揚又は船積を為すことを要す若し其陸揚又は船積を怠りたるときは運送賃の全額を支払ふことを要す

商法763 1. 第760条及ひ第761条の規定は船舶の一部又は箇箇の運送品を以て運送契約の目的と為したる場合に之を準用す

2. 第760条第1項第4号 [昭和 50年 船主責任制限法 以前 2号] 及ひ第761条第1項に掲けたる事由か運送品の一部に付て生したるときと雖も傭船者又は荷送人は契約の解除を為すことを得但運送賃の全額を支払ふことを要す

商法764 船舶所有者は左の場合に於ては運送賃の全額を請求することを得

一. 船長か第715条第1項の規定に従ひて積荷を売却又は質入したるとき

二. 船長か第719条の規定に従ひて積荷を航海の用に供したるとき

三. 船長か第788条の規定に従ひて積荷を処分したるとき

商法765 船舶所有者の傭船者、荷送人又は荷受人に対する債権は1年を経過したるときは時効に因りて消滅す

商法766 第566条、第576条乃至第581条及ひ第588条の規定は船舶所有者に之を準用す

第二款 船荷証券

商法767 船長は傭船者又は荷送人の請求に因り運送品の船積後遅滞なく一通又は数通の船荷証券を交付することを要す

商法768 船舶所有者は船長以外の者に船長に代はりて船荷証券を交付することを委任することを得

商法769 船荷証券には左の事項を記載し船長又は之に代はる者署名することを要す

② 전항에 열거한 사유가 발항 후에 생긴 경우에 있어서 계약의 해제를 할 경우에는 용선자는 운송의 비율에 따라 운임을 지급하여야 한다.

제762조【전부용선의 운송품의 일부에 대하여 불가항력과 대품의 선적】 ① 제760조 제1항 제4호 [1975년 선주책임제한법 이전 2호] 및 전조 제1항에 열거한 사유가 운송물의 일부에 대하여 발생한 때에는 용선자는 선박소유자의 부담을 가중시키지 아니하는 범위 내에서 다른 운송물을 선적할 수 있다.

② 용선자가 전항에 규정한 권리를 행사하기를 희망하는 대에는 지체없이 운송물의 양륙 또는 선적을 하여야 하고, 만약 그 양륙 또는 선적을 태만히 한 때에는 운임의 전액을 지급하여야 한다.

제763조【일부용선 · 개품운송에 대한 준용】 ① 제760조 및 제761조의 규정은 선박의 일부 또는 개개 운송물을 운송계약의 목적으로 한 경우에 이를 준용한다.

② 제760조 제1항 제4호 [1975년 선주책임제한법 이전 2호] 및 제761조 제1항에 열거한 사유가 운송물의 일부에 대하여 발생하였다 하더라도 용선자 또는 송하인은 계약의 해제를 할 수 있고, 다만 운임의 전액을 지불하여야 한다.

제764조【선장의 적하처분과 운임】 선박소유자는 아래의 경우에 있어서는 운임의 전액을 청구할 수 있다.

1. 선장이 제715조 제1항의 규정에 따라 적하를 매각 또는 입질한 때
2. 선장이 제719조의 규정에 따라 적하를 항해용으로 제공한 경우
3. 선장이 제788조의 규정에 따라 적하를 처분한 때

제765조【선박소유자의 채권의 단기시효】 선박소유자의 용선자, 송하인 또는 수하인에 대한 채권은 1년을 경과한 때에는 시효로 인해 소멸한다.

제766조【준용】 제566조, 제576조 내지 제581조 및 제588조의 규정은 선박소유자에 이를 준용한다.

제2관 선하증권

제767조【선장에 의한 교부】 선장은 용선자 또는 송하인의 청구에 의하여 운송물의 선적 후 지체없이 1통 또는 수 통의 선하증권을 교부하여야 한다.

제768조【선장 이외의 자의 교부】 선박소유자는 선장 이외의 자에게 선장을 대리하여 선하증권을 교부하는 것을 위임할 수 있다.

제769조【기재사항】 선하증권에는 다음의 사항을 기재하고 선장 또는 그 대리하는 자가 서명하여야 한다.

一. 船舶の名称及ひ国籍

二. 船長か船荷証券を作らさるときは船長の氏名

三. 運送品の種類、重量若くは容積及ひ其荷造の種類、箇数並に記号

四. 傭船者又は荷送人の氏名又は商号

五. 荷受人の氏名若くは商号

六. 船積港

七. 陸揚港但発航後傭船者又は荷送人か陸揚港を指定すへきときは其之を指定すへき港

八. 運送賃

九. 数通の船荷証券を作りたるときは其員数

十. 船荷証券の作成地及ひ其作成の年月日

商法770 傭船者又は荷送人は船長又は之に代はる者の請求に因り船荷証券の謄本に署名して之を交付することを要す

商法771 陸揚港に於ては船長は数通の船荷証券中の一通の所持人か運送品の引渡を請求したるときと雖も其引渡を拒むことを得す

商法772 陸揚港外に於ては船長は船荷証券の各通の返還を受くるに非されは運送品を引渡すことを得す

商法773 2人以上の船荷証券所持人か運送品の引渡を請求したるときは船長は遅滞なく運送品を供託し且請求を為したる各所持人に対して其通知を発することを要す船長か第771条の規定に依りて運送品の一部を引渡したる後他の所持人か運送品の引渡を請求したる場合に於て其残部に付き亦同し

商法774 2人以上の船荷証券所持人ある場合に於て其1人か他の所持人に先ちて船長より運送品の引渡を受けたるときは他の所持人の船荷証券は其効力を失ふ

商法775 2人以上の船荷証券所持人ある場合に於て船長か未た運送品の引渡を為ささるときは原所持人か最も先に発送し又は引渡したる証券を所持する者他の所持人に先ちて其権利を行ふ

1. 선박의 명칭 및 국적
2. 선장이 선하증권을 작성하지 아니하는 때에는 선장의 성명
3. 운송물의 종류, 중량 혹은 용적 및 그 포장의 종류, 개수와 기호
4. 용선자 또는 송하인의 성명 또는 상호
5. 수하인의 성명 혹은 상호
6. 선적항
7. 양륙항. 단, 발항 후 용선자 또는 송하인이 양륙항을 지정할 때에는 그것을 지정할 항
8. 운임
9. 수 통의 선하증권을 작성한 때에는 그 통수
10. 선하증권의 작성지 및 그 작성 연월일

제770조【등본의 교부】 용선자 또는 송하인이 선장 또는 그의 대리인의 청구에 의하여 선하증권의 등본에 서명하여 이를 교부하여야 한다.

제771조【수 통의 선하증권과 양륙항에서의 운송물의 인도】 양륙항에서는 선장은 수 통의 선하증권 중에 1통의 소지인이 운송물의 인도를 청구한 때라 하더라도 그 인도를 거부할 수 없다.

제772조【수 통의 선하증권과 양륙항 외에서의 운송물의 인도】 양륙항 외에서는 선장이 선하증권의 각 통의 반환을 받지 아니하면 운송물을 인도할 수 없다.

제773조【수 통의 선하증권과 선장의 공탁의무】 2인 이상의 선하증권 소지인이 운송물의 인도를 청구하는 때에는 선장은 지체없이 운송물을 공탁하고 또 청구를 한 각 소지인에 대하여 그 통지를 발송하여야 한다. 선장이 제771조의 규정에 의하여 운송물의 일부를 인도한 후에 다른 소지인이 운송물의 인도를 청구한 경우에 있어서는 그 잔존 부분에 관하여도 마찬가지이다.

제774조【수 통의 선하증권과 1통의 소지인에 대한 운송물의 인도】 2인 이상의 선하증권 소지인이 있는 경우에 있어서 그 1인이 다른 소지인보다 먼저 선장으로부터 운송물의 인도를 받은 때에는 다른 소지인의 선하증권은 그 효력을 상실한다.

제775조【수 통의 선하증권과 소지인 간의 관계】 2인 이상의 선하증권 소지인이 있는 경우에 있어서 선장이 아직 운송품의 인도를 하지 아니한 때에는 원소지인이 가장 먼저 발송하거나 또는 인도한 증권을 소지한 자가 다른 소지인에 우선하여 그 권리를 행사한다.

商法776　第572条乃至第575条及ひ第584条の規定は船荷証券に之を準用す

第二節 旅客運送

商法777　記名の乗船切符は之を他人に譲渡すことを得す

商法778　客の航海中の食料は船舶所有者の負担とす

商法779　客か契約に依り船中に携帯することを得る手荷物に付ては船舶所有者は特約あるに非されは別に運送賃を請求することを得す

商法780　客か乗船時期までに船舶に乗込まさるときは船長は発航を為し又は航海を継続することを得此場合に於ては旅客は運送賃の全額を支払ふことを要す

商法781　1. 前に於ては旅客は運送賃の半額を支払ひて契約の解除を為すことを得

2. 後に於ては旅客は運送賃の全額を支払ふに非されは契約の解除を為すことを得す

商法782　1. 旅客か発航前に死亡、疾病其他一身に関する不可抗力に因りて航海を為すこと能はさるに至りたるときは船舶所有者は運送賃の4分の1を請求することを得

2. 前項に掲けたる事由か発航後に生したるときは船舶所有者は其選択に従ひ運送賃の4分の1を請求し又は運送の割合に応して運送賃を請求することを得

商法783　航海の途中に於て船舶を修繕すへきときは船舶所有者は其修繕中旅客に相当の住居及ひ食料を供することを要す但旅客の権利を害せさる範囲内に於て他の船舶を以て上陸港まで旅客を運送することを提供したるときは此限に在らす

商法784　旅客運送契約は第760条第1項第1号乃至第3号 [昭和 50年 船主責任制限法以前 第760条第1項] に掲けたる事由に因りて終了す若し其事由か航海中に生したるときは旅客は運送の割合に応して運送賃を支払ふことを要す

商法785　旅客か死亡したるときは船長は最も其相続人の利益に適すへき方法に依りて其船中に在る手荷物の処分を為すことを要す

제776조【준용】 제572조 내지 제575조 및 제584조의 규정은 선하증권에 이를 준용한다.

제2절 여객운송

제777조【기명선표】 기명의 선표는 이를 타인에게 양도할 수 없다.

제778조【식사제공의무】 여객의 항해중의 식사는 선박소유자가 부담한다.

제779조【수하물 무임운송의무】 여객이 계약에 의하여 선박 내에서 휴대할 수 있는 수하물에 대하여는 선박소유자는 특약이 있지 아니하면 별도의 운임을 청구할 수 없다.

제780조【선장의 발항·항해계속권】 여객이 승선시기까지 선박에 승선하지 아니한 때에는 선장은 발항을 하거나 또는 항해를 계속할 수 있고 이 경우에 있어서는 여객은 운임의 전액을 지급하여야 한다.

제781조【여객의 계약해제】 ① 발항 전에 있어서는 여객은 운임의 반액을 지급하고 계약의 해제를 할 수 있다.

② 발항 후에 있어서는 여객은 운임의 전액을 지불하지 아니하면 계약의 해제를 할 수 없다.

제782조【법정원인에 의한 해제】 ① 여객이 발항 전에 사망, 질병 기타 일신에 관련된 불가항력에 의하여 항해를 할 수 없게 된 때에는 선박소유자는 운임의 1/4을 청구할 수 있다.

② 전항에 열거한 사유가 발항 후에 생긴 때에는 선박소유자는 그 선택에 따라 운임의 1/4을 청구하거나 혹은 운송의 비율에 따라 운임을 청구할 수 있다.

제783조【선박수선 중의 주거, 식사제공의무】 항해의 도중에 있어서 선박을 수선하여야 하는 때에는 선박소유자가 그 수선 중 여객에게 상당한 주거 및 식사를 제공하여야 한다. 단, 여객의 권리를 침해하지 아니하는 범위 내에서 다른 선박으로 상륙항까지 여객을 운송하는 것을 제공하는 때에는 그러하지 아니하다.

제784조【법정종료사유】 여객운송계약은 제760조 제1항 제1호 내지 제3호 [1975년 선주책임제한법: 이전 제760조 제1항] 에 열거된 사유로 인하여 종료되고 만일 그 사유가 항해 중에 생긴 때에는 여객이 운송의 비율에 따라 운임을 지급하여야 한다.

제785조【사망한 여객의 수하물 처분의무】 여객이 사망한 때에는 선장은 그 상속인의 이익에 가장 적합한 방법에 의하여 그 선박상에 있는 수하물의 처분을 할 수 있다.

商法786　1. 第590条、第591条第1項、第592条、第738条、第739条、第761条及ひ第765条の規定は海上の旅客運送に之を準用す

2. 第740条及ひ第764条の規定は旅客の手荷物に之を準用す

商法787　旅客運送を為す為め船舶の全部又は一部を以て運送契約の目的と為したる場合に於ては船舶所有者と傭船者との関係に付ては前節第一款の規定を準用す

第四章 海　損

商法788　1. 船長か船舶及ひ積荷をして共同の危険を免れしむる為め船舶又は積荷に付き為したる処分に因りて生したる損害及ひ費用は之を共同海損とす

2. 前項の規定は危険か過失に因りて生したる場合に於て利害関係人の過失者に対する求償を妨けす

商法789　共同海損は之に因りて保存することを得たる船舶又は積荷の価格と運送賃の半額と共同海損たる損害の額との割合に応して各利害関係人之を分担す

商法790　共同海損の分担額に付ては船舶の価格は到達の地及ひ時に於ける価格とし積荷の価格は陸揚の地及ひ時に於ける価格とす但積荷に付ては其価格中より滅失の場合に於て支払ふことを要せさる運送賃其他の費用を控除することを要す

商法791　前2条の規定に依り共同海損を分担すへき者は船舶の到達又は積荷の引渡の時に於て現存する価額の限度に於てのみ其責に任す

商法792　船舶に備附けたる武器、船員の給料、船員及ひ旅客の食料並に衣類は共同海損の分担に付き其価額を算入せす但此等の物に加へたる損害は他の利害関係人之を分担す

商法793　1. 船荷証券其他積荷の価格を評定するに足るへき書類なくして船積したる荷物又は属具目録に記載せさる属具に加へたる損害は利害関係人に於て之を分担することを要せす

第786조【준용】 ① 제590조, 제591조 제1항, 제592조, 제738조, 제739조, 제761조 및 제765조의 규정은 해상의 여객운송에 이를 준용한다.

② 제740조 및 제764조의 규정은 여객의 수하물에 이를 준용한다.

第787조【여객운송을 위한 용선계약】 여객운송을 하기 위한 선박의 전부 또는 일부를 운송계약의 목적으로 한 경우에는 선박소유자와 용선자와의 관계에 관하여는 전절 제1관의 규정을 준용한다.

제4장 해 손

第788조【공동해손의 의의】 ① 선장이 선박 및 적하로 하여금 공동의 위험을 면하기 위하여 선박 또는 적하에 대하여 행한 처분으로 인하여 생긴 손해 및 비용은 이를 공동해손으로 한다.

② 전항의 규정은 위험이 과실로 인하여 생긴 경우에 있어서 이해관계인의 과실자에 대한 구상에는 영향을 미치지 아니한다.

第789조【공동해손의 분담】 공동해손은 이로 인하여 보존될 수 있었던 선박 또는 적하의 가격과 운임의 반액과 공동해손된 손해의 액과의 비율에 따라 각 이해관계인이 이를 분담한다.

第790조【공동해손분담액의 산정】 공동해손의 분담액에 대하여는 선박의 가격은 도착지 및 시에 있어서의 가격으로 하고 적하의 가격은 양륙지 및 시에 있어서의 가격으로 한다. 단, 적하에 대하여는 그 가격 중에서 멸실의 경우에 있어서 지불해야 할 필요가 없어진 운임 기타 비용을 공제하여야 한다.

第791조【공동해손분담자의 유한책임】 전조의 규정에 의해 공등해손을 분담하는 자는 선박의 도착 또는 적하의 인도시에 있어서 현재 가액의 한도 내에서만 그 책임을 진다.

第792조【공동해손분담 제외】 선박에 비치된 무기, 선원의 급료, 선원 및 여객의 식료 및 의류는 공동해손의 분담에 있어 그 가액을 산입하지 아니한다. 다만 이러한 물건에 가한 손해는 다른 이해관계인이 이를 분담한다.

第793조【공동해손분담청구에서의 제외】 ① 선하증권 기타 적하의 가액을 평가하기에 충분한 서류가 없이 선적한 화물 또는 속구목록에 기재되지 아니한 속구에 가한 손해는 이해관계인이 이를 분담할 필요가 없다.

2. 甲板に積込みたる荷物に加へたる損害亦同し但沿岸の小航海に在りては此限に在らす

3. 前2項に掲けたる積荷の利害関係人と雖も共同海損を分担する責を免るることを得す

商法794　1. 共同海損たる損害の額は到達の地及ひ時に於ける船舶の価格又は陸揚の地及ひ時に於ける積荷の価格に依りて之を定む但積荷に付ては其滅失又は毀損の為め支払ふことを要せさりし一切の費用を控除することを要す

2. 第578条の規定は共同海損の場合に之を準用す

商法795　1. 船荷証券其他積荷の価格を評定するに足るへき書類に積荷の実価より低き価額を記載したるときは其積荷に加へたる損害の額は其記載したる価額に依りて之を定む

2. 積荷の実価より高き価額を記載したるときは其積荷の利害関係人は其記載したる価額に応して共同海損を分担す

3. 前2項の規定は積荷の価格に影響を及ほすへき事項に付き虚偽の記載を為したる場合に之を準用す

商法796　第789条の規定に依りて利害関係人か共同海損を分担したる後船舶、其属具若くは積荷の全部又は一部か其所有者に復したるときは其所有者は償金中より救助料及ひ一部滅失又は毀損に因りて生したる損害の額を控除したるものを返還することを要す

商法797　船舶か双方の船員の過失に因りて衝突したる場合に於て双方の過失の軽重を判定すること能はさるときは其衝突に因りて生したる損害は各船舶の所有者平分して之を負担す

商法798　1. 共同海損又は船舶の衝突に因りて生したる債権は1年を経過したるときは時効に因りて消滅す

2. 前項の期間は共同海損に付ては其計算終了の時より之を起算す

商法799　本章の規定は船舶か不可抗力に因り発航港又は航海の途中に於て碇泊を為す為めに要する費用に之を準用す

② 갑판에 선적한 화물에 가한 손해도 마찬가지이다. 단, 연안의 소형선에 있어서는 그러하지 아니하다.

③ 전 2항에 열거된 적하의 이해관계인이라도 공동해손을 분담할 책임을 면하지 못한다.

제794조【공동해손의 손해액 산정】 ① 공동해손된 손해의 액은 도착지 및 시에 있어서 선박의 가격 및 양륙지 및 시에 있어서 적하의 가격에 의하여 이를 정하고 다만 적하에 대하여는 그 멸실 또는 훼손에 의하여 지급할 필요가 없는 일체의 비용을 공제하여야 한다.

② 제578조의 규정은 공동해손의 경우에 이를 준용한다.

제795조【공동해손과 적하가액 불실기재】 ① 선하증권 기타 적하의 가격을 평가하는 데 충분한 서류에 적하의 시가보다 낮은 가액을 기재한 때에는 그 적하에 가한 손해의 액은 그 기재된 가액에 의하여 이를 정한다.

② 적하의 실가보다 높은 가액을 기재한 때에는 그 적하의 이해관계인이 그 기재된 가액에 비례하여 공동해손을 분담한다.

③ 전 2항의 규정은 적하의 가격에 영향을 미칠 사항에 대한 허위의 기재를 한 경우에 이를 준용한다.

제796조【공동해손과 손해의 회복】 제789조의 규정에 의하여 이해관계인이 공동해손을 분담한 후 선박, 그 속구 또는 적하의 전부 또는 일브가 그 소유자에게 회복된 때에는 그 소유자는 보상금에서 구조료 및 일부멸실 뜨는 훼손에 으하여 생긴 손해의 액을 공제한 잔액을 반환하여야 한다.

제797조【선박충돌】 선박이 쌍방 선원의 과실로 인하여 충들된 경우에 있어서 쌍방의 과실의 경중을 산정하기가 불가능한 때에는 그 충돌르 인하여 생긴 손해는 각 선박의 소유자가 평등하게 분배하여 이를 부담한다.

제798조【단기시효】 ① 공동해손 또는 선박의 충돌로 인하여 생긴 채권은 1년을 경과한 때에는 시효로 인하여 소멸한다.

② 전항의 기간은 공동해손에 있어서는 그 계산종료시부터 이를 기산한다.

제799조【준공동해손】 본장의 규정은 선박이 불가항력에 의해 발항항 또는 항해의 도중에 있어 정박을 위하여 필요한 비용에 이를 준용한다.

第五章 海難救助

商法800　船舶又は積荷の全部又は一部か海難に遭遇せる場合に於て義務なくして之を救助したる者は其結果に対して相当の救助料を請求することを得

商法801 助料に付き特約なき場合に於て其額に付き争あるときは危険の程度、救助の結果、救助の為めに要したる労力及ひ費用其他一切の事情を斟酌して裁判所之を定む

商法802　　難に際し契約を以て救助料を定めたる場合に於て其額か著しく不相当なるときは当事者は其増加又は減少を請求することを得此場合に於ては前条の規定を準用す

商法803　1. 料の額は特約なきときは救助せられたる物の価額に超ゆることを得す

2. 位の先取特権あるときは救助料の額は先取特権者の債権額を控除したる残額に超ゆることを得す

商法804　　1. 数人か共同して救助を為したる場合に於て救助料分配の割合に付ては第801条の規定を準用す

2. 人命の救助に従事したる者も亦前項の規定に従ひて救助料の分配を受くることを得

商法805　 1. 救助に従事したる船舶か汽船なるときは救助料の3分の2，帆船なるときは其2分の1を船舶所有者に支払ひ其残額は折半して之を船長及ひ海員に支払ふことを要す

2. 前項の規定に依りて海員に支払ふへき金額の分配は船長之を行ふ此場合に於

3. 前2項の規定に反する契約は無効とす

商法806　 船長か前条第2項の規定に依り救助料の分配を為すには航海を終はるまてに分配案を作り之を海員に告示することを要す

商法807　 1. 海員か前条の分配案に対して異議の申立を為さんとするときは其告示ありたる後異議の申立を為すことを得る最初の港の管海官庁に之を為すことを要す

2. 管海官庁は異議を理由ありとするときは分配案を更正することを得

제5장 해난구조

제800조【해난구조의 요건】 선박 또는 적하의 전부 또는 일부가 해난에 조우한 경우에 있어 의무 없이 이를 구조한 자는 그 결과에 대하여 상당한 구조료를 청구할 수 있다.

제801조【구조료액의 결정】 구조료에 대한 특약이 없는 경우에 있어서 그 금액에 대한 분쟁이 있는 경우에는 위험의 정도, 구조의 결과, 구조에 들인 노력 및 비용 기타 일체의 사정을 참작하여 법원이 이를 정한다.

제802조【구조료 특약과 변경】 해난에 즈음하여 계약으로 구조료를 정한 경우에 있어 그 액이 현저히 부당한 때에는 당사자는 그 증가 또는 감소를 청구할 수 있다. 이 경우에 있어서는 전조의 규정을 준용한다.

제803조【구조료액의 제한】 ① 구조료액은 특약이 없으면 구조된 물건의 가액을 초과하지 못한다.

② 선순위의 우선특권이 있는 때에는 구조료액은 우선특권자의 채권액을 공제한 잔액을 초과하지 못한다.

제804조【공동구조자와 구조료의 분배】 ① 수인이 공동으로 구조를 한 경우에 있어서 구조료의 분배비율에 대해서는 제801조의 규정을 준용한다.

② 인명의 구조에 종사한 자도 마찬가지로 전항의 규정에 의해 구조료의 분배를 받을 수 있다.

제805조【선박 내의 구조료 분배】 ① 구조에 종사할 선박이 기선인 때에는 구조료의 2/3, 범선인 때에는 그 1/2을 선박소유자에 지급하고 그 잔액은 반분하여 이를 선장 및 선원에게 지급하여야 한다.

② 전항의 규정에 의하여 선원에게 지급할 금액의 분배는 선장이 이를 시행하고 이 경우에 있어서는 전조의 규정을 준용한다.

③ 전 2항의 규정에 반하는 계약은 무효로 한다.

제806조【해원에 대한 분배안의 고시】 선박이 전조 제2항의 규정에 의해 구조료의 분배를 함에는 항해를 종료할 때까지 분배안을 작성하여 이를 선원에 고시하여야 한다.

제807조【분배안에 대한 이의】 ① 해원이 전조의 분배안에 대해서 이의신청을 하고자 하는 때에는 그 고시가 있은 후 이의신청을 할 수 있는 최초의 항구의 해무관청에 이를 하여야 한다.

② 해무관청은 이의에 이유가 있는 때에는 분배안을 경정할 수 있다.

3. 船長は異議の落著前には救助料の支払を為すことを得す

商法808　1. 船長か分配案の作成を怠りたるときは管海官庁は海員の請求に因り船長に対して分配案の作成を命することを得

2. 船長か前項の命令に従はさるときは管海官庁は分配案を作ることを得

商法809　左の場合に於ては救助者は救助料を請求することを得す

一. 故意又は過失に因りて海難を惹起したるとき

二. 正当の事由に因りて救助を拒まれたるに拘はらす強ひて之に従事したるとき

三. 救助したる物品を隠匿し又は濫に之を処分したるとき

商法810　1. 救助者は其債権に付き救助したる積荷の上に先取特権を有す

2 . 前項の先取特権には船舶債権者の先取特権に関する規定を準用す

商法811　1. 船長は救助料の債務者に代はりて其支払に関する一切の裁判上又は裁判外の行為を為す権限を有す

2.　救助料に関する訴に於ては船長は自ら原告又は被告と為ることを得但其訴に付き言渡したる判決は救助料の債務者に対しても其効力を有す

商法812 積荷の所有者は救助せられたる物を以て救助料を支払ふ義務を負ふ

商法813　積荷の上に存する先取特権は債務者か其積荷を第三取得者に引渡したる後は其積荷に付き之を行ふことを得す

商法814　救助料の請求権は救助を為したる時より1年を経過したるときは時効に因りて消滅す

第六章 保　険

商法815　1. 海上保険契約は航海に関する事故に因りて生することあるへき損害の塡補を以て其目的とす

2.　海上保険契約には本章に別段の定ある場合を除く外保険法第二章第一節乃至第四節及ビ第六節並ニ第五章 [平成 20年 以前 → 前編; 平成17 以前 → 第3編 第10章 第1節 第1款] のノ規定ヲ適用ス

③ 선장은 이의에 대한 결정이 있기 전에는 구조료의 지불을 할 수 없다.

제808조【분배안 작성의 해태】 ① 선장이 분배안의 작성을 태만히 하는 때에는 해무관청은 해원의 청구에 의하여 선장에 대해 분배안의 작성을 명할 수 있다.

② 선장이 전항의 명령에 따르지 아니한 때에는 해무관청이 분배안을 작성할 수 있다.

제809조【구조료 청구권이 없는 경우】 다음의 경우에 있어서는 구조자는 구조료를 청구할 수 없다.

1. 고의 또는 과실로 인하여 해난을 야기한 때
2. 정당한 사유에 의하여 구조를 거부하였음에도 불구하고 억지로 거기에 종사한 때
3. 구조한 물품을 은닉하거나 또는 함부로 이를 처분한 자

제810조【구조자의 우선특권】 ① 구조자는 그 채권에 관하여 구조한 적하의 위에 우선특권을 갖는다.

② 전항의 우선특권에는 선박채권자의 우선특권과 관련한 규정을 준용한다.

제811조【구조료 지불에 관한 선장의 권한】 ① 선장은 구조료 채무자에 대신하여 그 지급에 관한 일체의 재판상 또는 재판 외의 행위를 할 권한이 있다.

② 구조료에 관한 소에 있어 선장은 스스로 원고 또는 피고로 될 수 있다. 그러나 그 소에 관해 선고한 판결은 구조료 채무자에 대하여도 그 효력이 있다.

제812조【적하소유자의 물적 유한책임】 적하의 소유자는 구조된 물건으로 구조료를 지불할 의무가 있다.

제813조【적하상 선박우선특권의 소멸】 적하 위에 존재하는 우선특권은 채무자가 그 적하를 제삼취득자에 인도한 후에 그 적하에 대하여 이를 행할 수 없다.

제814조【구조료 청구권의 단기시효】 구조료 청구권은 구조한 때로부터 1년을 경과한 때에는 시효로 인하여 소멸한다.

제6장 보 험

제815조【의의】 ① 해상보험계약은 항해에 관한 사고로 인하여 생길 수밖에 없는 손해의 정보를 가지고 그 목적으로 한다.

② 해상보험계약에는 본장에 별도의 규정이 있는 경우를 제외하고는 보험법 제2장 제1절 내지 제4절과 제6절 및 제5장 [2008년 이전 → 전편; 2005년 이전 → 제3편 제10장 제1절 제1관] 의 규정을 준용한다.

商法816　保険者は本章又は保険契約に別段の定ある場合を除く外保険期間中保険の目的に付き航海に関する事故に因りて生したる一切の損害を填補する責に任す

商法817　保険者は被保険者か支払ふへき共同海損の分担額を填補する責に任す但保険価額の一部を保険に付したる場合に於ては保険者の負担は保険金額の保険価額に対する割合に依りて之を定む

商法818　船舶の保険に付ては保険者の責任か始まる時に於ける其価額を以て保険価額とす

商法819　積荷の保険に付ては其船積の地及ひ時に於ける其価額及ひ船積並に保険に関する費用を以て保険価額とす

商法820　積荷の到達に因りて得へき利益又は報酬の保険に付ては契約を以て保険価額を定めさりしときは保険金額を以て保険価額としたるものと推定す

商法821　1. 一航海に付き船舶を保険に付したる場合に於ては保険者の責任は荷物又は底荷の船積に著手したる時を以て始まる

2.　荷物又は底荷の船積を為したる後船舶を保険に付したるときは保険者の責任は契約成立の時を以て始まる

3.　前2項の場合に於て保険者の責任は到達港に於て荷物又は底荷の陸揚か終了したる時を以て終はる但其陸揚か不可抗力に因らすして遅延したるときは其終了すへかりし時を以て終はる

商法822　1. 積荷を保険に付し又は積荷の到達に因りて得へき利益若くは報酬を保険に付したる場合に於ては保険者の責任は其積荷か陸地を離れたる時を以て始まり陸揚港に於て其陸揚か終了したる時を以て終はる

2. 前条第3項但書の規定は前項の場合に之を準用す

商法823　海上保険証券には第649条第2項に掲けたる事項の外左の事項を記載することを要す

一.　船舶を保険に付したる場合に於ては其船舶の名称、国籍並に種類、船長の氏名及ひ発航港、到達港又は寄航港の定あるときは其港名

二.　積荷を保険に付し又は積荷の到達に因りて得へき利益若くは報酬を保険に付したる場合に於ては船舶の名称、国籍並に種類、船積港及ひ陸揚港

第816条【손해의 전보】 보험자는 본장 또는 보험계약에 별도의 규정이 있는 경우를 제외하고는 보험기간 중에 보험의 목적에 항해에 관한 사고로 인하여 생긴 일체의 손해를 전보할 책임이 있다.

第817条【공동해손분담액의 전보】 보험자는 피보험자가 지급하는 공동해손의 분담액을 전보할 책임이 있다. 단, 보험가액의 일부를 보험에 붙인 경우에 있어서는 보험자의 부담은 보험금액의 보험가액에 대한 비율에 의하여 이를 정한다.

第818条【선박보험의 보험가액】 선박의 보험에 있어 보험자의 책임이 개시하는 시기에 있어 그 가액을 가지고 보험가액으로 한다.

第819条【적하보험의 보험가액】 적하의 보험에 대하여는 그 선적지 및 시에 있어서 그 가액 및 선적과 보험에 관한 비용을 가지고 보험가액으로 한다.

第820条【희망이익보험의 보험가액】 적하의 도달로 인하여 얻을 이익 또는 보수의 보험에 대하여는 계약을 가지고 보험가액을 정하지 아니한 때에는 보험금액을 가지고 보험가액으로 한 것으로 추정한다.

第821条【항해보험의 보험기간】 ① 하나의 항해에 대한 선박을 보험에 붙인 경우에 있어서는 보험자의 책임은 적하 또는 저하의 선적에 착수한 때에 시작한다.

② 화물 또는 저하의 선적을 한 후 선박을 보험에 붙인 때에는 보험자의 책임은 계약성립시에 개시한다.

③ 전 2항의 경우에 있어서 보험자의 책임은 도착항에 있어 화물 또는 저하의 양륙이 종료된 때에 종료하고 다만 그 양륙이 불가항력으로 인하여 지체된 때에는 그 종료했을 시에 종료한다.

第822条【적하·희망이익보험의 보험기간】 ① 적하를 보험에 붙이거나 또는 적하의 도달로 인하여 얻을 이익 혹은 보수를 보험에 붙인 경우에 있어서는 보험자의 책임은 그 적하가 육지를 떠난 때에 개시하고 양륙항에서 그 양륙을 종료한 때에 종료한다.

② 전조 제3항 단서의 규정은 전항의 경우에 이를 준용한다.

第823条【해상보험증권의 기재사항】 해상보험증권에는 제649조 제2항에 열거된 사항 이외에 다음 사항을 기재하여야 한다.

1. 선박을 보험에 붙인 경우에는 그 선박의 명칭, 국적 및 종류, 선장의 성명과 발항항, 도착항 또는 기항항을 정한 때에는 그 항명
2. 적하를 보험에 붙이거나 또는 적하의 도달로 인하여 얻을 이익 또는 보수를 보험에 붙인 경우에 있어서는 선박의 명칭, 국적 및 종류, 선적항과 양륙항

商法824　1. 保険者の責任か始まる前に於て航海を変更したるときは保険契約は其効力を失ふ

2. 保険者の責任か始まりたる後航海を変更したるときは保険者は其変更後の事故に付き責任を負ふことなし但其変更か保険契約者又は被保険者の責に帰すへからさる事由に因りたるときは此限に在らす

3. 到達港を変更し其実行に著手したるときは保険したる航路を離れさるときと雖も航海を変更したるものと看做す

商法825　被保険者か発航を為し若くは航海を継続することを怠り又は航路を変更し其他著しく危険を変更若くは増加したるときは保険者は其変更又は増加以後の事故に付き責任を負ふことなし但其変更又は増加か事故の発生に影響を及ほささりしとき又は保険者の負担に帰すへき不可抗力若くは正当の理由に因りて生したるときは此限に在らす

商法826　保険契約中に船長を指定したるときと雖も船長の変更は契約の効力に影響を及ほさす

商法827　積荷を保険に付し又は積荷の到達に因りて得へき利益若くは報酬を保険に付したる場合に於て船舶を変更したるときは保険者は其変更以後の事故に付き責任を負ふことなし但其変更か保険契約者又は被保険者の責に帰すへからさる事由に因りたるときは此限に在らす

商法828　1. 保険契約を為すに当たり荷物を積込むへき船舶を定めさりし場合に於て保険契約者又は被保険者か其荷物を船積したることを知りたるときは遅滞なく保険者に対して船舶の名称及ひ国籍の通知を発することを要す

2. 保険契約者又は被保険者か前項の通知を怠りたるときは保険契約は其効力を失ふ

商法829　保険者は左に掲けたる損害又は費用を填補する責に任せす

一.　保険の目的の性質若くは瑕疵、其自然の消耗又は保険契約者若くは被保険者の悪意若くは重大なる過失に因りて生したる損害

二.　船舶又は運送賃を保険に付したる場合に於て発航の当時安全に航海を為すに必要なる準備を為さす又は必要なる書類を備へさるに因りて生したる損害

三. 積荷を保険に付し又は積荷の到達に因りて得へき利益若くは報酬を保険

第824条【항해변경의 효력】 ① 보험자의 책임이 개시되기 전에 항해를 변경한 경우에는 보험계약은 그 효력을 상실한다.

② 보험자의 책임이 개시된 후 항해를 변경한 때에는 보험자는 그 변경 후의 사고에 대한 책임을 부담하지 아니한다. 단, 그 변경이 보험계약자 또는 피보험자의 책임에 기인하지 아니하는 사유로 인한 것인 때에는 그러하지 아니하다.

③ 도착항을 변경하여 그 실행에 착수한 때에는 부보한 항로를 이탈한 때와 상관없이 항해를 변경하였다고 간주한다.

第825条【현저한 위험의 변경 · 증가】 피보험자가 발항을 하거나 혹은 항허를 계속하는 것을 태만히하고 또는 항로를 변경하여 기타 현저히 위험을 변경 혹은 증가한 때에는 보험자는 그 변경 또는 증가 이후의 사고에 대한 책임을 부담하지 아니하고, 다만 그 변경 또는 증가가 사고의 발생에 영향을 미치지 아니한 때에 또는 보험자의 부담에 귀속하는 불가항력 혹은 정당한 이유에 의하여 생긴 때에는 그러하지 아니하다.

第826条【선장 변경의 효력】 보험계약 중에 선장을 지정했다 하더라도 선장의 변경이 계약의 효력에 영향을 미치지 아니한다.

第827条【선박 변경의 효력】 적하를 보험에 붙이거나 또는 적하의 도달로 인하여 얻을 이익 또는 보수를 보험에 붙인 경우에 있어서 선박을 변경한 때에는 보험자는 그 변경 이후의 사고에 대한 책임을 부담하지 아니한다. 다만 그 변경이 보험계약자 또는 피보험자의 책임에 의한 것이 아닌 사유로 인한 때에는 그러하지 아니하다.

第828条【선박 미확정의 예정보험】 ① 보험계약을 함에 있어서 적하를 선적할 선박을 정하지 아니한 경우에 보험계약자 또는 피보험자가 그 적하를 선적하는 것을 알았을 때에는 지체없이 보험자에 대하여 선박의 명칭 및 국적의 통지를 발하여야 한다.

② 보험계약자 또는 피보험자가 전항의 통지를 태만히한 때에는 브험계약은 그 효력을 잃는다.

第829条【면책사유】 보험자는 다음에 열거한 손해 또는 비용을 전보할 책임이 없다.

1. 보험의 목적의 성질 또는 하자, 그 자연의 소모 또는 보험계약자 혹은 피보험자의 악의 또는 중대한 과실로 인하여 생긴 손해
2. 선박 또는 운임을 보험에 붙인 경우에 있어 발항 당시 안전하게 항해를 하는 데 필요한 준비를 하지 않거나 혹은 필요한 서류를 구비하지 아니함으로 인하여 생긴 손해
3. 적하를 보험에 붙이거나 또는 적하의 도달로 인하여 얻을 이익 혹은 보수를 보험

に付したる場合に於て傭船者、荷送人又は荷受人の悪意若くは重大なる過失に因りて生したる損害

四. 水先案内料、入港料、燈台料、検疫料其他船舶又は積荷に付き航海の為めに出たしたる通常の費用

商法830　1. 共同海損に非さる損害又は費用か其計算に関する費用を算入せすして保険価額の100分の2を超えさるときは保険者は之を填補する責に任せす

2. 右の損害又は費用か保険価額の100分の2を超えたるときは保険者は其全額を支払ふことを要す

3. 前2項の規定は当事者か契約を以て保険者の負担せさる損害又は費用の割合を定めたる場合に之を準用す

4. 前3項に定めたる割合は各航海に付き之を計算す

商法831　保険の目的たる積荷か毀損して陸揚港に到達したるときは保険者は其積荷か毀損したる状況に於ける価額の毀損せさる状況に於て有すへかりし価額に対する割合を以て保険価額の一部を填補する責に任す

商法832　1. 航海の途中に於て不可抗力に因り保険の目的たる積荷を売却したるときは其売却に依りて得たる代価の中より運送賃其他の費用を控除したるものと保険価額との差を以て保険者の負担とす但保険価額の一部を保険に付したる場合に於て第636条の適用を妨けす

2. 前項の場合に於て買主か代価を支払はさるときは保険者は其支払を為すことを要す但其支払を為したるときは被保険者の買主に対して有せる権利を取得す

商法833　左の場合に於ては被保険者は保険の目的を保険者に委付して保険金額の全部を請求することを得

一. 船舶か沈没したるとき

二. 船舶の行方か知れさるとき

三. 船舶か修繕すること能はさるに至りたるとき

四. 船舶又は積荷か捕獲せられたるとき

五. 船舶又は積荷か官の処分に依りて押収せられ六个月間解放せられさるとき

에 붙인 경우에 있어서 용선자, 송하인 또는 수하인의 악의 혹은 중대한 과실로 인하여 생긴 손해

4. 도선료, 입항료, 등대료, 금역료 기타 선박 또는 적하에 관해 항해를 위하여 지출한 통상의 비용

제830조【소손해의 불전보】 ① 공동해손이 아닌 손해 또는 비용이 그 계산에 관한 비용을 산입하지 아니하고 보험가액의 2/100을 초과하지 않는 때에는 보험자는 이를 전보할 책임이 없다.

② 위 손해 또는 비용이 보험가액의 2/100을 초과한 때에는 보험자는 그 전액을 지급하여야 한다.

③ 전 2항의 규정은 당사자가 계약을 가지고 보험자가 부담하지 아니할 손해 또는 비용의 비율을 정한 경우에 이를 준용한다.

④ 전 3항에 규정한 비율은 각 항해에 있어 이를 계산한다.

제831조【적하의 훼손과 전보액】 보험의 목적인 적하가 훼손하여 양륙항에 도달한 때에는 보험자는 그 적하가 훼손된 상황의 가액이 훼손되지 않는 상황의 가액에 대한 비율로 보험가액의 일부를 전보할 책임이 있다.

제832조【불가항력에 의한 적하매각과 전보액】 ① 항해의 도중에 있어 불가항력으로 인하여 보험의 목적인 적하를 매각한 때에는 그 매각에 의하여 취득한 대가로부터 운임 기타의 비용을 공제하고 보험가액과의 차이를 보험자가 부담한다. 단, 보험가액의 일부를 보험에 붙인 경우에 있어서 제636조의 적용은 방해를 받지 아니한다.

② 전항의 경우에 있어서 매수인이 대가를 지불하지 않는 때에는 보험자는 그 지급을 하여야 한다. 그러나 지급을 한 때에는 피보험자의 매수인에 대하여 가질 수 있는 권리를 취득한다.

제833조【보험위부의 원인】 다음의 경우에 있어서는 피보험자는 보험의 목적을 보험자에게 위부하고 보험금액의 전부를 청구할 수 있다.

1. 선박이 침몰한 때
2. 선박의 행방을 알 수 없는 때
3. 선박이 수선을 할 수 없게 된 때
4. 선박 또는 적하가 포획된 때
5. 선박 또는 적하가 관청의 처분에 의하여 압수되고 6개월 간 해방되지 아니한 때

商法834　1. 船舶の存否か六个月間分明ならさるときは其船舶は行方の知れさるものとす

2. 保険期間の定ある場合に於て其期間か前項の期間内に経過したるときと雖も被保険者は委付を為すことを得但船舶か保険期間内に滅失せさりしことの証明ありたるときは其委付は無効とす

商法835　第833条第３号の場合に於て船長か遅滞なく他の船舶を以て積荷の運送を継続したるときは被保険者は其積荷を委付することを得す

商法836　1. 被保険者か委付を為さんと欲するときは三个月内に保険者に対して其通知を発することを要す

2. 前項の期間は第833条第１号、第３号及ひ第４号の場合に於ては被保険者か其事由を知りたる時より之を起算す

3. 再保険の場合に於ては第１項の期間は其被保険者か自己の被保険者より委付の通知を受けたる時より之を起算す

商法837　1. 委付は単純なることを要す

2. 委付は保険の目的の全部に付て之を為すことを要す但委付の原因か其一部に付て生したるときは其部分に付てのみ之を為すことを得

3. 保険価額の一部を保険に付したる場合に於ては委付は保険金額の保険価額に対する割合に応して之を為すことを得

商法838　保険者か委付を承認したるときは後日其委付に対して異議を述ふることを得す

商法839　1. 保険者は委付に因り被保険者か保険の目的に付き有せる一切の権利を取得す

2. 被保険者か委付を為したるときは保険の目的に関する証書を保険者に交付することを要す

商法840　1. 被保険者は委付を為すに当たり保険者に対し保険の目的に関する他の保険契約並に其負担に属する債務の有無及ひ其種類を通知することを要す

2. 保険者は前項の通知を受くるまては保険金額の支払を為すことを要せす

3. 保険金額の支払に付き期間の定あるときは其期間は保険者か第１項の通知を受けたる時より之を起算す

제834조【선박의 행방불명】 ① 선박의 존부가 6개월 간 분명하지 않는 때에는 그 선박이 행방불명된 것으로 본다.

② 보험기간을 정한 경우에 있어서는 그 기간이 전 항의 기간 내에 경과한 때일지라도 피보험자는 위부를 할 수 있고 다만 선박이 보험기간 내에 멸실된 것을 증명하는 때에는 그 위부는 무효가 된다.

제835조【대선에 의한 운송계속과 위부권 소멸】 제833조 제3호의 경우에 있어서는 선장이 지체없이 다른 선박을 가지고 적하의 운송을 계속한 때에는 피보험자는 그 적하를 위부할 수 없다.

제836조【위부의 통지】 ① 피보험자가 위부를 하고자 하는 때에는 3개월 내에 보험자에 대하여 그 통지를 발송하여야 한다.

② 전항의 기간은 제833조 제1호, 제3호 및 제4호의 경우에 있어서는 피보험자가 그 사유를 안 때부터 이를 기산한다.

③ 재보험의 경우에 있어서는 제1항의 경우는 그 피보험자가 자기의 피보험자로부터 위부의 통지를 받은 때로부터 이를 기산한다.

제837조【위부의 요건】 ① 위부는 단순하여야 한다.

② 위부는 보험의 목적 전부에 대하여 이를 하여야 하고 다만 위부의 원인이 그 일부에 대하여 생긴 때에는 그 부분에 대하여서만 이를 할 수 있다.

③ 보험가액의 일부를 보험에 붙인 경우에 있어서는 위부는 보험금액의 보험가액에 대한 비율에 따라 이를 하여야 한다.

제838조【위부승인과 이의권 상실】 보험자가 위부를 승인한 때에는 후일 그 위부에 대하여 이의를 제기하지 못한다.

제839조【위부의 효력】 ① 보험자는 위부로 인하여 피보험자가 보험의 목적에 대해 가지는 일체의 권리를 취득한다.

② 피보험자가 위부를 한 때에는 보험의 목적에 관한 증서를 보험자에게 고부하여야 한다.

제840조【다른 보험계약 등에 관한 통지】 ① 피보험자는 위부를 함에 있어 보험자에 대하여 보험의 목적과 관련하여 다른 보험계약 또는 그 부담에 속하는 채무의 유무 및 그 종류를 통지하여야 한다.

② 보험자는 전항의 통지를 받을 때까지는 보험금액의 지급을 할 필요가 없다.

③ 보험금액의 지급에 관하여 기간의 정함이 있는 때에는 그 기간은 보험자가 제1항의 통지를 받은 때부터 이를 기산한다.

商法841　保険者か委付を承認せさるときは被保険者は委付の原因を証明したる後に非されは保険金額の支払を請求することを得す

商法841條の2 本章の規定は相互保険に之を準用す但其性質が之を許さざサザれときは此限に在らず [平成 20年 本條 追加]

第七章　船舶債権者

商法842　左に掲けたる債権を有する者は船舶、其属具及ひ未た受取らさる運送賃の上に先取特権を有す

一. 船舶並に其属具の競売に関する費用及ひ競売手続開始後の保存費

二. 最後の港に於ける船舶及ひ其属具の保存費

三. 航海に関し船舶に課したる諸税

四. 水先案内料及ひ挽船料

五. 救助料及ひ船舶の負担に属する共同海損

六. 航海継続の必要に因りて生したる債権

七. 雇傭契約に因りて生したる船長其他の船員の債権

八. 船舶か其売買又は製造の後未た航海を為ささる場合に於て其売買又は製造並に艤装に因りて生したる債権及ひ最後の航海の為めにする船舶の艤装、食料並に燃料に関する債権

九.: 昭和 50年 船主責任制限法 本号 削除

[昭和 50年 以前 9号] 第二號, 製四號乃至第六號及ヒ前號ニ掲ケタルモノヲ除ク外第六百九十條(昭和 13年 以前 第544条)ノ規定ニ依リ委付ヲ許シタル債權

商法843　船舶債権者の先取特権は運送賃に付ては其先取特権の生したる航海に於ける運送賃の上にのみ存在す

商法844　1. 船舶債権者の先取特権か互に競合する場合に於ては其優先権の順位は第842条に掲けたる順序に従ふ但同条第 4 号乃至第 6 号の債権間に在りては後に生したるもの前に生したるものに先つ

제841조【위부의 불승인】 보험자가 위부를 승인하지 아니하는 때에는 피보험자는 위부의 원인을 증명한 후가 아니면 보험금액의 지급을 청구할 수 없다.

제841조의 2【상호보험에 준용】 본장의 규정은 상호보험에도 이를 준용한다. 단 그 성질이 이를 허락하지 아니하는 때에는 그러하지 아니하다 [2008년 본조 추가].

제7장 선박채권자

제842조【선박우선특권이 있는 채권】 다음에 열거한 채권을 가진 사람은 선박, 그 속구 및 아직 수령하지 아니한 운임의 위에 우선특권을 가진다.

1. 선박 및 그 속구의 경매에 관한 비용 및 경매수속 개시 후의 보존비
2. 최후의 항해에 있어서 선박 및 그 속구의 보존비
3. 항해에 관해 선박에 부과한 제세
4. 도선료 및 예선료
5. 구조료 및 선박의 부담에 속하는 공동해손
6. 항해계속의 필요로 인하여 생긴 채권
7. 고용계약으로 인하여 생긴 선장 기타 해원의 채권
8. 선박이 그 매매 또는 제조 후 아직 항해를 하지 아니한 경우에 있어서 그 매매 또는 제조와 함께 의장으로 인하여 생긴 채권 및 최후의 항해를 하기 위한 선박의 의장, 식사 및 연료에 관한 채권

9.: 1975년 선주책임제한법에 의거 본호 삭제

[1975년 이전 9호] 제2호, 제4호 내지 제6호 및 전호에 게기한 것을 제한 외에 제690조의 규정에 의하여 위부를 허한 채권

제843조【우선특권의 목적인 운임】 선박채권자의 우선특권은 운임에 대하여는 그 우선특권이 생긴 항해의 운임상에만 존재한다.

제844조 【우선특권 상호간의 순위】 ① 선박채권자의 우선특권이 상호간에 경합하는 경우에 있어서는 그 우선특권의 순위는 제842조에 열거된 순서에 따른다. 단, 동조 제4호 내지 제6호의 채권 간에 있어서는 후에 생긴 것이 전에 생긴 것에 우선한다.

2. 同一順位の先取特権者数人あるときは各其債権額の割合に応して弁済を受く但第842条第4号乃至第6号の債権か同時に生せさりし場合に於ては後に生したるもの前に生したるものに先つ

3. 先取特権か数回の航海に付て生したる場合に於ては前2項の規定に拘はらす後の航海に付て生したるもの前の航海に付て生したるものに先つ

商法845 船舶債権者の先取特権と他の先取特権と競合する場合に於ては船舶債権者の先取特権は他の先取特権に先つ

商法846 1. 船舶所有者か其船舶を譲渡したる場合に於ては譲受人は其譲渡を登記したる後先取特権者に対し一定の期間内に其債権の申出を為すへき旨を公告することを要す但其期間は一个月を下ることを得す

2. 先取特権者か前項の期間内に其債権の申出を為ささりしときは其先取特権は消滅す

商法847 1. 船舶債権者の先取特権は其発生後1年を経過したるときは消滅す

2. 第842条第8号の先取特権は船舶の発航に因りて消滅す

商法848 1. 登記したる船舶は之を以て抵当権の目的と為すことを得

2. 船舶の抵当権は其属具に及ふ

3. 船舶の抵当権には不動産の抵当権に関する規定を準用す

商法849 船舶の先取特権は抵当権に先ちて之を行ふことを得

商法850 登記したる船舶は之を以て質権の目的と為すことを得す

商法851 本章の規定は製造中の船舶に之を準用す

② 동일 순위의 우선특권자가 수인이 있는 때에는 각 채권액의 비율에 따라 변제를 받는다. 단, 제842조 제4호 내지 제6호의 채권이 동시에 발생하지 아니한 경우에 있어서는 후에 생긴 것이 전에 생긴 것에 우선한다.

③ 우선특권이 수회의 항해에 의하여 생긴 경우에 있어서는 전 2항의 구정에도 불구하고 후의 항해에 의하여 생긴 것이 전의 항해에 의하여 생긴 것에 우선한다.

제845조【다른 우선특권과의 순위】 선박채권자의 우선특권과 다른 우선특권이 경합하는 경우에 있어서는 선박채권자의 우선특권이 다른 우선특권에 우선한다.

제846조【선박양도와 우선특권 보존의 요건】 ① 선박소유자가 그 선박을 양도한 경우에 있어서는 양수인이 그 양도를 등기한 후 우선특권자에 대한 일정한 기간 내에 그 채권의 신청을 해야 할 뜻을 공고하여야 한다. 단, 그 기간은 1개월 미만일 수 없다.

② 우선특권자가 전항의 기간 내에 그 채권의 신고를 하지 아니한 때에는 그 우선특권은 소멸한다.

제847조【우선특권의 소멸】 ① 선박채권자의 우선특권은 그 발생 후 1년을 경과한 때에는 소멸한다.

② 제842조 제8호의 우선특권은 선박의 발항으로 인하여 소멸한다.

제848조【선박저당권】 ① 등기한 선박은 이를 가지고 저당권의 목적으로 할 수 있다.

② 선박의 저당권은 그 속구에 미친다.

③ 선박의 저당권에는 부동산의 저당권에 관한 규정을 준용한다.

제849조【선박저당권과 우선특권의 경합】 선박의 우선특권은 저당권에 우선하여 이를 행사할 수 있다.

제850조【등기선박의 입질 불허】 등기한 선박은 이를 가지고 질권의 목적으로 할 수 없다.

제851조【제조중인 선박에의 준용】 본장의 규정은 제조중인 선박에 이를 준용한다.

国際海上物品運送法

昭和 三十二年六月十三日 法律第百七十二号

改正: 昭和 50年 船主責任制限法 改正

改正: 平成 四年 法律 第六九号

第一条【適用範囲】　この法律(第二十条の二を除く)の規定は船舶による物品運送で船積港又は陸揚港が本邦外にあるものに、同条の規定は運送人及びその使用する者の不法行為による損害賠償の責任に適用する [平4年 改正]。

[平4年 以前] 第一条　この法律は、船舶による物品運送で、船積港又は陸揚港が本邦外にあるものに適用する。

第二条【定義】　この法律において「船舶」とは、商法(明治三十二年法律第四十八号)第六百八十四条第一項に規定する船舶で、同条第二項の舟以外のものをいう。

2.　この法律において「運送人」とは、前条の運送をする船舶所有者、船舶賃借人及び傭船者をいう。

3.　この法律において「荷送人」とは、前条の運送を委託する傭船者及び荷送人をいう。

4.　この法律において「一計算単位」とは、国際通貨基金協定第三条第一項に規定する特別引出権による一特別引出権に相当する金額をいう [平4年 本項 追加]。

第三条【運送品に関する注意義務】　運送人は、自己又はその使用する者が運送品の受取、船積、積付、運送、保管、荷揚及び引渡につき注意を怠つたことにより生じた運送品の滅失、損傷又は延着について、損害賠償の責を負う。

국제해상물품운송법

제정: 1957년 6월 13일 법률 제172호
개정: 1975년 선주책임제한법에 의한 개정
개정: 1992년 6월 3일 법률 제69호

일본법전 편집 및 번역: 채이식 교수

제1조 【적용범위】 이 법률(제20조의2를 제외)의 규정은 선박에 의한 물건운송으로 선적항 또는 양륙항이 본국 이외인 것에, 동조의 규정은 운송인 및 그 사용인의 불법행위에 의한 손해배상의 책임에 적용한다 [1992년 개정].

[1992년 이전] 제1조(적용범위) 이 법률은, 선박에 의한 물품 운송으로, 선적항 또는 양륙이 본국 외에 있는 것에 적용한다.

제2조 【정의】 ① 이 법률에서 "선박"이란 상법 제684조 제1항에 규정한 선박으로, 동조 제2항의 선박 이외의 것을 말한다.
② 이 법률에서 "운송인"이란 전조의 운송을 하는 선박소유자, 선박임차인 및 용선자를 말한다.
③ 이 법률에서 "송하인"이란 전조의 운송을 위탁하는 용선자 및 송하인을 말한다.
④ 이 법률에서 "계산단위"란 국제통화기금협정 제3조 제1항에 규정한 1특별인출권에 상당하는 금액을 말한다 [1992년 본항 추가].

제3조 【운송물에 관한 주의의무】 ① 운송인은 자기 또는 그 사용인이 운송물의 수령, 선적, 적부, 운송, 보관, 양륙 및 인도에 대하여 주의를 태만히하여 발생한 운송물의 멸실, 손상 또는 연착에 대하여 손해배상책임을 진다.

2. 前項の規定は、船長、海員、水先人その他運送人の使用する者の航行若しくは船舶の取扱に関する行為又は船舶における火災(運送人の故意又は過失に基くものを除く。)により生じた損害には、適用しない。

第四条　運送人は、前条の注意が尽されたことを証明しなければ、同条の責を免かれることができない。

2. 運送人は、次の事実があつたこと及び運送品に関する損害がその事実により通常生ずべきものであることを証明したときは、前項の規定にかかわらず、前条の責を免かれる。ただし、同条の注意が尽されたならばその損害を避けることができたにかかわらず、その注意が尽されなかつたことの証明があつたときは、この限りでない。

一. 海上その他可航水域に特有の危険

二. 天災

三. 戦争、暴動又は内乱

四. 海賊行為その他これに準ずる行為

五. 裁判上の差押、検疫上の制限その他公権力による処分

六. 荷送人若しくは運送品の所有者又はその使用する者の行為

七. 同盟罷業、怠業、作業所閉鎖その他の争議行為

八. 海上における人命若しくは財産の救助行為又はそのためにする離路若しくはその他の正当な理由に基く離路

九. 運送品の特殊な性質又は隠れた欠陥

十. 運送品の荷造又は記号の表示の不完全

十一. 起重機その他これに準ずる施設の隠れた欠陥

3. 前項の規定は、第九条の規定の適用を妨げない。

第五条【航海に堪える能力に関する注意義務】 運送人は、自己又はその使用する者が発航の当時次の事項につき注意を怠つたことにより生じた運送品の滅失、損傷又は延着について、損害賠償の責を負う。

一. 船舶を航海に堪える状態におくこと。

二. 船員を乗り組ませ、船舶を艤装し、及び需品を補給すること。

三. 船倉、冷蔵室その他運送品を積み込む場所を運送品の受入、運送及び保存に適する状態におくこと。

② 전항의 규정은 선장, 선원, 도선사 기타 운송인의 사용자의 항행이나 선박의 취급과 관련한 행위에 의하여, 또는 선박에 있어 화재(운송인의 고의 또는 과실에 기한 것은 제외)에 의하여, 각각 발생한 손해에는 적용되지 아니한다.

제4조 ① 운송인은 전조의 주의를 다한 것을 증명하지 아니하면 동조의 책임을 면할 수 없다.

② 운송인은, 다음의 사실이 있다는 것 및 운송물에 관한 손해가 그 사실에 의하여 통상 발생할 수 있는 것이라는 것을 증명하는 때에는, 전항의 규정과 상관없이, 전조의 책임을 면한다. 다만 동조의 주의를 다하였으면 그 손해를 피할 수 있었음에도 불구하고 그 주의를 다하지 아니하였다는 증명이 있는 때에는 그러하지 아니하다.

1. 해상 기타 항행 수역에 특유한 위험
2. 천재
3. 전쟁, 폭동 또는 내란
4. 해적행위 기타 이에 준하는 행위
5. 재판상 압류, 검역상 제한 기타 공권력에 의한 처분
6. 송하인이나 운송물의 소유자 또는 그 사용인의 행위
7. 동맹파업, 태업, 직장폐쇄 기타 쟁의행위
8. 해상에서 인명이나 재산의 구조행위 또는 그 일을 위한 이로 또는 그 외 정당한 이유에 기한 이로
9. 운송물의 특수한 성질 또는 숨은 결함
10. 운송물의 포장 또는 기호의 표시 불완전
11. 기중기 기타 이에 준하는 시설의 숨은 결함

③ 전항의 규정은 제9조의 규정의 적용에 영향을 미치지 아니한다.

제5조【항해를 감당할 능력에 관한 주의의무】 ① 운송인은 자기 또는 그 사용인이 발항 당시 다음의 사항에 대하여 주의를 태만히하여 발생한 운송물의 멸실, 손상 또는 연착에 대해 손해배상책임을 진다.

1. 선박이 항해를 감당할 상태에 있는 것
2. 선원을 승선하게 하고, 선박을 의장하고, 또한 비품을 보급하는 것
3. 선창, 냉장실, 기타 운송물을 적재하는 장소가 운송물의 수취, 운송 및 보관에 적합한 상태에 있는 것

2. 運送人は、前項の注意が尽されたことを証明しなければ、同項の責を免かれることができない。

第六条【船荷証券の交付義務】　運送人、船長又は運送人の代理人は、荷送人の請求により、運送品の船積後遅滞なく、船積があつた旨を記載した船荷証券(以下「船積船荷証券」という。)の一通又は数通を交付しなければならない。運送品の船積前においても、その受取後は、荷送人の請求により、受取があつた旨を記載した船荷証券(以下「受取船荷証券」という。)　の一通又は数通を交付しなければならない。

2. 　受取船荷証券が交付された場合には、受取船荷証券の全部と引換でなければ、船積船荷証券の交付を請求することができない。

第七条【船荷証券の作成】　船荷証券には、次の事項(受取船荷証券については、第七号及び第八号の事項を除く)を記載し、運送人、船長又は運送人の代理人が署名し、又は記名押印しなければならない。

一. 運送品の種類

二. 運送品の容積若しくは重量又は包若しくは個品の数及び運送品の記号

三. 外部から認められる運送品の状態

四. 荷送人の氏名又は商号

五. 荷受人の氏名又は商号

六. 運送人の氏名又は商号

七. 船舶の名称及び国籍

八. 船積港及び船積の年月日

九. 陸揚港

十. 運送賃

十一. 数通の船荷証券を作つたときは、その数

十二. 作成地及び作成の年月日

2. 　受取船荷証券と引換に船積船荷証券の交付の請求があつたときは、その受取船荷証券に船積があつた旨を記載し、かつ、署名し、又は記名押印して、船積船荷証券の作成に代えることができる。この場合には、前項第七号及び第八号の事項をも記載しなければならない。

第八条【荷送人の通告】　前条第一項第一号及び第二号の事項は、その事項につ

② 운송인은 전항의 주의를 다한 것을 증명하지 아니하면 동항의 책임을 면할 수 없다.

제6조【선하증권의 교부의무】 ① 운송인, 선장 또는 운송인의 대리인은 송하인의 청구에 의거, 운송물의 선적 후 지체 없이, 선적이 있었다는 취지를 기재한 선하증권(이하 '선적선하증권'이라 한다) 1통 또는 수통을 교부하여야 한다. 운송물의 선적 이전에 있어서도 그 수령 이후에는, 송하인의 청구에 의거, 수령을 하였다는 취지를 기재한 선하증권(이하 '수령선하증권'이라 한다) 1통 또는 수통을 교부하여야 한다.

② 수령선하증권이 교부된 경우에는 수령선하증권의 전부와 상환하지 아니하면 선적전하증권의 교부를 청구할 수 없다.

제7조【선하증권의 작성】 ① 선하증권에는 다음 사항(수령선하증권에 대하여는 제7호 및 제8호의 사항을 제외)을 기재하여 운송인, 선장 또는 운송인의 대리인이 서명하거나 기명날인하여야 한다.

1. 운송물의 종류
2. 운송물의 용적이나 중량 또는 포장이나 개수 및 운송물의 기호
3. 외부에서 확인되는 운송물의 상태
4. 송하인의 성명 또는 상호
5. 수하인의 성명 또는 상호
6. 운송인의 성명 또는 상호
7. 선박의 명칭 및 국적
8. 선적항 및 선적 연월일
9. 양륙항
10. 운임
11. 수 통의 선하증권을 작성한 때에는 그 수
12. 작성지 및 작성 연월일

② 수령선하증권과 상환으로 선적선하증권의 교부 청구가 있는 대에는, 그 수령선하증권에 선적이 있었다는 취지의 기재를 하고 나서 서명하거나 기명날인하여 선적선하증권의 작성을 대신할 수 있다. 이 경우에는 전항 제7호 및 제8호의 사항도 기재하여야 한다.

제8조【송하인의 통지】 ① 전조 제1항 제1호 및 제2호의 사항은, 그 사항에 대한

き荷送人の書面による通告があつたときは、その通告に従つて記載しなければならない。

2. 前項の規定は、同項の通告が正確でないと信ずべき正当な理由がある場合及び同項の通告が正確であることを確認する適当な方法がない場合には、適用しない。運送品の記号について、運送品又はその容器若しくは包装に航海の終了の時まで判読に堪える表示がされていない場合も、また同様とする。

3. 荷送人は、運送人に対し、第一項の通告が正確であることを担保する。

第九条【船荷証券の不実記載】 運送人は、船荷証券の記載が事実と異なることをもつて善意の船荷証券所持人に対抗することができない[平4年 改正]。

[平4年 以前] 第九条　船荷証券に事実と異なる記載がされた場合には、運送人は、その記載につき注意が尽されたことを証明しなければ、その記載が事実と異なることをもつて善意の船荷証券所持人に対抗することができない。

第十条【準用規定】 商法第五百七十三条 から第五百七十五条 まで、第五百八十四条及び第七百七十条から第七百七十五条までの規定は、この法律による船荷証券に準用する。

第十一条【危険物の処分】 引火性、爆発性その他の危険性を有する運送品で、船積の際運送人、船長及び運送人の代理人がその性質を知らなかつたものは、何時でも、陸揚し、破壊し、又は無害にすることができる。

2. 前項の規定は、運送人の荷送人に対する損害賠償の請求を妨げない。

3. 引火性、爆発性その他の危険性を有する運送品で、船積の際運送人、船長又は運送人の代理人がその性質を知つていたものは、船舶又は積荷に危害を及ぼすおそれが生じたときは、陸揚し、破壊し、又は無害にすることができる。

4. 運送人は、第一項又は前項の処分により当該運送品につき生じた損害については、賠償の責を負わない。

第十二条【荷受人等の通知義務】 荷受人又は船荷証券所持人は、運送品の一部滅失又は損傷があつたときは、受取の際運送人に対しその滅失又は損傷の概

송하인의 서면에 의한 통지가 있는 때에는, 그 통지에 따라 기재하여야 한다.

② 전항의 규정은, 동항의 통고가 정확하지 아니하다고 믿을 만한 정당한 이유가 있는 경우, 및 동항의 통고가 정확하다는 것을 확인할 적당한 방법이 없는 경우에는 적용하지 아니한다. 운송물의 기호에 대하여는, 운송물 또는 그 용기나 포장에 항해의 종료시까지 판독을 유지할 표시가 되어 있지 아니한 경우에도 역시 마찬가지이다.

③ 송하인은 운송인에 대해 제1항의 통지가 정확하다는 것을 담보한다.

제9조【선하증권의 불실기재】 운송인은 선하증권의 기재가 사실과 다르다는 것을 가지고 선의의 선하증권 소지인에게 대항할 수 없다 [1992년 개정].

[1992년 이전] 제9조(선하증권의 불실기재) 선하증권에 사실과 다른 기재가 되었을 경우에는, 운송인은 그 기재에 대해 주의를 다한 것을 증명하지 아니하면, 그 기재가 사실과 다른 것을 가지고 선의의 선하증권 소지인에게 대항할 수 없다.

제10조【준용규정】 상법 제573조 내지 제575조, 제584조 및 제770조부터 제775조까지의 규정은 이 법률에 의한 선하증권에 준용한다.

제11조【위험물의 처분】 ① 인화성, 폭발성 기타 위험성이 있는 운송물로, 선적시 운송인, 선장 및 운송인의 대리인이 그 성질을 몰랐던 것은, 언제라도 양륙하고, 파괴하고 또는 무해하게 할 수 있다.

② 전항의 규정은 운송인의 송하인에 대한 손해배상청구에는 영향을 미치지 아니한다.

③ 인화성, 폭발성 기타 위험성이 있는 운송물로, 선적시 운송인, 선장 또는 운송인의 대리인이 그 성질을 알고 있었던 것은, 선박 또는 적하에 위해를 가할 염려가 생긴 때에는 이를 양륙하고, 파괴하고, 또는 무해하게 할 수 있다.

④ 운송인은 제1항 또는 전항의 처분에 의해 당해 운송물에 발생하는 손해에 대해 그 배상책임을 지지 아니한다.

제12조【수하인 등의 통지의무】 ① 운송물의 일부 멸실 또는 손상이 있는 때에는, 수하인 또는 선하증권 소지인은 수령시에 운송인에게 그 멸실 또는 손상의 개략

況につき書面による通知を発しなければならない。ただし、その滅失又は損傷が直ちに発見することができないものであるときは、受取の日から三日以内にその通知を発すれば足りる。

2. 前項の通知がなかつたときは、運送品は、滅失及び損傷がなく引き渡されたものと推定する。

3. 前二項の規定は、運送品の状態が引渡の際当事者の立会によつて確認された場合には、適用しない。

4. 運送品につき滅失又は損傷が生じている疑があるときは、運送人と荷受人又は船荷証券所持人とは、相互に、運送品の点検のため必要な便宜を与えなければならない。

第十二条の二【損害賠償の額】 運送品に関する損害賠償の額は、荷揚げされるべき地及び時における運送品の市場価格(商品取引所の相場のある物品については、その相場) によつて定める。ただし、市場価格がないときは、その地及び時における同種類で同一の品質の物品の正常な価格によつて定める。

2.商法第五百八十条第三項 の規定は、前項の場合に準用する [平4年 本條 追加]。

第十三条【責任の限度】 運送品に関する運送人の責任は、一包又は一単位につき、次に掲げる金額のうちいずれか多い金額を限度とする。

一. 一計算単位の六百六十六.六七倍の金額

二. 滅失、損傷又は延着に係る運送品の総重量について一キログラムにつき一計算単位の二倍を乗じて得た金額

2. 前項各号の一計算単位は、運送人が運送品に関する損害を賠償する日において公表されている最終のものとする。

3. 送品がコンテナー、パレットその他これらに類する輸送用器具(以下この項において「コンテナー等」という。) を用いて運送される場合における第一項の規定の適用については、その運送品の包若しくは個品の数又は容積若しくは重量が船荷証券に記載されているときを除き、コンテナー等の数を包又は単位の数とみなす。

4. 運送品に関する運送人の使用する者の責任が、第二十条の二第二項の規定

적 상황에 관해 서면에 의한 통지를 발송하여야 한다. 다만 그 멸실 또는 손상이 즉시 발견할 수 없는 것인 때에는 수령일로부터 3일 이내에 그 통지를 발송하면 족하다.

② 전항의 통지가 없는 때에는 운송물이 멸실 및 손상 없이 인도된 것으로 추정한다.

③ 전 2항의 규정은 운송물의 상태가 인도시에 당사자의 입회하에 확인된 경우에는 적용되지 아니한다.

④ 운송물에 멸실 또는 손상이 생겼다는 의심이 있는 때에는, 운송인과 수하인이나 선하증권 소지인은 서로가 운송물의 점검을 위해 필요한 편의를 제공하여야 한다.

제12조의2 【손해배상의 액】 ① 운송물에 관한 손해배상액은 양륙할 장소와 시기에 있어 운송물의 시장가격(상품거래소에 상장된 물품에 대하여는 그 시장)에 의하여 정한다. 다만 시장가격이 없으면 그 장소와 시기에 같은 종류, 동일 품질의 물품의 정상적 가격에 의해 정한다.

② 상법 제580조 제3항의 규정은 전항의 경우에 준용한다 [1992년 본조 추가].

제13조 【책임의 한도】 ① 운송물에 관한 운송인의 책임은 1포장 혹은 1단위에 대해 다음에 열거한 금액 중에서 어느 것이든 높은 금액을 한도로 한다.

1계산단위의 666.67배의 금액

멸실, 훼손 또는 연착에 관련된 운송물의 총중량에 대허 1킬로그램당 1계산단위의 2배를 곱하여 얻는 금액

② 전조 각 호의 1계산단위는 운송인이 운송물에 관한 손해를 배상하는 날에 있어서 공표된 최종의 것으로 한다.

③ 운송물이 컨테이너, 팔레트 기타 이와 같은 유사한 운송용구(이하 이 항에 있어서 '컨테이너 등'이라고 한다)를 사용하여 운송하는 경우에는 제1항의 규정의 적용에 있어 그 운송물의 포장이나 개품의 수 또는 용적이나 중량이 선하증권에 기재되어 있는 경우를 제외하고는, 컨테이너 등의 수를 포장 또는 단위의 수로 본다.

④ 운송물에 관해 운송인이 사용하는 자의 책임이, 제20조의2 제2항의 규정에 의

により、同条第一項において準用する前三項の規定により運送人の責任が軽減される限度で軽減される場合において、運送人の使用する者が損害を賠償したときは、前三項の規定による運送品に関する運送人の責任は、運送人の使用する者が賠償した金額の限度において、更に軽減される。

5. 前各項の規定は、運送品の種類及び価額が、運送の委託の際荷送人により通告され、かつ、船荷証券が交付されるときは、船荷証券に記載されてい

6. 前項の場合において、荷送人が実価を著しくこえる価額を故意に通告したときは、運送人は、運送品に関する損害については、賠償の責を負わない。

7. 第五項の場合において、荷送人が実価より著しく低い価額を故意に通告したときは、その価額は、運送品に関する損害については、運送品の価額とみなす。

8. 前二項の規定は、運送人に悪意があつた場合には、適用しない[平4年 條文 全文 改正]。

[平4年 以前] 第十三条　運送品に関する運送人の責任は、一包又は一単位につき、十万円を限度とする。

2. 前項の規定は、運送品の種類及び価額が、運送の委託の際荷送人により通告され、かつ、船荷証券が交付されるときは、船荷証券に記載されている場合には、適用しない。

3. 前項の場合において、荷送人が実価を著しくこえる価額を故意に通告したときは、運送人は、運送品に関する損害については、賠償の責を負わない。

4. 第二項の場合において、荷送人が実価より著しく低い価額を故意に通告したときは、その価額は、運送品に関する損害については、運送品の価額とみなす。

5. 前二項の規定は、運送人に悪意があつた場合には、適用しない。

第十三条の二【損害賠償の額及び責任の限度の特例】運送人は、運送品に関する損害が、自己の故意により、又は損害の発生のおそれがあることを認識しながらした自己の無謀な行為により生じたものであるときは、第十二条の二及び前条第一項から第四項までの規定にかかわらず、一切の損害を賠償する責めを負う[平4年 條文 追加]。

第十四条【責任の消滅】　運送品に関する運送人の責任は、運送品が引き渡され

해, 동조 제1항에서 준용하는 전3항의 규정에 의해 운송인의 책임이 경감되는 한도로 경감되는 경우에 있어, 운송인이 사용하는 자가 손해를 배상한 때에는 전3항의 규정에 의한 운송물에 관한 운송인의 책임은 운송인이 사용하는 자가 배상한 금액의 한도에서 다시 경감된다.
⑤ 전 각 항의 규정은 운송물의 종류 및 가액이 운송을 위탁할 때에 송하인에 의해 통지되고, 또한 선하증권이 교부된 때에는 그 선하증권에 기재된 경우에는, 이를 적용하지 아니한다.
⑥ 전항의 경우에, 송하인이 고의로 실가를 현저히 초과하는 가액을 통지한 때에는, 운송인은 운송물에 관한 손해에 대해 배상책임을 지지 아니한다.
⑦ 제5항의 경우, 송하인이 고의로 실가보다 현저하게 낮은 가액을 통지한 때에는, 그 가액은 운송물에 대한 손해에 있어서는 이를 운송물의 가액으로 본다.
⑧ 전2항의 규정은 운송인에게 악의가 있는 경우에는 적용하지 아니한다 [1992년 본조 개정].

[1992년 이전] 제13조(책임의 한도) ① 운송물에 관한 운송인의 책임은 1포장 또는 1단위에 대해 10만 엔을 한도로 한다.
② 전항의 규정은 운송물의 종류 및 가액이 운송을 위탁할 때 송하인에 의해 통지되고 또한 선하증권이 교부될 때 선하증권에 기재되어 있는 경우 적용하지 않는다.
③ 전항의 경우에 송하인이 고의로 실가를 현저하게 넘는 가액을 통지했을 때에는, 운송인은 운송물에 관한 손해에 대해 배상책임을 지지 아니한다.
④ 제2항의 경우에 송하인이 고의로 실가보다 현저하게 낮은 가액을 통지했을 때에는 그 가액은 운송물에 관한 손해에 대해 운송물의 가액으로 간주한다.
⑤ 전 2항의 규정은 운송인이 악의인 경우에는 적용하지 아니한다.

제13조의2【손해배상액 및 책임한도의 특례】 운송인은 운송물에 관한 손해가 자기의 고의에 의하거나, 또는 손해발생의 염려가 있는 것을 인식하면서 자기의 무모한 행위에 의해 발생한 것인 때에는, 제12조의2 및 전조 제1항부터 제4항까지의 규정에 불구하고, 일체의 손해를 배상할 책임이 있다 [1992년 條文 追加].

제14조【책임의 소멸】 ① 운송물에 관한 운송인의 책임은 운송물이 인도된 날(전

た日(全部滅失の場合には、引き渡されるべき日) から一年以内に裁判上の請求がされないときは、消滅する。

2. 前項の期間は、運送品に関する損害が発生した後に限り、合意により、延長することができる。

3. 運送人が更に第三者に対して運送を委託した場合における運送品に関する第三者の責任は、運送人が、第一項の期間内に、損害を賠償し、又は裁判上の請求をされた場合においては、同項の期間(前項の規定により第一項の期間が運送人と当該第三者との合意により延長された場合にあつては、その延長後の期間)が満了した後にあつても、運送人が損害を賠償し、又は裁判上の請求をされた日から三月を経過する日までは、消滅しない [平4年 條文 改正]。

[平4年 以前] 第十四条 運送品に関する運送人の責任は、運送品が引き渡された日(全部滅失の場合には、引き渡されるべき日)から一年以内に裁判上の請求がされないときは、消滅する。ただし、運送人に悪意があつたときは、この限りでない。

第十五条【特約禁止】 第三条から第五条まで、第八条、第九条又は第十二条から前条までの規定に反する特約で、荷送人、荷受人又は船荷証券所持人に不利益なものは、無効とする。運送品の保険契約によつて生ずる権利を運送人に譲渡する契約その他これに類似する契約も、また同様とする。

2. 前項の規定は、運送人に不利益な特約をすることを妨げない。この場合には、荷送人は、船荷証券にその特約を記載すべきことを請求することができる。

3. 第一項の規定は、運送品の船積前又は荷揚後の事実により生じた損害には、適用しない。

4. 前項の損害につき第一項の特約がされた場合において、その特約が船荷証券に記載されていないときは、運送人は、その特約をもつて船荷証券所持人に対抗することができない。

第十六条【特約禁止の特例】 前条第一項の規定は、船舶の全部又は一部を運送契約の目的とする場合には、適用しない。ただし、運送人と船荷証券所持人との関係については、この限りでない。

부 멸실의 경우에는, 인도되었어야 할 날)부터 1년 이내에 재판상 청구를 하지 아니한 때에는 소멸한다.

② 전항의 기간은, 운송물에 관한 손해가 발생한 후에 한하여, 합의에 의해 연장할 수 있다.

③ 운송인이 새로이 제3자에게 운송을 위탁한 경우에 운송물에 관한 제3자의 책임은, 운송인이 제1항의 기간 내에 손해를 배상하거나 혹은 재판상의 청구를 받은 경우에는, 동항의 기간(전항의 규정에 의한 제1항의 기간이 운송인과 해당 제3자와의 합의에 의해 연장된 경우에는 그 연장 후의 기간)이 만료된 후에도, 운송인이 손해를 배상하거나 재판상 청구가 된 날로부터 3월을 경과한 날까지는 소멸하지 아니한다 [1992년 본조 개정].

[1992년 이전] 제14조(책임의 소멸) 운송물에 관한 운송인의 책임은 운송물이 인도된 날(전부 멸실의 경우에는 인도되었어야 할 날)로부터 1년 이내에 재판상의 청구가 되지 아니한 때에는 소멸한다. 다만 운송인에게 악의가 있는 때에는 그러하지 아니하다.

제15조【특약 금지】 ① 제3조 내지 제5조, 제8조, 제9조 또는 제10조 내지 전조까지의 규정에 반한 특약으로, 송하인, 수하인 또는 선하증권 소지인에게 불이익한 것은 무효로 한다. 운송물의 보험계약에 의해 발생하는 권리를 운송인에게 양도하는 계약 기타 이와 유사한 계약도 역시 마찬가지이다.

② 전항의 규정은 운송인에게 불이익한 특약을 하는 것에 영향을 미치지 아니한다. 이 경우에는 송하인은 선하증권에 그 특약을 기재할 것을 청구할 수 있다.

③ 제1항의 규정은 운송물의 선적 전 또는 양륙 후의 사실에 의해 발생하는 손해에는 적용하지 아니한다.

④ 전항의 손해에 대한 제1항의 특약이 된 경우, 그 특약이 선하증권에 기재되지 아니한 때에는, 운송인은 그 특약을 가지고 선하증권 소지인에게 대항할 수 없다.

제16조【특약금지의 특례】 전조 제1항의 규정은 선박의 전부 또는 일부를 운송계약의 목적으로 한 경우에는 적용하지 아니한다. 다만 운송인과 선하증권 소지인과의 관계에 대하여는 그러하지 아니하다.

第十七条　前条の規定は、運送品の特殊な性質若しくは状態又は運送が行われる特殊な事情により、運送品に関する運送人の責任を免除し、又は軽減することが相当と認められる運送に準用する。

第十八条　第十五条第一項の規定は、生動物の運送及び甲板積の運送には、適用しない。

2. 前項の運送につき第十五条第一項の特約がされた場合において、その特約が船荷証券に記載されていないときは、運送人は、その特約をもつて船荷証券所持人に対抗することができない。甲板積の運送につきその旨が船荷証券に記載されていないときも、また同様とする。

第十九条【船舶先取特権】　船舶の全部又は一部を運送契約の目的とした場合において、傭船者が更に第三者と運送契約をしたときは、運送品に関する損害で、船長の職務に属する範囲内において生じたものについて、賠償を請求することができる者は、その債権につき船舶及びその属具の上に先取特権を有する。

2. 前項の先取特権は、商法第八百四十二条第八号 の先取特権に次ぐ [昭和 50年 船主責任制限法 改正]。

[昭和 50年 以前] 2. 前項の先取特権と商法第八百四十二条の先取特権とが競合する場合には、同項の先取特権の優先権の順位は、同条第九号の先取特権と同一順位とする。

3. 商法第八百四十四条第二項及び第三項、第八百四十五条、第八百四十六条、第八百四十七条第一項並びに第八百四十九条の規定は、第一項の先取特権に準用する。

第二十条【商法の適用等】　第一条の運送には、商法第七百三十八条 、第七百三十九条、第七百五十九条及び第七百六十六条から第七百七十六条までの規定を除く外、同法 を適用する。

2. 商法第五百七十六条、第五百七十八条、第五百七十九条、第五百八十二条及び第五百八十三条の規定は、第一条の運送に準用する [平 4年 改正]。

[平 4年 以前] 第二十条　第一条の運送には、商法第七百三十八条、第七百三十九条、第

제17조 전조의 규정은 운송물의 특수한 성질이나 상태 또는 운송이 행해지는 특수한 사정에 의해, 운송물에 관한 운송인의 책임을 면제하거나 경감하는 것이 상당하다고 인정되는 운송에 준용한다.

제18조 ① 제15조 제1항의 규정은 산 동물의 운송 및 갑판적 운송에는 적용하지 아니한다.

② 전항의 운송에 대해 제15조 제1항의 특약이 된 경우, 그 특약이 선하증권에 기재되지 아니한 때에는, 운송인은 그 특약을 가지고 선하증권 소지인에게 대항할 수 없다. 갑판적 운송에 있어 그 취지가 선하증권에 기재되지 아니한 때에도 역시 마찬가지이다.

제19조 【선박우선특권】 ① 선박의 전부 또는 일부를 운송계약의 목적으로 한 경우, 용선자가 다시 제3자와 운송계약을 한 때에는, 운송품에 관한 손해로서 선장의 직무에 속하는 범위 내에서 생기는 것에 대하여는, 그 배상을 청구할 수 있는 사람은 그 채권에 기해 선박 및 그 속구 위에 우선특권을 갖는다.

② 전조의 우선특권은 상법 제842조 제8호의 우선특권의 다음 순위이다 [1975년 선주책임제한법에 의해 본항 개정].

[1975년 개정 이전] ② 전항의 우선특권과 상법 제842조의 우선특권이 경합하는 경우 동항의 우선특권의 우선권의 순위는 동조 제9호의 우선특권과 동일 순위로 한다.

③ 상법 제844조 제2항 및 제3항, 제845조, 제846조, 제847조 제1항 및 제849조의 규정은 제1항의 우선특권에 준용한다.

제20조 【상법의 적용 등】 ① 제1조의 운송에는, 상법 제738조, 제739조, 제759조 및 제766조부터 제776조까지의 규정을 제외하고, 동법을 적용한다.

② 상법 제576조, 제578조, 제579조, 제582조 및 제583조의 규정은 제1조의 운송에 준용한다 [1992년 본조 개정].

[1992년 이전 조문] 제20조(상법의 적용 등) ① 제1조의 운송에는 상법 제738조, 제739조,

七百五十九条及び第七百六十六条から第七百七十六条までの規定を除く外、同法を適用する。
2. 商法第五百七十六条及び第五百七十八条から第五百八十三条までの規定は、第一条の運送に準用する。

第二十条の二【運送人等の不法行為責任】 第三条第二項、第十一条第四項及び第十二条の二から第十四条まで並びに前条第二項において準用する商法第五百七十八条 の規定は、運送品に関する運送人の荷送人、荷受人又は船荷証券所持人に対する不法行為による損害賠償の責任に準用する。この場合において、第三条第二項中「前項」とあるのは、民法第七百十五条第一項 本文及び商法第六百九十条 (同法第七百四条第一項 の規定により船舶賃借人が船舶所有者と同一の権利義務を有することとされる場合を含む。)」と読み替えるものとする。

2. 前項の規定により運送品に関する運送人の責任が免除され、又は軽減される場合には、その責任が免除され、又は軽減される限度において、当該運送品に関する運送人の使用する者の荷送人、荷受人又は船荷証券所持人に対する不法行為による損害賠償の責任も、免除され、又は軽減される。

3. 第四条第二項及び第三項の規定は、運送品に関する運送人の使用する船長の荷送人、荷受人又は船荷証券所持人に対する不法行為による損害賠償の責任について商法第七百五条 の規定の適用がある場合に準用する。この場合において、第四条第二項中「運送人」とあるのは「船長」と、「前項」とあるのは「商法第七百五条」と、「前条」とあるのは「同条」と読み替えるものとする。

4. 第十三条第四項の規定は、運送品に関する運送人の責任が同条第一項から第三項までの規定(第一項において準用する場合を含む。) により軽減される場合において、運送人が損害を賠償したときの、運送品に関する運送人の使用する者の責任に準用する。

5. 前三項の規定は、運送品に関する損害が、運送人の使用する者の故意により、又は損害の発生のおそれがあることを認識しながらしたその者の無謀な行為により生じたものであるときには、適用しない [平 4年 條文 追加]。

第二十一条【郵便物の運送】 この法律は、郵便物の運送には、適用しない。

제759조 및 제766조부터 제776조까지의 규정을 제외하고 동법을 적용한다.
② 상법 제576조 및 제578조에서 제583조까지의 규정은 제1조의 운송에 준용한다.

제20조의2【운송인 등의 불법행위책임】 ① 제3조 제2항, 제11조 제4항 및 제12조의2부터 제14조까지 및 전조 제2항에 의해 준용되는 상법 제578조의 규정은, 운송물에 관한 운송인의 송하인, 수하인 또는 선하증권 소지인에 대한 불법행위에 의한 손해배상책임에 준용한다. 이 경우에, 제3조 제2항 중 "전항"이라 함은 민법 제750조 제1항 본문 및 상법 제690조(동법 제704조 제1항의 규정에 의해 선박임차인이 선박소유자와 동일한 권리의무가 있는 것으로 되는 경우를 포함한다)로 바꾸어 읽어야 한다.
② 전항의 규정에 의해 운송물에 관해 운송인의 책임이 면제되거나 또는 경감되는 경우, 그 책임이 면제되거나 경감되는 한도로, 당해 운송물에 관한 운송인의 사용자의 송하인, 수하인 또는 선하증권 소지인에 대한 불법행위에 기한 손해배상책임도 면제되거나 경감된다.
③ 제4조 제2항 및 제3항의 규정은, 운송물에 관해 운송인이 사용하는 선장의 송하인, 수하인, 또는 선하증권 소지인에 대한 불법행위에 의한 손해배상책임에 대해, 상법 제705조의 규정이 적용되는 경우에, 이를 준용한다. 이 경우에 있어, 제4조 제2항 중 "운송인"이라고 하는 것은 "선장"으로, "전항"이라고 하는 것은 "상법 제705조"로, "전조"라고 하는 것은 "동조"라고 각각 바꾸어 읽어야 한다.
④ 제13조 제4항의 규정은, 운송물에 관한 운송인의 책임이 동조 제1항부터 제3항까지의 규정(제1항에서 준용하는 경우를 포함한다)에 의하여 경감되는 경우에, 운송인이 손해를 배상한 때에, 운송물에 관한 운송인의 사용자의 책임에 준용한다.
⑤ 전3항의 규정은 운송물에 관한 손해가 운송인의 사용자의 고의에 의해 또는 손해가 발생할 염려가 있다고 인식하면서 그의 무모한 행위에 의해 발생한 때에는 이를 적용하지 아니한다 [1992년 본조 추가].

제21조【우편물의 운송】 이 법률은 우편물의 운송에는 적용하지 아니한다.

船舶の所有者等の責任の制限に関する法律

制定 昭和五十年十二月二十七日 法律 第九十四号

改正 昭和 五十七年 法律 第五十四号

改正 平成一七年 法律 第五八号

第一章 総 則

第一条【趣旨】 この法律は、船舶の所有者等の責任の制限に関し必要な事項を定めるものとする。

第二条【定義】 この法律において、次の各号に掲げる用語の意義は、それぞれ当該各号に定めるところによる。

一. 船舶　航海の用に供する船舶で、ろかい又は主としてろかいをもつて運転する舟及び公用に供する船舶以外のものをいう。

二. 船舶所有者等　船舶所有者、船舶賃借人及び傭船者並びに法人であるこれらの者の無限責任社員をいう。

二の二. 救助者　救助活動に直接関連する役務を提供する者をいう [昭和57年追加]。

三. 被用者等　船舶所有者等又は救助者の被用者その他の者で、その者の行為につき船舶所有者等又は救助者が責めに任ずべきものをいう [昭和57年改正]

[昭和57年 以前] 三. 船長等　船長、海員その他の船舶所有者等が使用する者(水先人を含むをいう。

선박소유자 등의 책임제한에 관한 법률

제정 1975년 12월 27일 법 제 94호
개정 1982년 법 제54호
개정 2005년 법 제58호

일본법전 편집 및 번역: 채이식 교수

제1장 총 칙

제1조 【취지】 이 법률은 선박소유자 등의 책임제한에 관한 필요한 사항을 정한다.

제2조 【정의】 이 법률에서 다음 각호에 열거한 용어의 의의는 각각 당해 각호에 정한 바에 의한다.

1. 선박 항해에 제공된 선박으로 노 또는 주로 노를 가지고 운전하는 선박 및 공용에 제공되는 선박 이외의 것을 말한다.
2. 선박소유자 등 선박소유자, 선박임차인 및 용선자는 물론 법인에 있어 이러한 사람들의 무한책임사원을 말한다.

2의2. 구조자 구조활동에 직접 관련된 역무를 제공하는 사람을 말한다 [1982년 추가].

3. 피용자 등 선박소유자 등 또는 구조자의 피용자 기타 사람으로서, 그 사람의 행위에 대해 선박소유자 등 또는 구조자가 책임을 져야 하는 사람을 말한다 [1982년 개정].

[1982년 이전] 3. 선장 등 선장, 선원 기타 선박소유자등이 사용하는 사람(도선사를 포함한다)을 말한다.

三の二. 救助船舶　救助活動(船舶に対する、又は船舶に関連する救助活動でその船舶上でのみ行うものを除くを船舶から行う場合の当該船舶をいう [昭和57年 本号 追加]。

四. 制限債権　船舶所有者等若しくは救助者又は被用者等が、この法律で定めるところによりその責任を制限することができる債権をいう [昭和57年 改正]。

[昭和57年 以前] 四. 制限債権　船舶所有者等又は船長等が、この法律で定めるところによりその責任を制限することができる債権をいう

五. 人の損害に関する債権　制限債権のうち人の生命又は身体が害されることによる損害に基づく債権をいう [平 17 改正]

[平 17 以前] 五. 人の損害に関する債権　制限債権のうち人の生命又は身体が害されることによる損害に基づく債権で第六号の二の規定する債権以外のものをいう[昭和57年改正]。

[昭和57年 以前] 五. 人の損害に関する債権　制限債権のうち人の生命又は身体が害されることによる損害に基づく債権をいう

六. 物の損害に関する債権　制限債権のうち人の損害に関する債権以外の債権をいう [平 17 改正] 。

[平 17 以前] 六. 物の損害に関する債権　制限債権のうち人の損害に関する債権及び次号に規定する債権以外の債権をいう[昭和57年 改正]。

[昭和57年 以前] 六. 物の損害に関する債権　制限債権のうち人の損害に関する債権以外の債権をいう

六の二. 旅客の損害に関する債権　海上旅客運送契約により船舶で運送される旅客又は海上物品運送契約により船舶で運送される車両若しくは生動物

3의2. 구조선박　구조활동(선박에 대하여 또는 선박에 관련한 구조 활동으로, 그 선박 상에서만 활동한 것을 제외)을 선박으로부터 행한 경우 당해 선박을 말한다 [1982년 추가].

4. 제한채권　선박소유자 등이나 구조자 또는 피용자 등이, 이 법률에 규정된 바에 따라, 그 책임을 제한할 수 있는 채권을 말한다 [1982년 개정].

[1982년 이전] 4. 제한채권　선박소유자 등 또는 선장 등이 이 법률로 정한 바에 따라 그 책임을 제한할 수 있는 채권을 말한다.

5. 인적 손해에 관한 채권　제한채권 중에서 사람의 생명 또는 신체가 해를 입은 것에 의한 손해에 기한 채권을 말한다 [2005년 개정].

[1982년 이전] 5. 인적 손해에 관한 채권　제한채권 중 사람의 생명 또는 신체가 해를 입는 것에 의한 손해에 기한 채권을 말한다[1982년 개정].

[2005년 이전] 5. 인적 손해에 관한 채권　제한채권 중 사람의 생명 또는 신체가 해를 입는 것에 의한 손해에 기한 채권으로 제6호의2에 규정된 채권 이외의 것을 말한다.

6. 물적 손해에 관한 채권　제한채권 중 인적 손해에 관한 채권 이외의 채권을 말한다 [2005년 개정].

[1982년 이전] 6. 물적 손해에 관한 채권　제한채권 중 인적 손해에 관한 채권 이외의 채권을 말한다[1982년 본호 개정].

[2005년 이전] 6. 물적 손해에 관한 채권　제한채권 중 인적 손해에 관한 채권 및 다음 호에 규정하는 채권 이외의 채권을 말한다.

6의2. 여객의 손해에 관한 채권　해상여객운송계약에 의해 선박으로 운송되는 여객 또는 해상물품운송계약에 의해 선박으로 운송되는 차량 혹은 산 동물과 함께

とともに乗船することを認められた者の生命又は身体が害されることによる損害に基づく当該船舶の船舶所有者等又はその被用者等に対する債権をいう [平 17 改正]

[平 17 以前; 昭和57年追加] 六の二. 旅客の損害に関する債権　制限債権のうち 海上旅客運送契約により船舶で運送される旅客又は海上物品運送契約により船舶で運送される車両若しくは生動物とともに乗船することを認められた者の生命又は身体が害されることによる損害に基づく当該船舶の船舶所有者等又はその被用者等に対する債権をいう 。

七.一単位　国際通貨基金協定第三条第一項に規定する特別引出権による一特別引出権に相当する金額をいう [昭和57年 改正]。

[昭和57年 以前] 七. 一単位　純分千分の九百の金六十五・五ミリグラムの価値に相当する政令で定める金額をいう。

八. 受益債務者　当該責任制限手続における制限債権に係る債務者で、責任制限手続開始の申立てをした者以外のものをいう。

2. この法律において、「救助活動」には、次に掲げる措置を含み、公務として行う救助活動を除くものとする [昭和57年 2項 追加]。

一. 沈没し、難破し、乗り揚げ、若しくは放棄された船舶又はその船舶上の物の引揚げ、除去、破壊又は無害化のための措置

二. 積荷の除去、破壊又は無害化のための措置

三. 前二号に掲げる措置のほか、制限債権を生ずべき損害の防止又は軽減のために執られる措置

第二章　船舶の所有者等の責任の制限

第三条【船舶の所有者等の責任の制限】　船舶所有者等又はその被用者等は、次に掲げる債権について、この法律で定めるところにより、その責任を制限することができる [昭和57年 1項 全面 改正]。

승선하는 것이 인정된 사람의 생명 또는 신체가 해를 입는 것에 의한 손해에 기한 당해 선박의 선박소유자 등 또는 그 피고용자 등에 대한 채권을 말한다 [2005년 개정].

[2005년 이전; 1982년 추가] 6의2. 여객 손해에 관한 채권 제한채권 중 해상여객운송계약에 의해 선박으로 운송할 여객 또는 해상물품운송계약에 의해 선박에 운송할 차량이나 산 동물과 함께 승선하는 것이 인정된 사람의 생명 또는 신체가 해를 입는 것에 의한 손해에 기해 당해 선박의 선박소유자 등 또는 그 피용자 등에 대한 채권을 말한다.

7. 1단위 국제통화기금협정 제3조 제1항에 규정된 특별인출권에 의해 1 특별인출권에 상당하는 금액을 말한다 [1982년 개정].

[1982년 이전] 7. 1단위 순도 천분의9백의 금 6십5.5 밀리그램의 가치에 상당하는 정령으로 정하는 금액을 말한다.

8. 수익채무자 당해 책임제한절차에 있어 제한채권에 관한 채무자로서, 책임제한절차개시신청을 한 자 이외의 자를 말한다.

② 이 법률에 있어서의 구조 활동에는 다음에 열거한 조치를 포함하나, 공무로서 행한 구조 활동은 이를 제외한다 [1982년 ②항 추가].

1. 침몰하고 난파되고 좌초되고 혹은 유기된 선박 또는 그 선박상 물건의 인양, 제거, 파괴 또는 무해화를 위한 조치
2. 적하의 제거, 파괴 또는 무해화를 위한 조치
3. 전 2호에 열거한 조치 이외에, 제한채권이 발생될 손해의 방지 또는 경감을 위해 실시한 조치

제2장 선박소유자 등의 책임제한

제3조【선박소유자 등의 책임제한】 ① 선박소유자 등 또는 그 피용자 등은 다음에 열거한 채권에 대하여 이 법률에서 정한 바에 따라 그 책임을 제한할 수 있다 [1982년 ①항 전면 개정].

一. 船舶上で又は船舶の運航に直接関連して生ずる人の生命若しくは身体が害されることによる損害又は当該船舶以外の物の滅失若しくは損傷による損害に基づく債権

二. 運送品、旅客又は手荷物の運送の遅延による損害に基づく債権

三. 前二号に掲げる債権のほか、船舶の運航に直接関連して生ずる権利侵害による損害に基づく債権(当該船舶の滅失又は損傷による損害に基づく債権及び契約による債務の不履行による損害に基づく債権を除く)

四. 前条第二項第三号に掲げる措置により生ずる損害に基づく債権(当該船舶所有者等及びその被用者等が有する債権を除く)

五. 前条第二項第三号に掲げる措置に関する債権(当該船舶所有者等及びその被用者等が有する債権並びにこれらの者との契約に基づく報酬及び費用に関する債権を除く)

[昭和57年 以前] 第三条　船舶所有者等又は船長等は、航海に関して生じた次に掲げる損害に基づく債権について、この法律で定めるところにより、その責任を制限することができる。ただし、損害の発生が、船舶所有者等にあつては自己の故意又は過失によるものであるとき、船長等にあつては自己の故意によるものであるときは、この限りでない。

一. 運送されるため船舶上にある者の生命又は身体が害されることによる損害及び船舶上にある物の滅失又は損傷による損害

二. 前号に掲げる者以外の者の生命又は身体が害されることによる損害並びに同号に掲げる物及び当該船舶以外の物の滅失若しくは損傷又はその他の権利に対する侵害による損害。ただし、損害が船舶上にない者の行為によるものであるときは、その行為が航行その他の船舶の取扱い、運送品の船積み、運送若しくは荷揚げ又は旅客の乗船、運送若しくは下船に関する場合に限る。

2. 救助者又はその被用者等は、次に掲げる債権について、この法律で定めるところにより、その責任を制限することができる [昭和57年 2項 追加]。

一. 救助活動に直接関連して生ずる人の生命若しくは身体が害されることによる損害又は当該救助者に係る救助船舶以外の物の滅失若しくは損傷によ

1. 선박상에서 또는 선박의 운항과 직접 관련하여 발생한 사람의 성명이나 신체가 해를 입은 것에 의한 손해 또는 당해 선박 이외의 물건의 멸실이나 손상에 의한 손해에 기한 채권
2. 운송물, 여객, 또는 수하물의 운송지연으로 인한 손해에 기한 채권
3. 전2호에 열거한 채권 이외에, 선박의 운항과 직접 관련하여 발생한 권리침해에 의한 손해에 기한 채권(당해 선박의 멸실 또는 손상에 의한 손허에 기한 채권 및 계약에 의한 채무의 불이행에 의한 손해에 기한 채권은 제외)
4. 전조 제2항 제3호에 열거된 조치에 의해 발생한 손해에 기한 채권(당해 선박소유자 등 및 그 피용자 등이 가진 채권은 제외)
5. 전조 제2항 제3호에 열거된 조치에 관한 채권(당해 선박소유자 등 및 그 피용자 등이 가진 채권과 이들과의 계약에 기한 보수 및 비용에 관한 채권은 제외)

[1982년 이전] ① 선박소유자 등 또는 선장 등은 항해에 관해서 생긴 다음에 열거하는 손해에 기한 채권에 대해 이 법률로 정하는 것에 의해 그 책임을 제한할 수 있다. 다만 손해 발생이, 선박소유자 등에 있어서는 자기의 고의 또는 과실에 의한 것일 때, 선장 등에 있어서는 자기의 고의에 의한 것일 때에는 그러하지 아니하다.

1. 운송하기 위해 선박상에 있는 사람의 생명 또는 신체가 해를 입는 것에 의한 손해 및 선박상에 있는 물건의 멸실 또는 손상에 의한 손해
2. 전호에 열한 사람 이외의 사람의 생명 또는 신체가 해를 입는 것에 의한 손해 및 동호에 열거한 물건 및 당해 선박 이외의 물건의 멸실 혹은 손상 또는 그 외 권리에 대한 침해에 의한 손해. 다만 손해가 선박상에 없는 사람의 행위에 의한 것인 때에는 그 행위가 항행 기타 선박의 취급, 운송품의 선적, 운송 혹은 양륙 또는 여객의 승선, 운송 혹은 하선에 관한 경우에 한정한다.

② 구조자 또는 그 피용자는 아래에 열거한 채권에 대허, 이 법률에 정한 바에 따라, 그 책임을 제한할 수 있다 [1982년 ②項 追加].

1. 구조 활동에 직접 관련되어 발생하는 사람의 생명이나 신체가 해를 입은 것에 의한 손해 또는 당해 구조자와 관련된 구조선박 이외의 물건의 멸실이나 손상에 의한 손해에 기한 채권

る損害に基づく債権

二. 前号に掲げる債権のほか、救助活動に直接関連して生ずる権利侵害による損害に基づく債権(当該救助者に係る救助船舶の滅失又は損傷による損害に基づく債権及び契約による債務の不履行による損害に基づく債権を除く)

三. 前条第二項第三号に掲げる措置により生ずる損害に基づく債権(当該救助者及びその被用者等が有する債権を除く)

四. 前条第二項第三号に掲げる措置に関する債権(当該救助者及びその被用者等が有する債権並びにこれらの者との契約に基づく報酬及び費用に関する債権を除く)

3. 船舶所有者等若しくは救助者又は被用者等は、前二項の債権が、自己の故意により、又は損害の発生のおそれがあることを認識しながらした自己の無謀な行為によつて生じた損害に関するものであるときは、前二項の規定にかかわらず、その責任を制限することができない [昭和57年 3項 追加]。

4. 船舶所有者等又はその被用者等は、旅客の損害に関する債権については、第一項の規定にかかわらず、その責任を制限することができない [平17 改正]。

[昭和57年 改正 以前 2項] 2. 本邦の各港間のみを航海する日本船舶の船舶所有者等又は船長等は、運送されるため当該船舶上にある者の生命又は身体が害されることによる損害に基づく債権については、前項の規定にかかわらず、その責任を制限することができない。

[平成17年 改正 以前 4項] 4. 本邦の各港間のみを航海する日本船舶の船舶所有者等又はその被傭者等は、運送されるため当該船舶上にある者の生命又は身体が害されることによる損害に基づく債権については、第1項の規定にかかわらず、その責任を制限することができない。

第四条 次に掲げる債権については、船舶所有者等及び救助者は、その責任を制限することができない。

一. 海難の救助又は共同海損の分担に基づく債権

2. 전호에 열거한 채권 이외에, 구조 활동에 직접 관련되어 발생한 권리침해에 의한 손해에 기한 채권(당해 구조자와 관련된 구조선박의 멸실 또는 손상에 의한 손해에 기한 채권 및 계약에 의한 채무 불이행에 의한 손해에 기한 채권은 제외)
3. 전조 제2항 제3호에 열거된 조치에 의해 발생한 손해에 기한 채권(당해 구조자 및 그 피용자 등이 가진 채권은 제외)
4. 전조 제2항 제3호에 열거한 조치에 관한 채권(당해 구조자 및 그 피용자 등이 갖는 채권과 이들과의 계약에 기한 보수 및 비용에 관한 채권을 제외)

③ 선박소유자 등이나 구조자 또는 이들의 피용자 등은 전 2항의 채권이, 자기의 고의에 의해 또는 손해발생의 염려가 있다는 것을 인식하면서 한 자기의 무모한 행위에 의해 발생한 손해에 관한 것일 때에는, 전 2항의 규정과 상관없이 그 책임을 제한할 수 없다 [1982년 本項 追加].

④ 선박소유자 등 또는 그 피용자 등은 여객의 손해에 관한 채권에 대하여는, 제1항의 규정과 상관없이, 그 책임을 제한할 수 없다 [2005년 改正].

[1982년 개정 이전 2항] ② 본국 각 항간만을 항해하는 일본 선박의 선박소유자 등 또는 선장 등은 운송하기 위해 당해 선박상에 있는 사람의 생명 또는 신체가 해를 입는 것에 의한 손해에 기한 채권에 대해서는, 전항의 규정과 상관없이, 그 책임을 제한할 수 없다[1982년 개정 2항 → 4항 이전]

[2005년 개정 이전 4항] ④ 본국 각 항간만을 항해하는 일본 선박의 선박소유자 등 또는 그 피용자 등은 운송하기 위해 당해 선박상에 있는 사람의 생명 또는 신체가 해를 입는 것에 의한 손해에 기한 채권에 대해서는 제1항의 규정과 상관없이 그 책임을 제한할 수 없다.

제4조 다음에 열거한 채권에 대하여는 선박소유자 등 및 구조자는 그 책임을 제한할 수 없다 [1982년 본조 개정].

1. 해난구조 또는 공동해손의 분담에 기한 채권

二. 船舶所有者等の被用者でその職務が船舶の業務に関するもの又は救助者の被用者で その職務が救助活動に関するものの使用者に対して有する債権及びこれらの者の生命又は身体が害されることによつて生じた第三者の有する債権 [昭和57年 改正]

[昭和57年 以前] 第四条　航海に関して生じた次に掲げる債権については、船舶所有者等は、その責任を制限することができない。
一. 海難の救助又は共同海損の分担に基づく債権
二. 船長等で船舶上にあるもの又はその職務が当該船舶の業務に関するものの使用者に対して有する債権及びこれらの者の生命又は身体が害されることによつて生じた第三者の有する債権

第四条の二　平 17 削除

[平 17 以前: 昭和57年 追加] 第四条の二　旅客の損害に関する債権についての責任の制限とその他の責任の制限とは、同一の事故に係るものについても、それぞれ別にしなければならない。

第五条【同一の事故から生じた損害に基づく債権の差引き】　船舶所有者等若しくは救助者又は被用者等が制限債権者に対して同一の事故から生じた債権を有する場合においては、この法律の規定は、その債権額を差し引いた残余の制限債権について、適用する [昭和57年 改正]。

[昭和57年 以前] 第五条　船舶所有者等又は船長等が制限債権者に対して同一の事故から生じた損害に基づく債権を有する場合においては、この法律の規定は、その債権額を差し引いた残余の制限債権について、適用する。

第六条【責任の制限の及ぶ範囲】　船舶所有者等又はその被用者等がする責任の制限は、船舶ごとに、同一の事故から生じたこれらの者に対するすべての人の損害に関する債権及び物の損害に関する債権に及ぶ [平 17年 改正]。

2. 선박소유자 등의 피용자로서 그 직무가 선박의 업무와 관련된 것, 또는 구조자의 피용자로 그 직무가 구조 활동에 관련된 것으로, 사용자에 대해 갖는 채권 및 이러한 사람의 생명 또는 신체가 해를 입은 것에 의해 발생한 제삼자가 갖는 채권

[1982년 이전] 제4조 항해에 관해 생긴 다음에 열거하는 채권에 대해서 선박소유자 등은 그 책임을 제한할 수 없다.
1. 해난구조 또는 공동해손의 분담에 기한 채권
2. 선장 등으로 선박상에 있는 사람 또는 그 직무가 해당 선박의 업무에 관한 것으로 사용자에 대해 갖는 채권 및 이러한 사람의 생명 또는 신체가 해를 입는 것에 의해 생긴 제삼자가 갖는 채권

제4조의2 2005년 삭제

[2005년 이전; 1982년 추가] 제4조의2 여객의 손해에 관한 채권에 대한 책임의 제한과 그 이외의 책임제한과는 동일 사고에 관한 것에 대하여도 각각 별도로 하여야 한다.

제5조【동일 사고로부터 발생한 손해에 기한 채권의 상계】 선박소유자 등이나 구조자 또는 이들의 피용자 등이 제한채권자에 대해 동일 사고로부터 발생한 채권을 가진 경우, 이 법률의 규정은 그 채권액을 상계하고 잔여 제한채권에 대해 적용된다 [1982년 개정].

[1982년 이전] 제5조(동일 사고로부터 발생한 손해에 기한 채권의 상계) 선박소유자 등 또는 선장 등이 제한채권자에 대해 동일 사고로부터 발생한 손해에 기한 채권을 가진 경우에는, 이 법률의 규정은 그 채권액을 상계하고 잔여 제한채권에 대하여 적용한다.

제6조【책임제한이 미치는 범위】 ① 선박소유자 등 또는 그 피고용자 등이 하는 책임제한은, 선박마다, 동일한 사고로부터 생긴 모든 사람에 대한 인적 손해에 관한 채권 및 물적 손해에 관한 채권에 미친다 [2005년 조항 개정].

[平 17年 以前 第1項] 第六条　船舶所有者等又はその被用者等がする旅客の損害に関する債権についての責任の制限以外の責任の制限は、船舶ごとに、同一の事故から生じたこれらの者に対する
すべての人の損害に関する債権及び物の損害に関する債権に及ぶ〈昭和57年; 改正〉。

[昭和57年 以前] 第六条　船舶所有者等又は船長等の責任の制限は、当該船舶ごとに、同一の事故から生じたこれらの者に対するすべての制限債権に及ぶ。ただし、物の損害に関する債権のみについての責任の制限は、人の損害に関する債権に及ばない。

2. 救助船舶に係る救助者若しくは当該救助船舶の船舶所有者等又はこれらの被用者等がする責任の制限は、救助船舶ごとに、同一の事故から生じたこれらの者に対するすべての人の損害に関する債権及び物の損害に関する債権に及ぶ [昭和57年 追加]。
3. 前項の救助者以外の救助者又はその被用者等がする責任の制限は、救助者ごとに、同一の事故から生じたこれらの者に対するすべての人の損害に関する債権及び物の損害に関する債権に及ぶ [昭和57年 追加]。
4. 前三項の責任の制限が物の損害に関する債権のみについてするものであるときは、その責任の制限は、前三項の規定にかかわらず、人の損害に関する債権に及ばない [昭和57年 追加]。
5. 平 17年 削除

[平 17年 以前] 5. 船舶所有者等又はその被用者等がする旅客の損害に関する債権についての責任の制限は、船舶ごとに、同一の事故から生じたこれらの者に対するすべての旅客の損害に関する債権に及ぶ。

第七条【責任の限度額等】　前条第一項又は第二項に規定する責任の制限の場合における責任の限度額は、次のとおりとする。
一.　責任を制限しようとする債権が物の損害に関する債権のみである場合においては、船舶のトン数に応じて、次に定めるところにより算出した金額。ただし、百トンに満たない木船については、一単位の三十三万六千倍の金額とする。

[1982년 이전] 第6조(책임제한이 미치는 범위) 선박소유자 등 또는 선장 등의 책임제한은, 해당 선박마다, 동일한 사고로부터 생긴 이러한 사람에 대한 모든 제한채권에 미친다. 다만, 물적 손해에 관한 채권만에 대한 책임제한은 인적 손해에 관한 채권에 미치지 아니한다.

[2005년 이전] 第6조 선박소유자 등 또는 그 피용자 등이 하는 여객의 손해에 관한 채권에 대해 책임제한 이외의 책임제한은, 선박마다, 동일 사고로부터 발생한 이러한 사람들에 대한 모든 사람들의 손해와 관련된 채권 및 물적 손해에 관한 채권에 미친다.

② 구조선박에 관해 구조자나 당해 구조선박의 선박소유자 등 또는 이러한 사람들의 피용자 등이 하는 책임제한은, 구조선박마다, 동일 사고로부터 발생하는 이러한 사람들에 대한 모든 사람들의 인적 손해에 관한 채권 및 물적 손해에 관한 채권에 미친다 [1982년 추가].

③ 전항의 구조자 이외의 구조자 또는 그 피용자 등이 하는 책임제한은, 구조자마다, 동일사고로부터 발생하는 이러한 사람들에 대한 모든 사람의 손해에 관한 채권 및 물적 손해에 관한 채권에 미친다 [1982년 추가].

④ 전3항의 책임제한이 물적 손해에 관한 채권만에 대해 하는 것인 때에는 그 책임제한은 전3항의 규정과 상관없이 인적 손해에 관한 채권에 미치지 아니한다 [1982년 추가].

⑤ 2005년 삭제

[2005년 이전] ⑤ 선박소유자 등 또는 그 피용자 등이 하는 여객손해에 관한 채권에 대한 책임제한은 선박마다, 동일 사고로부터 발생하는 이러한 사람들에 대한 모든 여객의 손해에 관한 채권에 미친다.

第7조【책임제한액 등】 ① 전조 제1항 또는 제2항에 규정한 책임제한의 경우 책임의 한도액은 다음과 같이 한다.

1. 책임을 제한하려고 하는 채권이 물적 손해에 관한 채권뿐인 경우에는, 선박의 톤수에 따라 다음에 정하는 바에 따라 산출한 금액. 다만 백 톤 미만 목선에 대해서는, 1단위의 33만6천배의 금액으로 한다.

イ. 二千トン以下の船舶にあつては、一単位の百万倍の金額

ロ. 二千トンを超える船舶にあつては、イの金額に、二千トンを超え三万トンまでの部分についてはートンにつき一単位の四百倍を、三万トンを超え七万トンまでの部分についてはートンにつき一単位の三百倍を、七万トンを超える部分についてはートンにつき一単位の二百倍を乗じて得た金額を加えた金額

二. その他の場合においては、船舶のトン数に応じて、次に定めるところにより算出した金額

イ. 二千トン以下の船舶にあつては、一単位の三百万倍の金額

ロ. 二千トンを超える船舶にあつては、イの金額に、二千トンを超え三万トンまでの部分についてはートンにつき一単位の千二百倍を、三万トンを超え七万トンまでの部分についてはートンにつき一単位の九百倍を、七万トンを超える部分についてはートンにつき一単位の六百倍を乗じて得た金額を加えた金額

2. 前項第二号に規定する場合においては、制限債権の弁済に充てられる金額のうち、その金額に同項第一号に掲げる金額(百トンに満たない木船については、同号イの金額)の同項第二号に掲げる金額に対する割合を乗じて得た金額に相当する部分は物の損害に関する債権の弁済に、その余の部分は人の損害に関する債権の弁済に、それぞれ充てられるものとする。ただし、後者の部分が人の損害に関する債権を弁済するに足りないときは、前者の部分は、その弁済されない残額と物の損害に関する債権の額との割合に応じてこれらの債権の弁済に充てられるものとする。

3. 前条第三項に規定する責任の制限の場合における責任の限度額は、次のとおりとする。

一. 責任を制限しようとする債権が物の損害に関する債権のみである場合においては、一単位の百万倍の金額

二. その他の場合においては、一単位の三百万倍の金額

4. 第二項の規定は、前項第二号に規定する場合について準用する。

5. 制限債権者は、その制限債権の額の割合に応じて弁済を受ける[平 17年 本條 改正]。

가. 2천톤 이하 선박에 있어서는 1단위의 백만배의 금액
나. 2천톤 초과 선박에 있어서는 가호) 금액에, 2천톤을 초과하는 3만톤까지 부분에 대해서는 1톤에 1단위의 4백배를, 3만톤을 초과하는 7만톤까지의 부분에 대해서는 1톤에 1단위의 3백배를, 7만톤을 초과하는 부분에 대하서는 1톤에 1단위의 2백배를 곱해 얻은 금액을 더한 금액

2. 기타 경우에 있어서는 선박의 톤수에 따라, 다음에 정하는 것에 의해 산출한 금액
가. 2천톤 이하 선박에 있어서는 1단위의 3백만배의 금액
나. 2천톤 초과 선박에 있어서는 이 금액에, 2천톤을 초과하는 3만톤까지 부분에 대해서는 1톤에 1단위의 1200배를, 3만톤을 초과하는 7만톤까지 부분에 대해서는 1톤에 1단위의 9백배를, 7만톤을 초과하는 부분에 대해서는 1톤에 1단위의 6백배를 곱해 얻은 금액을 더한 금액

② 전항 제2호에 규정하는 경우에 있어서 제한채권의 변제에 충당되는 금액 가운데, 그 금액에 동항 제1호에 해당하는 금액(백톤 미만 목선에 대해서는 가호의 금액)의 동항 제2호에 해당하는 금액에 대한 비율을 곱해 얻은 금액에 상당하는 부분은 물적 손해에 관한 채권의 변제에, 그 나머지의 부분은 인적 손해에 관한 채권의 변제에, 각각 충당되는 것으로 한다. 다만, 후자 부분이 인적 손해에 관한 채권의 변제에 충분하지 아니할 때에는, 전자의 부분은, 그 변제되지 않는 잔액과 물적 손해에 관한 채권의 액수와의 비율에 따라 이러한 채권의 변제에 충당되는 것으로 한다.
③ 전조 제3항에 규정한 책임제한의 경우 책임한도액은 다음과 같이 한다.
1. 책임을 제한하려고 하는 채권이 물적 손해에 관한 채권뿐인 경우에 있어서는 1단위의 백만배의 금액
2. 여타 경우에는, 1단위의 3백만배의 금액
④ 제2항의 규정은 전항 제2호에 규정하는 경우에 준용한다.
⑤ 제한채권자는 그 제한채권의 액수의 비율에 따라 변제를 받는다[2005년 본조 개정].

[平 17年 以前: 昭和57年 以後] 第七条　前条第一項又は第二項に規定する責任の制限の場合における責任の限度額は、次のとおりとする。

一. 責任を制限しようとする債権が物の損害に関する債権のみである場合においては、船舶のトン数に応じて、次に定めるところにより算出した金額。ただし、百トンに満たない木船については、一単位の五万六千倍の金額とする。

イ. 五百トン以下の船舶にあつては、一単位の十六万七千倍の金額

ロ. 五百トンを超える船舶にあつては、イの金額に、五百トンを超え三万トンまでの部分については一トンにつき一単位の百六十七倍を、三万トンを超え七万トンまでの部分については一トンにつき一単位の百二十五倍を、七万トンを超える部分については一トンにつき一単位の八十三倍を乗じて得た金額を加えた金額

二. その他の場合においては、船舶のトン数に応じて、次に定めるところにより算出した金額

イ. 五百トン以下の船舶にあつては、一単位の五十万倍の金額

ロ. 五百トンを超える船舶にあつては、イの金額に、五百トンを超え三千トンまでの部分については一トンにつき一単位の六百六十七倍を、三千トンを超え三万トンまでの部分については一トンにつき一単位の五百倍を、三万トンを超え七万トンまでの部分については一トンにつき一単位の三百七十五倍を、七万トンを超える部分については一トンにつき一単位の二百五十倍を乗じて得た金額を加えた金額

2. 前項第二号に規定する場合においては、制限債権の弁済に充てられる金額のうち、その金額に同項第一号に掲げる金額(百トンに満たない木船については、同号イの金額)の同項第二号に掲げる金額に対する割合を乗じて得た金額に相当する部分は物の損害に関する債権の弁済に、その余の部分は人の損害に関する債権の弁済に、それぞれ充てられるものとする。ただし、後者の部分が人の損害に関する債権を弁済するに足りないときは、前者の部分は、その弁済されない残額と物の損害に関する債権の額との割合に応じてこれらの債権の弁済に充てられるものとする。

3. 前条第三項に規定する責任の制限の場合における責任の限度額は、次のとおりとする。

一. 責任を制限しようとする債権が物の損害に関する債権のみである場合においては、一単位の三十三万四千倍の金額

二. その他の場合においては、一単位の百十六万七千倍の金額

4. 第二項の規定は、前項第二号に規定する場合について準用する。

5. 前条第五項に規定する責任の制限の場合における責任の限度額は、次に掲げる金額の

[2005년 이전; 1982년 이후] 제7조 ① 전조 제1항 또는 제2항의 규정은 책임제한의 경우에 있어 책임의 한도액은 다음과 같다.

1. 책임을 제한하고자 하는 채권이 물적 손해에 관한 채권밖에 없는 경우에는 선박의 톤수에 따라 다음에 정한 바에 따라 산출한 금액. 다만 100톤 미만 목선에 대하여는 1단위의 5만6천배의 금액으로 한다.
   가. 500톤 이하의 선박에서는, 1단위의 16만7천배의 금액
   나. 500톤을 초과하는 선박에 있어서는 가호 금액에, 500톤을 초과하고 3단톤까지의 부분에 대하여는 1톤당 1단위의 167배를, 3만톤을 초과하고 7만톤까지의 부분에 대하여는 1톤당 1단위의 125배를, 7만톤을 초과하는 부분에 대하여는 1톤당 1단위의 83배를 곱하여 얻은 금액을 더한 금액
2. 기타의 경우에 있어서는 선박의 톤수에 따라 다음에 정한 바에 따라 산출한 금액
   가. 500톤 이하의 선박에 있어서는 1단위의 50만배의 금액
   나. 500톤을 초과하는 선박의 경우에는 가호의 금액에, 500톤을 초과하고 3천톤까지의 부분에 대하여는 1톤당 1단위의 667배를, 3천톤을 초과하고 3만톤까지의 부분에 대하여는 1톤당 1단위의 500배를, 3만톤을 초과하고 7만톤까지 부분에 대하여는 1톤당 1단위의 375배를, 7만톤을 초과하는 부분에 대하여는 1톤당 1단위의 250배를 곱하여 얻는 금액을 더한 금액

② 전항 제2호에 규정한 경우에 있어서는 제한채권의 변제에 충당할 금액 중 그 금액에 동항 제1호에 열거한 금액(100톤 미만 목선에 대하여는 동호 가호의 금액)의 동항 제2호에 열거한 금액에 대한 비율을 곱하여 얻는 금액에 상당하는 부분은 물적 손해에 관한 채권의 변제에, 그 잔여 부분은 인적 손해에 관한 채권의 변제에, 각각 충당하여야 한다. 다만 후자의 부분이 인적 손해에 관한 채권을 변제하는 것에 충분하지 아니한 때에는 전자의 부분은 그 변제되지 아니한 잔액과 물적 손해에 관한 채권의 액과의 비율에 따라 이들 채권의 변제에 충당한다.

③ 전조 제3항에 규정한 책임제한의 경우에 있어 책임의 한도액은 다음과 같다.

1. 책임을 제한하고자 하는 채권이 물적 손해에 관한 채권밖에 없는 경우에는 1단위의 33만4천배의 금액
2. 여타 경우에 있어서는 1단위의 116만7천배의 금액

④ 제2항의 규정은 전항 제2호의 규정한 경우에 대하여도 준용한다.

⑤ 전조 제5항에 규정한 책임제한의 경우에 있어 책임의 한도액은 다음에 열거한 금액 중에서 어느 것이든 적은 금액으로 한다.

うちいずれか少ない金額とする。
一. 一単位の四万六千六百六十六倍に船舶安全法(昭和八年法律第十一号)第九条第一項の船舶検査証書に記載された旅客の数を乗じて得た金額
二. 一単位の二千五百万倍の金額
6. 制限債権者は、その制限債権の額の割合に応じて弁済を受ける[昭和57年 本條 改正]。

[昭和57年 以前] 第七条 船舶所有者等又は船長等がその責任を制限することができる場合における責任の限度額(以下「責任限度額」という)は、次のとおりとする。
一. 責任を制限しようとする債権が物の損害に関する債権のみである場合においては、一単位の千倍に船舶のトン数を乗じて得た金額
二. その他の場合においては、一単位の三千百倍に船舶のトン数を乗じて得た金額
2. 前項第二号の場合においては、制限債権の弁済に充てられる金額のうち、三十一分の二十一に相当する部分は人の損害に関する債権の弁済に、三十一分の十に相当する部分は物の損害に関する債権の弁済に充てられるものとする。ただし、前者の部分が人の損害に関する債権を弁済するに足りないときは、後者の部分は、その弁済されない残額と物の損害に関する債権の額との割合に応じてこれらの債権の弁済に充てられるものとする。
3. 制限債権者は、人の損害に関する債権と物の損害に関する債権との別に従い、それぞれその制限債権の額の割合に応じて弁済を受ける。

第八条【船舶のトン数の算定】 前条第一項及び第二項の船舶のトン数は、船舶のトン数の測度に関する法律(昭和五十五年法律第四十号)第四条第二項の規定の例により算定した数値にトンを付して表したものとする[昭和57年 本項 改正]。

[昭和57年 以前] 第八条 前条第一項の船舶のトン数は、船舶積量測度法(大正三年法律第三十四号)の規定に従い、純積量の算定に当たり機関室の積量として総積量から控除した積量を純積量に加えた積量をトンで表したものとする。

2.前項の規定により算定したトン数が三百トンに満たない船舶については、そのトン数は、三百トンとみなす。
3. 第一項の規定により算定したトン数が百トンに満たない木船についての前条第一項第一号の規定の適用に関しては、前項の規定にかかわらず、のトン数は、百トンとみなす。

1. 1단위의 4만6천666배에 선박안전법 제9조 제1항의 선박검사증서에 기재된 여객의 수를 곱하여 얻는 금액
2. 1단위의 2천500만배의 금액

⑥ 제한채권자는 그 제한채권액의 비율에 따라 변제를 받는다[1982년 본조 개정].

[1982년 이전] 제7조 ① 선박소유자 등 또는 선장 등이 그 책임을 제한할 수 있는 경우, 책임한도액(이하「책임한도액」이라고 한다)은 다음과 같이 한다.

1. 책임을 제한하려고 하는 채권이 물적 손해에 관한 채권뿐인 경우에 1단위의 1천배에 선박의 톤수를 곱해 얻은 금액
2. 여타의 경우에는 1단위의 3천백배에 선박의 톤수를 곱해 얻은 금액

② 전항 제2호의 경우에 있어서는, 제한채권의 변제에 충당될 금액 중, 3분지 2에 상당하는 부분은 인적 손해에 관한 채권의 변제에, 3분지 1에 상당하는 부분은 물적 손해에 관한 채권의 변제에 충당되는 것으로 한다. 다만 전자 부분이 인적 손해에 관한 채권을 변제하기에 충분하지 아니한 때에는, 후자 부분은, 그 변제되지 않는 잔액과 물적 손해에 관한 채권의 액수와 비율에 따라 이러한 채권의 변제에 충당되는 것으로 한다.

③ 제한채권자는 인적 손해에 관한 채권과 물적 손해에 관한 채권과는 별도로 진행하며 각각 그 제한채권의 액수의 비율에 따라 변제를 받는다.

제8조【선박 톤수의 산정】 ① 전조 제1항 및 제2항에서 선박 톤수는 선박의 톤수의 측정에 관한 법률 제4조 제2항의 규정의 예에 의해 산정한 수치에 톤수를 붙여 표시한다[1982년 본항 개정].

[1982년 이전] 제8조 ① 전조 제1항의 선박 톤수는 선박적재량측도법(대정 3년 법제34호)의 규정에 따라 순적재량의 산정에 있어 기관실의 적재량으로 총적재량으로부터 공제한 적재량을 순적재량에 더한 적재량을 톤으로 나타낸 것으로 한다.

② 전항의 규정에 의해 산정한 톤수가 3백톤 미만 선박에 대해서는 그 톤수를 3백톤으로 간주한다.

③ 제1항의 규정에 의해 산정한 톤수가 백톤 미만인 목선에 대하여서는 전조 제1항 제1호 규정의 적용에 있어 전항 규정과 상관없이 그 톤수를 백톤으로 간주한다.

第三章 責任制限手続

第一節 通 則

第九条【責任制限事件の管轄】責任制限事件は、次の各号に掲げる区分に応じ、それぞれ当該各号に定める裁判所の管轄に専属する。

一. 第六条第一項に規定する責任の制限の場合において船舶が船籍を有するとき、又は同条第二項に規定する責任の制限の場合において救助船舶が船籍の所在地を管轄する地方裁判所

二. 第六条第一項に規定する責任の制限の場合において船舶が船籍を有しないとき、又は同条第二項に規定する責任の制限の場合において救助船舶が船籍を有しないとき。申立人の普通裁判籍の所在地、事故発生地、事故後に当該船舶が最初に到達した地又は制限債権(物の損害に関する債権のみについての責任制限手続にあつては人の損害に関する債権を除く。以下この章において同じ。)に基づき申立人の財産に対して差押え若しくは仮差押えの執行がされた地を管轄する地方裁判所

三. 第六条第三項に規定する責任の制限のとき。

申立人の普通裁判籍の所在地、事故発生地又は制限債権に基づき申立人の財産に対して差押え若しくは仮差押えの執行がされた地を管轄する地方裁判所

第十条【責任制限事件の移送】　裁判所は、著しい損害又は遅滞を避けるため必要があると認めるときは、職権で、責任制限事件を他の管轄裁判所、制限債権者の普通裁判籍の所在地を管轄する地方裁判所又は同一の事故から生じた他の責任制限事件若しくは船舶油濁損害賠償保障法(昭和五十年法律第九十五号)の規定による責任制限事件の係属する裁判所に移送することができる。

第十一条【民事訴訟法の準用】　特別の定めがある場合を除いて、責任制限手続に関しては、民事訴訟法(平成八年法律第百九号)の規定を準用する。

第十二条【任意的口頭弁論及び職権調査】責任制限手続に関する裁判は、口頭弁論を経ないですることができる。

2. 裁判所は、職権で、責任制限事件に関して必要な調査をすることができる。

제3장 책임제한절차[이하 규정은 현행법(2005년 개정)에 한함]

제1절 통 칙

제9조【책임제한사건의 관할】 책임제한사건은, 다음의 각호로 열거된 구분에 따라 각각 해당 각호에 정하는 법원의 관할에 전속한다.

1. 제6조 제1항이나 제5항에 규정한 책임제한의 경우로 선박이 선적을 가진 때, 또는 동조 제2항에 규정한 책임제한의 경우에 구조선박이 선적을 가진 때. 선적의 소재지를 관할하는 지방법원
2. 제6조 제1항에 규정한 책임제한의 경우로 선박이 선적을 가지지 않은 때, 또는 동조 제2항에 규정한 책임제한의 경우에 구조선박이 선적을 가지지 않은 때. 신청인의 보통재판적의 소재지, 사고 발생지, 사고 후에 해당 선박이 최초로 도달한 장소 또는 제한채권(물적 손해에 관한 채권만에 대한 책임제한절차에 있어서는 인적손해에 관한 채권을 제외한다. 이하 이장에서는 동일하다)에 기해 신청인의 재산에 대해 압류 혹은 가압류의 집행이 된 장소를 관할하는 지방법원
3. 제6조 제3항에 규정한 책임의 제한 때. 신청인의 보통재판적의 소재지, 사고 발생지 또는 제한채권에 기해 신청인의 재산에 대해 압류 혹은 가압류의 집행이 된 장소를 관할하는 지방법원

제10조【책임제한사건의 이송】 법원은, 현저한 손해 또는 지체를 피하기 위해 필요가 있다고 인정할 때에는, 직권으로 책임제한사건을 다른 관할법원, 제한채권자의 보통재판적 소재지를 관할하는 지방법원, 또는 동일한 사고로 생긴 다른 책임제한사건 혹은 선박유류오염손해배상보장법의 규정에 의한 책임제한사건이 계속되는 법원에 이송할 수 있다.

제11조【민사소송법의 준용】 특별한 규정이 있는 경우를 제외하고는, 책임제한절차에 관해서는 민사소송법의 규정을 준용한다.

제12조【임의적 구두변론 및 직권조사】 ① 책임제한절차에 관한 재판은 구두변론을 거치지 아니하고 할 수 있다.

② 법원은 직권으로 책임제한사건에 관해 필요한 조사를 할 수 있다.

第十三条【抗告】 責任制限手続に関する裁判に対しては、この法律に特別の規定がある場合に限り、その裁判につき利害関係を有する者は、即時抗告をすることができる。その期間は、裁判の公告があつた場合においては、その公告があつた日から起算して一月とする。

第十四条【公告】 この法律の規定によつてする公告は、官報及び裁判所の指定する新聞紙に掲載してする。

2. 公告は、最終の掲載があつた日の翌日に、その効力を生ずる。

第十五条【公告及び送達をする場合】 この法律の規定によつて公告及び送達をしなければならない場合には、送達は、書類を通常の取扱いによる郵便に付し、又は民間事業者による信書の送達に関する法律(平成十四年法律第九十九号)第二条第六項 に規定する一般信書便事業者若しくは同条第九項 に規定する特定信書便事業者の提供する同条第二項 に規定する信書便の役務を利用して送付する方法によりすることができる。この場合においては、公告は、一切の関係人に対する送達の効力を有する。

第十六条【最高裁判所規則】 この法律に定めるもののほか、責任制限手続に関し必要な事項は、最高裁判所規則で定める。

第二節 責任制限手続開始の申立て

第十七条【手続開始の申立て】 船舶所有者等若しくは救助者又は被用者等は、その責任を制限するため、責任制限手続開始の申立てをすることができる。

2. 船舶共有者は、各自責任制限手続開始の申立てをすることができる。

第十八条【疎明等】 責任制限手続開始の申立てをするときは、制限債権に係る事故を特定するために必要な事実及び制限債権(事故発生後の利息又は不履行による損害賠償若しくは違約金の請求権を除く。第二十五条第二号において同じ。) の額が第七条第一項又は第三項に規定する責任の限度額(以下「責任限度額」という。) を超えることを疎明し、かつ、知れている制限債権者の氏名又は名称及び住所を届け出なければならない。

第十九条【供託命令】 裁判所は、責任制限手続開始の申立てを相当と認めると

제13조【항고】 책임제한절차에 관한 재판에 대해서는, 이 법률에 특별한 규정이 있는 경우에 한해, 그 재판에 대해 이해관계를 가진 사람은 즉시항고를 할 수 있다. 그 기간은, 재판의 공고가 있는 경우, 그 공고가 있는 날로부터 기산하여 1월로 한다.

제14조【공고】 ① 이 법률의 규정에 의해 하는 공고는 관보 및 법원의 지정하는 신문지에 게재하여 한다.

② 공고는 최종의 게재일의 다음날에 그 효력이 생긴다.

제15조【공고 및 송달을 하는 경우】 이 법률의 규정에 의해 공고 및 송달을 해야 하는 경우, 송달은 서류를 통상취급 우편에 의해 송부할 수 있고, 또는 민간사업자에 의한 서신의 송달에 관한 법률 제2조 제6항에 규정하는 일반서신편 사업자 혹은 동조 제9항에 규정하는 특정서신편 사업자가 제공하는 동조 제2항에 규정하는 서신편의 역무를 이용해 송부하는 방법에 의해 할 수 있다. 이 경우에 공고는 모든 이해관계인에 대해 송달의 효력을 가진다.

제16조【대법원 규칙】 이 법률에서 규정하는 것 외에 책임제한절차에 관계되는 필요한 사항은 대법원규칙으로 정한다.

제2절 책임제한절차의 개시신청

제17조【절차 개시신청】 ① 선박소유자 등이나 구조자 또는 이들 피고용자 등은 그 책임을 제한하기 위해 책임제한절차의 개시신청을 할 수 있다.

② 선박공유자는 각자 책임제한절차의 개시신청을 할 수 있다.

제18조【소명 등】 책임제한절차의 개시신청을 할 때에는, 제한채권과 관련되는 사고를 특정하기 위해 필요한 사실 및 제한채권(사고 발생 후의 이자 또는 불이행에 의한 손해배상 혹은 위약금의 청구권을 제외하다. 제25조 제2호에 대해서도 같다)의 액이 제7조 제1항 또는 제3항에 규정한 책임한도액(이하 책임한도액」이라고 한다.)을 넘는 것을 소명하여야 하고, 또한, 알려져 있는 제한채권자의 성명 또는 명칭 및 주소를 신고하여야 한다.

제19조【공탁 명령】 ① 법원은 책임제한절차의 개시신청이 상당하다고 인정될 때

きは、その申立てをした者(以下「申立人」という。)に対して、一月を超えない一定の期間内に、裁判所の定める責任限度額に相当する金銭及びこれに対する事故発生の日から供託の日(次条第一項の規定により供託委託契約を締結する場合にあつては、同項の規定による届出の日。次項において同じ。) まで年六パーセントの割合により算定した金銭を裁判所の指定する供託所に供託し、かつ、その旨を届け出るべきことを命じなければならない。

2. 前項の責任限度額に相当する金銭は、供託の日において公表されている最終の一単位の額により算定するものとする。

3. 第一項の規定による決定に対しては、即時抗告をすることができる。

第二十条【供託委託契約】 申立人が、裁判所の許可を得て供託委託契約を締結し、前条第一項の規定による決定において定められた期間内にその旨を裁判所に届け出た場合においては、当該契約に係る一定の額の金銭は、その期間内に供託することを要しない。

2. 供託委託契約は、責任制限手続開始の決定があつた場合において、受託者が申立人のために一定の額の金銭及びこれに対する責任制限手続開始の決定の日から供託の日まで供託金に付される利息の利率と同一の率により算定した金銭を前条第一項の供託所に供託をすることを約する契約とする。

3. 供託委託契約は、第一項の規定による届出があつた後は、裁判所の許可を得なければ、変更又は解除をすることができない。

4. 銀行その他の政令で定める者でなければ、供託委託契約の受託者(以下単に「受託者」という。) となることができない。

第二十一条【受託者の供託】 前条第一項の規定による届出がされた場合においては、受託者は、裁判所の定める日(次条第一項において「指定日」という。)までに供託委託契約に従つて供託し、かつ、その旨を裁判所に届け出なければならない。

2. 前項の規定により受託者がした供託は、申立人が供託者としてした供託とみなす。

第二十二条【受託者が供託しなかつた場合の義務等】 前条第一項の規定による供託をしなかつた場合においては、受託者は、供託に代えて、指定日において供託すべき金銭及びこれに対する指定日の翌日から支払の日まで年六

에는 그 신청을 한 사람(이하「신청인」이라고 한다)에 대해, 1월을 넘지 않는 일정한 기간 내에, 법원이 정한 책임한도액에 상당하는 금전 및 이것에 대한 사고 발생의 날로부터 공탁일(다음 조 제1항의 규정에 의해 공탁위탁계약을 체결하는 경우에 있어서는, 동항의 규정에 의한 신고일. 다음 항에 있어서도 마찬가지이다)까지 연 6퍼센트의 비율에 의해 산정한 금전을 법원이 지정하는 공탁소에 공탁할 것을 명하고, 또한, 그 취지를 신고해야 할 것을 명하여야 한다.

② 전항의 책임한도액에 상당하는 금전은, 공탁의 날에 공표된 최종의 1단위의 액에 의해 산정하는 것으로 한다.

③ 제1항의 규정에 의한 결정에 대해서는 즉시항고를 할 수 있다.

제20조【공탁위탁계약】 ① 신청인이 법원의 허가를 얻어 공탁위탁계약을 체결하고, 전조 제1항의 규정에 의한 결정에 의해 정해진 기간 내에 그 취지를 법원에 신고했을 경우, 당해 계약과 관련되는 일정 금액의 금전은 그 기간 내에 공탁할 필요가 없다.

② 공탁위탁계약은, 책임제한절차의 개시결정이 있는 경우, 수탁자가 신청인을 위해 일정한 액수의 금전 및 이것에 대한 책임제한절차의 개시결정일로부터 공탁일까지 공탁금에 첨부되는 이자의 이율과 동일한 비율에 의해 산정한 금전을 전조 제1항의 공탁소에 공탁하는 것을 약속하는 계약으로 한다.

③ 공탁위탁계약은 제1항의 규정에 의한 신고 후에는, 법원의 허가를 얻지 아니하면, 이를 변경하거나 해제를 할 수 없다.

④ 은행 기타 정령으로 정하는 사람이 아니면 공탁위탁계약의 수탁자(이하 단지「수탁자」라고 한다)가 될 수 없다.

제21조【수탁자의 공탁】 ① 전조 제1항의 규정에 의한 신고가 된 경우, 수탁자는 법원이 정하는 날(다음 조 제1항에 있어서는「지정일」이라고 한다)까지 공탁위탁계약에 따라 공탁하고, 또한 그 취지를 법원에 신고하여야 한다.

② 전항의 규정에 의해 수탁자가 한 공탁은 신청인이 공탁자로서 한 공탁으로 간주한다.

제22조【수탁자가 공탁을 하지 않는 경우의 의무 등】 ① 전조 제1항의 규정에 의한 공탁을 하지 않는 경우에는, 수탁자는 공탁 대신에 지정일에 공탁해야 할 금전 및 이것에 대한 지정일 익일부터 지급일까지 연 6퍼센트의 비율에 의해 산정한

パーセントの割合により算定した金銭を管理人に支払う義務を負う。

2. 受託者が前項の義務を履行しなかつた場合においては、裁判所は、管理人の申立てにより、その受託者に対して、同項の規定により支払うべき額の金銭を管理人に支払うべきことを命じなければならない。

3. 前項の規定による決定は、執行力のある債務名義と同一の効力を有する。

4. 第二項の申立てについての裁判に対しては、即時抗告をすることができる。

5. 管理人は、第一項の規定により受託者から金銭の支払を受けたときは、直ちに、これを第十九条第一項の供託所に供託し、かつ、その旨を裁判所に報告しなければならない。

6. 前項の規定により管理人がした供託は、申立人が供託者としてした供託とみなす。

第二十三条【他の手続の中止命令等】 責任制限手続開始の申立てがあつた場合において、必要があると認めるときは、裁判所は、申立人又は受益債務者の申立てにより、責任制限手続開始の申立てにつき決定があるまでの間、制限債権に基づく申立人又は受益債務者の財産に対する強制執行、仮差押え、仮処分又は担保権の実行の手続の中止を命ずることができる。

2. 裁判所は、前項の規定による中止の決定を変更し、又は取り消すことができる。

第二十四条【却下】 申立人が破産者であるときは、裁判所は、責任制限手続開始の申立てを却下しなければならない。

第二十五条【棄却】 次の場合においては、裁判所は、責任制限手続開始の申立てを棄却しなければならない。

一. 手続の費用の予納がないとき。

二. 制限債権の額が責任限度額を超えないことが明らかなとき。

三. 申立人が第十九条第一項の規定による決定に従わないとき。

금전을 관리인에게 지급할 의무를 진다.

② 수탁자가 전항의 의무를 이행하지 아니한 경우, 법원은, 관리인의 신청에 의해, 그 수탁자에 대해 동항의 규정에 의해 지급해야 할 금액의 금전을 관리인에게 지급할 것을 명하여야 한다.

③ 전항의 규정에 의한 결정은 집행력이 있는 채무명의와 동일한 효력을 가진다.

④ 제2항의 신청에 대한 재판에 대해서는 즉시항고를 할 수 있다.

⑤ 관리인은 제1항의 규정에 의해 수탁자로부터 금전의 지급을 받았을 때에는 즉시 이를 제19조 제1항의 공탁소에 공탁한 다음 그 취지를 법원에 보고하여야 한다.

⑥ 전항의 규정에 의해 관리인이 한 공탁은 신청인이 공탁자로서 한 공탁으로 간주한다.

제23조【다른 절차의 중지명령 등】 ① 책임제한절차개시신청이 있는 경우, 필요가 있다고 인정할 때에는, 법원은, 신청인 또는 수익채무자의 신청에 의해, 책임제한절차의 개시신청에 대해 결정이 있을 때까지, 제한채권에 근거하는 신청인 또는 수익채무자의 재산에 대한 강제집행, 가압류, 가처분 또는 담보권의 실행절차의 중지를 명할 수 있다.

② 법원은 전항의 규정에 의한 중지결정을 변경하거나 취소할 수 있다.

제24조【각하】 신청인이 파산자인 때에는 법원은 책임제한절차의 개시신청을 각하해야 한다.

제25조【기각】 다음의 경우에 있어서는, 법원은 책임제한절차의 개시신청을 기각해야 한다.

1. 절차비용의 예납이 없는 때.
2. 제한채권의 액수가 책임한도액을 넘지 않는 것이 분명한 때.
3. 신청인이 제19조 제1항의 규정에 의한 결정을 따르지 않은 때.

第三節 責任制限手続開始の決定

第二十六条【責任制限手続の効力発生の時】 責任制限手続は、その開始の決定の時から、効力を生ずる。

第二十七条【開始決定と同時に定めるべき事項】 裁判所は、責任制限手続開始の決定と同時に、管理人を選任し、かつ、次の事項を定めなければならない。

一. 制限債権の届出期間。ただし、その期間は、決定の日から一月以上四月以下でなければならない。

二. 制限債権の調査期日。ただし、その期日と届出期間の末日との間には、一週間以上二月以下の期間がなければならない。

第二十八条【開始の公告等】 裁判所は、責任制限手続開始の決定をしたときは、直ちに、次の事項を公告しなければならない。

一. 責任制限手続開始決定の年月日時及び主文

二. 第十九条第一項の規定による決定に基づき供託された金銭又は第二十条第一項の供託委託契約に係る一定の金銭の総額

三. 管理人の氏名及び住所

四. 申立人及び知れている受益債務者の氏名又は名称並びにこれらの者と事故に係る船舶、救助船舶又は救助者との関係

五. 制限債権の届出期間及び調査期日

六. 申立人又は受益債務者に対する制限債権をその届出期間内に届け出るべき旨の催告

2. 管理人、申立人並びに知れている制限債権者及び受益債務者には、前項各号に掲げる事項を記載した書面を送達しなければならない。

3. 前二項の規定は、第一項第二号から第五号までに掲げる事項に変更を生じた場合について準用する。ただし、制限債権の調査期日の変更については、公告することを要しない。

第二十九条【抗告】 責任制限手続開始の申立てについての裁判に対しては、即時抗告をすることができる。

2. 第二十三条の規定は、責任制限手続開始の申立てを却下し、又は棄却する決定に対して即時抗告があつた場合について準用する。

제3절 책임제한절차의 개시결정

제26조【책임제한절차의 효력발생시기】 책임제한절차는 그 개시결정 때부터 효력이 생긴다.

제27조【개시결정과 동시에 정해야 할 사항】 법원은 책임제한절차의 개시결정과 동시에 관리인을 선임하고 나아가 다음 사항을 정하여야 한다.

1. 제한채권의 신고기간. 다만 그 기간은 결정일로부터 1월 이상 4월 이하이어야 한다.
2. 제한채권의 조사기일. 다만 그 기일과 신고기간의 말일 사이에는 1주일 이상 2월 이하의 기간이 있어야 한다.

제28조【개시의 공고 등】 ① 법원은 책임제한절차의 개시결정을 했을 때에는 즉시 다음 사항을 공고해야 한다.

1. 책임제한절차의 개시결정의 연월일시 및 주문
2. 제19조 제1항의 규정에 의한 결정에 근거해 공탁된 금전 또는 제20조 제1항의 공탁위탁계약과 관련되는 일정한 금전의 총액
3. 관리인의 성명 및 주소
4. 신청인 및 알려진 수익채무자의 성명 또는 명칭, 및 이러한 사람과 사고 관련 선박, 구조선박 또는 구조자와의 관계
5. 제한채권의 신고기간 및 조사기일
6. 신청인 또는 수익채무자에 대한 제한채권을 이 신고기간 내에 신고하야 할 취지의 최고

② 관리인, 신청인 및 알려진 제한채권자 및 수익채무자에게는, 전항 각호로 열거한 사항을 기재한 서면을 송달해야 한다.

③ 전 2항의 규정은, 제1항 제2호로부터 제5호까지의 열거 사항에 변경이 생긴 경우 이를 준용한다. 다만, 제한채권의 조사기일은 그 변경을 공고할 필요가 없다.

제29조【항고】 ① 책임제한절차개시신청에 대한 재판에 대해서는 즉시항고를 할 수 있다.

② 제23조의 규정은 책임제한절차의 개시신청을 각하하거나 기각하는 결정에 대한 즉시항고의 경우에 이를 준용한다.

第三十条 責任制限手続開始の決定に対し前条第一項の即時抗告があつた場合において、第十九条第一項の規定による決定において定められた責任限度額又は事故発生の日を不当と認めるときは、裁判所は、申立人に対して、二週間を超えない一定の期間内に、増加すべき責任限度額に相当する金銭及びこれに対する事故発生の日から供託の日(次項において準用する第二十条第一項の規定により供託委託契約を締結する場合にあつては、同項の規定による届出の日)まで年六パーセントの割合により算定した金銭又は増加すべき第十九条第一項に規定する年六パーセントの割合により算定した金銭を供託し、かつ、その旨を責任制限裁判所に届け出るべきことを命じなければならない。

2. 第十九条第二項及び第二十条から第二十二条までの規定は、前項の場合について準用する。この場合において、第十九条第二項中「供託の日」とあるのは、「第三十条第一項の供託の日」と読み替えるものとする。

第三十一条【開始決定を取り消す決定の公告等】 責任制限手続開始の決定を取り消す決定が確定したときは、裁判所は、直ちに、その旨を公告しなければならない。

2. 管理人、申立人並びに知れている制限債権者及び受益債務者には、前項の規定による公告に係る事項を記載した書面を送達しなければならない。

第三十二条【開始決定が取り消された場合における供託金の取戻しの制限】 申立人は、前条第一項の決定が確定した日から起算して一月を経過した後でなければ、次条に規定する基金として供託された金銭を取り戻し、又はその取戻請求権を処分することができない。

第三十三条【手続開始の効果】 責任制限手続が開始されたときは、制限債権者は、この法律で定めるところにより、第十九条第一項又は第三十条第一項の規定による決定に基づき供託された金銭、第二十一条第一項又は第二十二条第五項(第三十条第二項においてこれらの規定を準用する場合を含む。)の規定により供託される金銭及び第九十四条第一項の規定により供託される金銭並びに供託されたこれらの金銭に付される利息(以下「基金」という。)から支払を受けることができる。この場合においては、制限債権者は、基金以外の申立人の財産又は受益債務者の財産に対してその権利を行使することができない。

제30조 ① 책임제한절차의 개시결정에 대해 전조 제1항의 즉시항고가 있는 경우, 제19조 제1항의 규정에 의한 결정에서 정해진 책임한도액 또는 사고 발생의 날을 부당하다고 인정할 때에는, 법원은 신청인에 대해서 2주간을 넘지 않는 일정한 기간 내에 증가해야 할 책임한도액에 상당하는 금전 및 이것에 대한 사고 발생의 날로부터 공탁일(다음 항에서 준용하는 제20조 제1항의 규정에 의해 공탁위탁계약을 체결하는 경우에 있어서는, 동항의 규정에 의한 신고일)까지 연 6퍼센트의 비율에 의해 산정한 금전 또는 증가해야 할 제19조 제1항에 규정한 연 6퍼센트의 비율에 의해 산정한 금전을 공탁한 다음 그 취지를 책임제한법원에 신고해야 할 것을 명하여야 한다.

② 제19조 제2항 및 제20조부터 제22조까지의 규정은 전항의 경우에 있어 이를 준용한다. 이 경우에 있어서는, 제19조 제2항 중 「공탁일」은 「제30조 제1항의 공탁일」이라고 바꾸어 읽는다.

제31조【개시결정을 취소하는 결정의 공고 등】 ① 책임제한절차의 개시결정을 취소하는 결정이 확정된 때에는, 법원은 즉시 그 취지를 공고해야 한다.

② 관리인, 신청인과 함께 알려진 제한채권자 및 수익채무자에게 전항의 규정에 의한 공고와 관련된 사항을 기재한 서면을 송달해야 한다.

제32조【개시결정이 취소된 경우에 공탁금의 회수 제한】 신청인은 전조 제1항의 결정이 확정된 날로부터 기산해 1월을 경과한 후가 아니면 다음 조에 규정하는 기금으로 공탁된 금전을 회수하지 못하고 또한 그 회수청구권을 처분할 수 없다.

제33조【절차개시의 효과】 책임제한절차가 개시된 때에는, 제한채권자는 이 법률로 정한 바에 따라 제19조 제1항 또는 제30조 제1항의 규정에 의한 결정에 근거해 공탁된 금전, 제21조 제1항 또는 제22조 제5항(제30조 제2항에서 이러한 규정을 준용하는 경우를 포함한다)의 규정에 의해 공탁된 금전, 및 제90조 제1항의 규정에 의해 공탁된 금전과 함께 이러한 공탁된 금전에 발생하는 이자(이하 「기금」이라고 한다)로부터 지급을 받을 수 있다. 이 경우 제한채권자는 기금 이외 신청인의 재산 또는 수익채무자의 재산에 대해서는 그 권리를 행사할 수 없다.

第三十四条　責任制限手続が開始されたときは、制限債権者は、制限債権をもつて申立人又は受益債務者の債権と相殺することができない。

第三十五条【強制執行に対する異議の訴え】　申立人又は受益債務者は、第三十三条後段の事由を主張して制限債権に基づく強制執行の不許を求めるには、強制執行に対する異議の訴えを提起しなければならない。

2. 請求異議の訴えに関する民事執行法(昭和五十四年法律第四号)の規定は、前項の訴えについて準用する。

第三十六条【担保権実行に対する異議の訴え】　申立人又は受益債務者は、第三十三条後段の事由を主張して制限債権に基づく担保権の実行の不許を求めるには、担保権の実行に対する異議の訴えを提起しなければならない。

2. 前項の訴えは、被告の普通裁判籍の所在地を管轄する裁判所又はこの裁判所がないときは、担保権の目的である財産の所在地を管轄する裁判所の管轄に専属する。

3. 民事執行法第三十六条 及び第三十七条 の規定は、第一項の訴えについて準用する。

第四節 責任制限手続の拡張

第三十七条【手続拡張の申立て】　物の損害に関する債権のみについて責任制限手続が開始された場合においては、申立人又は受益債務者は、人の損害に関する債権について責任を制限するため、責任制限手続拡張の申立てをすることができる。ただし、制限債権の調査期日が開始された後は、この限りでない。

2. 第十八条から第二十五条までの規定は、前項の申立てについて準用する。

第三十八条【手続拡張の決定】　責任制限手続を拡張する決定においては、責任制限手続が人の損害に関する債権についても効力を及ぼす旨を定めるものとする。

2. 前節(第二十七条中管理人の選任に関する部分を除く。) の規定は、前項の決定について準用する。

제34조 책임제한절차가 개시된 때에는 제한채권자는 제한채권을 가지고 신청인이나 수익채무자의 채권과 상계할 수 없다.

제35조【강제집행에 대한 이의의 소】 ① 신청인 또는 수익채무자가 제33조 후단의 사유를 주장해 제한채권에 기한 강제집행의 불허를 구하려고 하면 강제집행에 대한 이의의 소를 제기하여야 한다.

② 청구이의의 소에 관한 민사집행법의 규정은 전항의 소에 준용한다.

제36조【담보권실행에 대한 이의의 소】 ① 신청인 또는 수익채무자가 제33조 후단의 사유를 주장해 제한채권에 기한 담보권의 실행의 불허를 구하려고 하면 담보권실행에 대한 이의의 소를 제기하여야 한다.

② 전항의 소는 피고의 보통재판적 소재지를 관할하는 법원, 또는 이러한 법원이 없는 때에는 담보권의 목적인 재산의 소재지를 관할하는 법원의 관할에 전속한다.

③ 민사집행법 제36조 및 제37조의 규정은 제1항의 소에 준용한다.

제4절 책임제한절차의 확장

제37조【절차 확장신청】 ① 물적 손해에 관한 채권에 대해서만 책임제한절차가 개시된 경우에 있어서도, 신청인 또는 수익채무자는 인적 손해에 관한 채권에 대해 책임을 제한하기 위해 책임제한절차의 확장을 신청할 수 있다. 다만 제한채권의 조사기일이 개시된 후에는 그러하지 아니하다.

② 제18조부터 제25조까지의 규정은 전항의 신청에 준용한다.

제38조【절차 확장결정】 ① 책임제한절차를 확장하는 결정에 있어서는, 책임제한절차가 인적 손해에 관한 채권에 대해서도 효력을 미치는 취지를 정하는 것으로 한다.

② 전절(제27조 중 관리인의 선임에 관한 부분을 제외한다)의 규정은 전항의 결정에 준용한다.

第三十九条【受益債務者を申立人とみなす場合】 前条第一項の決定があつたときは、第八十二条から第八十四条まで、第九十条から第九十二条まで及び第九十四条の規定の適用については、責任制限手続拡張の申立てをした受益債務者は、申立人とみなす。

第五節 管 理 人

第四十条【権限】 管理人は、制限債権の調査期日における意見の陳述、配当その他この法律で定める職務を行う権限を有する。

2. 前項の職務を行うため、管理人は、申立人又は受益債務者に対して、必要な事項の報告又は帳簿その他の書類の提出を求めることができる。

第四十一条【監督】 管理人は、裁判所が監督する。

第四十二条【注意義務】 管理人は、善良な管理者の注意をもつてその職務を行わなければならない。

第四十三条【管理人代理】 管理人は、必要があるときは、その職務を行わせるため、自己の責任で管理人代理を選任することができる。

2. 前項の規定による管理人代理の選任については、裁判所の許可を得なければならない。

第四十四条【報酬等】 管理人は、責任制限手続のため必要な費用の前払及び裁判所が定める報酬を受けることができる。

2. 前項の規定による決定に対しては、即時抗告をすることができる。

第四十五条【解任】 重要な事由があるときは、裁判所は、利害関係人の申立てにより、又は職権で、管理人を解任することができる。この場合においては、その管理人を審尋しなければならない。

第四十六条【計算の報告義務】 管理人の任務が終了した場合においては、管理人又はその相続人は、遅滞なく、裁判所に計算の報告をしなければならない。

제39조【수익 채무자를 신청인으로 간주하는 경우】 전조 제1항의 결정이 있는 때에는, 제82조로부터 제84조까지, 제90조부터 제92조까지, 및 제94조의 규정의 적용에 있어 책임제한절차의 확장신청을 한 수익채무자를 신청인으로 본다.

제5절 관 리 인

제40조【권한】 ① 관리인은 제한채권의 조사기일에 의견의 진술, 배당 기타 이 법률로 정하는 업무를 수행할 권한이 있다.

② 전항의 업무를 수행하기 위해, 관리인은 신청인 또는 수익채무자에 대해 필요한 사항을 보고하거나 장부 기타 서류의 제출을 요구할 수 있다.

제41조【감독】 관리인은 법원이 감독한다.

제42조【주의의무】 관리인은 선량한 관리자의 주의로 그 업무를 수행하여야 한다.

제43조【관리인대리】 ① 관리인은 필요가 있을 때에는 그 업무를 수행하기 위해 자기의 책임으로 관리인대리를 선임할 수 있다.

② 전항의 규정에 의한 관리인대리의 선임은 법원의 허가를 얻어야 한다.

제44조【보수 등】 ① 관리인은 책임제한절차를 위해 필요한 비용의 선급 및 법원이 정하는 보수를 받을 수 있다.

② 전항의 규정에 의한 결정에 대해서는 즉시항고를 할 수 있다.

제45조【해임】 중요한 사유가 있을 때에는, 법원은, 이해관계인의 신청에 의해 또는 직권으로, 관리인을 해임할 수 있다. 이 경우에는 그 관리인을 심문해야 한다.

제46조【계산의 보고의무】 관리인의 임무가 종료한 경우, 관리인 또는 그 상속인은 지체 없이 법원에 계산의 보고를 해야 한다.

第六節 責任制限手続への参加

第四十七条【参加】 制限債権者は、その有する制限債権(利息又は不履行による損害賠償若しくは違約金の請求権については、制限債権の調査期日の開始の日までに生じたものに限る。以下この章において同じ。)をもつて責任制限手続に参加することができる。

2. 制限債権を弁済した申立人又は受益債務者は、弁済の限度においてその制限債権を有するものとみなし、これをもつて責任制限手続に参加することができる。

3. 制限債権につき、将来、制限債権者に代位し、又は申立人若しくは受益債務者に対して求償権を有することとなる者は、その制限債権を有するものとみなし、これをもつて責任制限手続に参加することができる。ただし、制限債権者が責任制限手続に参加した場合における当該参加に係る制限債権については、この限りでない。

4. 申立人又は受益債務者は、制限債権に基づき外国において強制執行をされるおそれがあるときは、その強制執行により支払をすべき制限債権の額についてその制限債権を有するものとみなし、これをもつて責任制限手続に参加することができる。前項ただし書の規定は、この場合について準用する。

5. 前各項の規定により責任制限手続に参加しようとする者は、制限債権の内容その他の最高裁判所規則で定める事項を裁判所に届け出なければならない。

6. 第四項の規定により責任制限手続に参加しようとする者が前項の規定による届出をするときは、外国において強制執行をされるおそれがあることを疎明しなければならない。

第四十八条【制限債権につき申立人及び受益債務者以外の者が全部義務を負う場合】 制限債権につき申立人及び受益債務者以外に全部の履行をする義務を負う者がある場合において、その者のためにも責任制限手続が開始され、又は拡張されたときは、制限債権者は、責任制限手続開始の時又は責任制限手続拡張の時に有する制限債権の全額につき、各責任制限手続においてその権利を行うことができる。

2. 前項の規定は、制限債権につき申立人及び受益債務者以外に全部の履行を

제6절 책임제한절차에의 참가

제47조【참가】 ① 제한채권자는 자기가 가진 제한채권(이자 또는 불이행에 의한 손해배상이나 위약금의 청구권에 대해서는 제한채권의 조사기일의 개시의 날까지 생긴 것에 한정한다. 이하 이 장에 있어 동일하다)을 가지고 책임제한절차에 참가할 수 있다.

② 제한채권을 변제한 신청인 또는 수익채무자는 변제의 한도 내에서, 그 제한채권을 가지는 것으로 보고, 이로써 책임제한절차에 참가할 수 있다.

③ 제한채권에 있어, 장래 제한채권자를 대위하게 되거나, 조는 신청인 혹은 수익채무자에 대한 구상권을 가지게 되는 사람은, 그 제한채권을 가지는 것으로 간주하고, 이로써 책임제한절차에 참가할 수 있다. 다만, 제한채권자가 책임제한절차에 참가했을 경우에는 해당 참가와 관련되는 제한채권에 다해서는 그러하지 아니하다.

④ 신청인 또는 수익채무자는 제한채권에 기해 외국에서 강제집행을 당할 우려가 있을 때에는 그 강제집행에 의해 지급해야 할 제한채권의 액수에 대히 그 제한채권을 가지는 것으로 간주하고 이로써 책임제한절차에 참가할 수 있다. 전항 단서의 규정은 이 경우에 준용된다.

⑤ 전 각항의 규정에 의해 책임제한절차에 참가하고자 하는 사람은 제한채권의 내용 기타 대법원규칙으로 정하는 사항을 법원에 신고하여야 한다.

⑥ 제4항의 규정에 의해 책임제한절차에 참가하려는 사람이 전항의 규정에 의한 신고를 하는 때에는, 외국에서 강제집행을 당할 우려가 있다는 것을 소명해야 한다.

제48조【제한채권에 대해 신청인 및 수익채무자 이외의 사람이 전부 의무를 지는 경우】 ① 제한채권에 대해 신청인 및 수익채무자 이외에 그 전부를 이행할 의무를 지는 사람이 있는 경우, 그 사람을 위해서도 책임제한절차가 개시되거나 확장된 때에는, 제한채권자는 책임제한절차 개시시 또는 책임제한절차 확장시 가지는 제한채권의 전액에 대해, 각 책임제한절차에 있어 그 권리를 행사할 수 있다.

② 전항의 규정은, 제한채권에 대해 신청인 및 수익채무자 이외에 전부의 이행을

する義務を負う者がある場合において、その者のために船舶油濁損害賠償保障法　の規定により責任制限手続が開始されたときにおける同法第二条第六号　に規定するタンカー油濁損害に基づく債権(制限債権に該当するものに限る。)について準用する。

第四十九条【金銭を目的としない債権等】　債権の目的が、金銭でないとき、又は金銭であつてその額が不確定であるとき、若しくは外国の通貨をもつて定められたものであるときは、その債権の額は、責任制限手続開始の時又は責任制限手続拡張の時における評価額による。

第五十条【届出の期間】　第四十七条第五項の規定による届出は、第二十七条(第三十八条第二項において準用する場合を含む。)の規定により裁判所が定めた届出期間内にしなければならない。

2. 第四十七条第一項から第四項までの規定により責任制限手続に参加することのできる者が、その責めに帰することのできない事由によつて届出期間内に届出をすることができなかつたときは、その者は、前項の規定にかかわらず、届出期間が経過した後においても、届出をすることができる。ただし、制限債権の調査期日が終了した後は、この限りでない。

第五十一条【変更の届出等】　責任制限手続に参加した者は、その届け出た事項に変更が生じたとき、又は届け出た事項を変更しようとするときは、その旨を裁判所に届け出なければならない。

2. 前条の規定は、他の制限債権者の利益を害すべき変更の届出をする場合について準用する。

3. 第四十七条第三項又は第四項の規定により責任制限手続に参加した者は、制限債権者に代位し、申立人若しくは受益債務者に対して求償権を取得し、又は制限債権につき支払をしたときは、その旨を裁判所に届け出なければならない。この場合においては、届出の原因となつた事実を証明しなければならない。

第五十二条【手続に参加した者の地位の承継】　責任制限手続に参加した者の届出に係る債権を取得した者は、その参加した者の地位を承継することができる。

2. 前項の規定により承継しようとする者は、取得した債権その他の最高裁判所規則で定める事項を裁判所に届け出なければならない。この場合にお

할 의무를 지는 사람이 있는 경우, 그 사람을 위해서 유탁손해배상브장법의 규정에 의해 책임제한절차가 개시된 때에 동법 제2조 제6호에 규정한 유탁손해에 기한 채권(제한채권에 해당하는 것에 한한다)에 대하여도 준용한다.

제49조【금전을 목적으로 하지 않는 채권 등】 채권의 목적이 금전이 아닐 때,금전으로 그 액이 불확정한 때, 혹은 외국 통화로 정해진 것인 때에는, 그 채권 금액은 책임제한절차 개시시 또는 책임제한절차 확장시 평가액에 의한다.

제50조【신고기간】 ① 제47조 제5항의 규정에 의한 신고는, 제27조(제38조 제2항에서 준용하는 경우를 포함한다) 규정에 의해 법원이 정한 신고기간 내에 하여야 한다.

② 제47조 제1항부터 제4항까지의 규정에 의해 책임제한절차에 참가할 수 있는 사람이 그에게 책임이 돌아갈 수 없는 사유로 신고기간 내에 신고를 할 수 없었던 때에는, 그 사람은 전항의 규정과 상관없이 신고기간이 경과한 후에도 신고할 수 있다. 다만 제한채권의 조사기일이 종료한 다음에는 이를 할 수 없다.

제51조【변경신고 등】 ① 책임제한절차에 참가한 사람은 그 신고한 사항에 변경이 생겼을 때, 또는 신고한 사항을 변경하려고 하는 때에는 그 취지를 법원에 신고하여야 한다.

② 전조의 규정은 다른 제한채권자의 이익을 해칠 수 있는 변경신고를 하는 경우에 준용한다.

③ 제47조 제3항 또는 제4항의 규정에 의해 책임제한절차에 참가한 사람은 제한채권자를 대위한 때, 신청인 혹은 수익채무자에 대해 구상권을 취득한 때 또는 제한채권에 대해 지급을 한 때에는 그 취지를 법원에 신고하여야 한다. 이 경우에는 신고의 원인과 행한 사실을 입증하여야 한다.

제52조【절차에 참가한 사람의 지위 승계】 ① 책임제한절차에 참가한 사람의 신고와 관련된 채권을 취득한 사람은 그 참가한 사람의 지위를 승계할 수 있다.

② 전항의 규정에 의해 승계하려는 사람은 취득한 채권 기타 대법원 규칙으로 정한 사항을 법원에 신고하여야 한다. 이 경우, 해당 채권을 취득한 것을 증명해야

いては、当該債権を取得したことを証明しなければならない。

3. 前二項の規定は、第四十七条第一項の規定により責任制限手続に参加した者の届出に係る債権を弁済した申立人又は受益債務者について準用する。

第五十三条【届出の却下】 裁判所は、この節の規定によつてする届出が第四十七条第五項若しくは第六項、第五十条(第五十一条第二項において準用する場合を含む。)、第五十一条第三項又は前条第二項(同条第三項において準用する場合を含む。)の規定に違反するときは、その届出を却下しなければならない。

2. 前項の規定による決定に対しては、即時抗告をすることができる。

第五十四条【時効の中断】 責任制限手続への参加は、時効中断の効力を生ずる。ただし、その届出が取り下げられ、又は却下されたときは、この限りでない。

第五十五条【知れた制限債権者の届出義務等】 申立人及び受益債務者は、第十八条(第三十七条第二項において準用する場合を含む。)の規定により届け出た制限債権者以外の制限債権者で、まだ責任制限手続に参加していないものの氏名又は名称及び住所を知つたときは、直ちに、これを裁判所に届け出なければならない。ただし、制限債権の調査期日が終了した後に知つたときは、この限りでない。

2. 第二十八条第二項及び第三項(第三十八条第二項において準用する場合を含む。)の規定は、前項の規定による届出に係る制限債権者について準用する。

第五十六条【配当の前払の許可】 第四十七条第一項の規定により責任制限手続に参加した者の著しい損害を避けるため緊急の必要があるときは、裁判所は、当該参加した者の届出に係る債権が確定する前においても、管理人の申立てにより、又は職権で、管理人に対して、制限債権に対する配当の一部として基金から相当の金額を支払うことを命ずることができる。

2. 管理人は、前項に規定する制限債権者から同項の申立てをすべきことを求められたときは、直ちに、その旨を裁判所に報告し、なお、その申立てをしないこととしたときは、遅滞なく、その理由を裁判所に報告しなければならない。

한다.

③ 전 2항의 규정은 제47조 제1항의 규정에 의해 책임제한절차에 참가한 사람의 신고와 관련된 채권을 변제한 신청인 또는 수익채무자에 준용한다.

제53조【신고의 각하】 ① 법원은 이 절의 규정에 따라 한 신고가 제47조 제5항 혹은 제6항, 제50조(제51조 제2항에서 준용하는 경우를 포함한다), 제51조 제3항 또는 전조 제2항(동조 제3항에서 준용하는 경우를 포함한다)의 규정에 위반할 때에는 그 신고를 각하해야 한다.

② 전항의 규정에 의한 결정에 대해서는 즉시항고를 할 수 있다.

제54조【시효중단】 책임제한절차에의 참가하면 시효중단의 효력이 생긴다. 다만, 그 신고가 취하되거나 각하된 때에는 그러하지 아니하다.

제55조【알려진 제한채권자 신고의무 등】 ① 신청인 및 수익채무자는, 제18조(제37조 제2항에서 준용하는 경우를 포함한다)의 규정에 의해 신고한 제한채권자 이외의 제한채권자로서, 아직 책임제한절차에 참가하고 있지 않는 사람의 성명 또는 명칭 및 주소를 아는 때에는 즉시 이를 법원에 신고하여야 한다. 다만 제한채권의 조사기일 종료 후에 안 때에는 그러하지 아니하다.

② 제28조 제2항 및 제3항(제38조 제2항에서 준용하는 경우를 포함한다)의 규정은 전항의 규정에 의한 신고와 관련된 제한채권자에 준용한다.

제56조【배당 선불 허가】 ① 제47조 제1항의 규정에 의해 책임제한절차에 참가한 사람의 현저한 손해를 피하기 위해 긴급한 필요가 있을 때에는, 법원은 참가한 사람의 신고와 관련된 해당 채권이 확정되기 이전이라도, 관리인의 신청에 의해 또는 직권으로, 관리인에 대해 제한채권에 대한 배당의 일부로서 기금을 가지고 상당한 금액을 지급할 것을 명할 수 있다.

② 관리인은 전항에 규정한 제한채권자로부터 동항의 신청을 할 것을 요구받은 때에는 즉시 그 취지를 법원에 보고하여야 하고, 또한 그 신청을 하지 않는 것으로 한 때에는 지체 없이 그 이유를 법원에 보고하여야 한다.

第七節　制限債権の調査及び確定

第五十七条【制限債権の調査】　制限債権の調査期日においては、届出のあつた債権について、制限債権であるかどうか、並びに制限債権であるときは、その内容及び人の損害に関する債権と物の損害に関する債権との別を調査する。

第五十八条【関係人の出頭】　申立人、受益債務者及び責任制限手続に参加した者並びにこれらの代理人は、制限債権の調査期日に出頭して、届出のあつた債権について異議を述べることができる。

第五十九条【管理人の出頭】　制限債権の調査は、管理人の出頭がなければすることができない。

第六十条【異議のない制限債権の確定】　制限債権の調査期日において管理人及び第五十八条に掲げる者の異議がなかつたときは、制限債権であること及びその内容並びに人の損害に関する債権と物の損害に関する債権との別は、確定する。

第六十一条【査定の裁判】　裁判所は、異議のあつた債権について、査定の裁判をしなければならない。

2. 査定の裁判においては、当該債権が、制限債権でないときはその旨を、制限債権であるときはその内容及び人の損害に関する債権と物の損害に関する債権との別を定める。

3. 査定の裁判は、当該債権を届け出た者及びその債権について異議を述べた者に送達する。

第六十二条【管理人の調査等】　裁判所は、査定の裁判をするに当たり、管理人に対して、必要な事項について調査を命じ、又は意見を求めることができる。

第六十三条【査定の裁判に対する異議の訴え】　査定の裁判に不服がある者(管理人を除く。)は、決定の送達を受けた日から一月の不変期間内に、異議の訴えを提起することができる。

2. 前項の訴えは、これを提起する者が、異議のあつた債権を届け出た者であるときは異議を述べた者を、異議を述べた者であるときは異議のあつ

제7절 제한채권의 조사 및 확정

제57조【제한채권의 조사】 제한채권의 조사기일에는 신고채권에 대해 제한채권인지 아닌지, 및 제한채권인 때에는 그 내용 및 인적 손해에 관한 채권과 물적 손해에 관한 채권의 구별을 조사한다.

제58조【관계인의 출석】 신청인, 수익채무자, 책임제한절차에 참가한 사람 및 이러한 사람의 대리인은 제한채권의 조사기일에 출석하고, 신고채권에 대해 이의를 진술할 수 있다.

제59조【관리인의 출석】 제한채권의 조사는 관리인의 출석이 없으면 할 수 없다.

제60조【이의없는 제한채권의 확정】 제한채권의 조사기일에 관리인 및 제58조에 열거된 사람의 이의가 없는 때에는 제한채권인 것, 그 내용 및 인적 손해에 관한 채권과 물적 손해에 관한 채권의 구별은 확정된다.

제61조【사정재판】 ① 법원은 이의채권에 대해 사정재판을 해야 한다.

② 사정재판에서는 해당 채권이 제한채권이 아닐 때에는 그 취지를, 제한채권일 때에는 그 내용 및 인적 손해에 관한 채권과 물적 손해에 관한 채권의 구별을 정한다.

③ 사정재판은 해당 채권을 신고한 사람 및 그 채권에 대해 이의를 진술한 사람에게 송달한다.

제62조【관리인의 조사 등】 법원은 사정재판을 하는 데 있어 관리인에 대해 필요한 사항에 대한 조사를 명하거나 또는 의견을 구할 수 있다.

제63조【사정재판에 대한 이의의 소】 ① 사정재판에 이의가 있는 사람(관리인은 제외하다)은 결정의 송달을 받은 날로부터 1월의 불변기간 내에 이의의 소를 제기할 수 있다.

② 전항의 소는, 이를 신청하는 사람이 이의채권을 신고한 사람일 때에는 이의를 진술한 사람을, 이의를 진술한 사람일 때는 이의채권을 신고한 사람을, 각각 피고

た債権を届け出た者を、それぞれ被告としなければならない。

3. 第一項の訴えは、責任制限裁判所の管轄に専属し、口頭弁論は、第一項の期間を経過した後でなければ、開始することができない。

4. 同一の債権に関し数個の訴えが同時に係属するときは、弁論及び裁判は、併合してしなければならない。この場合においては、民事訴訟法第四十条第一項 から第三項 までの規定を準用する。

5. 第一項の訴えについての判決においては、訴えを不適法として却下する場合を除き、査定の裁判を認可し、又は変更する。

第六十四条【訴訟手続の中止】 第四十七条第五項の規定により制限債権の届出がされた場合において、当該債権に関する債権者及び申立人又は受益債務者間の訴訟(以下「手続外訴訟」という。) が係属するときは、裁判所は、原告の申立てにより、その訴訟手続の中止を命ずることができる。

2. 裁判所は、原告の申立てにより、前項の規定による中止の決定を取り消すことができる。

第六十五条【手続外訴訟の管轄の拡張】 査定の裁判に対する異議の訴えが係属するときは、その訴えに係る債権を有する者及び申立人又は受益債務者間の当該債権に関する訴えは、責任制限裁判所に提起することができる。

第六十六条【移送】査定の裁判に対する異議の訴えが係属する場合において、その訴えに係る債権に関する手続外訴訟が他の第一審裁判所に係属するときは、責任制限裁判所は、申立てにより、その移送を求めることができる。

2. 前項の規定による決定があつたときは、移送を求められた裁判所は、手続外訴訟を責任制限裁判所に移送しなければならない。

3. 前項の規定による移送は、訴訟手続が中断又は中止中でもすることができる。

第六十七条【併合】 責任制限裁判所に査定の裁判に対する異議の訴えと手続外訴訟とが係属するときは、弁論及び裁判は、併合してしなければならない。

로 해야 한다.

③ 제1항의 소는 책임제한법원의 관할에 전속하고, 구두변론은 제1항 기간이 경과한 다음이 아니면 이를 개시할 수 없다.

④ 동일한 채권에 관계된 수개의 소가 동시에 계속된 때에는, 변론 및 재판은 병합하여 해야 한다. 이 경우에 민사소송법 제40조 제1항부터 제3항까지의 규정을 준용한다.

⑤ 제1항의 소에 대한 판결에서는 소를 부적법한 것으로 각하하는 경우를 제외하고는 사정재판을 인가하거나 또는 변경한다.

제64조【소송절차의 중지】 ① 제47조 제5항의 규정에 의해 제한채권의 신고가 되었을 경우에, 해당 채권에 관한 채권자 및 신청인 또는 수익채무자 사이의 소송(이하 절차외소송」이라고 한다.)이 계속된 때에는, 법원은 원고의 신청에 의해 그 소송절차의 중지를 명할 수 있다.

② 법원은 원고의 신청에 의해 전항의 규정에 의한 중지결정을 취소할 수 있다.

제65조【절차외소송의 관할 확장】 사정재판에 대한 이의의 소가 계속되는 때에는, 그 소와 관련되는 채권을 가지는 사람 및 신청인 또는 수익채무자 사이의 해당 채권에 관한 소는 책임제한법원에 신청할 수 있다.

제66조【이송】 ① 사정재판에 대한 이의의 소가 계속되는 경우, 그 소와 관련되는 채권에 관한 절차외소송이 다른 제1심 법원에 계속되는 때에는, 책임제한법원은 신청에 의해 그 이송을 요구할 수 있다.

② 전항의 규정에 의한 결정이 있는 때에는, 이송을 요구받은 법원은, 절차외소송을 책임제한 법원에 이송해야 한다.

③ 전항의 규정에 의한 이송은 소송절차가 중단 또는 중지중이라 하더라도 할 수 있다.

제67조【병합】 책임제한법원에 사정재판에 대한 이의의 소와 절차외소송이 계속되는 때에는 변론 및 재판을 병합해야 한다.

第八節 配 当

第六十八条【配当】 基金は、第九十二条第五項(第九十四条第二項において準用する場合を含む。) 又は第九十三条第一項若しくは第三項の規定により支弁されるものを除き、配当に充てる。

第六十九条【配当の時期】 管理人は、制限債権の調査期日が終了した後、遅滞なく、配当を行わなければならない。

2. 制限債権の調査期日において異議があつたときは、管理人は、査定の裁判に対する異議の訴えの出訴期間を経過した後でなければ、配当を行うことができない。ただし、裁判所の許可を得たときは、この限りでない。

第七十条【配当表】 管理人は、配当を行おうとするときは、配当表を作り、裁判所の認可を得なければならない。

2. 配当表には、配当に加えるべき制限債権者の氏名、配当に加えるべき制限債権の額、配当することのできる金銭の額、配当率その他の最高裁判所規則で定める事項を人の損害に関する債権と物の損害に関する債権との別に従つて記載しなければならない。

第七十一条【配当表の認可の公告】 裁判所は、配当表を認可したときは、その旨を公告しなければならない。

第七十二条【配当表に対する異議】 配当表の記載に不服がある者は、前条の規定による公告の日から二週間の不変期間内に、裁判所に対して、異議を申し立てることができる。

2. 裁判所は、異議が相当であると認めるときは、管理人に対して、配当表の更正を命じなければならない。

3. 異議についての裁判に対しては、即時抗告をすることができる。

第七十三条【配当の保留の申出】 責任制限手続に参加した者は、配当表に対する異議申立期間の経過前に、管理人に対して、届出に係る自己の債権につき手続外訴訟が係属していること又は当該債権に基づく強制執行若しくは担保権の実行がされていることを証明して、配当の保留の申出をすることができる。

第七十四条【配当の保留】 管理人は、次に掲げる債権については、配当を保留

제8절 배 당

제68조【배당】 기금은 제92조 제5항(제94조 제2항에서 준용하는 경우를 포함한다) 또는 제93조 제1항 혹은 제3항의 규정에 의해 지급되는 것을 제외하고는 배당에 충당한다.

제69조【배당의 시기】 ① 관리인은 제한채권의 조사기일이 종료한 후 지체 없이 배당을 실시하여야 한다.

② 제한채권의 조사기일에 이의가 있는 때에는 관리인은 사정의 재판에 대한 이의의 소의 제소기간을 경과한 다음이 아니면, 배당을 실시할 수 없다. 다만 법원의 허가를 얻었을 때는 그러하지 아니하다.

제70조【배당표】 ① 관리인이 배당을 실시하려고 할 때에는 배당표를 만들어 법원의 인가를 받아야 한다.

② 배당표에는 배당에 참가할 제한채권자의 성명, 배당에 참가할 제한채권의 금액, 배당할 수 있는 금액, 배당률 기타 대법원규칙으로 정하는 사항을 인적 손해에 관한 채권과 물적 손해에 관한 채권과 구별하여 기재해야 한다.

제71조【배당표의 인가 공고】 법원은 배당표를 인가한 때에는 그 취지를 공고해야 한다.

제72조【배당표에 대한 이의】 ① 배당표의 기재에 이의가 있는 사람은 전조 규정에 의한 공고일로부터 2주간의 불변기간 내에 법원에 이의를 신청할 수 있다.

② 법원은 이의가 상당하다고 인정할 때에는 관리인에 대해 배당표의 경정을 명하여야 한다.

③ 이의에 대한 재판에 대해서는 즉시항고를 할 수 있다.

제73조【배당의 유보요청】 책임제한절차에 참가한 사람은 배당표에 대한 이의신청 기간의 경과 전에 관리인에 대해 신고와 관련된 자기의 채권에 대해 절차외소송이 계속되고 있거나 혹은 해당 채권에 근거하는 강제집행 또는 담보권실행이 되고 있는 것을 증명하고서 배당의 유보를 요청할 수 있다.

제74조【배당의 유보】 ① 관리인은 다음으로 열거한 채권에 대해서는 배당을 유

しなければならない。

一. 前条の規定により配当の保留の申出がされた債権

二. 第四十七条第三項又は第四項の規定により責任制限手続に参加した者の届出に係る債権で、第五十一条第三項の規定による届出がないもの

三. 責任制限手続においてまだ確定していない債権で、前二号に掲げるもの以外のもの

第七十五条【費用等の保留命令】 第九十二条第一項若しくは第九十三条第二項又は同条第一項の規定により立て替えられ、又は支弁されることとなる費用等及び弁護士又は弁護士法人の報酬で、その額が明らかでないものがあるときは、裁判所は、管理人に対して、基金につき相当額の保留をすることを命じなければならない。

2. 裁判所は、前項の規定による決定を変更し、又は取り消すことができる。

第七十六条【配当の効果】 責任制限手続に参加した者がその配当額につき供託に関する法令の規定により基金から支払を受けることができることとなつたときは、申立人及び受益債務者は、責任制限手続外においては、当該参加した者に対する配当に係る債権について、その責任を免れる。

第七十七条【手続からの除斥】 届出に係る債権が手続外訴訟において制限債権でないことに確定したときは、当該債権は、責任制限手続から除斥される。

第七十八条【保留された配当の実施】 第七十四条各号に掲げる債権について、次に掲げる事由が生じたときは、管理人は、遅滞なく、配当を実施しなければならない。

一. 第七十四条第一号に掲げる債権にあつては、その内容が確定し、かつ、保留の申出をした者が配当を行うべきことを求めたとき。

二. 第七十四条第二号に掲げる債権にあつては、その内容が確定し、かつ、第五十一条第三項の規定による届出があつたとき。

三. 第七十四条第三号に掲げる債権にあつては、その内容が確定したとき。

第七十九条【追加配当】 基金に新たに配当に充てることができる部分が生じたときは、管理人は、更に配当を行わなければならない。

2. 管理人は、裁判所の許可を得て、一時前項の配当を行わないことができる。

第八十条【手続の終結】 配当が終了したときは、裁判所は、責任制限手続終結

보해야 한다.

1. 전조의 규정에 의해 배당의 유보가 요청된 채권
2. 제47조 제3항 또는 제4항의 규정에 의해 책임제한절차에 참가한 사람의 신고와 관련된 채권으로, 제51조 제3항의 규정에 의한 신고가 없는 것
3. 책임제한절차에서 아직 확정되지 않는 채권으로, 전 2호로 열거한 것 이외의 것

제75조【비용 등의 유보명령】 ① 제92조 제1항이나 제93조 제2항 또는 동조 제1항의 규정에 의해 체당되거나 또는 변제되게 되는 비용 등 및 변호사나 법무법인의 보수로, 그 금액이 분명하지 않은 것이 있는 때에는, 법원은 관리인에 대해 기금에서 상당액의 유보를 할 것을 명하여야 한다.

② 법원은 전항의 규정에 의한 결정을 변경하거나 취소할 수 있다.

제76조【배당의 효과】 책임제한절차에 참가한 사람이 그 배당액이 기허 공탁에 관한 법령의 규정에 의해 기금으로부터 지급을 받을 수 있는 것으로 된 때에는, 신청인 및 수익채무자는 책임제한절차 외에서 그 참가한 사람에 대해 배당과 관련된 채권에 대해 그 책임을 면한다.

제77조【절차로부터 제척】 신고와 관련된 채권이 절차외소송에 의해 제한채권이 아닌 것이 확정된 때에는 해당 채권은 책임제한절차로부터 제척된다.

제78조【유보된 배당의 실시】 제74조 각호에 열거된 채권에 대해 다음으로 열거된 사유가 생긴 때에는, 관리인은 지체 없이 배당을 실시해야 한다.

1. 제74조 제1호에 열거된 채권에 있어서는 그 내용이 확정되고, 또한 유보 요청을 한 사람이 배당을 실시할 것을 요구한 때.
2. 제74조 제2호로 열거된 채권에 있어서는 그 내용이 확정되고, 또한 제51조 제3항의 규정에 의한 요청이 있는 때.
3. 제74조 제3호에 열거된 채권에 있어서는 그 내용이 확정된 때.

제79조【추가 배당】 ① 기금에 새롭게 배당에 충당할 수 있는 부분이 생긴 때에는, 관리인은 다시 배당을 실시하여야 한다.

② 관리인은 법원의 허가를 얻어 일시 전항의 배당을 실시하지 않을 수 있다.

제80조【절차의 종결】 배당이 종료된 때에는 법원은 책임제한절차의 종결결정을

の決定をし、かつ、その旨を公告しなければならない。

第八十一条【損害賠償】 申立人又は受益債務者が第十八条(第三十七条第二項において準用する場合を含む。) 又は第五十五条第一項に規定する届出義務に違反した場合において、責任制限手続終結の決定があつたときは、これらの者は、その義務に違反したことにより生じた損害を賠償する責めに任ずる。

第九節 責任制限手続の廃止

第八十二条【手続の廃止】 次の場合においては、裁判所は、申立てにより、又は職権で、責任制限手続廃止の決定をしなければならない。ただし、第三号の場合において制限債権者を著しく害するおそれがあるときは、この限りでない。

一. 第二十二条第二項(第三十条第二項及び第三十七条第二項において準用する場合を含む。)の規定による決定に基づき受託者から金銭の支払を受けることができないことを管理人が証明したとき。

二. 申立人が第三十条第一項(第三十八条第二項において準用する場合を含む。)の規定による決定に従わないとき。

三. 申立人が第九十一条後段の規定による決定に従わないとき。

第八十三条 申立人は、知れている受益債務者及び責任制限手続に参加した者の全員の同意を得て、責任制限手続廃止の申立てをすることができる。

2. 前項の申立てがあつたときは、裁判所は、責任制限手続廃止の決定をしなければならない。

第八十四条 申立人が破産手続開始の決定を受けた場合において、責任制限手続を続行することが破産債権者を著しく害するおそれがあるときは、裁判所は、破産管財人の申立てにより、責任制限手続廃止の決定をしなければならない。ただし、配当表の認可の公告があつたとき、又は破産法(平成十六年法律第七十五号)第百九十五条第一項 に規定する最後配当、同法第二百四条第一項 に規定する簡易配当、同法第二百八条第一項 に規定する同意配当若しくは同法第二百九条第一項 に規定する中間配当の許可があつたときは、こ

하고 나아가 그 취지를 공고해야 한다.

제81조【손해배상】 신청인 또는 수익채무자가 제18조(제37조 제2항에서 준용되는 경우를 포함한다) 또는 제55조 제1항에 규정된 신고의무에 위반한 경우에 있어 책임제한절차의 종결결정이 있는 때에는 이러한 사람은 그 의무에 위반한 것으로 생긴 손해를 배상할 책임이 있다.

제9절 책임제한절차의 폐지

제82조【절차 폐지】 다음의 경우에는, 법원은 신청에 의해 또는 직권으로 책임제한절차의 폐지결정을 해야 한다. 다만 제3호의 경우에 제한채권자를 현저하게 해칠 염려가 있을 때에는 그러하지 아니하다.

1. 제22조 제2항(제30조 제2항 및 제37조 제2항에서 준용하는 경우를 포함한다)의 규정에 의한 결정에 기해 수탁자로부터 금전의 지급을 받지 못하는 것을 관리인이 증명한 때.
2. 신청인이 제30조 제1항(제38조 제2항에서 준용하는 경우를 포함한다)의 규정에 의한 결정에 따르지 않은 때.
3. 신청인이 제91조 후단의 규정에 의한 결정에 따르지 않은 때.

제83조 ① 신청인은 알려져 있는 수익채무자 및 책임제한절차에 참가한 사람의 전원의 동의를 얻어 책임제한절차의 폐지신청을 할 수 있다.
② 전항의 신청이 있는 때에는 법원은 책임제한절차의 폐지결정을 해야 한다.

제84조 신청인이 파산절차의 개시결정을 받은 경우에, 책임제한절차를 속행하는 것이 파산채권자를 현저하게 해칠 우려가 있는 때에는, 법원은 파산관재인의 신청에 의해 책임제한절차의 폐지결정을 해야 한다. 다만, 배당표의 인가가 공고된 때 또는 파산법 제195조 제1항에 규정된 최후배당, 동법 제204조 제1항에 규정된 간이배당, 동법 제208조 제1항에 규정된 동의배당 혹은 동법 제209조 제1항에 규정된 중간배당이 허가된 때에는 그러하지 아니하다.

の限りでない。

第八十五条【廃止の公告等】 裁判所は、責任制限手続廃止の決定をしたときは、直ちに、その主文及び理由の要旨を公告しなければならない。

2. 第三十一条第二項の規定は、前項の場合について準用する。

第八十六条【抗告】 責任制限手続廃止の申立てを却下し、又は棄却する決定及び責任制限手続廃止の決定に対しては、即時抗告をすることができる。

第八十七条【廃止決定の取消しの公告等】 責任制限手続廃止の決定を取り消す決定が確定したときは、裁判所は、直ちに、その旨を公告しなければならない。

2. 第三十一条第二項の規定は、前項の場合について準用する。

第八十八条【廃止決定の発効】 責任制限手続廃止の決定は、確定しなければその効力を生じない。

第八十九条【廃止決定が確定した場合における供託金の取戻しの制限】 第三十二条の規定は、責任制限手続廃止の決定が確定した場合について準用する。

第十節 費 用

第九十条【費用負担の原則】 第九十三条第一項又は第二項に規定するものを除き、責任制限手続のため必要な費用及び管理人の報酬(以下この節において「費用等」という。)は、申立人の負担とする。

第九十一条【予納義務】 申立人は、責任制限手続開始の申立てをするときは、費用等として裁判所が定める金額を予納しなければならない。予納した費用等が不足する場合において、裁判所がその不足する費用等の予納を命じたときも、同様とする。

第九十二条【申立人が予納命令に従わない場合における費用等の立替え等】 第八十二条第三号に該当する場合において、同条ただし書に規定する事由があるときは、費用等は、基金から立て替える。

2. 前項の規定により立て替えた費用等については、管理人が、申立人から取り立てるものとする。

제85조【폐지공고 등】 ① 법원은 책임제한절차의 폐지결정을 한 때에는 즉시 그 주문 및 이유의 요지를 공고해야 한다.

② 제31조 제2항의 규정은 전항의 경우에 대해 준용한다.

제86조【항고】 책임제한절차의 폐지신청을 각하하거나 기각하는 결정 및 책임제한절차의 폐지결정에 대해서는 즉시항고를 할 수 있다.

제87조【폐지결정 취소의 공고 등】 ① 책임제한절차의 폐지결정을 취소하는 결정이 확정된 때에는 법원은 즉시 그 취지를 공고해야 한다.

② 제31조 제2항의 규정은 전항의 경우에 대해 준용한다.

제88조【폐지결정의 발효】 책임제한절차의 폐지결정은 확정되지 않으면 그 효력이 생기지 않는다.

제89조【폐지결정이 확정된 경우에 공탁금의 회수 제한】 제32조의 규정은 책임제한절차의 폐지결정이 확정된 경우에 준용한다.

제10절 비 용

제90조【비용 부담의 원칙】 제93조 제1항 또는 제2항에 규정하는 것을 제외하고, 책임제한절차를 위해 필요한 비용 및 관리인의 보수(이하 이 절에서「비용 등」이라고 한다)는 신청인의 부담으로 한다.

제91조【예납 의무】 신청인은 책임제한절차의 개시신청을 할 때에 비용 등으로 법원이 정하는 금액을 예납해야 한다. 예납한 비용 등이 부족한 경우에는 법원이 그 부족한 비용 등의 예납을 명한 때에도 마찬가지로 한다.

제92조【신청인이 예납명령에 따르지 않는 경우 비용 등의 체당 등】 ① 제82조 제3호에 해당하는 경우에, 동조 단서에 규정하는 사유가 있는 때에는, 비용 등은 기금으로 체당한다.

② 전항의 규정에 의해 체당한 비용 등에 대해서는, 관리인이 신청인으로부터 회수하여야 한다.

3. 前項の場合においては、裁判所は、管理人の申立てにより、申立人に対して、第一項の規定により立て替えた費用等の額と同額の金銭を管理人に支払うべきことを命じなければならない。

4. 第二十二条第三項及び第四項の規定は、前項の規定による決定について準用する。

5. 第二項の規定により取り立てるべき費用等の取立てが不能であるときは、当該費用等は、基金から支弁する。

第九十三条【管理人の訴訟の追行の費用等】 管理人が査定の裁判に対する異議の訴えを追行するために必要な費用等及び弁護士又は弁護士法人の報酬は、次項に規定する費用を除き、基金から支弁する。

2. 管理人が査定の裁判に対する異議の訴えを追行するために必要な費用のうち訴訟費用となるものは、基金から立て替える。

3. 査定の裁判に対する異議の訴えについての判決において管理人の負担とされた訴訟費用は、基金から支弁する。

4. 裁判所は、管理人の申立てにより、第一項の費用等及び報酬の額を定める。

5. 前項の規定による決定に対しては、即時抗告をすることができる。

第九十四条【管理人が取り立てた費用等及び訴訟費用の供託】 第九十二条第一項又は前条第二項の規定により立て替えた費用等又は訴訟費用を管理人が取り立てたときは、これを申立人のために基金として供託しなければならない。

2. 第二十二条第六項の規定は前項の規定により管理人がした供託について、第九十二条第五項の規定は管理人が取り立てるべき前項の訴訟費用の取立てが不能である場合について準用する。

第四章 補 則

第九十五条【船舶先取特権】 制限債権者は、その制限債権につき、事故に係る船舶、その属具及び受領していない運送賃の上に先取特権を有する。

2. 前項の先取特権は、商法(明治三十二年法律第四十八号)第八百四十二条第八

③ 전항의 경우에 법원은 관리인의 신청에 의해 신청인에 대해 제1항 규정에 의해 체당한 비용 등 상당액의 금전을 관리인에게 지급할 것을 명하여야 한다.
④ 제22조 제3항 및 제4항의 규정은 전항의 규정에 의한 결정에 준용한다.
⑤ 제2항의 규정에 의해 징수할 비용 등이 회수가 불가능한 때에는 해당 비용 등을 기금으로 지급한다.

제93조【관리인의 소송수행 비용 등】 ① 관리인이 사정재판에 대한 이의의 소를 수행하기 위해 필요한 비용 등 및 변호사나 법무법인의 보수는 다음 항에서 규정하는 비용을 제외하고는 기금으로 지급한다.
② 관리인이 사정재판에 대한 이의의 소를 수행하기 위해 필요한 비용 중 소송비용이 되는 것은 기금으로 체당한다.
③ 사정재판에 대한 이의의 소에 대한 판결에서 관리인의 부담으로 된 소송비용은 기금으로 변제한다.
④ 법원은 관리인의 신청에 의해 제1항의 비용 등 및 보수의 액수를 정한다.
⑤ 전항의 규정에 의한 결정에 대해서는 즉시항고를 할 수 있다.

제94조【관리인이 징수한 비용 등 및 소송비용의 공탁】 ① 제92조 제1항 또는 전조 제2항의 규정에 의해 체당한 비용 등 또는 소송비용을 관리인이 회수한 때에는 이를 신청인을 위한 기금으로 공탁해야 한다.
② 제22조 제6항의 규정은 전항의 규정에 의해 관리인이 한 공탁에 대해, 제92조 제5항의 규정은 관리인이 회수해야 할 전항의 소송비용의 회수가 불가능한 경우에 대해 준용한다.

제4장 보 칙

제95조【선박우선특권】 ① 제한채권자는 그 제한채권에 의해 사고와 관련된 선박, 그 속구 및 수령하지 않는 운임에 우선특권을 가진다.
② 전항의 우선특권은 상법 제842조 제8호의 우선특권에 다음 순위로 한다.

号の先取特権に次ぐ。

3. 商法第八百四十三条、第八百四十四条第二項本文及び第三項、第八百四十五条、第八百四十六条、第八百四十七条第一項並びに第八百四十九条の規定は、第一項の先取特権について準用する。

4. 第一項の先取特権が消滅する前に責任制限手続開始の決定があつた場合において、その決定を取り消す決定又は責任制限手続廃止の決定が確定したときは、前項において準用する商法第八百四十七条第一項の規定にかかわらず、第一項の先取特権は、その確定後一年を経過した時に消滅する。

第九十六条【締約国である外国における制限基金の形成の効果】 千九百七十六年の海事債権についての責任の制限に関する条約を改正する千九百九十六年の議定書の締約国である外国において同議定書によつて改正された千九百七十六年の海事債権についての責任の制限に関する条約(以下「海事債権責任制限条約」という。)に定める制限基金が形成された場合においては、当該基金から支払を受けることができる制限債権については、その制限債権者は、制限基金以外の船舶所有者等の財産若しくは救助者の財産又は被用者等の財産に対してその権利を行使することができない。

2. 第三十四条から第三十六条までの規定は、前項の場合について準用する。

第九十七条 削除

第九十八条【船舶の管理人等に対するこの法律の適用】 この法律は、海事債権責任制限条約第一条第二項に規定する船舶の管理人及び船舶の運航者並びに法人であるこれらの者の無限責任社員について船舶所有者等と同様に、同項に規定する船舶の管理人又は船舶の運航者の被用者その他の者でその者の行為につきこれらの者が責めに任ずべきものについて被用者等と同様に、適用する。

2. この法律は、制限債権につき弁済の責めに任ずることによつて生ずる損害をてん補する保険契約の保険者について、被保険者と同様に適用する。

③ 상법 제843조, 제844조 제2항 본문 및 제3항, 제845조, 제846조, 제847조 제1항 및 제849조의 규정은 제1항의 우선특권에 준용한다.
④ 제1항의 우선특권이 소멸하기 전에 책임제한절차의 개시결정이 있는 경우, 그 결정을 취소하는 결정 또는 책임제한절차의 폐지결정이 확정된 때에는, 전항에서 준용하는 상법 제847조 제1항의 규정과 상관없이, 제1항의 우선특권은 그 확정 후 1년을 경과한 때에 소멸한다.

제96조【체약국인 외국에서 제한기금의 형성 효과】 ① 1976년의 해사채권에 대한 책임제한에 관한 조약을 개정하는 1996년의 의정서의 체약국인 외국에서 동 의정서에 의해 개정된 1976년의 해사채권에 대한 책임제한에 관한 조약(이하 해사채권책임제한조약」이라고 한다)에 정하는 제한기금이 형성된 경우에는, 해당 기금으로부터 지급받을 수 있는 제한채권에 대해서는 그 제한채권자는 제한기금 이외의 선박소유자 등의 재산 혹은 구조자의 재산 또는 피용자 등의 재산에 대해 그 권리를 행사할 수 없다.
② 제34조부터 제36조까지의 규정은 전항의 경우에 준용한다.

제97조 삭제

제98조【선박의 관리인 등에 대한 이 법률의 적용】 ① 이 법률은 해사채권 책임제한조약 제1조 제2항에 규정하는 선박관리인, 선박운항자 및 법인인 이러한 사람의 무한책임사원에 대해서는 선박소유자 등과 마찬가지로, 동항에 규정하는 선박관리인 또는 선박운항자의 피용자 기타 사람으로 그 사람의 행위에 대해 이러한 사람이 책임을 져야 할 사람에 대해서는 피용자 등과 마찬가지로, 이를 적용한다.
② 이 법률은 제한채권에 대해 변제 책임을 지는 것에 의해 발생하는 손해를 전보하는 보험계약의 보험자에 대해서도, 피보험자와 마찬가지로 적용한다.

第五章 罰 則

第九十九条　管理人又は管理人代理がその職務に関し賄賂を収受し、又はこれを要求し、若しくは約束したときは、三年以下の懲役又は百万円以下の罰金に処する。

2. 前項の場合において、収受した賄賂は、没収する。その全部又は一部を没収することができないときは、その価額を追徴する。

第百条　前条第一項に規定する賄賂を供与し、又はその申込み若しくは約束をした者は、三年以下の懲役又は百万円以下の罰金に処する。

第百一条　第四十条第二項の規定による報告又は書類の提出を求められて、報告をせず、若しくは書類の提出をせず、又は虚偽の報告をし、若しくは虚偽の書類の提出をした者は、一年以下の懲役又は五十万円以下の罰金に処する。

2. 法人の代表者又は法人若しくは人の代理人、使用人その他の従業者が、その法人又は人の業務に関して前項の違反行為をしたときは、行為者を罰するほか、その法人又は人に対しても、同項の罰金刑を科する。

제5장 벌　칙

제99조 ① 관리인 또는 관리인 대리는 그 직무에 관하여 뇌물을 수수하거나 이를 요구한 때, 혹은 이를 약속한 때에는 3년 이하의 징역 또는 100만엔 이하의 벌금에 처한다.

② 전항의 경우에 수수한 뇌물은 몰수한다. 그 전부 또는 일부를 몰수할 수 없는 때에는 그 가액을 추징한다.

제100조 전조 제1항에 규정하는 뇌물을 공여하거나 요구한 사람 혹은 이를 약속을 한 사람은 3년 이하의 징역 또는 100만엔 이하의 벌금에 처한다.

제101조 ① 제40조 제2항의 규정에 의한 보고 또는 서류제출을 요구받고도 보고를 하지 않거나 서류 제출을 하지 않는 사람, 또는 허위의 보고를 하거나 허위의 서류를 제출한 사람은, 1년 이하의 징역 또는 50만엔 이하의 벌금에 처한다.

② 법인의 대표자 또는 법인 혹은 사람의 대리인, 사용인 그 외의 종업원이, 그 법인 또는 사람의 업무에 관해 전항의 위반행위를 했을 때에는, 행위자를 처벌하는 것 외에 그 법인 또는 사람에 대해서도, 동항의 벌금형을 부고한다.

중국 해상법

CHINESE MARITIME CODE WITH ITS REVISIONS

CHINESE MARITIME CODE
WITH ITS REVISIONS

중국 해상법

▌중국 북경 공상대학 교수 김추* ▌

1992년 11월 7일 제7기 전국인민대표대회 상무위원회 제28차 회의에서 통과되어, 1993년 7월 1일부터 시행된 중국해상법은 중화인민공화국이 건립된 후 처음으로 국제조약을 기초로 하여 제정한 국내법이다. 중국해상법은 총 15개 장, 모두 278개 조항 43,000자로 구성되었으며, 제정 당시 중국의 제정법 중 법조항이 제일 많은 법이었다. 해상법은 국제조약, 특히 헤이그규칙, 헤이그-비스비규칙 및 함부르크규칙의 내용을 참조함과 동시에 중국의 해상운송과 경제무역의 실제 상황 및 국제해상분야의 많은 국제관습을 참조하였다. 당시 중국에는 「민법통칙」만 있었고, 통일적인 민법전 및 상법전이 없었던 관계로 「해상법」은 민법의 특별법으로 존재하였으며, 해상법에 규정이 있으면 해상법의 규정을 우선하여 적용하였고, 해상법에 규정되지 않은 것은 「민법통칙」의 관련 규정을 적용하도록 하였다.

중국해상법은 1953년에 제정 작업을 시작하여 근 40년의 시간이 걸렸는데 이 기간 중 약 20년 동안은 작업이 중단된 바 있다. 이 법의 제정은 중국의 3세대의 해상법 전문가들의 노력으로 이루어진 것으로서 기나긴 입법과정을 겪었다. 그 기간

* 김추 교수님은 중국 교포로서 한국해양대학에서 해상법을 연구, 박사학위를 취득하였다.

은 대체로 다음과 같은 몇 단계로 나뉘는데 그 첫 단계는 1951년~1963년(1980년) 사이이다. 중국 건국 초기, 국가차원에서 「해상법」 초안 작성에 착수하여 1951년에 "중국 해상법 초안 작성팀"을 설립했으며, 1963년까지 제9안을 완성하여 국무원에 보고하였다. 제9안은 11장 160개 조항으로 제1장 "총칙", 제2장 "선박", 제3장 "선원", 제4장 "해상운송계약", 제5장 "선박예선", 제6장 "선박충돌", 제7장 "구조비용", 제8장 "공동해손", 제9장 "선주의 책임범위", 제10장 "해상보험계약", 제11장 "해사청구"로 구성되어 있었다. 그러나 당시 해상법 연구 수준의 한계와 해상법 실무의 결핍으로 제9안의 내용은 비교적 간단하고 조항도 적었으며, 체계상의 문제도 있었다. 예컨대 선박우선특권의 내용을 "선주의 책임범위"의 장에서 규정한 것 등이다. 그러던 중 1964년~1980년 사이에는 문화대혁명의 발발로 인하여 해상법의 모든 입법 작업이 중단되었다. 두 번째 단계가 1981년~1989년 사이이다. 1981년 5월에 국가교통부에서 관련 부서를 초청하여 초안작성위원회를 새로 구성하였으며, 산하에 초안작성위원회 사무실을 두어 초안 작성을 구체적으로 책임지게 하였다. 4년간의 작업을 거쳐 1985년 1월 18일 교통부에서는 (1985) 교판자 제17호공문 –'해상법(심의안)심사에 관한 보고서'를 작성하여 국무원에 보고하였다. "심의안"은 18장 213조로 구성되었는데, 기존의 "해상법 제9안"에 비해 가장 큰 변화는 "심의안"이 광의의 해상법을 전제로 작성되어 제4장 "도선", 제5장 "국제해상운송관리", 제12장 "연해수역의 침몰선, 침몰물의 인양과 제거" 등이 포함되고, "선박우선특권과 선박저당권"을 단독으로 하나의 장(제15장)으로 규정한 것이다. 1985년 9월 18일 초안작성위원회는 국무원 경제법규 연구센터의 심사의견에 근거하여 '해상법'수정안을 제출했다. 장과 절은 변화가 없으나 213개 조항에서 170개 조항으로 축소되었고 그 후 다시 144개 조항으로 축소되었다. 이 수정안은 "도선", "국제해상운송관리"와 "연해수역 침몰선, 침몰물의 인양과 제거" 등 3개 장을 삭제함으로써 해상법으로 하여금 평등한 주체 사이의 민사관계를 조율하는 법률로 자리매김하게 하였다. 그러나 이 초안은 지나치게 원칙적인 규정들과 법률조항이 너무 적어 법의 실효성이 낮다는 비판이 있었다. 그 후 국무원 담당공무원의 연이은 변동으로 입법작업이 다시 지장을 받았으며 이러한 상황은 1989년 초반까지 지속되었다. 세 번째 단계가 1989년~1992년 사이이다. 1989년 1월부터 8월까지 국무원 법제사무처 법안심의팀은 당시 시행되고 있던 해상업무관계를 규율하는 행정법규, 규정과 업무수칙을 참고하고 주요국의 해상법 입법 사례를 벤치마킹했다. 특히 국제협약, 국제관습, 표준계약에 대한 규정을 중점적으로 분석한 후, 국무원에 보고된 "심의안"에 대해 다시 전문가팀을 구성하여 보완작업을 진행하여1989년 8월 "의견수렴안"을 작성하였다. 이 의견수렴안은 12장 268조항으로 구성되었으며, 제2장 "선박등기"와 제11장 "해사소송 절차규정(해사청구보전, 해사소송관할)"을 추가했다. 이 안을 기초로 관련 부처와 지방으로부터 광범위한 의견을 청취하여 필요한 보완작업을 거친 후 작성된 것이 '1991년 3월 31일 수정안'이다. 이 수정안은 16장 321조항으로 제13장의 "선박압류"를 제외하고 기타 내용은 현행 해상법과 기본적으로 일치했다.

해상법의 전문성과 복잡성을 고려하여 신중을 기하기 위하여 국무원 법제국과 교통부는 경제무역부(현 상무부), 최고인민법원과 공동으로 외국전문가, 실무가, 사법계와 학계의 권위 인사들이 참석한 토론회를 여러 차례 개최하였다. 토론회의 의견을 수렴하여 '1991년 3월 31일 수정안'에 대하여 필요한 보완작업을 거쳐 '1991년 8월 8일 초안'을 제정되었다. 이 '초안'은 15장 305조항으로 구성되었으며 현행 해상법과 비교하면 제2장의 "선박등기"가 1992년 국무원 상무회의 심의 전에 삭제된 것을 제외하고 기타 내용은 변화가 없었다. 특히 설명해야 할 부분은 해상법 제10안(1982년 5월)부터 '1989년 8월 의견수렴안'까지 모두 "선박유류오염민사책임"을 본문 조항으로 규정하고 있었지만, 1991년 3월 31일 '해상법초안(수정안)'에서는 선박유류오염민사책임에 관한 조항이 삭제되었다는 것이다. "연해수역 침몰선, 침몰물의 인양과 제거"와 관련된 내용도 제10안부터 본문조항으로 규정하였지만 제17안(1987년)에 와서는 삭제되었다. 1992년 6월 5일, 국무원 상무회의에서 '해상법초안'(15장 278조항)(제29안)이 심의・통과되었으며 6월 7일에 당시의 리펑총리가 서명하여 전국인민대표대회 상무위원회에 심의안으로 교부되었다. 6월 23일에 국무원의 위탁을 받고 국무원 법제국 양징위 국장이 제7기 전국인민대표대회 상무위원회 제26차 회의에서 국무원 심의안에 대하여 보고하였다. 11월 7일, 제7기 전국인민대표대회 상무위원회 제28차 회의에서 101명의 전국인민대표대회 상무위원회위원이 표결에 참가하여 98표 찬성, 1표 반대, 2표 기권의 높은 득표수로 '해상법(초안)'을 통과되었고, 세계 여러 해운 국가의 해상법 법전과 비교하더라도 손색이 없는 중국 특색의 해상법으로 입법되었다.

중국해상법은 해상운송관계, 선박관계를 규율하고, 당사자의 적법한 권리를 수호하며 해상운송과 경제무역의 발전 추진을 취지로 하여 법전의 형식을 취하고 있는바, 주요 내용은 ① 해상운송계약, 즉 해상화물운송계약(제4장), 해상여객운송계약(제5장); ② 선박임차계약(제6장), 해상예선계약(제7장)을 포함한 기타 선박운영과 관련된 계약; ③ 선박충돌(제8장), 해난구조(제9장), 공동해손(제10장), 해사배상책임제한(제11장), 해상보험계약(제12장) 등을 포함한 해상위험과 관련된 법률제도; ④ 선박물권, 선박소유권, 선박저당권, 선박우선특권(제3장) 등을 포함한 선박에 관한 재산권; ⑤ 선장과 선원 ⑥ 선박등기, 국적과 항행권, 해상운송관리 등이 포함된 해사행정 등이 포함되어 있다.

1992년 해상법은 해상운송영역의 평등 주체간의 법률관계를 규율하는 법률이 없었던 공백을 보완하였으며, 그 당시로서는 가장 새롭고, 선진적이며 상세한 규정으로, 국제적 추세에 부합되는 중국내의 법률로 평가되었다. 이 법의 제정은 해상운송사업의 번영과 발전을 촉진시켰을 뿐만 아니라 중국 해운업 발전의 중요한 이정표이기도 하다. 해상법은 계획경제로부터 시장경제로 변화하는 현실적인 수요 및 해상운송업과 경제무역발전의 추진을 위하여 중국 특유의 해상운송 리스크분담제도(예컨대 운송인면책, 배상책임한도액, 지연교부, 구조비용, 공동해손분담 등)를 수립하였으며 내용면에서도 선진화한 법률이라고 평가된다. 중국 해운업의 발전과 국제무역의 성장으로 인하여, 비록 해상운송업을 규율하는 국내법이지만, 강한 섭외성과 국제성을 지니게 되었고 또한 국제적인 해상입법의 통일화 추세에 부응하고자 중국 '해상법'은 입법시 대량의 국제협약, 국제관습을 참조하였는바, 제1장의 총칙과 제15장의 부칙규정을 제외한 기타 각장의 내용은 세계의 최신 국제협약, 국제관습의 내용과 원칙을 수용하여 국제규칙과의 접목을 실현하였다. 해상법은 전문성이 지극히 강한 법률로서 운송, 보험, 구조, 용선, 공동해손, 책임한도 등 복잡하고 특이한 제도가 많다. 법조문의 내용이 구체적이라고 여겨 별도의 시행세칙은 제정하지 않기로 하였다.

CHINESE MARITIME CODE

WITH ITS REVISIONS

中华人民共和国 海商法

一九九二年十一月七日第七届全国人民代表大会常务委员会第二十八次会议通过

一九九二年十一月七日中华人民共和国主席令第64号公布

第一章 总 则

第一条【立法目的】 为了调整海上运输关系，船舶关系，维护当事人各方的合法权益，促进海上运输和经济易贸的发展，制定本法。

第二条【海上运输界定】 本法所称海上运输，是指海上货物运输和海上旅客运输，包括海江之间，江海之间的直达运输。

本法第四章海上货物运输合同的规定，不适用于中华人民共和国港口之间的海上货物运输。

第三条【船舶界定】 本法所称船舶，是指海船和其他海上移动式装置，但是用于军事的，政府公务的船舶和20总吨以下的小型船艇除外。

前款所称船舶，包括船舶属具。

第四条【业务专属】中华人民共和国港口之间的海上运输和拖航，由悬挂中华人民共和国国旗的船舶经营。但是，法律，行政法规另有规定的除外。

非经国务院交通主管部门批准，外国籍船舶不得经营中华人民共和国港口之间的海上运输和拖航。

第五条【国旗的悬挂】 船舶经依法登记取得中华人民共和国国籍，有权悬挂中华人民共和国国旗航行。

중화인민공화국 해상법

1992년 11월 7일 제7기 전국인민대표대회 상무위원회 제28차 회의 통과

1992년 11월 7일 중화인민공화국 주석령 제64호 공포

번역: 공상대학 교수 김추

제1장 총 칙

※ 중국 원문에는 원래 각 조문에 제목이 없음.

제1조 【입법목적】 해상운송관계, 선박관계를 규율하고 당사자 각자의 합법적인 권익을 수호하며 해상운송과 경제무역의 발전을 추진하기 위하여 이 법을 제정한다.

제2조 【해상운송의 정의】 이 법에서 해상운송이라 함은, 해상화물운송과 해상여객운송을 말하며 바다와 강 사이, 강과 바다 사이의 직항 운송을 포함한다.

이 법 제4장의 해상화물운송계약의 규정은 중화인민공화국 항구간의 해상화물운송에는 적용하지 아니한다.

제3조 【선박의 정의】 이 법에서 선박이라 함은 항해선 기타 해상유동구조물을 말한다. 단, 군사 혹은 공무에 사용되는 선박과 20톤 이하의 소형선박은 제외한다.

위 문장에서 말하는 선박에는 선박에 소속된 부품을 포함한다.

제4조 【운송전담】 중화인민공화국 항구 사이의 해상운송과 예선은 중화인민공화국 국기를 게양한 선박이 수행한다. 단 법률, 행정법규에 별도의 규정이 있는 경우에는 그러하지 아니하다.

국무원 교통 주관 부서의 비준을 거치지 아니한 외국국적의 선박은 중화인민공화국 항구 간의 해상운송과 예선에 참여하지 못한다.

제5조 【국기의 게양】 법에 따라 등기하고 중화인민공화국 국적을 취득한 선박이 아니면 중화인민공화국 국기를 게양하고 항해할 수 없다.

船舶非法悬挂中华人民共和国国旗航行的，由有关机关予以制止，处以罚款。

第六条【主管机构】 海上运输由国务院交通主管部门统一管理，具体办法由国务院交通主管部门制定，报国务院批准后施行。

第二章 船 舶

第一节 船舶所有权

第七条【所有权内涵】 船舶所有权，是指船舶所有人依法对其船舶享有占有，使用，收益和处分的权利。

第八条【国有船舶】 国家所有的船舶由国家授予具有法人资格的全民所有制企业经营管理的，本法有关船舶所有人的规定适用于该法人。

第九条【船舶所有权登记】 船舶所有权的取得，转让和消灭，应当向船舶登记机关登记; 未经登记的，不得对抗第三人。

船舶所有权的转让，应当签订书面合同。

第十条【共同所有权登记】 船舶由两个以上的法人或者个人共有的，应当向船舶登记机关登记; 未经登记的，不得对抗第三人。

第二节 船舶抵押权

第十一条【抵押权的概念】 船舶抵押权，是指抵押人对于抵押权人提供的作为债务担保的船舶，在抵押人不履行债务时，可以依法拍卖，从卖得的价款中优先受偿的权利。

第十二条【抵押权设定】 船舶所有人或者船舶所有人授权的人可以设定船舶抵押权。

船舶抵押权的设定，应当签订书面合同。

第十三条【抵押权登记】 设定船舶抵押权，由抵押权人和抵押人共同向船舶登记机关办理抵押权登记; 未经登记的，不得对抗第三人。

불법으로 중화인민공화국 국기를 게양하는 것은 금하고 이러한 선박에 대하여는 해당기관이 벌금을 부과한다.

제6조【주관기관】 해상운송은 국무원 교통 주관 부서가 통일적으로 관리하며 구체적인 방법은 국무원 교통 주관 부서에서 제정하고 국무원에 보고하여 허가를 얻은 후 시행한다.

제2장 선 박

제1절 선박소유권

제7조【소유권의 정의】 선박소유권이라 함은 선박소유자가 법에 따라 향수하는 선박을 점유, 사용, 수익 및 처분하는 권리를 말한다.

제8조【국유선박】 국가로부터 법인격을 부여받은 국유 소유제 기업이 경영 및 관리하는 국가 소유인 선박의 경우, 선박소유자와 관련된 본법의 규정은 동 법인에 대해 이를 적용한다.

제9조【선박소유권 등기】 선박소유권의 취득, 양도 및 소멸은 선박등기기관에 등기하여야 한다. 이러한 등기를 하지 아니한 취득, 양도 및 소멸로 제3자에게 대항할 수 없다.

선박소유권의 양도는 서면계약으로 하여야 한다.

제10조【공동소유권 등기】 두 명 이상의 법인 또는 개인이 선박을 공유한 경우, 선박등기기관에 이를 등기하여야 한다. 등기하지 아니한 공유로 제3자에게 대항하지 못한다.

제2절 선박저당권

제11조【저당권의 정의】 선박저당권이란 채무자가 피담보채무를 이행하지 아니할 때에 저당권자가 채무자가 담보로 제공한 선박에 대해 법에 따라 경매를 실시하고 거기서 얻은 대금으로 우선적으로 채무를 변제받을 권리를 말한다.

제12조【저당권 설정】 선박소유자 또는 소유자로부터 위임을 받은 사람은 선박에 저당권을 설정할 수 있다. 선박저당권의 설정은 서면계약에 의하여야 한다.

제13조【저당권 등기】 선박저당권의 설정은 저당권자와 저당채무자가 공동으로 선박등기기관에 저당권설정등기를 하여야 한다. 등기하지 아니한 저당권으로 제3자에게 대항할 수 없다.

船舶抵押权登记，包括下列主要项目:

(一) 船舶抵押权人和抵押人的姓名或者名称，地址;

(二) 被抵押船舶的名称，国籍，船舶所有权证书的颁发机关和证书号码;

(三) 所担保的债权数额，利息率，受偿期限。

船舶抵押权的登记状况，允许公众查询。

第十四条【在建船舶抵押】 建造中的船舶可以设定船舶抵押权。

建造中的船舶办理抵押权登记，还应当向船舶登记机关提交船舶建造合同。

第十五条【抵押船舶保险】 除合同另有约定外，抵押人应当对被抵押船舶进行保险;未保险的，抵押权人有权对该船舶进行保险，保险费由抵押人负担。

第十六条【共有船舶抵押】 船舶共有人就共有船舶设定抵押权，应当取得持有三分之二以上份额的共有人的同意，共有人之间另有约定的除外。

船舶共有人设定的抵押权，不因船舶的共有权的分割而受影响。

第十七条【禁止转让】 船舶抵押权设定后，未经抵押权人同意，抵押人不得将被抵押船舶转让给他人。

第十八条【抵押权转移】 抵押权人将被抵押船舶所担保的债权全部或者部分转让他人的，抵押权随之转移。

第十九条【两个以上抵押权】 同一船舶可以设定两个以上抵押权，其顺序以登记的先后为准。

同一船舶设定两个以上抵押权的，抵押权人按照抵押权登记的先后顺序，从船舶拍卖所得价款中依次受偿。

同日登记的抵押权，按照同一顺序受偿。

第二十条【抵押权消灭】 被抵押船舶灭失，抵押权随之消灭。由于船舶灭失得到的保险赔偿，抵押权人有权优先于其他债权人受偿。

선박저당권의 등기에는 다음의 주요 내용이 포함된다.

(1) 선박저당권자와 저당채무자의 성명 또는 명칭 및 그 주소;

(2) 피저당 선박의 명칭, 국적, 선박소유권증서의 발급기관과 증서번호;

(3) 담보한 채권금액, 이자율, 상환 기한.

선박저당권의 등기 상황은 공중의 열람이 허용된다.

제14조【건조 중 선박의 저당】 건조 중의 선박에 대하여도 선박저당권을 설정할 수 있다.

건조 중인 선박에 대한 저당권설정등기를 하려면 선박등기기관에 선박건조계약서를 제출하여야 한다.

제15조【저당선박의 부보】 계약에서 별도로 약정한 경우를 제외하고, 저당채무자는 피저당 선박에 대해 보험에 가입하여야 한다. 저당채무자가 보험에 가입하지 아니한 때에는, 저당권자가 당해 선박에 대해 보험에 가입할 수 있고 그러면 그 보험에서 보험료는 저당채무자가 부담하여야 한다.

제16조【공유선박의 저당】 선박공유자가 공유선박에 저당권을 설정하려고 하는 때에는, 공유자간에 별도의 약정이 있는 경우를 제외하고는 3분지 2 이상의 지분을 소유하고 있는 공유자의 동의를 얻어야 한다.

선박공유자가 설정한 저당권은 선박 공유권의 분할로 인하여 영향을 받지 아니한다.

제17조【양도금지】 선박저당권이 설정된 후에는 저당권자의 동의를 얻지 아니하면 저당채무자는 피저당 선박을 타인에게 양도하지 못한다.

제18조【저당권의 이전】 저당권자가 피저당 선박으로 담보된 채권의 전부 또는 일부를 타인에게 양도한 경우, 저당권은 그에 따라 이전된다.

제19조【2개 이상의 저당권】 동일 선박에 두 개 이상의 저당권을 설정할 수 있으며, 그 우선순위는 등기의 선후를 기준으로 한다.

동일 선박에 두 개 이상의 저당권을 설정한 경우, 저당권자는 저당권설정등기의 선후에 따라 선박경매대금으로 차례로 변제를 받는다.

동일한 날짜에 등기한 저당권은 동일 순위로 변제를 받는다.

제20조【저당권의 소멸】 피저당선박이 멸실되면 저당권은 그에 따라 소멸된다. 선박의 멸실로 인하여 얻은 보험금에 대해 저당권자는 다른 채권자보다 우선적으로 변제를 받을 권리가 있다.

第三节 船舶优先权

第二十一条【优先权的概念】 船舶优先权，是指海事请求人依照本法第二十二条的规定，向船舶所有人，光船承租人，船舶经营人提出海事请求，对产生该海事请求的船舶具有优先受偿的权利。

第二十二条【优先权范围】 下列各项海事请求具有船舶优先权:

(一) 船长，船员和在船上工作的其他在编人员根据劳动法律，行政法规或者劳动合同所产生的工资，其他劳动报酬，船员遣返费用和社会保险费用的给付请求;

(二) 在船舶营运中发生的人身伤亡的赔偿请求;

(三) 船舶吨税，引航费，港务费和其他港口规费的缴付请求;

(四) 海难救助的救助款项的给付请求;

(五) 船舶在营运中因侵权行为产生的财产赔偿请求。

载运2000吨以上的散装货油的船舶，持有有效的证书，证明已经进行油污损害民事责任保险或者具有相应的财务保证的，对其造成的油污损害的赔偿请求，不属于前款第(五) 项规定的范围。

第二十三条【受偿顺序】 本法第二十二条第一款所列各项海事请求，依照顺序受偿。但是，第(四) 项海事请求，后于第(一) 项至第(三) 项发生的，应当先于第(一) 项至第(三) 项受偿。

本法第二十二条第一款第(一)，(二)，(三)，(五) 项中有两个以上海事请求的, 不分先后，同时受偿；不足受偿的，按照比例受偿。第(四) 项中有两个以上海事请求的，后发生的先受偿。

第二十四条【优先拨付的费用】 因行使船舶优先权产生的诉讼费用，保存，拍卖船舶和分配船舶价款产生的费用，以及为海事请求人的共同利益而支付的其他费用，应当从船舶拍卖所得价款中先行拨付。

第二十五条【留置权，抵押权，优先权的受偿顺序】 船舶优先权先于船舶留置权受偿，船舶抵押权后于船舶留置权受偿。

제3절 선박우선특권

제21조 【선박우선특권의 정의】 선박우선특권이란 해사채권자가 이 법 제22조의 규정에 따라 선박소유자, 선박임차인(나용선자), 선박운항자에 대한 해사채권으로 그 채권을 야기한 선박에 대해 우선적으로 변제를 받을 권리를 말한다.

제22조 【우선특권의 범위】 다음 각종 해사채권은 선박우선특권을 갖는다.

(1) 선장, 선원 및 선박에서 작업하는 기타 재적인원이 노동법률, 행정법규, 또는 노동계약에 근거해 청구하는 임금, 기타 보수, 선원송환비용 및 사회보험비용 등의 청구권;

(2) 선박 운항 중 발생하는 사람의 사망 또는 신체 상해에 대한 배상청구권;

(3) 선박톤세, 도선료, 입항세 기타 항구 수수료의 지급 청구권;

(4) 해난구조로 인한 구조료청구권;

(5) 선박의 운영 중 불법행위로 인하여 발생한 재산적 보상청구권;

2000톤 이상의 유류를 화물로 선적한 선박에 의한 유류오염손해에 대한 보상청구권은, 유류오염손해의 민사책임보험에 가입하였거나 이에 상응하는 재무보증이 있음을 증명하는 유효한 증서를 소지하고 있을 경우, 위 제(5)호 규정의 범위에 속하는 채권으로 보지 아니한다.

제23조 【변제순위】 이 법 제22조 제1항에 나열한 각종 해사채권은 나열한 순위에 따라 변제된다. 다만 제(4)호 해사채권이 제(1)호 내지 제(3)호 해사채권보다 후에 발생한 경우, 이 제4호 해사채권이 제(1)호 내지 제(3)호 해사채권보다 우선하여 변제된다.

이 법 제22조 제1항 제(1)호, (2)호, (3)호 혹은 (5)호에 해당하는 해사채권이 두 개 이상 있는 경우, 그 발생에 있어 선후를 구별하지 아니하고 동시에 변제된다. 모두 변제하기에 부족한 경우에는, 비율에 따라 변제된다. 위 제(4)호에 해당하는 해사채권이 두 개 이상 있는 경우, 후에 발생한 해사채권이 전에 발생한 채권보다 우선하여 변제된다.

제24조 【우선 지급할 비용】 선박우선특권의 행사로 인하여 발생한 소송비용, 선박의 보존과 경매에 필요한 비용, 선박매각대금의 분배로 인한 비용 및 기타 해사채권자 공동이익을 위해 부담한 비용은 선박경매대금 중에서 우선적으로 공제하여 지급한다.

제25조 【유치권, 저당권 및 우선특권의 변제순위】 선박우선특권은 선박유치권보다 변제에 있어 우선하며 선박저당권은 선박유치권보다 변제에 있어 후순위로 한다.

前款所称船舶留置权，是指造船人，修船人在合同另一方未履行合同时，可以留置所占有的船舶，以保证造船费用或者修船费用得以偿还的权利。船舶留置权在造船人，修船人不再占有所造或者所修的船舶时消灭。

第二十六条【优先权不灭原则】 船舶优先权不因船舶所有权的转让而消灭。但是，船舶转让时，船舶优先权自法院应受让人申请予以公告之日起满六十日不行使的除外。

第二十七条【优先权转移】 本法第二十二条规定的海事请求权转移的，其船舶优先权随之转移。

第二十八条【优先权行使】 船舶优先权应当通过法院扣押产生优先权的船舶行使。

第二十九条【优先权消灭】 船舶优先权，除本法第二十六条规定的外，因下列原因之一而消灭:

(一) 具有船舶优先权的海事请求，自优先权产生之日起满一年不行使;

(二) 船舶经法院强制出售;

(三) 船舶灭失。

前款第(一) 项的一年期限，不得中止或者中断。

第三十条【责任限制不受影响】 本节规定不影响本法第十一章关于海事赔偿责任限制规定的实施。

第三章 船 员

第一节 一般规定

第三十一条【船员的范围】 船员，是指包括船长在内的船上一切任职人员。

第三十二条【适任证书】 船长，驾驶员，轮机长，轮机员，电机员，报务员，必须由持有相应适任证书的人担任。

위에서 선박유치권이라 함은 선박을 건조하거나 혹은 수리한 상대방이 계약을 이행하지 아니하는 경우에 그 건조비 혹은 수리비의 지급을 담보하기 위해 선박건조인 혹은 선박수리인이 점유하고 있는 선박을 유치할 수 있는 권리를 말한다. 선박유치권은 선박건조인 혹은 선박수리인이 건조 혹은 수리한 선박을 더 이상 점유하지 아니하면 소멸된다.

第26조【우선특권불멸원칙】 선박우선특권은 선박소유권의 양도로 인하여 소멸되지 아니한다. 단, 선박양도 시에 양수인의 신청에 의해 법원이 선박양도의 공시를 한 날로부터 60일 내에 선박우선특권을 행사하지 아니하면 그러하지 아니하다.

第27조【우선특권의 이전】 이 법 제22조가 규정하는 해사채권을 이전하면, 해당되는 선박우선특권은 그에 따라 이전된다.

第28조【우선특권의 행사】 선박우선특권은 법원이 우선특권을 발생하게 한 선박을 압류함으로써 이를 행사한다.

第29조【우선특권의 소멸】 선박우선특권은 이 법 제26조의 규정 사유를 제외하고는 다음 사유 중 하나로 인하여 소멸한다.

(1) 선박우선특권을 가진 해사채권을 그 우선특권의 발생일로부터 1년 내에 행사하지 아니하는 경우;

(2) 선박이 법원에 의하여 강제매각된 경우;

(3) 선박이 멸실된 경우.

위 제(1)호의 1년의 기한은 정지하거나 중단할 수 없다.

第30조【책임제한의 무영향】 이 절의 규정은 이 법 제11장의 해사책임제한규정의 효력에 영향을 미치지 아니한다.

제3장 선 원

제1절 일반규정

第31조【선원의 범위】 선원이란 선장을 포함한 선상 모든 인 직원을 말한다.

第32조【자격증서】 선장, 항해사, 기관장, 기관사, 전기기사, 통신장은 그 직책에 상응하는 면허증을 소지한 자가 담당하여야 한다.

第三十三条【海员证和有关证书】 从事国际航行的船舶的中国籍船员，必须持有中华人民共和国港务监督机构颁发的海员证和有关证书。

第三十四条【相关法律适用】 船员的任用和劳动方面的权利，义务，本法没有规定的，适用有关法律，行政法规的规定。

第二节 船　长

第三十五条【船长职责】 船长负责船舶的管理和驾驶。

船长在其职权范围内发布的命令，船员，旅客和其他在船人员都必须执行。

船长应当采取必要的措施，保护船舶和在船人员，文件，邮件，货物以及其他财产。

第三十六条【对违法犯罪人员的处理】 为保障在船人员和船舶的安全，船长有权对在船上进行违法，犯罪活动的人采取禁闭或者其他必要措施，并防止其隐匿，毁灭，伪造证据。

船长采取前款措施，应当制作案情报告书，由船长和两名以上在船人员签字，连同人犯送交有关当局处理。

第三十七条【出生或死亡事件】 船长应当将船上发生的出生或者死亡事件记入航海日志，并在两名证人的参加下制作证明书。死亡证明书应当附有死者遗物清单。死者有遗嘱的，船长应当予以证明。死亡证明书和遗嘱由船长负责保管，并送交家属或者有关方面。

第三十八条【海上事故抢救组织】 船舶发生海上事故，危及在船人员和财产的安全时，船长应当组织船员和其他在船人员尽力施救。在船舶的沉没，毁灭不可避免的情况下，船长可以作出弃船决定；但是，除紧急情况外，应当报经船舶所有人同意。

弃船时，船长必须采取一切措施，首先组织旅客安全离船，然后安排船员离船，船长应当最后离船。在离船前，船长应当指挥船员尽力抢救航海日志，机舱日志，油类记录簿，无线电台日志，本航次使用过的海图和文件，以及贵重物品，邮件和现金。

第33条【해원증 및 관련증서】 국제항해에 종사하는 선박의 중국 국적 선원은 중화인민공화국 항무감독기구가 발급한 해원증과 관련 증서를 소지하여야 한다.

第34条【관련법률의 적용】 선원의 고용 및 노동 관련 권리와 의무는, 이 법에 달리 규정이 없으면, 관련 법률 및 행정명령의 규정에 의한다.

제2절 선 장

第35条【선장의 책무】 선장은 선박의 관리와 항해를 담당한다. 선장이 그 직무범위 내에서 발하는 명령에 대해 선원, 여객 기타 선상 인원은 모두 이에 복종하여야 한다.

선장은 선박과 선상인원, 문서, 우편물, 화물 기타 재산을 보호하기 위해 필요한 모든 조치를 취하여여야 한다.

第36条【위법 및 범죄자에 대한 조치】 선상인원과 선박의 안전을 보장하기 위하여 선장은 선상에서 범죄를 저지르거나 법률이나 규칙을 위반한 자에 대하여 감금 기타 필요한 조치를 취할 수 있고, 증거를 은닉, 훼멸 혹은 위조하는 것을 방지할 수 있다.

위 조치를 취한 선장은 사건보고서를 작성한 후 선장과 둘 이상 선상인원이 서명한 다음 이를 범인과 함께 그 처리를 위해 관련 당국에 이송하여야 한다.

第37条【출생 또는 사망의 건】 선장은 선상에서 발생하는 출생 또는 사망 사건을 항해일지에 기록하여야 하고, 두 명의 증인의 입회하에 그에 대한 증명서를 발행한다. 사망증명서에는 사망자의 유품목록을 첨부하여야 한다. 사망자가 한 유언이 있으면 선장은 이를 인증하여야 한다. 선장은 사망증명서와 유언장을 안전하게 보관하여야 하며 후에 이를 유족이나 또는 관련 기구에 송부하여야 한다.

第38条【해상사고 구조조치】 선박에 해상사고가 발생하고 그로 인하여 선상인원과 재산이 안전상 위급하게 된 경우 선장은 선원 기타 선상인원을 지휘하여 구조를 위해 최선을 다하여야 한다. 선박의 침몰, 멸실을 피할 수 없게 되면 선장은 선박포기를 결정할 수 있다. 다만 긴급한 상황이 아닌 한 선박소유자에게 이를 보고하고 그의 동의를 얻어야 한다.

선박을 포기할 때에는, 선장은 우선적으로 여객을 안전하게 선박으로부터 탈출시키기 위해 필요한 모든 조치를 취하여야 하며, 그 다음 선원이 탈출할 수 있도록 조치하여야 하며, 선장은 마지막으로 선박으로부터 이탈하여야 한다. 선박을 포기하기 전에 선장은 선원에 지시하여 항해일지, 선창일지, 유류기록부, 무선전신

第三十九条【不负责原则】 船长管理船舶和驾驶船舶的责任，不因引航员引领船舶而解除。

第四十条【代理船长】 船长在航行中死亡或者因故不能执行职务时，应当由驾驶员中职务最高的人代理船长职务； 在下一个港口开航前，船舶所有人应当指派新船长接任。

第四章 海上货物运输合同

第一节 一般规定

第四十一条【定义】 海上货物运输合同，是指承运人收取运费，负责将托运人托运的货物经海路由一港运至另一港的合同。

第四十二条【用语含义】 本章下列用语的含义:

(一) “承运人”是指本人或者委托他人以本人名义与托运人订立海上货物运输合同的人。

(二) “实际承运人”，是指接受承运人委托，从事货物运输或者部分运输的人，包括接受转委托从事此项运输的其他人。

(三) “托运人”是指:

1. 本人或者委托他人以本人名义或者委托他人为本人与承运人订立海上货物运输合同的人;

2. 本人或者委托他人以本人名义或者委托他人为本人将货物交给与海上货物运输合同有关的承运人的人。

(四) “收货人”，是指有权提取货物的人。

(五) “货物”，包括活动物和由托运人提供的用于集装货物的集装箱，货盘或者类似的装运器具。

일지 및 동 항해에서 사용했던 해도와 문서는 물론 그 외 귀중품, 우편물, 현금 등을 최선을 다해 확보하여야 한다.

제39조【불면제 원칙】 선박관리와 선박운항에 대한 선장의 책임은 도선사가 있고 그가 선박을 도선한다 하더라도 그로 인하여 면제되지 아니한다.

제40조【대리선장】 선장이 항해 중 사망하거나 사고로 인하여 직무를 수행할 수 없는 때에는, 항해사 중에서 직위가 가장 높은 자로 하여금 선장의 직무를 대리하게 하여야 한다. 다음 항구에서 출항하기 이전에 선박소유자는 신임 선장을 파견하여 선박을 인수하도록 하여야 한다.

제4장 해상화물운송계약

제1절 일반규정

제41조【정의】 해상화물운송계약이란, 운송인이 운임을 수취하고 송하인이 의탁한 화물을 해로를 거쳐 한 항구에서 다른 항구로 운송하는 것을 책임지는 계약을 말한다.

제42조【용어의 정의】 이 장에서 사용하는 아래 용어의 정의는 다음과 같다.

(1) "운송인"이라 함은 직접 혹은 대리인을 통하여 송하인과 해상화물운송계약을 체결한 자를 말한다.

(2) "실제운송인"이란 운송인으로부터 위탁을 받아서 화물의 운송 또는 그 부분운송에 종사하는 자를 말하며, 재위탁을 받아서 이러한 운송에 종사하는 기타 사람을 포함한다.

(3) "송하인"이라 함은 다음 사람을 말한다.

① 본인이 직접, 타인이 본인의 명의로 또는 타인이 본인을 위하여, 운송인과 해상화물운송계약을 체결하는 자.

② 본인이 직접, 타인이 본인의 명의로 또는 타인이 본인을 위하여, 해상화물운송계약에 관여한 운송인에게 화물을 인도하는 자

(4) "수하인"이란 화물을 인도받을 권리를 가진 자를 말한다.

(5) "화물"은 산동물과 화물의 집합에 사용되는 송하인이 제공한 컨테이너, 받침대 기타 유사한 용구를 포함한다.

第四十三条【合同成立】　承运人或者托运人可以要求书面确认海上货物运输合同的成立。但是，航次租船合同应当书面订立。电报，电传和传真具有书面效力。

第四十四条【合同无效】　海上货物运输合同和作为合同凭证的提单或者其他运输单证中的条款，违反本章规定的，无效。此类条款的无效，不影响该合同和提单或者其他运输单证中其他条款的效力。将货物的保险利益转让给承运人的条款或者类似条款，无效。

第四十五条【增加义务的许可】　本法第四十四条的规定不影响承运人在本章规定的承运人责任和义务之外，增加其责任和义务。

第二节　承运人的责任

第四十六条【责任期间】　承运人对集装箱装运的货物的责任期间，是指从装货港接收货物时起至卸货港交付货物时止，货物处于承运人掌管之下的全部期间。承运人对非集装箱装运的货物的责任期间，是指从货物装上船时起至卸下船时止，货物处于承运人掌管之下的全部期间。在承运人的责任期间，货物发生灭失或者损坏，除本节另有规定外，承运人应当负赔偿责任。

前款规定，不影响承运人就非集装箱装运的货物，在装船前和卸船后所承担的责任，达成任何协议。

第四十七条【船舶适航】　承运人在船舶开航前和开航当时，应当谨慎处理，使船舶处于适航状态，妥善配备船员，装备船舶和配备供应品，并使货舱，冷藏舱，冷气舱和其他载货处所适于并能安全收受，载运和保管货物。

第四十八条【货物的妥善处理】　承运人应当妥善地，谨慎地装载，搬移，积载，运输，保管，照料和卸载所运货物。

第四十九条【合理航线】　承运人应当按照约定的或者习惯的或者地理上的航线将货

제43조【계약의 성립】 운송인 또는 송하인은 상대방에 대해 해상화물운송계약의 성립을 서면으로 확인할 것을 요구할 수 있다. 그러나 항해용선계약은 서면으로 체결되어야 한다. 전보, 전송, 팩스는 서면의 효력을 갖는다.

제44조【계약의 무효】 해상화물운송계약의 규정이나 혹은 이러한 계약의 증빙서류로 간주되는 선하증권 또는 기타 운송증서의 조항이 이 장의 규정을 위반하면 이를 무효로 한다. 이러한 이유로 어느 규정이나 조항이 무효로 된다 하더라도, 운송계약이나 선하증권 기타 운송증서의 기타 조항은 그 효력에 영향을 미치지 아니한다. 화물의 보험이익을 운송인에게 양도하는 조항 또는 이와 유사한 조항도 이를 무효로 한다.

제45조【의무증가의 허용】 이 장에 별도로 규정하는 것을 제외하고는, 위 제44조의 규정은 운송인의 의무와 책임을 증가하는 것에는 그 영향이 없다.

제2절 운송인의 책임

제46조【책임기간】 컨테이너 운반화물에 있어서 운송인의 책임기간은 선적항에서 화물을 수령하는 시점부터 양륙항에서 화물을 인도하는 시점까지 화물이 운송인의 관할하에 있는 전체 기간으로 한다. 운송인의 비(非)컨테이너선적화물에 대한 책임기간은 화물을 선박에 선적한 시점부터 선박에서 하역하는 시점까지 화물이 운송인의 관할 하에 있는 전체 기간으로 한다. 운송인의 책임기간에 화물에 멸실 또는 훼손이 발생하면, 이 절에 별도의 규정이 있는 경우를 제외하고, 운송인은 그로 인한 손해를 배상할 책임을 진다.

위 규정은 비(非)컨테이너 화물의 선적 전과 하역 후에 운송인이 부담해야 하는 책임에 대하여는 내용이 무엇이든 그 약정의 효력에 영향을 미치지 아니한다.

제47조【선박의 감항능력】 운송인은 선박이 발항 이전과 발항 당시에 감항능력이 있는 상태에 있도록 주의의무를 다하여야 한다. 필요한 선원의 승선이 확보되어야 하며, 선박이 의장을 갖추고 필요한 물자가 공급되어야 하며, 또 선창, 냉동실, 냉장실 기타 화물 선적장소가 화물의 수령, 운송, 보관에 적합하고 안전하도록 하여야 한다.

제48조【화물의 적절한 처리】 운송인은 적절하고 신중하게 운송물을 선적, 취급, 적재, 운송, 보관, 관리 및 하역하여야 한다.

제49조【합리적인 항로】 운송인은 약정된, 관습적 또는 지리상 항로에 따라 화물을

物运往卸货港。

船舶在海上为救助或者企图救助人命或者财产而发生的绕航或者其他合理绕航，不属于违反前款的规定的行为。

第五十条【延迟交付的责任】 货物未能在明确约定的时间内，在约定的卸货港交付的，为迟延交付。

除依照本章规定承运人不负赔偿责任的情形外，由于承运人的过失，致使货物因迟延交付而灭失或者损坏的，承运人应当负赔偿责任。

除依照本章规定承运人不负赔偿责任的情形外，由于承运人的过失，致使货物因迟延交付而遭受经济损失的，即使货物没有灭失或者损坏，承运人仍然应当负赔偿责任。

承运人未能在本条第一款规定的时间届满六十日内交付货物，有权对货物灭失提出赔偿请求的人可以认为货物已经灭失。

第五十一条【承运人免责事由】 在责任期间货物发生的灭失或者损坏是由于下列原因之一造成的，承运人不负赔偿责任:

(一) 船长，船员，引航员或者承运人的其他受雇人在驾驶船舶或者管理船舶中的过失;

(二) 火灾，但是由于承运人本人的过失所造成的除外;

(三) 天灾，海上或者其他可航水域的危险或者意外事故;

(四) 战争或者武装冲突;

(五) 政府或者主管部门的行为，检疫限制或者司法扣押;

(六) 罢工，停工或者劳动受到限制;

(七) 在海上救助或者企图救助人命或者财产;

(八) 托运人，货物所有人或者他们的代理人的行为;

(九) 货物的自然特性或者固有缺陷;

(十) 货物包装不良或者标志欠缺，不清;

(十一) 经谨慎处理仍未发现的船舶潜在缺陷;

양륙항까지 운송하여야 한다.

선박이 해상에서 인명 또는 재산의 구조 활동 혹은 구조 의도로 이로를 하거나 또는 기타 합리적인 이유로 이로를 하는 경우, 위 규정을 위반한 항로 이탈로 보지 아니한다.

제50조【인도지연의 책임】 화물이 명시적으로 약정된 기간 내에 약정된 양륙항에서 교부되지 아니하면 인도지연으로 본다.

운송인의 과실로 화물이 연착 인도되고 그로 인하여 화물의 멸실이나 훼손을 야기한 경우, 이 장에서 규정하는 운송인이 배상책임을 부담하지 아니하는 상황이 아닌 한, 운송인은 그로 인한 손해를 배상할 책임이 있다

운송인의 과실로 화물이 연착 인도되고 그로 인하여 경제적 손실이 발생한 경우, 이 장의 규정에 따라 운송인이 배상책임을 부담하지 아니하는 상황이 아닌 한, 운송인은 비록 화물이 멸실되거나 훼손되지 아니하였다 하더라도 마찬가지로 손해배상책임을 진다.

위 제1항에서 규정하는 기간이 종료한 후 60일 이내에 운송인이 화물을 교부하지 아니하는 경우, 화물의 멸실에 대해 손해배상청구를 할 권리가 있는 사람은 그 화물이 이미 멸실된 것으로 간주할 수 있다.

제51조【운송인의 면책사유】 책임기간 중 화물에 발생한 멸실 또는 훼손이 다음의 원인 중 하나로 인하여 초래된 경우, 운송인은 그로 인한 손해배상책임을 지지 아니한다.

(1) 선장, 선원, 도선사 기타 운송인의 피용자가 선박운항 또는 선박관리 중에 범한 과실;

(2) 화재, 단 운송인 본인의 과실로 초래된 경우는 제외;

(3) 천재 및 해상 기타 항행할 수 있는 수면에서의 위험 또는 의외사고;

(4) 전쟁 또는 무장 충돌;

(5) 정부나 주관부서의 처분, 검역 통제 또는 사법 압류;

(6) 파업, 휴업 또는 노동 제한;

(7) 인명 또는 재산의 구조 활동 또는 구조 기도;

(8) 송하인, 화물소유자 또는 그들의 대리인의 행위;

(9) 화물의 자연적 특성 또는 고유한 결함;

(10) 화물포장의 부적합 또는 표시의 불충분이나 불명확;

(11) 신중하게 처리를 한다 하더라도 여전히 발견할 수 없는 선박의 숨은 하자;

(十二) 非由于承运人或者承运人的受雇人，代理人的过失造成的其他原因。

承运人依照前款规定免除赔偿责任的，除第(二) 项规定的原因外，应当负举证责任。

第五十二条【活动物毁损的责任】 因运输活动物的固有的特殊风险造成活动物灭失或者损害的，承运人不负赔偿责任。但是，承运人应当证明业已履行托运人关于运输活动物的特别要求，并证明根据实际情况，灭失或者损害是由于此种固有的特殊风险造成的。

第五十三条【舱面货】 承运人在舱面上装载货物，应当同托运人达成协议，或者符合航运惯例，或者符合有关法律，行政法规的规定。

承运人依照前款规定将货物装载在舱面上，对由于此种装载的特殊风险造成的货物灭失或者损坏，不负赔偿责任。

承运人违反本条第一款规定将货物装载在舱面上，致使货物遭受灭失或者损坏的，应当负赔偿责任。

第五十四条【承运人的责任范围】 货物的灭失，损坏或者迟延交付是由于承运人或者承运人的受雇人，代理人的不能免除赔偿责任的原因和其他原因共同造成的，承运人仅在其不能免除赔偿责任的范围内负赔偿责任； 但是，承运人对其他原因造成的灭失，损坏或者迟延交付应当负举证责任。

第五十五条【赔偿额的确定】 货物灭失的赔偿额，按照货物的实际价值计算；货物损坏的赔偿额，按照货物受损前后实际价值的差额或者货物的修复费用计算。

货物的实际价值，按照货物装船时的价值加保险费加运费计算。

前款规定的货物实际价值，赔偿时应当减去因货物灭失或者损坏而少付或者免付的有关费用。

第五十六条【赔偿限额】 承运人对货物的灭失或者损坏的赔偿限额，按照货物件数

(12) 운송인 또는 운송인의 피용자나 대리인의 과실로 초래된 것이 아닌 기타 원인.

위 규정에 따라 운송인의 배상책임이 면제되는 경우, 제(2)호에서 규정하는 원인을 제외하고는, 운송인이 이를 입증하여야 한다.

제52조【산 동물 훼손의 책임】 산 동물을 운송함에 있어서는 산 동물에 그유한 특수한 위험으로 인하여 산 동물이 멸실 또는 손해된 경우, 운송인은 그로 인한 손해의 배상책임을 지지 아니한다. 단, 운송인은 송하인이 산 동물의 운송에 대해 특별히 요구한 사항을 이미 이행하였음을 증명하여야 하고, 아울러 실제 상황에 근거하여 멸실 또는 손해가 이러한 산 동물에 고유한 특수 위험으로 인하여 초래된 것임을 증명하여야 한다.

제53조【갑판적 화물】 운송인이 갑판상에 화물을 적재한 경우, 그 갑판상 선적이 송하인과 합의하거나 운항관례에 부합하거나 또는 관련 법률이나 행정명령의 규정에 부합하여야 한다.

운송인이 전항의 규정에 따라 화물을 갑판에 선적한 때에는 이러한 선적에 수반되는 특수한 위험으로 인하여 초래된 화물의 멸실 또는 훼손에 대하여는 손해배상책임을 지지 아니한다.

운송인이 위 제1항의 규정을 위반하여 화물을 갑판에 선적하여 화물의 멸실 또는 훼손이 초래된 경우, 운송인은 그로 인한 손해를 배상할 책임이 있다.

제54조【운송인의 책임범위】 화물의 멸실, 훼손 또는 인도지연이, 운송인 또는 운송인의 피용자나 대리인이 그 손해배상책임의 면제를 주장할 수 없는 원인과 기타 원인과의 공동으로 초래된 경우, 운송인은 단지 책임의 면제를 주장할 수 없는 범위의 손해에 대하여서만 이를 배상할 책임이 있다. 다만 운송인은 기타 원인으로 운송물의 멸실, 훼손 또는 인도지연이 야기된 것임을 입증하여야 한다.

제55조【배상액의 산정】 화물이 멸실된 경우 그 배상액은 화물의 실제 가치를 기준으로 계산한다. 화물이 훼손된 경우 그 배상액은 화물이 훼손되기 전후의 실제 가치의 차이 또는 그 화물의 수선비용을 기준으로 계산한다.

화물의 실제 가치는 선적시 화물의 가치에 보험료와 운임을 가산하여 정한다.

전항에서 규정하는 화물의 실제 가치를 산정함에 있어서는 화물의 멸실 또는 훼손으로 인하여 적게 지급하거나 지급이 면제된 관련 비용을 공제해야 한다.

제56조【배상한도】 화물의 멸실 또는 훼손에 대한 운송인의 손해배상책임 한도액

或者其他货运单位数计算，每件或者每个其他货运单位为666.67计算单位，或者按照货物毛重计算,每公斤为2计算单位，以二者中赔偿限额较高的为准。但是，托运人在货物装运前已经申报其性质和价值，并在提单中载明的，或者承运人与托运人已经另行约定高于本条规定的赔偿限额的除外。

货物用集装箱，货盘或者类似装运器具集装的，提单中载明装在此类装运器具中的货物件数或者其他货运单位数，视为前款所指的货物件数或者其他货运单位数; 未载明的，每一装运器具视为一件或者一个单位。

装运器具不属于承运人所有或者非由承运人提供的，装运器具本身应当视为一件或者一个单位。

第五十七条【迟延交付的赔偿限额】 承运人对货物因迟延交付造成经济损失的赔偿限额，为所迟延交付的货物的运费数额。货物的灭失或者损坏和迟延交付同时发生的，承运人的赔偿责任限额适用本法第五十六条第一款规定的限额。

第五十八条【抗辩理由和限制赔偿责任规定的适用】 就海上货物运输合同所涉及的货物灭失，损坏或者迟延交付对承运人提起的任何诉讼，不论海事请求人是否合同的一方，也不论是根据合同或者是根据侵权行为提起的，均适用本章关于承运人的抗辩理由和限制赔偿责任的规定。

前款诉讼是对承运人的受雇人或者代理人提起的，经承运人的受雇人或者代理人证明，其行为是在受雇或者受委托的范围之内的，适用前款规定。

第五十九条【限制赔偿责任适用的例外】 经证明，货物的灭失，损坏或者迟延交付是由于承运人的故意或者明知可能造成损失而轻率地作为或者不作为造成的，承运人不得援用本法第五十六条或者第五十七条限制赔偿责任的规定。

经证明，货物的灭失，损坏或者迟延交付是由于承运人的受雇人，代理人的故意或者明知可能造成损失而轻率地作为或者不作为造成的，承运人的受雇人或者代理人不得援用本法第五十六条或者第五十七条限制赔偿责任的规定。

은 화물의 수량 또는 기타 화물 운송단위수를 기준으로 매 개수당 또는 매 화물 단위당 666.67 계산단위를 곱하거나, 화물의 총중량을 기준으로 매 1kg당 2 계산 단위를 곱한 금액으로 하고, 이 두 가지 중 한도액이 높은 쪽을 기준으로 한다. 다만 송하인이 화물의 운송 전에 이미 그 성질과 가치를 신고하였고 아울러 선하증권상에 이를 명기한 경우, 또는 운송인과 송하인이 별도로 본조에 규정한 책임한도액보다 높은 책임한도액을 약정한 경우에는 예외로 한다.

화물용 컨테이너, 받침대 또는 유사한 운송용구로 운송물을 포장한 경우, 선하증권 중에 이러한 운송용구에 포장된 화물의 개수 또는 기타 운송단위의 수를 명시한 때에는, 전항에서 말하는 화물 개수 또는 운송단위의 수로 간주한다. 이러한 명시를 하지 아니한 경우, 운송용구는 하나를 1개 또는 1 단위로 간주한다.

운송기구가 운송인의 소유가 아니거나 또는 운송인이 제공한 것이 아닌 경우, 운송용구 그 자체를 1개 또는 1 단위로 간주한다.

第57조【인도지연의 배상한도】 운송인의 화물의 인도지연으로 초래된 경제적 손실에 대한 배상한도액은 인도가 지연된 화물의 운임 액수이다. 화물의 멸실 또는 훼손과 인도지연이 동시에 발생한 경우, 운송인의 책임은 이 법 제56조 제1항에서 정하는 금액을 한도액으로 한다.

第58조【항변사유와 배상책임제한규정의 적용】 해상화물운송계약에 기해 화물의 멸실, 훼손 또는 인도지연을 이유로 운송인에게 제기된 모든 소송에서, 청구인이 계약의 당사자인지 아닌지 또한 청구가 계약에 근거한 것인지 불법행위에 근거한 것인지 가리지 아니하고 모두 이 장에서 정한 운송인의 항변사유와 배상책임제한이 적용된다.

위 소송이 운송인의 피용자 또는 대리인에게 제기된 경우에도, 운송인의 피용자 또는 대리인이 그 행위가 고용 또는 위탁을 받은 범위 내에서 행한 것임을 증명하면, 전항의 규정이 적용된다.

第59조【배상책임제한적용의 예외】 화물의 멸실, 훼손 또는 인도지연이 운송인이 고의로 하거나 또는 손실을 초래할 수 있을 것임을 명백히 알면서 경솔하게 한 작위 또는 부작위로 초래된 것임이 증명된 경우, 운송인은 이 법 제56조 및 제57조가 정하는 배상책임제한의 규정을 원용할 수 없다.

화물의 멸실, 훼손 또는 인도지연이 운송인의 고용인이나 대리인이 고의로 하거나 또는 손실을 초래할 수 있음을 명백히 알면서 경솔하게 한 작위 또는 부작위로 인하여 초래된 것이 증명된 경우, 그 고용인이나 대리인은 이 법 제56조 및 제

第六十条【承运人与实际承运人的责任】 承运人将货物运输或者部分运输委托给实际承运人履行的，承运人仍然应当依照本章规定对全部运输负责。对实际承运人承担的运输，承运人应当对实际承运人的行为或者实际承运人的受雇人，代理人在受雇或者受委托的范围内的行为负责。

虽有前款规定，在海上运输合同中明确约定合同所包括的特定的部分运输由承运人以外的指定的实际承运人履行的，合同可以同时约定，货物在指定的实际承运人掌管期间发生的灭失，损坏或者迟延交付，承运人不负赔偿责任。

第六十一条【实际承运人的责任】 本章对承运人责任的规定，适用于实际承运人。对实际承运人的受雇人，代理人提起诉讼的，适用本法第五十八条第二款和第五十九条第二款的规定。

第六十二条【特别协议的适用】 承运人承担本章未规定的义务或者放弃本章赋予的权利的任何特别协议，经实际承运人书面明确同意的，对实际承运人发生效力；实际承运人是否同意，不影响此项特别协议对承运人的效力。

第六十三条【连带责任】 承运人与实际承运人都负有赔偿责任的，应当在此项责任范围内负连带责任。

第六十四条【赔偿总额的限制】 就货物的灭失或者损坏分别向承运人，实际承运人以及他们的受雇人，代理人提出赔偿请求的，赔偿总额不超过本法第五十六条规定的限额。

第六十五条【相互追偿权】 本法第六十条至第六十四条的规定，不影响承运人和实际承运人之间相互追偿。

第三节 托运人的责任

第六十六条【正确申报义务】 托运人托运货物，应当妥善包装，并向承运人保证，

57조가 정하는 배상책임제한의 규정을 원용할 수 없다.

제60조 【운송인과 실제운송인의 책임】 운송인이 화물운송의 전부나 일부를 실제운송인에게 위탁하여 운송을 이행하게 한 때에도, 운송인은 전체 운송에 대해 여전히 이 장의 규정에 따라 책임을 진다. 실제운송인이 수행한 운송과 관련하여, 운송인은 실제운송인의 행위 또는 실제운송인의 사용인이나 대리인이 고용이나 위탁의 범위 내의 행위에 대해 책임을 진다.

계약에 포함된 특정한 부분의 운송을 운송인이 아닌 특정한 실제운송인이 이행하도록 해상운송계약 내에서 명시적으로 정한 경우, 전항의 규정과 상관없이, 지정한 실제운송인이 화물을 관할하는 기간 내에 발생한 멸실, 훼손 또는 인도지연에 대해 운송인은 책임을 지지 아니한다고 약정할 수 있다.

제61조 【실제운송인의 책임】 운송인의 책임에 관한 이 장의 규정은 실제운송인에게도 적용한다. 실제운송인의 피용자나 대리인에 대해 소송이 제기된 경우에도, 이 법 제58조 제2항과 제59조 제2항의 규정이 적용된다.

제62조 【특약의 적용】 이 장에서 규정하지 아니한 의무를 부담하거나 또는 이 장에서 부여하는 권리를 포기하는 특약은, 실제운송인이 서면으로 그 특약에 명시적으로 동의한 경우에 한해, 실제운송인에 대하여도 효력이 있다. 그러한 특약에 대해 실제운송인이 동의하였는지 여부와 상관없이 그 특약은 운송인에 대하여 효력이 있다.

제63조 【연대책임】 운송인과 실제운송인이 동시에 손해배상책임을 지는 경우, 그 책임의 범위 내에서 운송인과 실제운송인은 연대책임을 진다.

제64조 【배상총액의 제한】 화물의 멸실 또는 훼손에 대하여 운송인, 실제운송인 및 그들의 고용인, 대리인에 대하여 배상청구를 제기한 경우, 배상총액은 이 법 제56조 규정의 한도액을 초과할 수 없다.

제65조 【상호구상권】 이 법 제60조 내지 제64조의 규정은 운송인과 실제운송인 사이에서 상호간 구상에는 영향을 미치지 아니한다.

제3절 송하인의 책임

제66조 【정확신고의무】 송하인은 위탁하는 화물을 적절하게 포장하여야 하고, 화

货物装船时所提供的货物的品名，标志，包数或者件数，重量或者体积的正确性；由于包装不良或者上述资料不正确，对承运人造成损失的，托运人应当负赔偿责任。

承运人依照前款规定享有的受偿权利，不影响其根据货物运输合同对托运人以外的人所承担的责任。

第六十七条【及时办理手续的义务】 托运人应当及时向港口，海关，检疫，检验和其他主管机关办理货物运输所需要的各项手续，并将已办理各项手续的单证送交承运人；因办理各项手续的有关单证送交不及时，不完备或者不正确，使承运人的利益受到损害的，托运人应当负赔偿责任。

第六十八条【危险货物托运】 托运人托运危险货物，应当依照有关海上危险货物运输的规定,妥善包装，作出危险品标志和标签，并将其正式名称和性质以及应当采取的预防危害措施书面通知承运人；托运人未通知或者通知有误的，承运人可以在任何时间，任何地点根据情况需要将货物卸下，销毁或者使之不能为害，而不负赔偿责任。托运人对承运人因运输此类货物所受到的损害，应当负赔偿责任。

承运人知道危险货物的性质并已同意装运的，仍然可以在该项货物对于船舶，人员或者其他货物构成实际危险时，将货物卸下，销毁或者使之不能为害，而不负赔偿责任。但是，本款规定不影响共同海损的分摊。

第六十九条【运费支付】 托运人应当按照约定向承运人支付运费。

托运人与承运人可以约定运费由收货人支付；但是，此项约定应当在运输单证中载明。

第七十条【托运人的赔偿责任】 托运人对承运人，实际承运人所遭受的损失或者船舶所遭受的损坏，不负赔偿责任；但是，此种损失或者损坏是由于托运人或者托运人的受雇人，代理人的过失造成的除外。

托运人的受雇人，代理人对承运人，实际承运人所遭受的损失或者船舶所遭受的损坏，不负赔偿责任；但是，这种损失或者损坏是由于托运人的受雇人，代理人的过失造成的除外。

물의 선적시에 운송인에게 제공하는 화물의 명칭, 표시, 포장이나 물건의 수, 중량이나 용적의 정확성을 담보한다. 포장이 불량하거나 또는 상술한 자료가 부정확하여 운송인에게 손해가 발생하면 송하인은 이를 배상할 책임이 있다.

전항의 규정에 따라 운송인이 가지는 보상청구권은, 운송인이 송하인 이외의 자에 대해 운송계약에 기해 지는 책임에는 영향을 미치지 아니한다.

제67조【신속절차수행의무】 송하인은 화물의 운송과 관련하여 항구, 세관, 검역, 검정 기타 관련 부서에 필요한 절차를 지체없이 밟아야 하며, 송하인이 완료한 절차에 관한 해당 증서를 운송인에게 제공하여야 한다. 각종 수속을 완료한 증서를 제공하는 것을 지체하거나, 혹은 완전하지 아니하거나 정확하지 아니한 증서를 제공하여 운송인의 이익에 손해를 끼친 경우, 송하인은 이를 배상할 책임이 있다.

제68조【위험화물의 선적】 송하인이 위험한 화물을 선적하는 때에는, 해상위험화물 운송에 관한 규정에 따라 적절하게 포장을 하여야 하고, 위험품의 표시와 라벨을 부착하여야 하며, 또 서면으로 그 화물의 종류와 성질은 물론 취해야 할 예방조치를 운송인에게 통지하여야 한다. 송하인이 이러한 통지를 하지 아니하거나 혹은 부정확하게 통지를 하는 경우, 운송인은 상황에 따라 필요한 시간과 장소에서 전혀 보상을 함이 없이 화물에 대해 하역, 제거 혹은 무해조치를 할 수 있다. 이러한 운송으로 인하여 운송인에게 발생한 손해에 대하여 송하인은 보상할 책임이 있다.

운송인이 위험화물의 성질을 알고 선적에 동의했다 하더라도 그 화물이 선박, 사람 또는 다른 화물에 실제적인 위험을 야기할 수 있을 때에는 보상을 함이 없이 그 위험화물에 대해 하역, 제거 기타 무해조치를 할 수 있다. 다만 본항의 규정은 공동해손의 분담에 대하여는 영향을 미치지 아니한다.

제69조【운임의 지급】 송하인은 약정한 바에 따라 운송인에게 운임을 지급하여야 한다.

송하인과 운송인은 수하인이 운임을 지급하도록 약정할 수 있다. 다만 이러한 약정은 선하증권에 명시되어야 한다.

제70조【송하인의 배상책임】 송하인은 운송인이나 실제운송인이 입은 손해나 또는 선박이 입은 훼손에 대해 배상할 책임을 지지 아니한다. 다만 이러한 손해나 훼손이 송하인 또는 송하인의 피용자나 대리인의 과실로 발생한 경우에는 그러하지 아니하다.

송하인의 피용자나 대리인은 운송인이나 실제운송인이 입은 손해 또는 선박이 입은 훼손에 대해 배상할 책임을 지지 아니한다. 다만 이러한 손해나 훼손이 송하인의 피용자나 대리인의 과실로 인하여 야기된 경우에는 그러하지 아니하다.

第四节　运输单证

第七十一条【提单定义】　提单，是指用以证明海上货物运输合同和货物已经由承运人接收或者装船，以及承运人保证据以交付货物的单证。提单中载明的向记名人交付货物，或者按照指示人的指示交付货物，或者向提单持有人交付货物的条款，构成承运人据以交付货物的保证。

第七十二条【提单签发】　货物由承运人接收或者装船后，应托运人的要求，承运人应当签发提单。

提单可以由承运人授权的人签发，提单由载货船舶的船长签发的，视为代表承运人签发。

第七十三条【提单内容】 提单内容，包括下列各项:

(一) 货物的品名，标志，包数或者件数，重量或者体积，以及运输危险货物时对危险性质的说明;

(二) 承运人的名称和主营业所;

(三) 船舶名称;

(四) 托运人的名称;

(五) 收货人的名称;

(六) 装货港和在装货港接收货物的日期;

(七) 卸货港;

(八) 多式联运提单增列接收货物地点和交付货物地点;

(九) 提单的签发日期，地点和份数;

(十) 运费的支付;

(十一) 承运人或者其代表的签字。

提单缺少前款规定的一项或者几项的，不影响提单的性质；但是，提单应当符合本法第七十一条的规定。

第七十四条【收货待运提单】 货物装船前，承运人已经应托运人的要求签发收货待运提单或者其他单证的，货物装船完毕，托运人可以将收货待运提单或者其他单证退还承运人，以换取已装船提单；承运人也可以在收货待运提单上加注承运船舶

제4절 운송증서

제71조【선하증권의 정의】 선하증권이란 해상화물운송계약의 내용과 그에 따라 운송인에 의해 화물이 수령되었거나 선적되었음을 증명하고, 이를 근거로 운송인이 화물을 인도하기로 약속하는 증서를 말한다. 증서에서 특정한 사람, 증서를 배서받은 사람 혹은 증서의 소지인에게 운송인이 운송물을 인도한다는 조항이 증서에 있으면 이러한 약속에 해당한다.

제72조【선하증권의 발행】 운송인이 화물을 수령하거나 선적한 후, 송하인의 요구에 따라, 운송인은 송하인에게 선하증권을 발행한다.

운송인으로부터 위임을 받은 사람도 선하증권에 서명할 수 있다. 화물을 선적한 선박의 선장이 선하증권에 서명한 경우, 운송인을 위해 서명한 것으로 간주한다.

제73조【선하증권의 내용】 선하증권의 내용으로 다음 사항이 포함되어야 한다.

(1) 화물의 품명, 표시, 포장이나 물건의 개수, 중량이나 용적 및 위험화물이면 그 성질에 대한 설명;

(2) 운송인의 성명과 주된 영업장소;

(3) 선박 명칭;

(4) 송하인의 성명;

(5) 수하인의 성명;

(6) 선적항 및 운송인이 선적항에서 화물을 수령한 일시;

(7) 양륙항;

(8) 복합운송 선하증권에는 화물을 수령한 지점과 화물을 교부할 지점;

(9) 선하증권의 발행 일시와 장소 및 그 복본의 개수;

(10) 운임의 지급;

(11) 운송인 또는 그 대리인의 서명.

선하증권에 전항 규정 항목 중 하나 또는 수개 항목이 누락된 경우에도, 그 선하증권의 효력에는 영향이 없고, 다만 그 선하증권은 본법 제71조에서 정한 요건을 갖추어야 한다.

제74조【수령선하증권】 화물을 선적하기 전에 송하인의 요구에 따라 운송인이 수령선하증권 또는 이와 유사 증서를 송하인에게 발급한 경우, 화물의 선적이 완료되면 송하인은 수령선하증권 또는 유사 증서를 반환하고 선적선하증권으로 교환

的船名和装船日期，加注后的收货待运提单视为已装船提单。

第七十五条【不清洁提单】 承运人或者代其签发提单的人，知道或者有合理的根据怀疑提单记载的货物的品名，标志，包数或者件数，重量或者体积与实际接收的货物不符，在签发已装船提单的情况下怀疑与已装船的货物不符，或者没有适当的方法核对提单记载的，可以在提单上批注，说明不符之处，怀疑的根据或者说明无法核对。

第七十六条【清洁提单】 承运人或者代其签发提单的人未在提单上批注货物表面状况的，视为货物的表面状况良好。

第七十七条【作为初步证据的提单】 除依照本法第七十五条的规定作出保留外，承运人或者代其签发提单的人签发的提单，是承运人已经按照提单所载状况收到货物或者货物已经装船的初步证据； 承运人向善意受让提单的包括收货人在内的第三人提出的与提单所载状况不同的证据，不予承认。

第七十八条【提单效力】 承运人同收货人，提单持有人之间的权利，义务关系，依据提单的规定确定。

收货人，提单持有人不承担在装货港发生的滞期费，亏舱费和其他与装货有关的费用，但是提单中明确载明上述费用由收货人，提单持有人承担的除外。

第七十九条【提单转让】 提单的转让，依照下列规定执行:

(一) 记名提单: 不得转让;

(二) 指示提单: 经过记名背书或者空白背书转让;

(三) 不记名提单: 无需背书，即可转让。

第八十条【提单以外的单证】 承运人签发提单以外的单证用以证明收到待运货物的，此项单证即为订立海上货物运输合同和承运人接收该单证中所列货物的初步证据。

을 요구할 수 있다. 운송인은 선적한 선박의 명칭과 선적한 일시를 수령선하증권에 명기할 수도 있는데, 이처럼 명기한 수령선하증권은 선적선하증권으로 간주한다.

제75조【고장 선하증권】 선하증권에 화물의 품명, 표시, 포장이나 물건의 개수 및 중량이나 용적에 관한 사항이 기재되어 있고, 이러한 사항에 관해 선하증권을 발행하는 운송인이나 그 대리인이 수령선하증권에서는 실제르 수령한 화물, 선적선하증권에서는 실제로 선적한 화물과 부합하지 아니함을 알거나 또는 아니함을 의심할 만한 정당한 사유가 있는 경우, 및 운송인이 이러한 사항을 확인할 적당한 방법이 없는 경우, 운송인이나 그 대리인은 선하증권상에 이러한 부정확성, 의심의 근거 혹은 확인방법의 부재를 표시하여 부기할 수 있다.

제76조【무고장 선하증권】 운송인이나 또는 그를 대리하여 선하증권을 발행하는 사람이 선하증권상에 화물의 외관상 상태에 대하여 특별히 부기를 하지 아니한 경우, 화물은 외관상 양호한 상태와 여건에 있는 것으로 간주한다.

제77조【선하증권의 증명력】 본법 제75조의 규정에 따라 운송인이 유보를 부기한 경우를 제외하고는, 운송인이나 또는 그를 대리하는 사람이 발행한 선하증권에 의해 그 선하증권에 기재된 상황에 따라 화물을 수령하였거나 화물을 선적하였다고 추정한다. 수하인을 포함한 제3자가 그 기재를 믿고 선의로 선하증권을 취득하면 운송인은 선하증권에 기재된 상황과 다른 상황을 입증하는 것이 허용되지 아니한다.

제78조【선하증권의 효력】 운송인과 수하인이나 선하증권소지인 사이의 권리와 의무에 관한 법률관계는 선하증권에 규정된 바에 따라 정해진다.

수하인 및 선하증권소지인은 선적항에서 발생하는 체선료, 공적 운임, 기타 화물선적과 관련된 비용을 부담하지 아니한다. 다만 선하증권에서 이러한 체선료, 공적 운임 기타 비용을 수하인이나 선하증권소지인이 부담하도록 명시한 경우에는 그러하지 아니하다.

제79조【선하증권의 양도】 선하증권의 양도성은 다음의 규정에 따라 결정된다.

(1) 기명식 선하증권은 양도성이 없다;

(2) 지시식 선하증권은 기명식 혹은 백지식 배서에 의해 양도할 수 있다;

(3) 무기명 선하증권은 배서 없이 양도할 수 있다.

제80조【선하증권 이외의 증서】 운송인이 운송을 위해 화물을 수령한 것을 증명하기 위해 선하증권 이외의 증서를 발행한 경우, 그러한 증서에 의해 해상화물운송계약이 체결되었고 거기에 기재된 화물을 수령하였다고 추정한다.

承运人签发的此类单证不得转让。

第五节 货物交付

第八十一条【承运人交货】 承运人向收货人交付货物时，收货人未将货物灭失或者损坏的情况书面通知承运人的，此项交付视为承运人已经按照运输单证的记载交付以及货物状况良好的初步证据。

货物灭失或者损坏的情况非显而易见的，在货物交付的次日起连续七日内，集装箱货物交付的次日起连续十五日内，收货人未提交书面通知的，适用前款规定。

货物交付时，收货人已经会同承运人对货物进行联合检查或者检验的，无需就所查明的灭失或者损坏的情况提交书面通知。

第八十二条【承运人责任免除】 承运人自向收货人交付货物的次日起连续六十日内，未收到收货人就货物因迟延交付造成经济损失而提交的书面通知的，不负赔偿责任。

第八十三条【货物检验】 收货人在目的港提取货物前或者承运人在目的港交付货物前，可以要求检验机构对货物状况进行检验；要求检验的一方应当支付检验费用，但是有权向造成货物损失的责任方追偿。

第八十四条【相互提供便利】 承运人和收货人对本法第八十一条和第八十三条规定的检验，应当相互提供合理的便利条件。

第八十五条【实际承运人交付货物】 货物由实际承运人交付的，收货人依照本法第八十一条的规定向实际承运人提交的书面通知，与向承运人提交书面通知具有同等效力；向承运人提交的书面通知，与向实际承运人提交书面通知具有同等效力。

第八十六条【无人提取货物的费用和风险】 在卸货港无人提取货物或者收货人迟延，拒绝提取货物的，船长可以将货物卸在仓库或者其他适当场所，由此产生的费用和风险由收货人承担。

운송인이 발행한 이러한 증서는 양도성이 없다.

제5절 화물인도

제81조 【운송인의 화물인도】 운송인이 수하인에게 화물을 인도할 때에 수하인이 운송인에게 화물의 멸실 또는 훼손 상황을 서면으로 통지하지 않으면, 운송증서에 기재된 바에 따라 외관상 양호한 상태로 화물의 인도가 이루어졌다고 추정한다.

화물의 멸실 또는 훼손의 상황이 외관상 명백하지 아니한 경우, 화물을 인도한 날의 익일부터 7일 이내에, 컨테이너 화물을 인도한 때에는 인도한 날의 익일부터 15일 이내에, 수하인에게 서면으로 이를 통지하지 아니하면, 위 규정이 적용된다.

화물을 인도할 때에 수하인과 운송인이 공동으로 화물을 검사하였거나 검정하였던 경우, 멸실 또는 훼손의 상황에 관해 이러한 서면 통지를 할 필요가 없다.

제82조 【운송인의 면책】 화물의 인도지연으로 인하여 발생한 경제적 손실에 관해서는, 운송인이 수하인에게 화물을 인도한 날 익일부터 60일 이내에 수하인의 서면의 통지를 받지 못한 때에는, 운송인은 그 손실을 배상할 책임이 없다.

제83조 【화물의 검사】 수하인은 목적항에서 화물을 수령하기 전에, 또 운송인은 목적항에서 화물을 인도하기 전에, 화물상태에 대한 검사기관의 조사를 요구할 수 있다. 조사를 요구한 일방은 검사 비용을 부담하여야 한다. 단 화물에 손해를 발생시킨 상대방에게 그 비용의 구상을 청구할 수 있다.

제84조 【상호간 편의제공】 운송인과 수하인은 본법 제81조와 제83조의 규정에 의한 검사와 검정을 할 수 있도록 상호간에 합리적인 편의를 제공하여야 한다.

제85조 【실제 운송인의 화물인도】 실제운송인이 화물을 인도한 경우, 수하인이 본법 제81조의 규정에 따라 실제운송인에게 서면으로 통지를 하면 이는 운송인에게 서면으로 통지를 한 것과 동일한 효력이 있다. 또 운송인에게 서면으로 통지를 하면 실제운송인에게 서면으로 통지를 한 것과 동일한 효력이 있다.

제86조 【화물 미인수시 비용과 위험부담】 양륙항에서 화물을 인수하지 아니하거나, 혹은 수하인이 화물의 인수를 지체하거나 거절한 경우, 선장은 화물을 창고 기타 적당한 장소에 양륙할 수 있으며, 이로 인하여 발생한 비용과 위험은 수하인이 부담하여야 한다.

第八十七条【承运人的留置权】 应当向承运人支付的运费，共同海损分摊，滞期费和承运人为货物垫付的必要费用以及应当向承运人支付的其他费用没有付清，又没有提供适当担保的，承运人可以在合理的限度内留置其货物。

第八十八条【留置权的行使】 承运人根据本法第八十七条规定留置的货物，自船舶抵达卸货港的次日起满六十日无人提取的，承运人可以申请法院裁定拍卖；货物易腐烂变质或者货物的保管费用可能超过其价值的，可以申请提前拍卖。

拍卖所得价款，用于清偿保管，拍卖货物的费用和运费以及应当向承运人支付的其他有关费用；不足的金额，承运人有权向托运人追偿；剩余的金额，退还托运人；无法退还，自拍卖之日起满一年又无人领取的，上缴国库。

第六节 合同的解除

第八十九条【开航前托运人解除合同】 船舶在装货港开航前，托运人可以要求解除合同。但是，除合同另有约定外，托运人应当向承运人支付约定运费的一半；货物已经装船的，并应当负担装货，卸货和其他与此有关的费用。

第九十条【开航前双方解除合同】 船舶在装货港开航前，因不可抗力或者其他不能归责于承运人和托运人的原因致使合同不能履行的，双方均可以解除合同，并互相不负赔偿责任。除合同另有约定外，运费已经支付的，承运人应当将运费退还给托运人；货物已经装船的，托运人应当承担装卸费用；已经签发提单的，托运人应当将提单退还承运人。

第九十一条【邻近港口卸货】 因不可抗力或者其他不能归责于承运人和托运人的原因

제87조 【운송인의 유치권】 운송인에게 지급해야 할 운임, 공동해손분담금, 체선료와 운송인이 화물을 위해 지급한 필요 비용 및 운송인에게 지급하여야 하는 기타 비용을 정산하지 아니하고 또 상당한 담보도 제공하지 아니한 때에는, 운송인은 합리적인 한도 내에서 당해 화물을 유치할 수 있다.

제88조 【유치권의 행사】 운송인이 본법 제87조 규정에 따라 유치한 화물을, 선박이 양륙항에 도착한 날의 익일부터 60일이 경과할 때까지, 어떠한 사람도 인수하여 가지 아니하는 경우, 운송인은 법원에 그 경매를 신청할 수 있다. 화물이 쉽게 변질되거나 화물의 보관비용이 그 가치를 초과하는 때에는, 그 이전에도 경매를 신청할 수 있다.

경매대금은 화물의 보관 및 경매비용과 운임 및 운송인에게 지급하여야 할 기타 관련비용의 지급에 사용한다. 대금으로 변제하고도 부족한 금액이 남아 있으면 운송인은 송하인에게 그 배상을 청구할 수 있다. 잔액이 있으면 이를 송하인에게 반환하여야 한다. 잔액을 반환을 할 방법이 전혀 없거나, 경매한 날로부터 만 1년이 경과하도록 누구도 잔액을 청구하지 아니하는 경우, 그 잔액은 국고에 귀속한다.

제6절 계약의 해제

제89조 【출항전 송하인의 계약 해제】 선박이 선적항에서 출항하기 이전에는 송하인은 계약해제를 요구할 수 있다. 그러나 계약에 별도로 약정이 있는 경우를 제외하고는, 송하인은 운송인에게 약정된 운임의 절반을 지급하여야 한다. 화물을 이미 선적한 경우, 송하인이 선적과 양륙 비용 및 기타 관련된 비용을 부담하여야 한다.

제90조 【출항전 쌍방 당사자의 계약 해제】 선박이 선적항에서 출항하기 이전에는, 불가항력 기타 운송인과 송하인 모두에게 책임 없는 사유로 운송계약을 이행할 수 없게 된 경우, 쌍방 당사자는 모두 계약을 해제할 수 있으며 서로 상대방에 대해 배상책임을 지지 아니한다. 계약에 달리 규정한 경우를 제외하고는, 송하인이 이미 운임을 지급한 때에는, 운송인은 운임을 반환하여야 한다. 화물을 이미 선적한 경우, 송하인이 그 양륙 비용을 부담하여야 한다. 이미 선하증권을 발행한 경우, 송하인은 운송인에게 선하증권을 반환하여야 한다.

제91조 【인근 항구에서 양륙】 불가항력 기타 운송인과 송하인 모두에게 책임 없는

致使船舶不能在合同约定的目的港卸货的，除合同另有约定外，船长有权将货物在目的港邻近的安全港口或者地点卸载，视为已经履行合同。

船长决定将货物卸载的，应当及时通知托运人或者收货人，并考虑托运人或者收货人的利益。

第七节　航次租船合同的特别规定

第九十二条【航次租船合同的定义】 航次租船合同，是指船舶出租人向承租人提供船舶或者船舶的部分舱位，装运约定的货物，从一港运至另一港，由承租人支付约定运费的合同。

第九十三条【合同内容】 航次租船合同的内容，主要包括出租人和承租人的名称，船名，船籍，载货重量，容积，货名，装货港和目的港，受载期限，装卸期限，运费，滞期费，速遣费以及其他有关事项。

第九十四条【其他条款的适用】 本法第四十七条和第四十九条的规定，适用于航次租船合同的出租人。

本章其他有关合同当事人之间的权利，义务的规定，仅在航次租船合同没有约定或者没有不同约定时，适用于航次租船合同的出租人和承租人。

第九十五条【合同与提单的适用】 对按照航次租船合同运输的货物签发的提单，提单持有人不是承租人的，承运人与该提单持有人之间的权利，义务关系适用提单的约定。但是，提单中载明适用航次租船合同条款的，适用该航次租船合同的条款。

第九十六条【提供船舶的义务】 出租人应当提供约定的船舶；经承租人同意，可以更换船舶。但是，提供的船舶或者更换的船舶不符合合同约定的，承租人有权拒绝或者解除合同。

因出租人过失未提供约定的船舶致使承租人遭受损失的，出租人应当负赔偿责任。

사유로 선박이 계약에서 정한 목적항에 화물을 양륙할 수 없게 된 경우, 계약에서 별도로 달리 약정하지 않는 한 선장은 목적항 인근 안전한 항구 또는 지점에 화물을 양륙할 수 있으며, 그러면 운송인이 계약을 이행한 것으로 간주한다.

선장이 화물을 양륙하기로 결정한 경우, 지체 없이 이를 송하인 또는 수하인에게 통지하여야 하며, 이러한 결정을 함에 있어서는 송하인과 수하인의 이익도 고려하여야 한다.

제7절 항해용선계약의 특별규정

제92조 【항해용선계약의 정의】 항해용선계약이라 함은, 약정한 화물을 선적하여 어느 항구에서 다른 항구까지 운송하는 것을 목적으로, 대선자가 용선자에게 선박 공간의 전부나 일부를 제공하고, 용선자가 약정한 운임을 지급하는 계약을 말한다.

제93조 【계약의 내용】 항해용선계약에는 주된 내용으로 대선자와 용선자의 성명, 선박의 명칭과 국적, 적화중량, 용량, 화물명, 선적항, 목적항, 선적 및 양륙 기간 및 운임, 체선료, 조출료의 지급 및 기타 관련 사항이 포함되어야 한다.

제94조 【기타 조항의 적용】 본법 제47조 및 제49조의 규정은 항해용선계약에서의 대선자에게 적용한다.

계약당사자 간의 권리와 의무에 관한 이 장의 여타 규정은, 오로지 용선계약에 해당되는 규정이 전혀 없거나, 혹은 용선계약에 다른 약정이 없는 때에, 항해용선계약의 대선자와 용선자에게 적용한다.

제95조 【용선계약과 선하증권의 적용】 항해용선계약에 의해 운송하는 화물에 대해 선하증권이 발행되고, 선하증권 소지인이 용선자가 아닌 경우, 운송인과 그 선하증권 소지인 사이의 권리와 의무는 선하증권의 규정에 의하여 정한다. 그러나 항해용선계약의 조항이 선하증권에 편입된 경우, 그 항해용선계약의 조항이 적용된다.

제96조 【선박제공의무】 대선자는 약정한 선박을 제공하여야 한다. 용선자의 동의가 있으면 약정한 선박을 교체할 수 있다. 그러나 제공한 선박 또는 교체된 선박이 용선계약상 조건을 충족시키지 못하는 경우, 용선자는 그 선박을 거절하거나 혹은 용선계약을 해제할 수 있다.

대선자가 과실로 약정한 선박을 제공하지 아니하고, 또 그로 인해 용선자에게

第九十七条【合同解除权】 出租人在约定的受载期限内未能提供船舶的，承租人有权解除合同。但是，出租人将船舶延误情况和船舶预期抵达装货港的日期通知承租人的，承租人应当自收到通知时起四十八小时内，将是否解除合同的决定通知出租人。

因出租人过失延误提供船舶致使承租人遭受损失的，出租人应当负赔偿责任。

第九十八条【滞期费和速遣费的约定】 航次租船合同的装货，卸货期限及其计算办法，超过装货，卸货期限后的滞期费和提前完成装货，卸货的速遣费，由双方约定。

第九十九条【船舶转租权】 承租人可以将其租用的船舶转租；转租后，原合同约定的权利和义务不受影响。

第一百条【提供约定货物的义务】 承租人应当提供约定的货物；经出租人同意，可以更换货物，但是，更换的货物对出租人不利的，出租人有权拒绝或者解除合同。

因未提供约定的货物致使出租人遭受损失的，承租人应当负赔偿责任。

第一百零一条【卸货港】 出租人应当在合同约定的卸货港卸货。合同订有承租人选择卸货港条款的，在承租人未按照合同约定及时通知确定的卸货港时，船长可以从约定的选卸港中自行选定一港卸货。承租人未按照合同约定及时通知确定的卸货港，致使出租人遭受损失的，应当负赔偿责任。出租人未按照合同约定，擅自选定港口卸货致使承租人遭受损失的，应当负赔偿责任。

손해가 발생한 경우, 대선자는 그 손해를 배상할 책임이 있다.

제97조 【계약 해제권】 대선자가 용선계약에서 정한 선적기간 내에 선박을 제공하지 아니한 경우, 용선자는 계약을 해제할 수 있다. 그러나 대선자가 선박의 연착과 선적항 도착 예정일을 용선자에게 통지한 때에는, 용선자는 이러한 통지를 받은 날로부터 48시간 이내에 계약의 해지 여부를 대선자에게 통지하여야 한다.

대선자의 과실로 선박의 제공이 지연되고 그로 인하여 용선자가 손해를 입게 된 경우, 대선자는 이를 배상할 책임이 있다.

제98조 【체선료와 조출료의 약정】 항해용선계약에서 화물의 선적과 양륙 기간 및 그 계산 방법은 물론, 선적이나 양륙 기간이 도과하여 발생하는 체선료의 산정 및 약정한 선적이나 양륙 기간보다 조기에 선적이나 양륙을 완성한 때에 지급할 조출료의 산정은 당사자 쌍방이 약정한 바에 따라 정한다.

제99조 【선박의 전대권】 용선자는 용선한 선박을 전대할 수 있다. 전대한 후에도 원래 용선계약에서 약정한 권리와 의무는 이로 인하여 영향을 받지 아니한다.

제100조 【약정화물 제공의무】 용선자는 약정한 화물을 제공하여야 한다. 용선자는 대선자의 동의를 얻어 화물을 교체할 수 있다. 그러나 교체된 화물이 대선자에게 불리한 경우, 대선자는 그러한 화물을 거절하거나 혹은 용선계약을 해제할 수 있다.

용선자가 약정한 화물을 제공하지 아니하고 그로 인하여 대선자가 손해를 입은 경우, 용선자는 이를 배상할 책임이 있다.

제101조 【양륙항】 대선자는 계약에서 특정한 양륙항에서 화물을 양륙하여야 한다. 계약에 있는 조항에 의해 용선자가 양륙항을 선택할 수 있고, 그럼에도 불구하고 용선자가 계약에서 약정한 바에 따라 화물을 양륙할 항구의 선정에 관해 적기에 지시가 없는 경우, 선장은 약정한 항구 중에서 임의로 한 항구를 선택하여 화물을 양륙할 수 있다. 용선자가 약정한 바에 따라 선정된 양륙항을 적기에 통지하지 아니하고, 대선자가 그로 인하여 손해를 입은 경우, 용선자는 그 손해를 배상할 책임이 있다. 대선자가 선계약의 해당 규정을 무시하고 임의로 항구를 선택하여 화물을 양륙함으로 인하여 용선자에게 손해가 발생한 경우, 대선자는 이를 배상할 책임이 있다.

第八节　多式联运合同的特别规定

第一百零二条【多式联运的定义】 本法所称多式联运合同，是指多式联运经营人以两种以上的不同运输方式，其中一种是海上运输方式，负责将货物从接收地运至目的地交付收货人，并收取全程运费的合同。

前款所称多式联运经营人，是指本人或者委托他人以本人名义与托运人订立多式联运合同的人。

第一百零三条【责任期限】 多式联运经营人对多式联运货物的责任期间，自接收货物时起至交付货物时止。

第一百零四条【多式联运经营人的责任】 多式联运经营人负责履行或者组织履行多式联运合同，并对全程运输负责。

多式联运经营人与参加多式联运的各区段承运人，可以就多式联运合同的各区段运输，另以合同约定相互之间的责任。但是，此项合同不得影响多式联运经营人对全程运输所承担的责任。

第一百零五条【区段损坏的赔偿】 货物的灭失或者损坏发生于多式联运的某一运输区段的，多式联运经营人的赔偿责任和责任限额，适用调整该区段运输方式的有关法律规定。

第一百零六条【责任推定】 货物的灭失或者损坏发生的运输区段不能确定的，多式联运经营人应当依照本章关于承运人赔偿责任和责任限额的规定负赔偿责任。

第五章　海上旅客运输合同

第一百零七条【海上旅客运输合同的定义】 海上旅客运输合同，是指承运人以适合运送旅客的船舶经海路将旅客及其行李从一港运送至另一港，由旅客支付票款的合同。

제8절 복합운송계약에 관한 특별규정

제102조【복합운송의 정의】 본법에서 복합운송계약이라 함은, 운송이 서로 다른 두 종류 이상의 방식이고 그 중 하나가 해상운송이며, 복합운송인이 화물을 수령지점으로부터 목적지 까지 운송하여 수하인에게 인도하는 것을 인수하고, 그 전 과정의 운송에 대해 일정한 운임을 수령하는 계약을 말한다.

전항에서 복합운송인이란 본인이 직접 혹은 대리인을 통해 송하인과 복합운송계약을 체결하는 자를 말한다.

제103조【책임기간】 복합운송인의 복합운송화물에 대한 책임기간은 화물의 수령시점으로부터 화물의 인도 시점까지이다.

제104조【복합운송인의 책임】 복합운송인은 복합운송을 스스로 이행하거나 또는 이행을 조직하여 수행할 수 있으며, 복합운송인이 복합운송계약의 전 과정의 운송에 대해 책임을 진다.

복합운송인과 복합운송에 참여하는 각 구간의 운송인은 각 구간 운송에 대해 별도로 계약을 하고 상호간의 책임을 정할 수 있다. 다만 이러한 별도의 계약은 전 과정의 운송에 대해 복합운송인이 부담하는 책임에 대하여는 영향을 미치지 아니한다.

제105조【운송구간에서의 멸실 · 훼손의 배상】 화물의 멸실 또는 훼손이 복합운송의 어느 한 운송구간에서 발생한 경우, 복합운송인의 배상책임과 책임한도는 해당 구간의 운송방식을 규율하는 관련 법률의 규정에 의한다.

제106조【책임추정】 화물의 멸실 또는 훼손이 발생한 운송구간을 확정할 수 없는 경우, 복합운송인은 이 장의 운송인의 배상책임과 책임한도에 관한 규정에 따라 손해를 배상할 책임이 있다.

제5장 해상여객운송계약

제107조【해상여객운송계약의 정의】 해상여객운송계약이란 운송인이 여객운송에 적합한 선박으로 해로를 통하여 여객 및 그 수하물을 어느 항구에서 다른 항구로 운송하고 이에 대해 여객이 운임을 지급하기로 하는 계약을 말한다.

第一百零八条【用语含义】 本章下列用语的含义:

(一) “承运人”，是指本人或者委托他人以本人名义与旅客订立海上旅客运输合同的人。

(二) “实际承运人”，是指接受承运人委托，从事旅客运送或者部分运送的人，包括接受转委托从事此项运送的其他人。

(三) “旅客”，是指根据海上旅客运输合同运送的人；经承运人同意，根据海上货物运输合同，随船护送货物的人，视为旅客。

(四) “行李”，是指根据海上旅客运输合同由承运人载运的任何物品和车辆，但是活动物除外。

(五) “自带行李”，是指旅客自行携带，保管或者放置在客舱中的行李。

第一百零九条【责任适用】 本章关于承运人责任的规定，适用于实际承运人。本章关于承运人的受雇人，代理人责任的规定，适用于实际承运人的受雇人，代理人。

第一百一十条【旅客客票】 旅客客票是海上旅客运输合同成立的凭证。

第一百一十一条【运送期间】 海上旅客运输的运送期间，自旅客登船时起至旅客离船时止，客票票价含接送费用的，运送期间并包括承运人经水路将旅客从岸上接到船上和从船上送到岸上的时间，但是不包括旅客在港站内，码头上或者在港口其他设施内的时间。

旅客的自带行李，运送期间同前款规定，旅客自带行李以外的其他行李，运送期间自旅客将行李交付承运人或者承运人的受雇人，代理人时起至承运人或者承运人的受雇人，代理人交还旅客时止。

第一百一十二条【无票，越级，超程乘船的责任】 旅客无票乘船，越级乘船或者超程乘船，应当按照规定补足票款，承运人可以按照规定加收票款；拒不交付的，船长有权在适当地点令其离船，承运人有权向其追偿。

제108조 【용어의 정의】 이 장에서 사용하는 용어의 정의는 아래와 같다.

(1) "운송인"이라 함은 본인이 직접 또는 대리인을 통하여 여객과 해상여객운송계약을 체결하는 자를 말한다.

(2) "실제운송인"이라 함은 운송인의 위탁을 받아 여객운송 또는 그 운송 일부를 수행하는 자를 말하며, 다시 위탁을 받아 이러한 운송을 수행하는 사람을 포함한다.

(3) "여객"이라 함은 해상여객운송계약에 근거하여 운송되는 자를 말하며, 운송인의 동의를 얻고서 해상화물운송계약에 근거하여 운송되는 화물을 관찰하기 위해 승선하는 사람도 여객으로 간주한다.

(4) "수하물"이라 함은 해상여객운송계약에 근거하여 운송인이 선적하는 일체의 물품과 차량을 말하며 다만 산 동물은 제외한다.

(5) "휴대 수하물"이라 함은 여객이 스스로 휴대나 보관하거나 또는 객실에 놓아두는 수하물을 말한다.

제109조 【책임의 적용】 이 장의 운송인의 책임에 관한 규정은 실제운송인에 대하여도 적용한다. 이 장의 운송인의 피용자나 대리인의 책임에 관한 규정은 실제운송인의 피용자나대리인에 대하여도 적용한다.

제110조 【선표】 선표는 해상여객운송계약의 성립을 증명하는 효력이 있다.

제111조 【운송기간】 해상여객운송의 운송기간은 여객의 승선 시점부터 하선 시점까지이다. 운임에 인계비용이 포함된 경우, 운송인이 수로를 통하여 여객을 해안에서 선상까지 인계하는 시간과 선상에서 해안까지 인계하는 시간도 운송기간에 포함된다. 다만 여객이 항구터미널 내, 부두 위, 기타 항구시설 내에 머무르는 기간은 운송기간에 포함되지 아니한다.

여객의 휴대 수하물의 운송기간도 전항의 규정과 같다. 여객의 휴대 수하물 이외의 기타 수하물의 운송기간은 여객이 수하물을 운송인이나 또는 운송인의 피용자나 대리인에게 교부하는 시점부터 운송인이나 또는 운송인의 피용자나 대리인이 여객에게 반환하는 시점까지이다.

제112조 【선표 없는 승선, 상급선실승선 및 거리초과승선시 책임】 선표 없는 승선, 상급 선실 승선, 또는 거리 초과 승선의 경우 여객은 규정에 따라 요구되는 운임 혹은 초과 운임을 지급하여야 하고, 운송인은 관련 규정에 따라 추가 운임을 청구할 수 있다. 지급을 거부하는 경우, 선장은 적절한 시점에서 하선을 명할 수 있으

第一百一十三条【携带危险品的责任】 旅客不得随身携带或者在行李中夹带违禁品或者易燃，易爆，有毒，有腐蚀性，有放射性以及有可能危及船上人身和财产安全的其他危险品。

承运人可以在任何时间，任何地点将旅客违反前款规定随身携带或者在行李中夹带的违禁品，危险品卸下，销毁或者使之不能为害，或者送交有关部门，而不负赔偿责任。旅客违反本条第一款规定，造成损害的，应当负赔偿责任。

第一百一十四条【承运人的赔偿责任】 在本法第一百一十一条规定的旅客及其行李的运送期间，因承运人或者承运人的受雇人，代理人在受雇或者受委托的范围内过失引起事故，造成旅客人身伤亡或者行李灭失，损坏的，承运人应当负赔偿责任。

请求人对承运人或者承运人的受雇人，代理人的过失，应当负举证责任;但是，本条第三款和第四款规定的情形除外。

旅客的人身伤亡或者自带行李的灭失，损坏，是由于船舶的沉没，碰撞，搁浅，爆炸，火灾所引起或者是由于船舶的缺陷所引起的，承运人或者承运人的受雇人，代理人除非提出反证，应当视为其有过失。

旅客自带行李以外的其他行李的灭失或者损坏，不论由于何种事故所引起，承运人或者承运人的受雇人，代理人除非提出反证，应当视为其有过失。

第一百一十五条【承运人责任的免除】 经承运人证明，旅客的人身伤亡或者行李的灭失，损坏，是由于旅客本人的过失或者旅客和承运人的共同过失造成的，可以免除或者相应减轻承运人的赔偿责任。

经承运人证明，旅客的人身伤亡或者行李的灭失，损坏，是由于旅客本人的故意造成的，或者旅客的人身伤亡是由于旅客本人健康状况造成的，承运人不负赔偿责任。

第一百一十六条【贵重物品灭失，损坏的责任】 承运人对旅客的货币，金银，珠宝，有价证券或者其他贵重物品所发生的灭失，损坏，不负赔偿责任。

며, 운송인은 그에 대해 배상을 청구할 수 있다.

제113조【위험물 휴대의 책임】 여객은 밀수품이나 혹은 가연성, 폭발성, 유독성, 부식성, 방사성 물품을 선상에 휴대하여 반입하거나 수하물에 넣어서 포장하여서는 아니 된다.

전항의 규정을 위반하여 여객이 휴대하여 반입하거나 또는 수하물에 넣어져 포장된 밀수품이나 위험물은 어느 시간과 장소에서든 운송인이 이를 양륙, 폐기 혹은 무해조치를 할 수 있고 혹은 이를 관련 부서에 송부할 수 있으며, 이에 대해 운송인은 손해배상책임을 지지 아니한다. 본조 제1항의 규정을 위반하여 멸실이나 손상이 생기면 여객은 그 손해를 배상할 책임이 있다.

제114조【운송인의 배상책임】 본법 제111조에서 규정한 여객 및 그 수하물의 운송기간 중에 운송인의, 또는 운송인의 피용자나 대리인의 고용 또는 위탁 범위 내에서의, 과실로 사고를 야기하여 여객의 상해나 사망 또는 수하물의 멸실이나 훼손을 초래한 경우, 운송인은 이를 배상할 책임이 있다.

청구인은 운송인 또는 운송인의 피용자나 대리인의 과실을 입증하여야 한다. 다만 본조 제3항과 제4항에서 특정하는 상황에서는 이를 예외로 한다.

여객의 상해나 사망 또는 휴대 수하물의 멸실이나 훼손이 선박의 침몰, 충돌, 좌초, 폭발, 또는 화재로 인하여 발생하거나, 선박의 결함으로 인하여 발생한 경우, 운송인 또는 운송인의 피용자나 대리인은 반증을 제시하지 아니하는 한 과실이 있었다고 추정한다.

여객의 휴대 수하물이 아닌 여타 수하물이 멸실되거나 훼손되면, 운송인 또는 운송인의 피용자나 대리인은 달리 반증을 제시하지 않는 한 사고의 종류를 가리지 아니하고 과실이 있었다고 추정한다.

제115조【운송인의 책임면제】 여객의 상해나 사망 또는 수하물의 멸실이나 훼손이 여객 본인의 과실에 의하거나 혹은 여객과 운송인의 공동 과실로 초래된 것을 운송인이 입증하는 경우, 운송인의 배상책임은 면제가 되거나 정도에 따라 감면된다.

여객의 상해나 사망 또는 수하물의 멸실이나 훼손이 여객 본인의 고의로 인하여 초래되었거나, 여객의 상해나 사망이 여객 본인의 건강상태로 인하여 초래된 것을 운송인이 증명하면, 운송인은 그에 대해 손해배상책임을 지지 아니한다.

제116조【귀중품의 멸실 · 훼손책임】 운송인은 여객의 화폐, 금은, 보석, 유가증권 기타 귀중품의 멸실, 훼손에 대해 손해배상책임을 지지 아니한다.

旅客与承运人约定将前款规定的物品交由承运人保管的，承运人应当依照本法第一百一十七条的规定负赔偿责任； 双方以书面约定的赔偿限额高于本法第一百一十七条的规定的，承运人应当按照约定的数额负赔偿责任。

第一百一十七条【赔偿责任限额】 除本条第四款规定的情形外，承运人在每次海上旅客运输中的赔偿责任限额，依照下列规定执行:

(一) 旅客人身伤亡的，每名旅客不超过46666计算单位;

(二) 旅客自带行李灭失或者损坏的，每名旅客不超过833计算单位;

(三) 旅客车辆包括该车辆所载行李灭失或者损坏的，每一车辆不超过3333计算单位;

(四) 本款第(二)，(三) 项以外的旅客其他行李灭失或者损坏的，每名旅客不超过1200计算单位。

承运人和旅客可以约定，承运人对旅客车辆和旅客车辆以外的其他行李损失的免赔额。但是，对每一车辆损失的免赔额不得超过117计算单位，对每名旅客的车辆以外的其他行李损失的免赔额不得超过13计算单位。在计算每一车辆或者每名旅客的车辆以外的其他行李的损失赔偿数额时，应当扣除约定的承运人免赔额。

承运人和旅客可以书面约定高于本条第一款规定的赔偿责任限额。

中华人民共和国港口之间的海上旅客运输，承运人的赔偿责任限额，由国务院交通主管部门制订，报国务院批准后施行。

第一百一十八条【限制赔偿责任适用的例外】 经证明，旅客的人身伤亡或者行李的灭失，损坏，是由于承运人的故意或者明知可能造成损害而轻率地作为或者不作为造成的，承运人不得援用本法第一百一十六条和第一百一十七条限制赔偿责任的规定。

经证明，旅客的人身伤亡或者行李的灭失，损坏，是由于承运人的受雇人，代理人的故意或者明知可能造成损害而轻率地作为或者不作为造成的，承运人的受雇人，代理人不得援用本法第一百一十六条和第一百一十七条限制赔偿责任的规定。

여객과 운송인이 전항에서 규정한 물품을 운송인이 보관하기로 약정한 경우, 운송인은 본법 제117조의 규정에 따라 손해배상책임을 진다. 쌍방이 서면으로 약정한 배상한도가 본법 제117조에 규정된 한도를 초과하면, 운송인은 약정한 액수를 한도로 손해배상책임을 진다.

제117조【배상책임한도】 본조 제4항에 규정된 상황이 아닌 한, 해상여객운송으로 인한 운송인의 손해배상책임한도는 매회를 기준으로 다음과 같다.

(1) 여객의 사상 사고인 경우, 여객 1인당 46666 계산단위 불초과;

(2) 여객의 휴대 수하물이 멸실이나 훼손된 경우, 여객 1인당 833 계산단위 불초과;

(3) 여객의 차량이 멸실되거나 훼손된 경우, 탑재한 수하물을 훼손된 것을 포함하여, 차량 1대당 3333 계산단위 불초과;

(4) 본조 제(2) 및 제(3)호 이외의 여타 수하물이 멸실이나 훼손된 경우, 매 여객에 대하여 1200 계산단위 불초과.

여객차량과 여객차량 이외 기타 수하물의 손실에 대해 운송인과 여객은 운송인의 손해배상에 대해 소손해면책의 특약을 할 수 있다. 다만 차량 1대당 면제될 소손해 금액이 117 계산단위를 초과하여서는 아니 되며, 여객 1명당 차량 이외 기타 수하물에 대해 면제될 소손해 금액은 13 계산단위를 초과하여서는 아니 된다. 차량 1대당 또는 여객 1명당의 차량 이외 기타 수하물에 대해 손해배상액을 계산할 때에는 운송인이 주장할 수 있는 면제가 약정된 소손해액을 공제하여야 한다.

운송인과 여객은 본조 제1항에 규정된 책임한도액보다 고액의 한도액을 서면으로 약정할 수 있다.

중화인민공화국 항구 간의 해상여객운송에 있어 운송인의 배상책임한도액은 국무원 교통주관 부서가 제정하며, 국무원의 인가를 받아 이를 시행한다.

제118조【배상책임제한의 적용예외】 여객의 상해나 사망 또는 수하물의 멸실이나 훼손이 운송인의 피용자나 대리인의 고의로, 또는 손해를 초래할 것을 명백히 알면서도 경솔하게 행한 작위 또는 부작위로 인하여 초래된 것이 증명된 경우, 운송인은 본법 제116조와 제117조의 배상책임제한을 원용할 수 없다.

여객의 상해나 사망 또는 수하물의 멸실이나 훼손이 운송인의 피용자나 대리인의 고의로, 또는 손해를 초래할 것을 명백히 알면서 경솔하게 행한 작위 또는 부작위로 인하여 초래된 것이 증명된 경우, 그 운송인의 피용자나 대리인은 본법 제116조와 제117조의 배상책임제한을 원용하지 못한다.

第一百一十九条【书面通知的提交】 行李发生明显损坏的，旅客应当依照下列规定向承运人或者承运人的受雇人，代理人提交书面通知:

(一) 自带行李，应当在旅客离船前或者离船时提交;

(二) 其他行李，应当在行李交还前或者交还时提交。

行李的损坏不明显，旅客在离船时或者行李交还时难以发现的，以及行李发生灭失的，旅客应当在离船或者行李交还或者应当交还之日起十五内，向承运人或者承运人的受雇人，代理人提交书面通知。

旅客未依照本条第一，二款规定及时提交书面通知的，除非提出反证，视为已经完整无损地收到行李。

行李交还时，旅客已经会同承运人对行李进行联合检查或者检验的，无需提交书面通知。

第一百二十条【抗辩理由和赔偿责任限制规定的援用】 向承运人的受雇人，代理人提出的赔偿请求，受雇人或者代理人证明其行为是在受雇或者受委托的范围内的，有权援用本法第一百一十五条，第一百一十六条和第一百一十七条的抗辩理由和赔偿责任限制的规定。

第一百二十一条【承运人的运送责任】 承运人将旅客运送或者部分运送委托给实际承运人履行的，仍然应当依照本章规定，对全程运送负责。实际承运人履行运送的，承运人应当对实际承运人的行为或者实际承运人的受雇人，代理人在受雇或者受委托的范围内的行为负责。

第一百二十二条【特别协议适用】 承运人承担本章未规定的义务或者放弃本章赋予的权利的任何特别协议，经实际承运人书面明确同意的，对实际承运人发生效力;实际承运人是否同意，不影响此项特别协议对承运人的效力。

第一百二十三条【连带责任】 承运人与实际承运人均负有赔偿责任的，应当在此项责任限度内负连带责任。

제119조 【서면 통지의 제출】 수하물에 외관상 분명한 훼손이 발생한 경우, 여객은 다음에 열거하는 규정에 따라, 운송인 또는 운송인의 피용자나 대리인에게 서면으로 통지하여야 한다.

(1) 휴대 수하물은 여객이 배를 떠나기 이전 또는 배를 떠날 때에 통지하여야 한다;

(2) 기타 수하물은 수하물을 교부하기 이전 또는 교부할 때에 통지하여야 한다.

수하물의 훼손이 외관상 불분명하여 여객이 배를 떠날 재 또는 수하물을 교부할 때에 이를 발견하기 어려운 경우 및 수하물이 멸실된 경우, 여객은 배를 떠난 날 또는 수하물을 교부한 날의 익일부터 15일 이내에 운송인 또는 운송인의 피용자나 대리인에게 서면으로 통지하여야 한다.

여객이 본조 제1항 및 제2항의 규정에 따른 서면통지를 하지 아니한 경우, 반증이 없는 한 파손이 없는 완전한 수하물을 수령한 것으로 추정한다.

수하물의 교부시 여객이 운송인과 함께 수하물에 대해 검사 또는 조사를 진행한 경우, 이러한 서면통지를 할 필요가 없다.

제120조 【항변사유와 배상책임제한규정의 원용】 운송인의 피용자 또는 대리인에 대해 손해배상청구를 한 경우, 그 행위가 고용 또는 위탁받은 범위 내에서 이루어진 것임을 증명하면, 그 피용자 또는 대리인은 본법 제115조, 제116조 및 제117조의 항변사유와 책임제한을 원용할 수 있다.

제121조 【운송인의 운송책임】 운송인이 여객의 운송 또는 그 일부의 운송을 실제운송인이 이행하도록 위탁한 경우에도, 운송인은 본장 규정에 따라 운송 전 과정에 대해 계속하여 책임이 있다. 실제운송인이 운송을 이행한 경우, 실제운송인의 행위 또는 실제운송인의 피용자나 대리인이 고용이나 위탁받은 범위 내의 행위에 대해 운송인은 책임이 있다.

제122조 【특약의 적용】 운송인이 특약에 의해 본장에 규정되지 아니한 의무를 인수하거나 본장에서 부여된 권리를 포기한 경우, 실제운송인이 서면에 의해 명시적으로 그러한 내용에 동의한 때에는, 그 특약은 실제 운송인에 대하여도 효력이 있다. 실제운송인의 이러한 동의 여부는 이 특약의 운송인에 대한 효력에는 영향을 미치지 아니한다.

제123조 【연대책임】 운송인과 실제운송인이 모두 손해배상책임이 있는 경우, 이들은 그 책임한도 내에서 연대책임을 진다.

第一百二十四条【赔偿总额的限制】 就旅客的人身伤亡或者行李的灭失，损坏，分别向承运人，实际承运人以及他们的受雇人，代理人提出赔偿请求，赔偿总额不得超过本法第一百一十七条规定的限额。

第一百二十五条【相互追偿权】 本法第一百二十一条至第一百二十四条的规定，不影响承运人和实际承运人之间相互追偿。

第一百二十六条【合同无效】 海上旅客运输合同中含有下列内容之一的条款无效:

(一) 免除承运人对旅客应当承担的法定责任;

(二) 降低本章规定的承运人责任限额;

(三) 对本章规定的举证责任作出相反的约定;

(四) 限制旅客提出赔偿请求的权利。

前款规定的合同条款的无效，不影响合同其他条款的效力。

第六章 船舶租用合同

第一节 一般规定

第一百二十七条【条款的效力】 本章关于出租人和承租人之间权利，义务的规定，仅在船舶租用合同没有约定或者没有不同约定时适用。

第一百二十八条【书面形式】 船舶租用合同，包括定期租船合同和光船租赁合同，均应当书面订立。

第二节 定期租船合同

第一百二十九条【定期租船合同的定义】 定期租船合同，是指船舶出租人向承租人提

제124조 【배상총액의 제한】 여객의 상해나 사망 또는 수하물의 멸실이나 훼손에 관해 운송인, 실제운송인 및 이들의 피용자나 대리인에게 각각 별도로 손해배상청구를 하여오는 경우, 그 배상 총액은 본법 제117조 규정의 한도를 초과하지 못한다.

제125조 【상호구상권】 본법 제121조 내지 제124조의 규정은 운송인과 실제운송인 상호간에 있어 손해배상책임의 추궁에는 영향을 미치지 아니한다.

제126조 【계약의 무효】 다음에 열거하는 내용 중 하나가 포함된 해상여객운송계약의 조항은 무효이다.

(1) 운송인이 여객에 대해 지는 법정 책임을 면제하는 조항;

(2) 본장이 규정하는 운송인의 책임한도를 경감하는 조항;

(3) 본장이 규정하는 입증책임과 상반되는 약정을 하는 조항;

(4) 여객이 손해배상청구를 할 권리를 제한하는 조항.

전항이 규정하는 계약조항의 무효는 여타 계약조항의 효력에는 영향을 미치지 아니한다.

제6장 임대차적 용선계약

제1절 일반규정

제127조 【조항의 효력】 본장에 있는 대선자와 용선자의 권리와 의무에 관한 규정은, 오로지 용선계약에 전혀 약정이 없거나 또는 상이한 약정이 없는 때에만, 적용한다.

제128조 【서면형식】 임대차적 용선계약은 정기용선계약과 나용선계약을 포함하여 모두 서면으로 체결하여야 한다.

제2절 정기용선계약

제129조 【정기용선계약의 정의】 정기용선계약이라 함은 대선자가 용선자에게 약

供约定的由出租人配备船员的船舶，由承租人在约定的期间内按照约定的用途使用，并支付租金的合同。

第一百三十条【合同内容】 定期租船合同的内容，主要包括出租人和承租人的名称，船名，船籍，船级，吨位，容积，船速，燃料消耗，航区，用途，租船期间，交船和还船的时间和地点以及条件，租金及其支付，以及其他有关事项。

第一百三十一条【提供船舶的义务】 出租人应当按照合同约定的时间交付船舶。

出租人违反前款规定的，承租人有权解除合同，出租人将船舶延误情况和船舶预期抵达交船港的日期通知承租人的，承租人应当自接到通知时起四十八小时内，将解除合同或者继续租用船舶的决定通知出租人。因出租人过失延误提供船舶致使承租人遭受损失的，出租人应当负赔偿责任。

第一百三十二条【船舶适航】 出租人交付船舶时，应当做到谨慎处理，使船舶适航。交付的船舶应当适于约定的用途。

出租人违反前款规定的，承租人有权解除合同，并有权要求赔偿因此遭受的损失。

第一百三十三条【不适航的责任】 船舶在租期内不符合约定的适航状态或者其他状态，出租人应当采取可能采取的合理措施，使之尽快恢复。

船舶不符合约定的适航状态或者其他状态而不能正常营运连续满二十四小时的，对因此而损失的营运时间，承租人不付租金，但是上述状态是由承租人造成的除外。

第一百三十四条【按约定使用船舶的义务】 承租人应当保证船舶在约定航区内的安全港口或者地点之间从事约定的海上运输。

承租人违反前款规定的，出租人有 权解除合同，并有权要求赔偿因此遭受的损失。

정한 선원을 갖춘 선박을 제공하고, 그 선박을 용선자가 약정한 기간 동안 약정한 용도로 사용하며 그에 대해 용선료를 지급하기로 하는 계약을 말한다.

제130조 【계약의 내용】 정기용선계약에는 주된 내용으로 대선자와 용선자의 명칭, 선박명, 선박국적, 선급, 톤수, 용적, 속도, 소모 연료, 항해 구역, 용도, 용선 기간, 선박 인도와 반환의 시간, 지점 및 조건, 용선료 및 그 지급 방법 기타 관련 사항이 포함된다.

제131조 【선박제공 의무】 대선자는 계약에서 약정한 시간 내에 선박을 인도하여야 한다.

대선자가 전항을 위반한 경우, 용선자는 용선계약을 해제할 수 있다. 대선자가 선박의 연착 상황과 선박이 인도될 항구에 도착할 예정일을 용선자에게 통지한 경우, 용선자는 통지를 받은 날로부터 48시간 이내에 계약을 해제할지 혹은 선박을 계속 용선하여 사용할지를 결정하여 대선자에게 통지하여야 한다. 대선자의 과실로 인하여 선박제공이 연기되어 용선자에게 손해를 초대한 경우, 대선자는 그 손해를 배상할 책임이 있다.

제132조 【선박의 감항능력】 대선자는 선박이 인도될 때에 감항능력을 갖춘 상태에 있도록 하기 위해 주의의무를 다하여야 한다. 인도한 선박은 약정한 용도에 적당하여야 한다.

대선자가 전행의 규정을 위반한 경우, 용선자는 계약을 해제할 수 있고 이로 인한 손해의 배상도 청구할 수 있다.

제133조 【감항능력미비의 책임】 용선기간 내에 선박의 감항능력 또는 기타 상태가 약정한 상태에 부합하지 아니하게 된 경우, 대선자는 그 선박을 최대한 빨리 복구하기 위해 취할 수 있는 모든 합리적인 조치를 취하여야 한다.

선박이 약정한 감항 상태 또는 기타 상태에 부합하지 아니하여 24시간 이상 지속적으로 정상적인 운항을 할 수 없게 된 경우, 이 상실한 운항 시간에 대해 용선자는 용선료를 지급하지 아니할 수 있으며, 다만 그러한 불이행 상태가 용선자에 의해 야기된 경우에는 그러하지 아니하다.

제134조 【약정용도로 선박을 사용할 의무】 용선자는 선박이 약정한 항해 구역 내에서 안전한 항구 또는 지점 사이에서 약정한 항해운송에 종사할 것을 담보한다.

용선자가 전항의 규정을 위반한 경우, 대선자는 계약을 해지할 수 있으며, 그로 인한 손해의 배상을 청구할 수 있다.

第一百三十五条【运输货物的约定】　承租人应当保证船舶用于运输约定的合法的货物。

承租人将船舶用于运输活动物或者危险货物的，应当事先征得出租人的同意。

承租人违反本条第一款或者第二款的规定致使出租人遭受损失的，应当负赔偿责任。

第一百三十六条【承租人的指示权】　承租人有权就船舶的营运向船长发出指示，但是不得违反定期租船合同的约定。

第一百三十七条【船舶转租】　承租人可以将租用的船舶转租，但是应当将转租的情况及时通知出租人。租用的船舶转租后，原租船合同约定的权利和义务不受影响。

第一百三十八条【已租船舶所有权的转让】　船舶所有人转让以及租出的船舶的所有权，定期租船合同约定的当事人的权利和义务不受影响，但是应当及时通知承租人。船舶所有权转让后，原租船合同由受让人和承租人继续履行。

第一百三十九条【海难救助报酬的分配】　在合同期间，船舶进行海难救助的，承租人有权获得扣除救助费用，损失赔偿，船员应得部分以及其他费用后的救助款项的一半。

第一百四十条【租金的支付】　承租人应当按照合同约定支付租金。承租人未按照合同约定支付租金的，出租人有权解除合同，并有权要求赔偿因此遭受的损失。

第一百四十一条【出租人的留置权】　承租人未向出租人支付租金或者合同约定的其他款项的，出租人对船上属于承租人的货物和财产以及转租船舶的收入有留置权。

第一百四十二条【船舶交还】　承租人向出租人交还船舶时，该传船舶当具有与出租人交船时相同的良好状态，但是船舶本身的自然磨损除外。

船舶未能保持与交船时相同的良好状态的，承租人应当负责修复或者给予赔偿。

제135조【운송화물의 약정】 용선자는 선박이 약정한 합법적인 화물을 운송하는 데 사용될 것을 보장한다.

용선자가 산 동물 또는 위험한 화물을 운송하는 데 선박을 사용하는 경우, 사전에 대선자의 동의를 얻어야 한다.

용선자가 본조 제1항 또는 제2항의 규정을 위반하여 대선자에게 손해를 초래한 경우 이를 배상하여야 한다.

제136조【용선자의 지시권】 용선자는 선박의 운영에 관하여 선장에게 지시할 권리가 있으며, 다만 그러한 지시는 정기용선계약의 규정에 위반하여서는 아니 된다.

제137조【선박의 재용선】 용선자는 용선한 선박을 재용선하여 줄 수 있으며, 다만 재용선하는 상황을 지체없이 대선자에게 통지하여야 한다. 용선한 선박을 재용선한 후에도 원래 선박용선계약에서 정한 권리와 의무는 그로 인하여 영향을 받지 아니한다.

제138조【용선한 선박소유권의 양도】 선박소유자가 이미 정기용선하여 준 선박의 소유권을 양도한 경우, 정기용선계약에서 약정한 당사자의 권리와 의무는 그로 인하여 영향을 받지 아니하며, 선박소유자는 이러한 양도를 지체없이 용선자에게 통지하여야 한다. 선박소유권의 양도 이후에도 양수인과 용선자는 원래 용선계약을 계속하여 이행하여야 한다.

제139조【해난구조보수의 배분】 계약기간 내에 선박이 해난구조에 종사하는 경우, 용선자는 구조비용, 손해에 대한 보상, 선원에 지급할 부분, 및 기타 비용을 먼저 공제한 후, 구조작업에 대한 보상금의 절반을 가질 권리가 있다.

제140조【용선료의 지급】 용선자는 용선계약에서 정한 바에 따라 용선료를 지급하여야 한다. 용선자가 약정한 용선료를 지급하지 아니한 경우, 대선자는 용선계약을 해지할 수 있으며, 그로 인한 손해배상을 청구할 수 있다.

제141조【대선자의 유치권】 용선자가 용선료를 지급하지 아니하거나 용선계약에서 정한 기타 금전을 지급하지 아니하는 경우, 대선자는 선상에 있는 용선자의 화물 기타 재산 및 선박의 재용선 수입에 대해 유치권을 갖는다.

제142조【선박의 인도】 용선자가 대선자에게 선박을 반환할 때에, 선박은 용선자에게 선박을 인도할 때와 같은 양호한 상태에 있어야 한다. 다만 선박 자체의 자연적인 마모로 인한 손실은 제외한다.

선박이 인도한 때와 같은 양호한 상태를 유지하지 아니한 때에는, 용선자는 수

第一百四十三条【还船日期】 经合理计算，完成最后航次的日期约为合同约定的还船日期，但可能超过合同约定的还船日期的，承租人有权超期用船以完成该航次。

超期期间，承租人应当按照合同约定的租金率支付租金；市场的租金率高于合同约定的租金率的，承租人应当按照市场租金率支付租金。

第三节 光船租赁合同

第一百四十四条【光船租赁合同的定义】 光船租赁合同，是指船舶出租人向承租人提供不配备船员的船舶，在约定的期间内由承租人占有，使用和营运，并向出租人支付租金的合同。

第一百四十五条【合同内容】 光船租赁合同的内容，主要包括出租人和承租人的名称，船名，船籍，船级，吨位，容积，航区，用途，租船期间，交船和还船的时间和地点以及条件，船舶检验，船舶的保养维修，租金及其支付，船舶保险，合同解除的时间和条件，以及其他有关事项。

第一百四十六条【船舶交付】 出租人应当在合同约定的港口或者地点，按照合同约定的时间，向承租人交付船舶以及船舶证书。交船时，出租人应当做到谨慎处理，使船舶适航。交付的船舶应当适于合同约定的用途。

出租人违反前款规定的，承租人有权解除合同，并有权要求赔偿因此遭受的损失。

第一百四十七条【保养，维修的义务】 在光船租赁期间，承租人负责船舶的保养，维修。

第一百四十八条【船舶保险】 在光船租赁期间，承租人应当按照合同约定的船舶价

리복구 또는 손해배상을 할 책임이 있다.

제143조【선박의 반환시기】 마지막 항해가 용선계약에서 정한 반환 일자를 넘길 가능성이 전혀 없는 것은 아니지만 합리적인 계산에 의하여 그 인근에서 완료된다고 판단되었던 경우, 용선자는 실제로 반환기간이 도과된다 하더라도 그 마지막 항해를 완료하기 위하여 계속하여 그 선박을 사용할 수 있다.

이 초과한 사용 기간에 대해 용선자는 용선계약에서 정한 용선료율에 따라 계산한 용선료를 지급하여야 한다. 그러나 시장의 용선료율이 용선계약에서 정한 용선료율보다 높은 경우, 용선자는 시장의 용선료율에 따라 계산한 용선료를 지급하여야 한다.

제3절 나용선계약

제144조【나용선계약의 정의】 나용선계약이라 함은 대선자가 용선자에게 선원을 구비하지 아니한 선박을 제공하여 약정한 기간 동안 선박을 점유, 사용 및 운영하게 하고 이에 대하여 용선자는 대선자에게 용선료를 지급하기로 하는 계약을 말한다.

제145조【계약의 내용】 나용선계약에는 주된 내용으로 대선자와 용선자의 성명, 선박명, 선박국적, 선급, 톤수, 용적, 항해 지역, 용도, 용선 기간, 선박 인도와 반환의 시간, 지점 및 조건, 선박의 검사, 보존 및 수리, 용선료 및 그 지급방법, 선박의 보험, 계약해지의 시간과 조건 및 기타 관련 사항이 포함되어야 한다.

제146조【선박의 인도】 대선자는 용선자에게 계약에서 정한 항구 또는 지점에서 약정한 시간에 선박 및 선박증서를 인도하여야 한다. 선박을 인도할 때에 대선자는 선박이 감항능력을 갖춘 상태에 있도록 하기 위해 주의의무를 다하여야 한다. 인도한 선박은 용선계약에서 정한 용도에 적합하여야 한다.

대선자가 전항의 규정을 위반한 경우, 용선자는 용선계약을 해제할 수 있고, 그로인한 손해배상을 청구할 수 있다.

제147조【보존, 유지 및 수리의 의무】 나용선 기간 동안 용선자는 선박의 보존과 유지 및 그 수리를 책임져야 한다.

제148조【선박보험】 나용선 기간 동안, 용선자는 용선계약에서 정한 선박의 가치에

值，以出租人同意的保险方式为船舶进行保险，并负担保险费用。

第一百四十九条【出租人和承租人的赔偿责任】 在光船租赁期间，因承租人对船舶占有，使用和营运的原因使出租人的利益受到影响或者遭受损失的，承租人应当负责消除影响或者赔偿损失。

因船舶所有权争议或者出租人所负的债务致使船舶被扣押的，出租人应当保证承租人的利益不受影响; 致使承租人遭受损失的，出租人应当负赔偿责任。

第一百五十条【船舶转租的限制】 在光船租赁期间，未经出租人书面同意，承租人不得转让合同的权利和义务或者以光船租赁的方式将船舶进行转租。

第一百五十一条【抵押权设定的限制】 未经承租人事先书面同意，出租人不得在光船租赁期间对船舶设定抵押权。

出租人违反前款规定，致使承租人遭受损失的，应当负赔偿责任。

第一百五十二条【租金支付】 承租人应当按照合同约定支付租金。承租人未按照合同约定的时间支付租金连续超过七日的，出租人有权解除合同，并有权要求赔偿因此遭受的损失。

船舶发生灭失或者失踪的，租金应当自船舶灭失或者得知其最后消息之日起停止支付，预付租金应当按照比例退还。

第一百五十三条【其他条款的适用】 本法第一百三十四条，第一百三十五条第一款，第一百四十二条和第一百四十三条的规定，适用于光船租赁合同。

第一百五十四条【所有权归属】 订有租购条款的光船租赁合同，承租人按照合同约定向出租人付清租购费时，船舶所有权即归于承租人。

따라 대선자가 동의한 방식으로 선박보험에 가입하고 보험료를 부담하여야 한다.

제149조 【용선자와 대선자의 배상책임】 나용선 기간 용선자의 선탁의 점유, 사용 혹은 운영으로 인하여 대선자의 이익에 영향을 주거나 손해를 야기한 경우, 용선자는 영향을 제거하거나 손해를 배상할 책임이 있다.

선박소유권의 분쟁으로 인하여 또는 대선자가 지는 채무로 인하여 선박이 압류된 경우, 용선자의 권리가 이로 인하여 영향을 받지 아니하는 것을 대선자가 보장하여야 한다. 용선자가 그로 인하여 손해를 입은 경우, 대선자는 이를 배상할 책임이 있다.

제150조 【선박재용선의 제한】 나용선 기간 동안 용선자는 대선자의 서면 동의를 얻지 아니하고서 계약상 권리와 의무를 양도하거나 또는 나용선 방식으로 재용선하여서는 아니 된다.

제151조 【저당권설정의 제한】 대선자는 용선자의 사전 서면에 의한 동의를 얻지 아니하면 나용선 기간에 선박에 저당권을 설정하여서는 아니 된다.

대선자가 전항의 규정을 위반하여 용선자에게 손해를 초래한 경우 이를 배상할 책임이 있다.

제152 【용선료의 지급】 용선자는 용선계약에서 정한 바에 따라 용선료를 지급하여야 한다. 용선자가 약정한 시간에 용선료를 지급하지 아니하고 7일 동안 계속 연체한 경우, 대선 자는 용선계약을 해지할 수 있으며 그로 인한 손해배상을 청구할 수 있다.

선박이 멸실되거나 실종된 경우, 선박이 멸실된 날 또는 최후로 그 소식을 들은 날로부터 용선료의 지급의무는 정지되며, 용선료를 미리 지급한 경우, 비례에 따라 반환하여야 한다.

제153조 【기타 조항의 적용】 본법 제134조, 제135조 제1항, 제142조와 제143조의 규정은 나용선계약에도 적용한다.

제154조 【소유권의 귀속】 소유권취득 조건부 나용선계약이 체결된 경우, 용선자가 약정한 바에 따라 대선자에게 소유권 취득 조건부 나용선의 대가를 도두 지급한 때에 선박소유권은 용선자에게 귀속된다.

第七章　海上拖航合同

第一百五十五条【海上拖航合同的定义】　海上拖航合同，是指承拖方用拖轮将被拖物经海路从一地拖至另一地，而由被拖方支付拖航费的合同。

本章规定不适用于在港区内对船舶提供的拖轮服务。

第一百五十六条【合同内容】　海上拖航合同应当书面订立。海上拖航合同的内容，主要包括承拖方和被拖方的名称和住所，拖轮和被拖物的名称和主要尺度，拖轮马力，起拖地和目的地，起拖日期，拖航费及其支付方式，以及其他有关事项。

第一百五十七条【适航，适拖状态】　承拖方在起拖前和起拖当时，应当谨慎处理，使拖轮处于适航，适拖状态，妥善配备船员，配置拖航索具和配备供应品以及该航次必备的其他装置，设备。

被拖方在起拖前和起拖当时，应当做好被拖物的拖航准备，谨慎处理，使被拖物处于适拖状态，并向承拖方如实说明被拖物的情况，提供有关检验机构签发的被拖物适合拖航的证书和有关文件。

第一百五十八条【起拖前的合同解除】　起拖前，因不可抗力或者其他不能归责于双方的原因致使合同不能履行的，双方均可以解除合同，并互相不负赔偿责任。除合同另有约定外，拖航费已经支付的，承拖方应当退还给被拖方。

第一百五十九条【起拖后的合同解除】　起拖后，因不可抗力或者其他不能归责于双方的原因致使合同不能继续履行的，双方均可以解除合同，并互相不负赔偿责任。

第一百六十条【视为已履行合同的行为】　因不可抗力或者其他不能归责于双方的原因致使被拖物不能拖至目的地的，除合同另有约定外，承拖方可以在目的地的邻近地点或者拖轮船长选定的安全的港口或者锚泊地，将被拖物移交给被拖方或者其代理人，视为已经履行合同。

제7장 해상예인계약

제155조【해상예인계약의 정의】 해상예인계약이라 함은 예선인이 예인선을 사용하여 예인되는 물건을 해로를 통하여 한 지역에서 다른 지역으로 이동시키고 피예선인이 예선료를 지급하기로 하는 계약을 말한다.

본장 규정은 항구 내에서 선박에 제공하는 예인서비스에는 적용하지 아니한다.

제156조【계약내용】 해상예인계약은 서면으로 체결하여야 한다. 해상예인계약에는 그 주된 내용으로 예선인과 피예선인의 성명, 주소, 예인선과 피예인물의 명칭과 특장, 예인선의 마력, 예인의 시작지와 목적지, 예인의 시작 날짜, 예인비용 및 그 지급방식 및 기타 관련 사항이 포함되어야 한다.

제157조【항해와 예인을 할 상태】 예선인은 예인을 시작하기 이전과 예인을 시작할 때에 예인선이 항해와 예인에 적절한 상태에 있고, 적당하게 선원을 갖고 기어와 예인 밧줄을 구비하며, 또 의도된 항해를 하기에 필요한 모든 물품과 장비를 갖추기 위하여 주의의무를 다하여야 한다.

피예선인은 예선을 시작하기 이전과 예선을 시작할 때에 예선에 관한 모든 준비를 하여야 하며, 또 피예인물이 예선에 적합한 상태에 있도록 주의의무를 다하여야 하고, 나아가 피예인물의 상황을 사실대로 설명하고 관련 검정 및 검사 기관이 발행한 예인적합성 증서 및 기타 증서를 제공하여야 한다.

제158조【예인 전 계약의 해제】 예인작업이 시작되기 이전에, 불가항력 기타 쌍방의 책임 없는 사유로 예인계약을 이행할 수 없게 된 경우, 쌍방은 모두 계약을 해제할 수 있으며 서로가 배상책임을 부담하지 아니한다. 이 때에 이미 예인비용을 지급하였던 경우, 계약에 별도로 달리 약정을 하지 않는 한, 예선인은 피예선인에게 그 비용을 반환하여야 한다.

제159조【예인 후 계약의 해제】 예인을 시작한 후, 불가항력 기타 쌍방의 책임 없는 사유로 예인계약을 계속 이행할 수 없는 경우, 쌍방은 모두 계약을 해지할 수 있으며 상호 배상책임을 지지 아니한다.

제160조【계약이행완료로 간주하는 행위】 불가항력 기타 쌍방의 책임 없는 사유로 피예인물을 목적지까지 예인할 수 없는 경우, 계약에 달리 별도로 약정하지 않는 한, 예선인은 목적지 인근 지점 또는 예인선 선장이 선정한 안전한 항구에서 피예선인 또는 그 대리인에게 피예인물을 인도할 수 있으며 이것으로 예인계약은 이

第一百六十一条【留置权】 被拖方未按照约定支付拖航费和其他合理费用的，承拖方对被拖物有留置权。

第一百六十二条【责任分担与免责事由】 在海上拖航过程中，承拖方或者被拖方遭受的损失，由一方的过失造成的，有过失的一方应当负赔偿责任；由双方过失造成的，各方按照过失程度的比例负赔偿责任。

虽有前款规定，经承拖方证明，被拖方的损失是由于下列原因之一造成的，承拖方不负赔偿责任:

(一) 拖轮船长，船员，引航员或者承拖方的其他受雇人，代理人在驾驶拖轮或者管理拖轮中的过失;

(二) 拖轮在海上救助或者企图救助人命或者财产时的过失。

本条规定仅在海上拖航合同没有约定或者没有不同约定时适用。

第一百六十三条【连带赔偿责任】 在海上拖航过程中，由于承拖方或者被拖方的过失，造成第三人人身伤亡或者财产损失的，承拖方和被拖方对第三人负连带赔偿责任。除合同另有约定外，一方连带支付的赔偿超过其应当承担的比例的，对另一方有追偿权。

第一百六十四条【视为海上货物运输的情形】 拖轮所有人拖带其所有的或者经营的驳船载运货物，经海路由一港运至另一港的，视为海上货物运输。

第八章 船舶碰撞

第一百六十五条【船舶碰撞的定义】 船舶碰撞，是指船舶在海上或者与海相通的可航水域发生接触造成损害的事故。

前款所称船舶，包括与本法第三条所指船舶碰撞的任何其他非用于军事的或者

행이 완료된 것으로 간주한다.

제161조【유치권】 피예선인이 약정한 바에 따라 예인비용 및 여타 합리적 비용을 지급하지 아니하는 때에는, 예선인은 피예인물에 대하여 유치권을 갖는다.

제162조【책임분담과 면책사유】 해상 예인 과정에 예선인 또는 피예선인이 입은 손해가 당사자 일방의 과실에 기인하는 경우, 잘못을 한 일방은 상대방에게 그 손해를 배상할 책임이 있다. 쌍방의 과실로 야기된 경우, 당사자는 과실의 경중에 비례하여 손해를 배상할 책임이 있다.

전항의 규정과 상관없이, 예선인이 피예선인의 손실이 다음의 원인으로 야기되었다는 것을 증명하는 경우, 예선인은 그 손해를 배상할 책임을 지지 아니한다.

(1) 예인선의 선장, 선원, 도선사 또는 예선인의 기타 피용자나 대리인이 예인선을 항행하거나 관리하는 과정에서 발생한 과실;

(2) 해상에서 인명이나 재산을 구조하는 과정에 혹은 구조를 시도하는 사이의 예인선의 과실.

본조의 규정은 이에 관하여 해상예인계약에 아무런 약정이 없거나 혹은 내용에 다른 약정이 없는 경우에만 적용한다.

제163조【연대배상책임】 해상 예인 과정에 예선인 또는 피예선인의 과실로 인하여 제3자에게 인체의 사상 또는 재산상 손해를 초래한 경우, 예선인과 피예선인은 제3자에 대하여 연대하여 손해배상책임을 진다. 예인계약에서 별도로 달리 약정한 경우를 제외하고는, 책임질 비율 이상의 보상을 한 당사자 일방은 타방에 대해 구상권을 갖는다.

제164조【해상화물운송으로 간주하는 경우】 해로를 통하여 한 항구에서 다른 항구로 화물을 운송하는 것을 목적으로 예인선 소유자가 자기가 소유하거나 운영하는 바지선을 예인하면 그 예인은 해상화물운송으로 간주한다.

제8장 선박충돌

제165조【선박충돌의 정의】 선박충돌이라 함은 해상 또는 해상과 통하는 항행수역에서 선박들이 접촉으로 손해를 일으킨 사고를 말한다.

전항에서 말하는 선박은 본법 제3조가 말하는 선박과 충돌한 군사 또는 공무에

政府公务的船艇。

第一百六十六条【船长责任】 船舶发生碰撞，当事船舶的船长在不严重危及本船和船上人员安全的情况下，对于相碰的船舶和船上人员必须尽力施救。

碰撞船舶的船长应当尽可能将其船舶名称，船籍港，出发港和目的港通知对方。

第一百六十七条【互不赔偿的情形】 船舶发生碰撞，是由于不可抗力或者其他不能归责于任何一方的原因或者无法查明的原因造成的，碰撞各方互相不负赔偿责任。

第一百六十八条【过失原则】 船舶发生碰撞，是由于一船的过失造成的，由有过失的船舶负赔偿责任。

第一百六十九条【互有过失的赔偿】 船舶发生碰撞，碰撞的船舶互有过失的，各船按照过失程度的比例负赔偿责任；过失程度相当或者过失程度的比例无法判定的，平均负赔偿责任。

互有过失的船舶，对碰撞造成的船舶以及船上货物和其他财产的损失，依照前款规定的比例负赔偿责任。碰撞造成第三人财产损失的，各船的赔偿责任均不超过其应当承担的比例。

互有过失的船舶，对造成的第三人的人身伤亡，负连带赔偿责任。一船连带支付 的赔偿超过本条第一款规定的比例的，有权向其他有过失的船舶追偿。

第一百七十条【无碰撞发生的适用】 船舶因操纵不当或者不遵守航行规章，虽然实际上没有同其他船舶发生碰撞，但是使其他船舶以及船上的人员，货物或者其他财产遭受损失的，适用本章的规定。

사용하는 선박이 아닌 여타 모든 선박을 포함한다.

第166조 【선장의 책임】 선박충돌이 발생한 경우, 당사자 선박의 선장은, 자기 선박과 선상인원의 안전이 급박한 상황이 아닌 상황하에서는, 충돌한 상대 선박과 선상인원에 대해 구조를 위해 최선을 다하여야 한다.

충돌한 선박의 선장은 상대방에게, 가능한 한, 자기 선박의 명칭, 등록항, 출발항 및 목적항을 통지하여야 한다.

第167조 【상호배상책임을 지지 않는 경우】 선박충돌이 불가항력이나 어느 일방에게도 책임 없는 기타 원인으로 발생한 경우 또는 충돌의 원인을 알 수 없는 경우, 충돌한 선박은 각자 상대방에 대하여 책임을 지지 아니한다.

第168조 【과실원칙】 선박의 충돌이 일방 선박의 과실로 인하여 발성한 경우, 과실이 있는 선박이 손해를 배상할 책임이 있다.

第169조 【쌍방과실에서의 손해배상】 선박충돌이 충돌한 선박 쌍방의 과실로 발생한 경우, 각 선박은 과실의 정도에 비례하여 손해배상책임을 부담한다. 과실 정도가 비슷하거나 또는 과실 정도를 비례하여 판단할 수 없는 경우, 평균하여 배상책임을 부담한다.

쌍방과실이 있는 선박은 충돌로 인하여 야기된 선박 및 선상화물 기타 재산의 손실은 전항에 규정한 비례에 따라 손해배상책임을 부담한다. 충들이 제3자에게 재산상 손해를 야기시킨 경우에도, 각 선박의 배상책임은 마땅히 부담해야 하는 비례를 초과하지 아니한다.

쌍방과실이 있는 선박충돌로 인해 제3자의 신체 상해나 사망이 초래된 경우, 쌍방 선박은 연대하여 그 손해를 배상할 책임이 있다. 일방 선박이 본조 제1항에서 규정하는 비례를 초과하여 배상을 한 경우 다른 과실이 있는 선박에 대해 구상을 청구할 수 있다.

第170조 【선박간 충돌이 없을 때의 적용】 선박이 조종 착오 또는 항해규정을 준수하지 아니하여 다른 선박 및 쌍방 선박상 인원, 화물 기타 재산에 손해가 발생한 경우, 비록 실제로 그 다른 선박과 선체 충돌이 없었다 하더라도, 본장의 규정이 적용된다.

第九章　海难救助

第一百七十一条【适用范围】 本章规定适用于在海上或者与海相通的可航水域，对遇险的船舶和其他财产进行的救助。

第一百七十二条【用语的定义】 本章下列用语的含义:

(一) “船舶”，是指本法第三条所称的船舶和与其发生救助关系的任何其他非用于军事的或者政府公务的船艇。

(二) “财产”，是指非永久地和非有意地依附于岸线的任何财产，包括有风险的运费。

(三) “救助款项”，是指依照本章规定，被救助方应当向救助方支付的任何救助报酬，酬金或者补偿。

第一百七十三条【适用例外】 本章规定，不适用于海上已经就位的从事海底矿物资源的勘探，开发或者生产的固定式，浮动式平台和移动式近海钻井装置。

第一百七十四条【船长义务】 船长在不严重危及本船和船上人员安全的情况下，有义务尽力救助海上人命。

第一百七十五条【救助合同的订立】 救助方与被救助方就海难救助达成协议，救助合同成立。

遇险船舶的船长有权代表船舶所有人订立救助合同。遇险船舶的船长或者船舶所有人有权代表船上财产所有人订立救助合同。

第一百七十六条【救助合同的变更】 有下列情形之一，经一方当事人起诉或者双方当事人协议仲裁的，受理争议的法院或者仲裁机构可以判决或者裁决变更救助合同:

(一) 合同在不正当的或者危险情况的影响下订立，合同条款显失公平的;

(二) 根据合同支付的救助款项明显过高或者过低于实际提供的救助服务的。

第一百七十七条【救助方的义务】 在救助作业过程中，救助方对被救助方负有下列义务:

제9장 해난구조

제171조【적용범위】 본장의 규정은 해상 또는 바다와 통하는 항행수역에서 위험에 처한 선박 기타 재산에 대하여 실시하는 구조작업에 적용한다.

제172조【용어의 정의】 본장에서 사용하는 용어의 정의는 다음과 같다.

(1) "선박"이라 함은 본법 제3조에서 말하는 선박과, 군사 또는 공무에 제공되지 않으면서 구조 작업에 참여한 그 이외 모든 선박을 말한다.

(2) "재산"이라 함은 영구적, 의도적으로 해안선에 부착된 것이 아닌 모든 재산을 말하며 위험에 처한 운임을 포함한다.

(3) "구조비용"이라 함은 본장의 규정에 따라 피구조자가 구조자에게 지급하는 모든 구조료, 보수 및 보상을 말한다.

제173조【적용예외】 고정식 혹은 유동식 플랫폼과 이동식 근해 채굴장치가 지정된 위치에서 해저광물자원의 탐사, 개발 혹은 생산에 종사하는 동안에는 본장의 규정은 동 플랫폼 및 채굴장치에는 적용되지 아니한다.

제174조【선장의 의무】 선장은 자기 선박과 선상인원이 안전상 긴급한 위험에 처하지 아니하는 한 최선을 다하여 해상에서 생명이 위험에 처한 사람을 구조할 의무가 있다.

제175조【구조계약의 체결】 구조자와 피구조자가 수행할 구조에 대해 합의를 하면 해난구조계약은 성립한다.

위험에 처한 선박의 선장은 선박소유자를 대표하여 해난구조계약을 체결할 권한이 있다. 위험에 처한 선박의 선장 또는 소유자는 선상 재산 소유자를 대리하여 해난구조계약을 체결할 권한이 있다.

제176조【구조계약의 변경】 다음에 열거하는 상황 중 어느 하나에 해당되면, 당사자가 제소하여 심리를 한 법원의 판결, 혹은 당사자가 합의하여 분쟁을 중재에 회부하여 나온 중재판정에 의하여, 구조계약은 그 내용이 변경될 수 있다.

(1) 계약이 부당한 영향 또는 위험한 상황의 영향하에 체결되었고 계약내용이 현저히 형평성을 잃은 경우;

(2) 계약에 의해 지급할 구조비용이 실제 제공한 구조활동에 비하여 현저히 많거나 적은 경우.

제177조【구조자의 의무】 구조작업의 과정에 구조자는 피구조자에 대하여 다음에

(一) 以应有的谨慎进行救助;

(二) 以应有的谨慎防止或者减少环境污染损害;

(三) 在合理需要的情况下，寻求其他救助方援助;

(四) 当被救助方合理地要求其他救助方参与救助作业时，接受此种要求，但是要求不合理的，原救助方的救助报酬金额不受影响。

第一百七十八条【被救助方的义务】 在救助作业过程中，被救助方对救助方负有下列义务:

(一) 与救助方通力合作;

(二) 以应有的谨慎防止或者减少环境污染损害;

(三) 当获救的船舶或者其他财产已经被送至安全地点时，及时接受救助方提出的合理的移交要求。

第一百七十九条【救助报酬的获得】 救助方对遇险的船舶和其他财产的救助，取得效果的，有权获得救助报酬: 救助未取得效果的，除本法第一百八十二条或者其他法律另有规定或者合同另有约定外，无权获得救助款项。

第一百八十条【救助报酬的确定】 确定救助报酬，应当体现对救助作业的鼓励，并综合考虑下列各项因素:

(一) 船舶和其他财产的获救的价值;

(二) 救助方在防止或者减少环境污染损害方面的技能和努力;

(三) 救助方的救助成效;

(四) 危险的性质和程度;

(五) 救助方在救助船舶，其他财产和人命方面的技能和努力;

(六) 救助方所用的时间，支出的费用和遭受的损失;

(七) 救助方或者救助设备所冒的责任风险和其他风险;

(八) 救助方提供救助服务的及时性;

(九) 用于救助作业的船舶和其他设备的可用性和使用情况;

(十) 救助设备的备用状况，效能和设备的价值。

救助报酬不得超过船舶和其他财产的获救价值。

열거하는 의무가 있다.

(1) 신중하고 성실하게 구조를 할 의무;

(2) 신중하고 성실하게 환경오염손해를 방지하거나 감소시킬 의무;

(3) 합리적으로 판단하여 필요한 때에는 다른 구조자에게 지원을 요청할 의무;

(4) 피구조자가 합리적인 판단에 의해 다른 구조자가 구조작업에 참여하는 것을 요구하는 경우, 그 요구를 수용할 의무. 그러나 이러한 요구가 불합리한 경우, 원래 구조자의 구조료에는 영향을 미치지 아니한다.

제178조【피구조자의 의무】 구조작업 과정에 피구조자는 구조자에 대하여 다음에 열거하는 의무가 있다.

(1) 구조자와 힘을 합쳐 협력할 의무;

(2) 신중하고 성실하게 환경오염손해를 방지하거나 감소시킬 의무;

(3) 구조된 선박 또는 재산을 안전 지역으로 가져와서 구조자가 수령을 요구할 때에 이를 인수할 의무.

제179조【구조료의 취득】 위험에 처한 선박 기타 재산에 대한 구조가 유용한 결과를 가져왔을 경우, 구조자는 구조료를 청구할 권리가 있다. 구조가 유용한 결과를 가져오지 못한 경우, 본법 제182조 또는 기타 법률의 규정 또는 당사자 사이에 별도의 약정이 있는 경우를 제외하고는, 구조자는 구조료를 청구할 권리가 없다.

제180조【구조료의 확정】 구조료는 구조작업을 격려, 조장하여야 한다는 목적을 가지고 다음 각항의 요소를 종합적으로 고려하여 정하여야 한다.

(1) 구조된 선박과 기타 재산의 가치;

(2) 환경오염손해의 방지 또는 감소를 위한 구조자의 재능과 노력;

(3) 구조자의 구조 성공 정도;

(4) 위험의 성질과 정도;

(5) 선박, 기타 재산과 인명의 구조에 대한 구조자의 재능과 노력;

(6) 구조자가 투입한 시간, 지출한 비용 및 입었던 손실;

(7) 구조자나 구조설비가 감수했던 책임에 관한 위험 및 기타 위험;

(8) 구조자가 제공한 구조 활동의 신속성;

(9) 구조작업에 사용되는 선박 기타 시설의 대기 및 사용 상황;

(10) 구조설비의 대비 상황, 그 효능 및 설비의 가치.

구조료는 구조된 선박 기타 재산의 가치를 초과하여서는 아니 된다.

第一百八十一条【获救价值的确定】 船舶和其他财产的获救价值，是指船舶和其他财产获救后的估计价值或者实际出卖的收入，扣除有关税款和海关，检疫，检验费用以及进行卸载，保管，估价，出卖而产生的费用后的价值。

前款规定的价值不包括船员的获救的私人物品和旅客的获救的自带行李的价值。

第一百八十二条【对构成环境污染损害危险的船舶的救助报酬】 对构成环境污染损害危险的船舶或者船上货物进行的救助，救助方依照本法第一百八十条规定获得的救助报酬，少于依照本条规定可以得到的特别补偿的，救助方有权依照本条规定，从船舶所有人处获得相当于救助费用的特别补偿。

救助人进行前款规定的救助作业，取得防止或者减少环境污染损害效果的，船舶所有人依照前款规定应当向救助方支付的特别补偿可以另行增加，增加的数额可以达到救助费用的百分之三十。受理争议的法院或者仲裁机构认为适当，并且考虑到本法第一百八十条第一款的规定，可以判决或者裁决进一步增加特别补偿数额；但是，在任何情况下，增加部分不得超过救助费用的百分之一百。

本条所称救助费用，是指救助方在救助作业中直接支付的合理费用以及实际适用救助设备，投入救助人员的合理费用。确定救助费用应当考虑本法第一百八十条第一款第(八)，(九)，(十)项的规定。

在任何情况下，本条规定的全部特别补偿，只有在超过救助方依照本法第一百八十条规定能够获得的救助报酬时，方可支付，支付金额为特别补偿超过救助报酬的差额部分。

由于救助方的过失未能防止或者减少环境污染损害的，可以全部或者部分地剥夺救助方获得特别补偿的权利。

本条规定不影响船舶所有人对其他被救助方的追偿权。

第一百八十三条【救助报酬的分摊】 救助报酬的金额，应当由获救的船舶和其他财产

제181조 【구조물의 가치 확정】 구조된 선박 기타 재산의 가치라 함은, 구조된 선박 기타 재산의 평가 금액 혹은 실제 매도하여 받은 대금에서, 관련 세금과 관세, 검역 비용, 검사료 및 양육, 보관, 가격 평가 및 매도로 인해 생긴 비용을 공제한 후의 금액을 말한다.

전항이 규정하는 재산 가치에 구조된 선원의 개인 물품과 구조된 여객의 휴대수하물의 가치는 포함하지 아니한다.

제182조 【해양환경오염손해의 위험을 야기한 선박의 구조료】 해양환경오염손해의 위험을 야기한 선박 또는 선상화물을 구조한 경우에 구조자가 본법 제180조 규정에 따라 청구할 구조료가 본조의 규정에 따라 청구할 수 있는 특별보상금보다 적은 경우, 구조자는 본조의 규정에 따라 선박소유자로부터 구조비용에 해당하는 특별보상금을 청구할 권리가 있다.

구조자가 전항에서 말하는 구조작업을 진행하여 환경오염손해를 실제 방지 또는 감소시킨 경우, 제1항의 규정에 따라 선박소유자가 구조자에게 지급할 특별보상금은 별도로 증가될 수 있으며, 증가한 액수는 구조비용의 30%에 달할 수 있다. 분쟁을 심리하는 법원 또는 중재기구는 본법 제180조 제1항의 규정을 고려하여 적절하다고 판단되면 특별보상금을 이보다 더 증액하여 판결 또는 판정할 수도 있다. 다만 어떠한 상황하에서도 증가 부분이 구조비용의 100%를 초과하여서는 아니 된다.

본법에서 말하는 구조비용이란 구조자가 구조작업 중 직접 지급한 합리적인 비용 및 실제 사용한 구조시설, 투입한 구조인원의 합리적인 비용을 말한다. 구조비용을 확정함에는 본법 제180조 제1항 제(8), (9), (10)호의 규정을 고려하여야 한다.

어떠한 상황하에서도, 본조가 규정하는 특별보상금은 오로지 구조자가 본법 제180조의 규정에 따라 청구할 수 있는 구조료를 초과하는 때에만 청구할 수 있으며, 지급할 금액은 구조료와 특별보상금의 차액이 된다.

구조자의 과실로 인하여 환경오염손해를 방지하거나 감소시킬 수 없었던 경우, 구조자가 청구할 특별보상금은 그 전부 또는 부분이 박탈된다.

본조의 규정은 여타 피구조자에 대한 선박소유자의 구상권에는 영향을 미치지 아니 한다.

제183조 【구조료의 부담】 구조료는 구조된 선박과 기타 재산의 소유자가 그 선박

的各所有人，按照船舶和其他各项财产各自的获救价值占全部获救价值的比例承担。

第一百八十四条【救助报酬争议的解决】 参加同一救助作业的各救助方的救助报酬，应当根据本法第一百八十条规定的标准，由各方协商确定； 协商不成的，可以提请受理争议的法院判决或者经各方协议提请仲裁机构裁决。

第一百八十五条【救助人命的救助方的报酬】 在救助作业中救助人命的救助方，对获救人员不得请求酬金，但是有权从救助船舶或者其他财产，防止或者减少环境污染损害的救助方获得的救助款项中，获得合理份额。

第一百八十六条【无权获得救助报酬的情形】 下列救助行为无权获得救助款项:

（一） 正常履行拖航合同或者其他服务合同的义务进行救助的，但是提供不属于履行上述义务的特殊劳务除外;

（二） 不顾遇险的船舶的船长，船舶所有人或者其他财产所有人明确的和合理的拒绝，仍然进行救助的。

第一百八十七条【救助报酬的取消或减少】 由于救助方的过失致使救助作业成为必需或者更加困难的，或者救助方有欺诈或者其他不诚实行为的，应当取消或者减少向救助方支付的救助款项。

第一百八十八条【被救助方的担保】 被救助方在救助作业结束后，应当根据救助方的要求，对救助款项提供满意的担保。

在不影响前款规定的情况下，获救船舶的船舶所有人应当在获救的货物交还前，尽力使货物的所有人对其应当承担的救助款项提供满意的担保。

在未根据救助人的要求对获救的船舶或者其他财产提供满意的担保以前，未经救助方同意，不得将获救的船舶和其他财产从救助作业完成后最初到达的港口或者地点移走。

第一百八十九条【先行支付的裁定】 受理救助款项请求的法院或者仲裁机构，根据具体情况，在合理的条件下，可以裁定或者裁决被救助方向救助方先行支付适当的

이나 기타 각 항목의 재산의 가치가 구조받은 재산 전체의 가치에서 차지하는 비율에 따라 각각 이를 부담한다.

제184조【구조료분쟁의 해결】 동일한 구조작업에 참가하는 여러 구조자 사이의 구조료 분배는 본법 제180조 규정의 기준에 의해 당사자가 협의하여 정한다. 합의가 이루어지지 아니한 경우, 분쟁을 판결로 처리하기 위해 법원에 제소하거나, 혹은 당사자가 합의하여 판정을 위해 중재에 회부할 수 있다.

제185조【인명구조자의 보수】 구조과정에 인명을 구조한 구조자는 구조된 사람에 대해 보수를 청구할 수 없다. 그러나 선박 기타 재산을 구조하거나 환경오염손해를 방지하거나 감소시킨 구조자가 받은 구조비용 중에서 합리적인 몫을 요구할 권리가 있다.

제186조【구조료를 취득할 수 없는 경우】 다음에 열거하는 구조행위를 한 사람은 구조료를 청구할 권리가 없다.

(1) 예인계약 또는 기타 서비스계약의 의무를 정상적으로 이행하여 구조를 실시한 경우. 다만 위에서 말한 의무의 이행에 포함되지 아니하는 특수한 노무를 제공한 때에는 그러하지 아니하다;

(2) 위험에 처한 선박의 선장이나 소유자 또는 기타 재산의 소유자의 명확하고 합리적인 거절에도 불구하고 여전히 구조를 실시한 경우.

제187조【구조료의 박탈 또는 축소】 구조자의 과실로 인하여 구조작업이 필요하게 되거나 더욱 어려워진 경우, 또는 구조자가 사기 기타 부정한 행위를 한 경우, 구조자에게 지급될 구조비용은 완전히 박탈되거나 축소된다.

제188조【피구조자의 담보】 구조작업이 종결되면 피구조자는 구조자의 요구에 따라 구조료 및 여타 비용에 대한 만족할 만한 담보를 제공하여야 한다.

전행의 규정과는 별도로, 구조된 선박소유자는 구조된 화물의 반환 이전에 그 화물의 소유자가 부담하는 구조비용에 대하여 만족할 만한 담보를 제공하도록 최선을 다하여야 한다.

구조받은 선박 기타 재산에 관해 구조자의 요구에 따라 만족할 만한 담보를 제공하기 이전에는, 구조인의 동의가 없으면 구조된 선박 기타 재산은 이들이 구조작업 완료 후 최초로 도착한 항구 또는 지점으로부터 이동하여서는 아니 된다.

제189조【선지급의 결정】 구조비용의 청구를 다루는 법원 또는 중재기구는 구체적인 상황에 근거하여 합리적 조건하에서 구조자에게 적당한 금액의 선지급을 명하

金额。

被救助方根据前款规定先行支付金额后，其根据本法第一百八十八条规定提供的担保金额应当相应扣减。

第一百九十条【强制拍卖的申请及实施】 对于获救满九十日的船舶和其他财产，如果被救助方不支付救助款项也不提供满意的担保，救助方可以申请法院裁定强制拍卖；对于无法保管，不易保管或者保管费用可能超过其价值的获救的船舶和其他财产，可以申请提前拍卖。

拍卖所得价款，在扣除保管和拍卖过程中的一切费用后，依照本法规定支付救助款项; 剩余的金额，退还被救助方; 无法退还，自拍卖之日起满一年又无人认领的，上缴国库; 不足的金额，救助方有权向被救助方追偿。

第一百九十一条【同所有权人的船舶之间的救助】 同一船舶所有人的船舶之间进行的救助，救助方获得救助款项的权利适用本章规定。

第一百九十二条【国家主管机关的救助作业】 国家有关主管机关从事或者控制的救助作业，救助方有权享受本章规定的关于救助作业的权利和补偿。

第十章 共同海损

第一百九十三条【共同海损的界定】 共同海损，是指在同一海上航程中，船舶，货物和其他财产遭遇共同危险，为了共同安全，有意地合理地采取措施所直接造成的特殊牺牲，支付的特殊费用。

无论在航程中或者在航程结束后发生的船舶或者货物因迟延所造成的损失，包括船期损失和行市损失以及其他间接损失，均不得列入共同海损。

는 결정이나 판정을 할 수 있다.

피구조인이 전항의 규정에 따라 선지급을 한 후에는, 본법 제188조의 규정에 의해 제공한 담보 금액은 상응하는 금액이 감소한다.

제190조【강제경매의 신청과 실행】 구조된 지 90일이 경과될 때까지 구조된 선박 기타 재산에 대해 피구조인이 구조비용을 지급하지 아니하고 또한 만족할 만한 담보도 제공하지 아니한 경우, 구조자는 법원에 강제경매명령을 신청할 수 있다. 구조선박 기타 재산이 전혀 보관할 수 없거나, 보관이 용이하지 아니하거나, 또는 보관비용이 그 가치를 초과할 수 있는 때에는 구조자는 조기경매를 신청할 수 있다.

경매대금은 보관과 경매 과정에 발생한 일체의 비용을 공제한 후 본법의 규정에 따라 구조비용을 지급한다. 잔여 금액이 있으면 이를 피구조인에게 반환하여야 하고, 만일 반환을 할 수 없거나, 경매일로부터 1년이 경과하여도 청구인이 없는 경우, 잔액은 국고에 귀속된다. 부족한 금액이 있으면 구조자는 피구조인에게 구상을 요구할 수 있다.

제191조【동일 선박소유자의 선박간의 구조】 동일 선박소유자의 선박 사이에서 구조가 이루어진 경우에도 구조자의 구조비용 청구권에 대해 본장의 규정이 적용된다.

제192조【국가 주관기관의 구조작업】 국가 관련 기관이 수행하거나 관리하는 구조작업의 경우에도, 구조자는 본장에서 규정하는 구조작업에 대한 권리와 보상을 청구할 수 있다.

제10장 공동해손

제193조【공동해손의 정의】 공동해손이란, 동일한 해상모험에 참여한 선박, 화물과 기타 재산이 공동 위험에 직면하여 공동의 안전을 위하여 고의적이고 합리적으로 취하는 조치로 직접적으로 발생한 특수한 희생과 지급할 특수한 비용을 말한다.

선박 또는 화물의 연착으로 인하여 발생한 손해는, 운항 과정이든 그 완료 후이든, 체선료, 시세차액, 기타 간접손실을 포함하여 모두 이를 공동해손으로 인정하지 아니 한다.

第一百九十四条【列入共同海损的费用】 船舶因发生意外，牺牲或者其他特殊情况而损坏时，为了安全完成本航程，驶入避难港口，避难地点或者驶回装货港口，装货地点进行必要的修理，在该港口或者地点额外停留期间所支付的港口费，船员工资，给养，船舶所消耗的燃料，物料，为修理而卸载，贮存，重装或者搬移船上货物，燃料，物料以及其他财产所造成的损失，支付的费用，应当列入共同海损。

第一百九十五条【代替费用】 为代替可以列为共同海损的特殊费用而支付的额外费用，可以作为代替费用列入共同海损；但是，列入共同海损的代替费用的金额，不得超过被代替的共同海损的特殊费用。

第一百九十六条【举证责任】 提出共同海损分摊请求的一方应当负举证责任，证明其损失应当列入共同海损。

第一百九十七条【过失方的分摊权】 引起共同海损特殊牺牲，特殊费用的事故，可能是由航程中一方的过失造成的，不影响该方要求分摊共同海损的权利；但是，非过失方或者过失方可以就此项过失提出赔偿请求或者进行抗辩。

第一百九十八条【共同海损全额的确定】 船舶，货物和运费的共同海损牺牲的金额，依照下列规定确定:

(一) 船舶共同海损牺牲的金额，按照实际支付的修理费，减除合理的以新换旧的扣减额计算。船舶尚未修理的，按照牺牲造成的合理贬值计算，但是不得超过估计的修理费。

船舶发生实际全损或者修理费用超过修复后的船舶价值的，共同海损牺牲金额按照该船舶在完好状态下的估计价值，减除不属于共同海损损坏的估计的修理费和该船舶受损后的价值余额计算。

(二) 货物共同海损牺牲的金额，货物灭失的，按照货物在装船时的价值加保险费加运费，减除由于牺牲无需支付的运费计算。货物损坏，在就损坏程度达成协议前售出的，按照货物在装船时的价值加保险费加运费，与出售货物净得的差额计算。

제194조 【공동해손으로 인정하는 비용】 선박이 의외의 희생 또는 기타 특수한 상황의 발생으로 인하여 훼손된 경우, 안전하게 항해를 완료하기 위하여 피난항이나 피난처에 기항하거나 선적항이나 선적지로 회항하여 필요한 수리를 실시한 경우, 동 항구 또는 지점에서 추가로 체류한 기간에 지급한 항세, 부담한 선원의 보수 및 소모한 연료와 비품은 공동해손으로 인정되고, 마찬가지로 수리를 위하여 선상의 화물, 연료, 자재 기타 재산을양륙, 보관, 재선적 또는 이동하는 것으로 인하여 발생하는 멸실, 손해 및 비용도 이를 공동해손으로 인정한다.

제195조 【대체비용】 공동해손에 포함할 수 있는 비용 대신에 추가로 지급하게 된 비용도 공동해손으로 인정된다. 다만 인정될 대체 비용은 피하게 된 비용을 초과하여서는 아니 된다.

제196조 【입증책임】 공동해손의 분담을 청구하는 당사자는 분담을 요구하는 손실이나 비용이 공동해손으로 합당하게 인정된다는 것을 입증할 책임이 있다.

제197조 【과실 있는 당사자의 분담청구권】 희생이나 비용을 야기한 사고가 항해 과정 중 어느 당사자 일방의 과실로 인하여 야기되었다고 하더라도 그 당사자의 공동해손분담을 요구하는 권리에 영향을 미치지 아니한다. 그러나 과실이 없는 자나 과실이 있는 자는 당해 과실에 대하여 손해배상을 청구하거나 항변할 수 있다.

제198조 【공동해손금액의 확정】 선박, 화물 혹은 운임의 공동해손으로 희생된 금액은 다음에 열거하는 방식에 따라 정한다.

(1) 선박이 공동해손으로 희생된 때의 금액은 실제 지급한 수리비를 기초로 신구교환 이익에 기한 합리적인 공제를 하여 이를 계산한다. 선박을 수리하지 아니한 경우, 희생으로 야기된 가치하락을 합리적으로 평가하여 계산한다. 다만 산정된 수리비를 초과하여서는 아니 된다.

선박에 실제적 전손이 발생하거나 혹은 수리비용이 수리 후 선박가치를 초과하는 경우, 공동해손으로 인정되는 희생은, 동 선박이 양호한 상태하에서 산정된 가치에서 공동해손에 속하지 아니하는 훼손의 수리비를 공제한 금액과, 동 선박이 공동해손으로 훼손된 상태에서의 가치의 차액으로 그 금액을 계산한다.

(2) 화물이 공동해손으로 희생되고 그 화물이 멸실된 경우, 화물의 선적시 가치에 보험료와 운임을 더하고, 희생으로 인하여 지급할 필요가 없게 된 운임을 공제하여 금액을 계산한다. 화물이 훼손되고 훼손 정도에 대한 합의가 있기 전에 매각된 경우, 화물의 선적시 가치에 보험료와 운임을 더한 금액과 매각으로 인하여 취득

(三) 运费共同海损牺牲的金额，按照货物遭受牺牲造成的运费的损失金额，减除为取得这笔运费本应支付，但是由于牺牲无需支付的营运费用计算。

第一百九十九条【共同海损的分摊】 共同海损应当由受益方按照各自的分摊价值的比例分摊。

船舶，货物和运费的共同海损分摊价值，分别依照下列规定确定:

(一) 船舶共同海损分摊价值，按照船舶在航程终止时的完好价值，减除不属于共同海损的损失金额计算，或者按照船舶在航程终止时的实际价值，加上共同海损牺牲的金额计算。

(二) 货物共同海损分摊价值，按照货物在装船时的价值加保险费加运费，减除不属于共同海损的损失金额和承运人承担风险的运费计算。货物在抵达目的港以前售出的，按照出售净得金额，加上共同海损牺牲的金额计算。

旅客的行李和私人物品，不分摊共同海损。

(三) 运费分摊价值，按照承运人承担风险并于航程终止时有权收取的运费，减除为取得该项运费而在共同海损事故发生后，为完成本航程所支付的营运费用，加上共同海损牺牲的金额计算。

第二百条【货物的未报，谎报或低价申报】 未申报的货物或者慌报的货物，应当参加共同海损分摊; 其遭受的特殊牺牲，不得列入共同海损。

不正当地以低于货物实际价值作为申报价值的，按照实际价值分摊共同海损; 在发生共同海损牺牲时，按照申报价值计算牺牲金额。

第二百零一条【利息和手续费】 对共同海损特殊牺牲和垫付的共同海损特殊费用，应当计算利息。对垫付的共同海损特殊费用，除船员工资，给养和船舶消耗的燃料，物料外，应当计算手续费。

第二百零二条【担保的提供】 经利益关系人要求，各分摊方应当提供共同海损担保。

한 대금의 차액으로 그 금액을 계산한다.

(3) 공동해손으로 상실한 운임의 경우, 화물의 희생으로 인해 상실한 운임에서, 그 운임을 받으려면 원래 지급하였어야 하지만 희생으로 인허 지급할 필요가 없어진 선박의 운영비를 공제하여 그 금액을 계산한다.

제199조【공동해손의 분담】 공동해손은 수익자가 각자의 븐담가액으 비례에 따라 분담한다.

선박, 화물, 및 운임의 분담가액은 각각 다음에 열거하는 방식으로 그 금액을 정한다.

(1) 선박의 분담가액은 항해 종료시 완전한 선박의 가치에서 공동해손에 속하지 아니하는 멸실이나 훼손 금액을 공제하거나 혹은 항해 종료시 선박의 실제 가격에 공동해손으로 인정되는 금액을 더하여 계산한다.

(2) 화물의 분담가액은 화물 선적시의 가치에 보험료와 운임을 더하고, 공동해손에 속하지 아니하는 멸실이나 훼손 금액과 처음부터 운송인의 위험으르 되어 있는 운임을 공제하여 계산하며, 화물이 목적항에 도착하기 전에 매각된 경우, 판매대금에 공동해손희생으로 인정될 금액을 더하여 계산한다.

여객의 수하물과 개인 물품은 공동해손을 분담하지 아니한다.

(3) 운임의 분담가액은 운송인이 위험으로 되어 항해 종료시 권리를 취득할 운임을 기초로 하여 공동해손사고의 발생 후 항해를 완료하기까지 선박의 운항비를 공제하고 또 공동해손에 속하는 희생의 금액을 더하여 계산한다.

제200조【화물의 미신고, 허위신고 또는 저가신고】 신고하지 아니한 화믈 또는 허위로 신고한 화물도 공동해손분담에 참여하여야 한다. 그러나 이러한 화물에 발생한 비상한 희생은 공동해손에 포함되지 아니 된다.

화물의 가치를 부당하게 실제보다 적게 신고한 경우, 실제 가치에 따라 공동해손을 분담하고, 이러한 화물에 공동해손희생이 발생하였을 경우, 신고 가액에 따라 희생 금액을 계산한다.

제201조【이자와 수속비】 공동해손 특수희생과 대납한 공동해손의 특수 비용에 대하여 이자를 계산하여야 한다. 대납한 공동해손 특수비용 중 선원의 보수와 유지비 및선박이 소모한 연료와 부품비 이외에는 수속비를 계산하여야 한다.

제202조【담보의 제공】 이해관계인의 요청이 있으면 각 공등해손 분담자는 분담금의 지급에 대한 담보를 제공하여야 한다.

以提供保证金方式进行共同海损担保的，保证金应当交由海损理算师以保管人名义存入银行。

保证金的提供，使用或者退还，不影响各方最终的分摊责任。

第二百零三条【共同海损理算】 共同海损理算，适用合同约定的理算规则；合同未约定的，适用本章的规定。

第十一章　海事赔偿责任限制

第二百零四条【限制赔偿责任的适用】 船舶所有人，救助人，对本法第二百零七条所列海事赔偿请求，可以依照本章规定限制赔偿责任。

前款所称的船舶所有人，包括船舶承租人和船舶经营人。

第二百零五条【其他人员的援引权】 本法第二百零七条所列海事赔偿请求，不是向船舶所有人，救助人本人提出，而是向他们对其行为，过失负有责任的人员提出的

第二百零六条【被保险人的权利】 被保险人依照本章规定可以限制赔偿责任的，对该海事赔偿请求承担责任的保险人，有权依照本章规定享受相同的赔偿责任限制。

第二百零七条【责任人的援引权】 下列海事赔偿请求，除本法第二百零八条和第二百零九条另有规定外，无论赔偿责任的基础有何不同，责任人均可以依照本章规定限制赔偿责任:

(一) 在船上发生的或者与船舶营运，救助作业直接相关的人身伤亡或者财产的灭失，损坏，包括对港口工程，港池，航道和助航设施造成的损坏，以及由此引起的相应损失的赔偿请求;

(二) 海上货物运输因迟延交付或者旅客及其行李运输因迟延到达造成损失的赔偿请求;

(三) 与船舶营运或者救助作业直接相关的，侵犯非合同权利的行为造成其他损失

현금으로 담보가 제공된 경우, 공동해손 정산인은 그 보증금을 수탁자의 명의로 은행에 예치하여야 한다.

보증금의 제공, 사용 및 반환은 당사자가 최종적으로 분담할 책임에는 영향을 미치지 아니한다.

第203条【공동해손의 정산】 공동해손의 정산은 계약에서 약정한 정산 규칙을 적용하여 하여야 한다. 계약에서 이러한 약정을 하지 아니한 경우, 본장의 규정을 적용하여 정산한다.

제11장 해사배상책임제한

第204条【배상책임제한의 적용】 선박소유자 및 구조자는 본법 제207조에 열거한 해사배상채권에 대하여 본장의 규정에 따라 배상책임을 제한할 수 있다.

전항에서 말하는 선박소유자는 선박용선자와 선박운항자를 포함한다.

第205条【기타 인원의 원용권】 본법 제207조에 열거된 해사배상채권이 선박소유자나 구조자 본인에게 제기된 것이 아니라 선박소유자나 구조자가 책임을 져야 할 행위를 하거나 과실 또는 잘못을 저지른 사람에게 제기된 때에는 이러한 사람도 본장의 규정에 따라 배상책임을 제한할 수 있다.

第206条【피보험자의 권리】 피보험자가 본장의 규정에 따라 배상책임을 제한할 수 있는 경우, 동 해사배상채권에 대해 책임을 부담하는 보험자도 본장의 규정에 따라 상응하는 범위 내에서 책임제한을 주장할 수 있다.

第207条【책임자의 원용권】 다음에 열거하는 해사배상채권에 대해, 본법 제208조와 제209조가 별도로 규정하는 것을 제외하고, 배상책임이 있는 사람은 모두, 그 청구원인이 무엇이든, 본장의 규정에 따라 배상책임을 제한할 수 있다.

(1) 선상에서 발생하거나 선박의 운항이나 구조 작업과 직접 관련하여 발생한, 신체의 상해나 사망 또는 항구시설, 항만, 수로 혹은 항해보조시설을 포함한 재산의 멸실이나 훼손 및 이로 인해 야기된 결과적인 손해에 관한 배상청구;

(2) 해상화물운송에서 인도지연으로 인하여 또는 여객 및 그 수하물의 연착으로 인하여 야기된 손해의 배상청구;

(3) 선박운항 또는 구조작업과 직접 관련된 계약상 권리 이외의 권리의 침해행위

的赔偿请求;

(四) 责任人以外的其他人，为避免或者减少责任人依照本章规定可以限制赔偿责任的损失而采取措施的赔偿请求，以及因此项措施造成进一步损失的赔偿请求。

前款所列赔偿请求，无论提出的方式有何不同，均可以限制赔偿责任。但是(四)项涉及责任人以合同约定支付的报酬，责任人的支付责任不得援用本条赔偿责任限制的规定。

第二百零八条【适用的例外】 本章规定不适用于下列各项:

(一) 对救助款项或者共同海损分摊的请求;

(二) 中华人民共和国参加的国际油污损害民事责任公约规定的油污损害的赔偿请求;

(三) 中华人民共和国参加的国际核能损害责任限制公约规定的核能损害的赔偿请求;

(四) 核动力船舶造成的核能损害的赔偿请求;

(五) 船舶所有人或者救助人的受雇人提出的赔偿请求，根据调整劳务合同的法律，船舶所有人或者救助人对该类赔偿请求无权限制赔偿责任，或者该项法律作了高于本章规定的赔偿限额的规定。

第二百零九条【援引禁止】 经证明，引起赔偿请求的损失是由于责任人的故意或者明知可能造成损失而轻率地作为或者不作为造成的，责任人无权依照本章规定限制赔偿责任。

第二百一十条【赔偿限额的计算】 除本法第二百一十一条另有规定外，海事赔偿责任限制，依照下列规定计算赔偿限额:

(一) 关于人身伤亡的赔偿请求

1. 总吨位300吨 至500吨的船舶，赔偿限额为333000计算单位;

2. 总吨位超过500吨的船舶，500吨以下部分适用本项第 1 目的规定，500吨以上的部分，应当增加下列数额:

501吨至3000吨的部分，每吨增加500计算单位;

3001吨至30000吨的部分，每吨增加333计算单位;

로 발생한 기타 손해의 배상청구;

(4) 본장의 규정에 따라 배상책임을 제한할 수 있는 손해를 모면하거나 감소시키기 위하여 취한 조치 혹은 그 조치로 인해 생긴 손해에 기하여 그 손해를 배상할 책임이 있는 자 이외의 자가 하는 배상청구.

전항에서 열거한 배상청구는 제기 방식과 관계없이 모두 배상책임을 제한할 수 있다. 다만 제(4)항에서 말하는 배상할 책임이 있는 자와의 약정에 따라 지급할 보수의 경우 그 지급 의무에 관하여 배상할 책임이 있는 사람은 본조의 책임제한을 주장할 수 없다.

제208조【적용의 예외】 본장의 규정은 다음 각항에 열거하는 청구에는 적용하지 아니한다.

(1) 구조비용 또는 공동해손분담에 관한 청구;

(2) 중화인민공화국이 가입한 국제유류오염손해민사책임조약에 규정한 유류오염손해에 대한 배상청구;

(3) 중화인민공화국이 가입한 국제원자력책임제한조약에 규정한 원자력손해의 배상청구;

(4) 핵동력선박이 야기한 원자력손해의 배상청구;

(5) 선박소유자 또는 구조자의 피용자가 제기한 배상청구로, 노동계약을 규율하는 법률에 의해 선박소유자 또는 구조자가 배상책임을 제한할 권리가 없거나, 혹은 동 법률에 의해 본장이 규정하는 책임한도보다 고액의 책임한도가 있는 경우.

제209조【원용금지】 배상할 책임자의 고의의, 또는 손실이 야기될 가능성이 있음을 충분히 인식하면서도 경솔한, 작위 또는 무작위로 인하여 손실이 야기된 것이 증명된 경우, 책임자는 본장의 규정에 따라 배상책임을 제한할 수 없다.

제210조【배상한도액의 계산】 본법 제211조에 별도로 규정한 것을 제외하고는, 해사배상책임은 다음에 열거하는 방식에 따라 배상한도액을 계산한다.

(1) 신체상해나 사망에 대한 배상청구

① 톤수가 300톤부터 500톤까지의 선박은 333,000 계산단위;

② 총수가 500톤을 초과한 선박은 500톤 이하 부분에 본호 제①목의 규정을 적용하고, 500톤 이상의 부분은 다음에 열거하는 액수를 더하여야 한다:

501톤부터 3000톤의 부분은 톤당 500 계산단위;

3,001톤부터 30,000톤의 부분은 톤당 333 계산단위;

30001吨至70000吨的部分，每吨增加250计算单位;

超过70000吨的部分，每吨增加167计算单位。

(二) 关于非人身伤亡的赔偿请求

1. 总吨位300吨至500吨的船舶，赔偿限额为167000计算单位;

2. 总吨位超过500吨的船舶，500吨以下部分适用本项第1目的规定，500吨以上的部分，应当增加下列数额:

501吨至30000吨的部分，每吨增加167计算单位;

30001吨至70000吨的部分，每吨增加125计算单位;

超过70000吨的部分，每吨增加83计算单位。

(三) 依照第(一) 项规定的限额，不足以支付全部人身伤亡的赔偿请求的，其差额应当与非人身伤亡的赔偿请求并列，从第(二) 项数额中按照比例受偿。

(四) 在不影响第(三) 项关于人身伤亡赔偿请求的情况下，就港口工程，港池，航道和助航设施的损害提出的赔偿请求，应当较第(二) 项中的其他赔偿请求优先受偿。

(五) 不以船舶进行救助作业或者在被救船舶上进行救助作业的救助人，其责任限额按照总吨位为1500吨的船舶计算。

总吨位不满300吨的船舶，从事中华人民共和国港口之间的运输的船舶，以及从事沿海作业的船舶，其赔偿限额由国务院交通主管部门制定，报国务院批准后施行。

第二百一十一条【旅客运输的赔偿责任限制】 海上旅客运输的旅客人身伤亡赔偿责任限制，按照46666计算单位乘以船舶证书规定的载客定额计算赔偿限额，但是最高不超过25000000计算单位。

中华人民共和国港口之间海上旅客运输的旅客人身伤亡，赔偿限额由国务院交通主管部门制定，报国务院批准后施行。

第二百一十二条【赔偿总额】 本法第二百一十条和第二百一十一条规定的赔偿限额，

30,001톤부터 70,000톤의 부분은 톤당 250 계산단위;

70,000톤을 초과한 부분은 톤당 167 계산단위.

(2) 신체상해나 사망에 대한 배상청구가 아닌 배상청구

① 톤수가 300톤부터 500톤의 선박은 167,000 계산단위;

② 톤수가 500톤을 초과하는 선박은 500톤 이하 부분에 본호 제①목의 규정을 적용하고 500톤 이상 부분은 다음에 열거하는 액수를 더한다:

501톤부터 30,000톤의 부분은 톤당 167 계산단위;

30,001톤부터 70,000톤의 부분은 톤당 125 계산단위;

70,000톤을 초과하는 부분은 톤당 83 계산단위.

(3) 제(1)호의 규정에 따른 한도액이 전체 신체 상해나 사망에 대해 지급하는 배상청구에 부족한 경우, 그 차액은 신체 상해나 사망이 아닌 배상청구와 동렬에서 제(2)호 금액 중에서 다른 청구와 비례에 의하여 배상을 받는다.

(4) 신체상해나 사망에 기한 배상청구에 대해 위 제(3)호가 적용되는 것에 영향을 미치지 아니하는 것을 전제로, 항구 시설, 정박지, 수로 및 항해보조설비의 손해에 관한 배상청구는 위 제(2)호에 해당하는 다른 손해의 배상청구보다 우선적으로 배상하여야 한다.

(5) 구조작업이 선박으로 행하여진 것이 아니거나 피구조선상에서 구조작업을 진행한 경우, 구조인의 책임한도는 톤수가 1,500톤이 되는 선박을 기준으로 계산한다.

톤수가 300톤이 되지 아니하는 선박, 중화인민공화국 항구 사이의 운송에 종사하는 선박 및 연안항행에 종사하는 선박은 그 배상한도를 국무원 교통주관부서가 제정하고 국무원에 보고하여 허락을 얻은 후 그 금액을 시행한다.

제211조 【여객운송의 배상책임제한】 해상여객운송에서 여객의 신체 상해나 사망에 대한 배상책임은 46,666 계산단위에 선박증서에 규정된 탑승여객정원을 곱하여 배상한도를 계산하며, 또 25,000,000 계산단위를 최고 한도로 하며 이를 초과할 수 없다.

중화인민공화국 항구 간 해상여객운송에서 여객의 인명상해나 사망에 대한 배상한도는 국무원 교통주관 부서가 제정하고 국무원에 보고하여 허락을 얻은 후 시행한다.

제212조 【배상 총액】 본법 제210조와 제211조에서 정하는 배상한도액은 특정한

适用于特定场合发生的事故引起的，向船舶所有人，救助人本人和他们对其行为，过失负有责任的人员提出的请求的总额。

第二百一十三条【责任限制基金的设立】 责任人要求依照本法规定限制赔偿责任的，可以在有管辖权的法院设立责任限制基金。基金数额分别为本法第二百一十条，第二百一十一条规定的限额，加上自责任产生之日起至基金设立之日止的相应利息。

第二百一十四条【责任限制基金设立的效力】 责任人设立责任限制基金后，向责任人提出请求的任何人，不得对责任人的任何财产行使任何权利； 已设立责任限制基金的责任人的船舶或者其他财产已经被扣押，或者基金设立人已经提交抵押物的，法院应当及时下令释放或者责令退还。

第二百一十五条【反请求】 享受本章规定的责任限制的人，就同一事故向请求人提出反请求的，双方的请求金额应当相互抵销，本章规定的赔偿限额仅适用于两个请求金额之间的差额。

第十二章 海上保险合同

第一节 一般规定

第二百一十六条【海上保险合同的定义】 海上保险合同，是指保险人按照约定，对被保险人遭受保险事故造成保险标的的损失和产生的责任负责赔偿，而由被保险人支付保险费的合同。

前款所称保险事故，是指保险人与被保险人约定的任何海上事故，包括与海上航行有关的发生于内河或者陆上的事故。

第二百一十七条【合同内容】 海上保险合同的内容，主要包括下列各项:

(一) 保险人名称;

상황에서 발생한 사고로 인하여, 선박소유자와 구조자 본인에 대하여는 물론, 선박소유자나 구조자가 책임을 지는 행위를 하거나 과실이나 잘못을 저지른 사람 개인에 대한, 모든 청구의 총액에 대하여 적용된다.

第213조 【책임제한기금의 설정】 본법의 규정에 따라 배상책임의 제한을 요구하는 책임자는 관할권을 가진법원에 책임제한기금을 설립할 수 있다. 기금억수는 본법 제210조 및 제211조에서 규정하는 한도액이며, 책임이 발생한 날로부터 기금의 설립일까지 해당하는 이자를 추가하여야 한다.

第214조 【책임제한기금의 설립효력】 책임자가 책임제한기금을 설립한 후에는 책임자에게 청구를 한 모든 사람은 책임자의 모든 재산에 대해 어떠한 권리도 행사할 수 없다. 책임제한기금을 설립한 책임자의 선박 혹은 기타 재산이 이미 압류되었거나 기금을 설립한 책임자가 이미 담보를 제공하였던 경우, 법원은 즉시 압류의 해제나 담보물의 반환을 명령하여야 한다.

第215조 【반대 청구권】 본장 규정에 따라 책임제한을 주장하는 자가 동일한 사고로 인하여 청구인에게 반대로 청구할 채권이 있는 경우, 채권 쌍방은 당연히 상계가 되며, 본장에서 규정하는 배상한도액은 단지 두 채권 금액의 차액에만 적용된다.

제12장 해상보험계약

제1절 일반규정

第216조 【해상보험계약의 정의】 해상보험계약이라 함은, 보험자는 보험계약에 포함된 보험사고에 의해 보험의 목적에 발생한 손실과 부보된 책임에 대해 약정한 보상을 하기로 하고, 피보험자는 보험료를 지급하기로 하는 계약을 말한다.

전항에서 말하는 보험사고라 함은, 보험자와 피보험자가 약정한 해상사고를 말하며, 해상모험과 관련된 것이라면 내수나 육상에서 발성한 사고도 포함된다.

第217조 【계약내용】 해상보험계약은 주된 내용으로 다음에 열거하는 사항을 포함하여야 한다.

(1) 보험자의 성명;

(二) 被保险人名称;

(三) 保险标的;

(四) 保险价值;

(五) 保险金额;

(六) 保险责任和除外责任;

(七) 保险期间;

(八) 保险费。

第二百一十八条【保险标的】 下列各项可以作为保险标的:

(一) 船舶;

(二) 货物;

(三) 船舶营运收入, 包括运费, 租金, 旅客票款;

(四) 货物预期利润;

(五) 船员工资和其他报酬;

(六) 对第三人的责任;

(七) 由于发生保险事故可能受到损失的其他财产和产生的责任, 费用。

保险人可以将对前款保险标的的保险进行再保险。除合同另有约定外, 原被保险人不得享有再保险的利益。

第二百一十九条【保险价值】 保险标的的保险价值由保险人与被保险人约定。

保险人与被保险人未约定保险价值的, 保险价值依照下列规定计算:

(一) 船舶的保险价值, 是保险责任开始时船舶的价值, 包括船壳, 机器, 设备的价值, 以及船上燃料, 物料, 索具, 给养, 淡水的价值和保险费的总和;

(二) 货物的保险价值, 是保险责任开始时货物在起运地的发票价格或者非贸易商品在起运地的实际价值以及运费和保险费的总和;

(三) 运费的保险价值, 是保险责任开始时承运人应收运费总额和保险费的总和;

(四) 其他保险标的的保险价值, 是保险责任开始时保险标的的实际价值和保险费的总和。

(2) 피보험자의 성명;
(3) 보험의 목적;
(4) 보험가액;
(5) 보험금액;
(6) 보험사고와 면책사유;
(7) 보험기간;
(8) 보험료.

第218조 【보험의 목적】 다음에 열거하는 사항은 보험의 목적이 될 수 있다.
(1) 선박;
(2) 화물;
(3) 운임, 용선료, 여비 등을 포함한 선박운영수입;
(4) 화물의 예상수익;
(5) 선원임금 기타 보수;
(6) 제3자에 대한 책임;
(7) 보험사고의 발생으로 인하여, 손실을 당할 수 있는 기타 재산과, 또 발생될 수 있는 책임과 비용.

보험자는 전항의 보험의 목적에 대한 보험에 관하여 재보험에 가입할 수 있다. 계약에 별도로 약정한 것을 제외하고는, 원보험의 피보험자는 재브험계약의 이익을 향유할 권리가 없다.

第219조 【보험가액】 보험의 목적의 보험가액은 보험자와 피보험자가 약정한다.

보험자와 피보험자가 보험가액을 약정하지 아니한 경우, 보험가액은 다음에 열거하는 규정에 따라 계산한다.
(1) 선박의 보험가액은 보험책임이 시작될 때에 선박의 가치로써 선체, 기계, 설비 등의 가치 및 선상연료, 자재, 도구, 보급품, 담수 등의 가치에 보험료를 더한 총액이다;
(2) 화물의 보험가액은, 화물의 송장가격의 총액이나 비거래 상품의 선적지에서의실제가치에, 보험책임이 시작될 때의 운임과 보험료를 더한 금액이다;
(3) 운임의 보험가액은 보험책임이 시작될 때의 운송인이 수령할 운임 총액에 보험료를 더한 금액이다;
(4) 기타 보험의 목적의 보험가액은 보험책임이 시작될 때의 보험의 목적의 실제

第二百二十条【保险金额】 保险金额由保险人与被保险人约定。保险金额不得超过保险价值; 超过保险价值的，超过部分无效。

第二节 合同的订立，解除和转让

第二百二十一条【合同订立】 被保险人提出保险要求，经保险人同意承保，并就海上保险合同的条款达成协议后，合同成立。保险人应当及时向被保险人签发保险单或者其他保险单证，并在保险单或者其他保险单证中载明当事人双方约定的合同内容。

第二百二十二条【被保险人的告知义务】 合同订立前，被保险人应当将其知道的或者在通常业务中应当知道的有关影响保险人据以确定保险费率或者确定是否同意承担的重要情况，如实告知保险人。

保险人知道或者在通常业务中应当知道的情况，保险人没有询问的，被保险人无需告知。

第二百二十三条【未告知责任】 由于被保险人的故意，未将本法第二百二十二条第一款规定的重要情况如实告知保险人的，保险人有权解除合同，并不退还保险费。合同解除前发生保险事故造成损失的，保险人不负赔偿责任。

不是由于被保险人的故意，未将本法第二百二十二条第一款规定的重要情况如实告知保险人的，保险人有权解除合同或者要求相应增加保险费。保险人解除合同的，对于合同解除前发生保险事故造成的损失，保险人应当负赔偿责任; 但是，未告知或者错误告知的重要情况对保险事故的发生有影响的除外。

第二百二十四条【标的物先于合同损失的责任】 订立合同时，被保险人已经知道或者

가치와 보험료를 합한 금액이다.

제220조【보험금액】 보험금액은 보험자와 피보험자가 합의하여 정한다. 보험금액은 보험가액을 초과하여서는 아니 된다. 보험가액을 초과하는 경우, 그 초과 부분은 무효로 한다.

제2절 계약의 성립, 해지 및 양도

제221조【계약의 체결】 피보험자가 보험가입을 신청하고 보험자가 동의를 한 다음 보험자와 피보험자가 보험계약의 내용과 조건에 합의를 하면 해상보험계약이 성립된다. 보험자는 피보험자에게 신속히 보험증권 또는 보험가입증서를 발행하여야 주어야 하며, 보험증권 또는 보험가입증서에는 당사자가 합의한 계약의 내용을 명확하게 기재하여야 한다.

제222조【피보험자의 고지의무】 피보험자가 알고 있었거나 일상 업무 중에서 알았어야 하는 상황으로, 보험자가 보험료율을 산정하거나 보험승낙에 대한 동의 여부를 결정하는 데에 영향을 주는 중요한 상황은 계약체결 전에 피보험자가 보험자에게 사실대로 고지하여야 한다.

보험자가 알고 있었거나 또는 일상 업무 중에서 알았어야 하는 상황은, 보험자가 질문을 하지 않는 한, 피보험자가 이를 고지할 필요가 없다.

제223조【불고지 책임】 피보험자가 고의로 본법 제222조 제1항에서 규정한 중요한 상황을 사실대로 보험자에게 고지하지 아니한 경우, 보험자는 보험료를 반환함이 없이 보험계약을 해지할 수 있다. 보험계약을 해지하기 전에 보험사고가 발생하여 손실이 야기된 경우, 보험자는 이를 보상할 책임을 지지 아니한다.

피보험자가 고의가 아닌 다른 원인으로 본법 제222조 제1항에서 규정한 중요한 상황을 사실대로 보험자에게 고지하지 아니한 경우, 보험자는 계약을 해지하거나 상응하는 보험료 증액을 요구할 수 있다. 보험자가 계약을 해지하는 경우에도, 계약해지 전에 보험사고가 발생하면 보험자는 그로 인하여 야기된 손실을 보상할 책임이 있다. 다만 고지하지 아니하였거나 잘못 고지한 중요한 상황이 보험사고의 발생에 영향을 미친 경우에는 그러하지 아니하다.

제224조【목적물계약 전 손실의 책임】 보험계약을 체결할 때에 피보험자가 보험의

应当知道保险标的已经因发生保险事故而遭受损失的，保险人不负赔偿责任，但是有权收取保险费； 保险人已经知道或者应当知道保险标的已经不可能因发生保险事故而遭受损失的，被保险人有权收回已经支付的保险费。

第二百二十五条【重复保险】 被保险人对同一保险标的就同一保险事故向几个保险人重复订立合同，而使该保险标的的保险金额总和超过保险标的的价值的，除合同另有约定外，被保险人可以向任何保险人提出赔偿请求。被保险人获得的赔偿金额总和不得超过保险标的的受损价值。各保险人按照其承保的保险金额同保险金额总和的比例承担赔偿责任。任何一个保险人支付的赔偿金额超过其应当承担的赔偿责任的，有权向未按照其应当承担赔偿责任支付赔偿金额的保险人追偿。

第二百二十六条【责任开发前的合同解除权】 保险责任开始前，被保险人可以要求解除合同，但是应当向保险人支付手续费，保险人应当退还保险费。

第二百二十七条【责任开始后的合同解除】 除合同另有约定外，保险责任开始后，被保险人和保险人均不得解除合同。

根据合同约定在保险责任开始后可以解除合同的，被保险人要求解除合同，保险人有权收取自保险责任开始之日起至合同解除之日止的保险费，剩余部分予以退还； 保险人要求解除合同，应当将自合同解除之日起至保险期间届满之日止的保险费退还被保险人。

第二百二十八条【合同解除禁止的情形】 虽有本法第二百二十七条规定，货物运输和船舶的航次保险，保险责任开始后，被保险人不得要求解除合同。

第二百二十九条【保险合同转让】 海上货物运输保险合同可以由被保险人背书或者以其他方式转让，合同的权利，义务随之转移。合同转让时尚未支付保险费的，被保险人和合同受让人负连带支付责任。

목적에 이미 보험사고가 발생하였고 이로 인하여 손실이 야기되었음을 알고 있었거나 또는 알고 있었어야 하는 경우, 보험자는 그 손실을 보상할 책임이 없고 한편 보험료는 이를 수취할 권리가 있다. 보험자가 보험의 목적에 보험사고가 발생하여 손실이 야기될 수 없었음을 이미 알고 있었거나 또는 알고 있었어야 하는 경우, 피보험자는 이미 지급한 보험료를 회수할 권리가 있다.

제225조【중복보험】 피보험자가 동일한 보험의 목적에 동일한 보험사고에 대해 수개의 보험자와 중복하여 보험계약을 체결하고, 동일한 보험의 목적의 보험금액 총액이 보험가액을 초과하는 경우, 계약에 별도의 약정이 있는 경우를 제외하고는, 피보험자는 어떠한 보험자에 대하여도 보상청구를 할 수 있다. 그러나 피보험자가 수령하는 보상금의 총액은 보험의 목적에 발생한 손실 가액을 초과할 수 없다. 각 보험자는 자기가 인수한 보험의 보험금액의 보험금액의 총액에 대한 비율로 비례하여 보상책임을 부담한다. 어느 한 보험자가 지급한 보상금액이 그가 부담하여야 할 책임금액을 초과한 경우, 부담하는 보상금액을 지급하지 아니한 보험자에 대해 구상권을 갖는다.

제226조【책임개시 전 계약해제권】 보험책임이 시작되기 전에는 피보험자는 보험계약을 해제할 수 있고, 다만 그러면 피보험자는 보험자에게 수속비를 지급하여야 하며, 보험자는 보험료를 반환하여야 한다.

제227조【책임개시 후 계약해지】 계약에 별도로 약정한 경우를 제외하고는, 보험책임이 시작된 후에는 피보험자와 보험자는 모두 계약을 해지할 수 없다.

약정에 따라 보험책임이 시작된 후에 계약을 해지할 수 있는 때에는, 피보험자가 계약해지를 요구한 경우 보험자는 보험책임이 시작된 날로부터 계약 해지일까지 보험료를 받을 권리가 있으며 잔여 부분은 반환하여야 한다. 보험자가 보험계약의 해지를 요구한 경우, 계약을 해지한 날로부터 보험기간 만료일까지의 보험료를 피보험자에게 반환하여야 한다.

제228조【계약해지금지경우】 본법 제227조의 규정과 상관없이, 화물운송보험과 선박항해보험은 보험책임이 시작된 후에는 피보험자는 보험계약의 해지를 요구할 수 없다.

제229조【보험계약의 양도】 해상화물운송보험계약은 피보험자의 배서 또는 기타의 방식으로 양도할 수 있으며, 계약상 권리와 의무는 그에 따라 이전된다. 계약이 양도될 때에 지급하지 아니한 보험료가 있는 경우, 피보험자와 계약 양수인은

第二百三十条【船舶保险合同转让】 因船舶转让而转让船舶保险合同的，应当取得保险人同意。未经保险人同意，船舶保险合同从船舶转让时起解除；船舶转让发生在航次之中的，船舶保险合同至航次终了时解除。

合同解除后，保险人应当将自合同解除之日起至保险期间届满之日止的保险费退还被保险人。

第二百三十一条【预约保险合同】 被保险人在一定期间分批装运或者接受货物的，可以与保险人订立预约保险合同。预约保险合同应当由保险人签发预约保险单证加以确认。

第二百三十二条【保险单证的分别签发】 应被保险人要求，保险人应当对依据预约保险合同分批装运的货物分别签发保险单证。

保险人分别签发的保险单证的内容与预约保险单证的内容不一致的，以分别签发的保险单证为准。

第二百三十三条【通知义务】 被保险人知道经预约保险合同保险的货物已经装运或者到达的情况时，应当立即通知保险人。通知的内容包括装运货物的船名，航线，货物价值和保险金额。

第三节　被保险人的义务

第二百三十四条【保险费支付】 除合同另有约定外，被保险人应当在合同订立后立即支付保险费；被保险人支付保险费前，保险人可以拒绝签发保险单证。

第二百三十五条【违反保证条款时的义务】 被保险人违反合同约定的保证条款时，应当立即书面通知保险人。保险人收到通知后，可以解除合同，也可以要求修改承保条件，增加保险费。

第二百三十六条【被保险人的通知义务】 一旦保险事故发生，被保险人应当立即通知

연대하여 지급할 책임이 있다.

제230조【선박보험계약의 양도】 선박양도의 결과 선박보험계약의 양도가 있었던 경우, 보험자의 동의를 취득하여야 한다. 보험자의 동의를 얻지 아니하면 선박보험계약은 선박양도 시점부터 해지된다. 선박양도가 항해 중에 발생한 경우, 선박보험계약은 항해 종료시에 해지된다.

계약이 해지되면 보험자는 계약해지일로부터 보험기간 만료일까지의 보험료를 피보험자에게 반환하여야 한다.

제231조【예정보험계약】 피보험자가 일정한 기간 내에 나누어서 선적하거나 수령하는 화물을 부보하기 위하여 보험자와 피보험자는 예정보험계약을 체결할 수 있다. 예정보험계약은 보험자가 발행한 예정보험증권에 의해 입증되어야 한다.

제232조【보험가입증서의 별도 발행】 피보험자의 요구가 있으면, 보험자는 예정보험에 따라 나누어 선적한 화물에 대해 각각 별도로 보험가입증서를 발행하여야 한다.

보험자가 개별적으로 발행한 보험가입증서와 예정보험증권의 내용이 서로 다를 때에는 보험가입증서의 내용이 우선한다.

제233조【통지의무】 예정보험을 통해 보험에 가입한 화물이 이미 선적되었거나 도착하였던 정황을 알게 된 피보험자는 이를 지체 없이 보험자에게 통지하여야 한다. 통지내용은 선적화물의 선박명칭, 항로, 화물가액, 보험금액 등이다.

제3절 피보험자의 의무

제234조【보험료의 지급】 계약에 별도로 약정한 경우를 제외하고는, 피보험자는 계약체결 후 즉시 보험료를 지급하여야 한다. 피보험자가 보험료를 지급하기 이전에는 보험자는 보험증권 혹은 보험가입증서의 발행을 거절할 수 있다.

제235조【보증조항 위반시의 의무】 피보험자는 계약에서 약정한 보증조항을 위반하였을 때에는 즉시 이를 서면으로 보험자에게 통지하여야 한다. 통지를 수령한 보험자는 계약을 해지하거나, 혹은 보험 조건의 변경이나 보험료의 증액을 요구할 수 있다.

제236조【피보험자의 통지의무】 보험사고가 발생하면 피보험자는 지체 없이 보험

保险人，并采取必要的合理措施，防止或者减少损失。被保险人收到保险人发出的有关采取防止或者减少损失的合理措施的特别通知的，应当按照保险人通知的要求处理。

对于被保险人违反前款规定所造成的扩大的损失，保险人不负赔偿责任。

第四节　保险人的责任

第二百三十七条【保险赔偿的支付】 发生保险事故造成损失后,保险人应当及时向被保险人支付保险赔偿。

第二百三十八条【保险赔偿金确定】 保险人赔偿保险事故造成的损失，以保险金额为限。保险金额低于保险价值的，在保险标的发生部分损失时，保险人按照保险金额与保险价值的比例负赔偿责任。

第二百三十九条【多次损失赔偿】 保险标的在保险期间发生几次保险事故所造成的损失，即使损失金额的总和超过保险金额，保险人也应当赔偿。但是，对发生部分损失后未经修复又发生全部损失的，保险人按照全部损失赔偿。

第二百四十条【另行支付费用】 被保险人为防止或者减少根据合同可以得到赔偿的损失而支出的必要的合理费用，为确定保险事故的性质，程度而支出的检验，估价的合理费用，以及为执行保险人的特别通知而支出的费用，应当由保险人在保险标的损失赔偿之外另行支付。

保险人对前款规定的费用的支付，以相当于保险金额的数额为限。

保险金额低于保险价值的，除合同另有约定外，保险人应当按照保险金额与保险价值的比例，支付本条规定的费用。

자에게 이를 통지하고, 손실을 방지하거나 감소시키기 위해 필요한 합리적인 조치를 취하여야 한다. 손실을 방지하거나 감소시키기 위한 합리적인 조치의 실행에 관해 보험자로부터 지시를 받으면 피보험자는 보험자의 지시에 따라 처리하여야 한다.

피보험자가 전항의 규정을 위반하여 야기된 확대된 손실에 대해 보험자는 보상책임을 지지 아니한다.

제4절 보험자의 책임

제237조【보험금의 지급】 보험사고가 발생하여 손실이 초래되면 보험자는 지체 없이 피보험자에게 보상을 하여야 한다.

제238조【보험금의 확정】 보험사고로 초래된 손실에 대한 보험자의 보상은 보험금액을 한도로 한다. 보험금액이 보험가액보다 적은 경우, 보험목적에 부분적인 손실이 발생하면, 보험자는 보험금액과 보험가액의 비율에 따라 그 손실의 일부를 보상할 책임이 있다.

제239조【수 차례 손실의 배상】 보험목적에 보험기간 내에 발생한 수 차례의 보험사고로 인하여 초래된 손실은, 비록 손실금액의 총액이 보험금액을 초과한다 하더라도, 보험자는 이를 모두 보상하여야 한다. 다만 부분적인 손실이 발생한 후 복구를 하지 아니한 상황에서 다시 전체적인 손실이 발생한 경우, 보험자는 전체적 손실에 대해 보상하면 된다.

제240조【별도지급비용】 보험의 목적에 대해 발생한 손실을 보상할 보상금에 추가하여, 피보험자가 계약에 의해 보상을 청구할 수 있는 손실을 방지하거나 감소시키기 위해 합리적으로 지출한 필요한 비용과, 보험사고의 성격 및 정도를 확정하기 위해 지출한 검사와 검정을 위해 지출한 합리적인 비용 및 보험자의 특별한 지시를 집행하기 위하여 지출한 비용은 보험자가 별도로 지급하여야 한다.

보험자가 전항에서 규정하는 비용의 지급은 보험금액에 상응하는 금액을 그 한도로 한다.

보험금액이 보험가액보다 적은 경우, 계약에 별도의 약정이 있는 경우를 제외

第二百四十一条【按比例赔偿原则】 保险金额低于共同海损分摊价值的，保险人按照保险金额同分摊价值的比例赔偿共同海损分摊。

第二百四十二条【故意造成的损失】 对于被保险人故意造成的损失,保险人不负赔偿责任。

第二百四十三条【对货物损失不负责任的情形】 除合同另有约定外，因下列原因之一造成货物损失的，保险人不负赔偿责任:

(一) 航行迟延，交货迟延或者行市变化;

(二) 货物的自然损耗，本身的缺陷和自然特性;

(三) 包装不当。

第二百四十四条【对船舶损失不负责任的情形】 除合同另有约定外，因下列原因之一造成保险船舶损失的，保险人不负赔偿责任:

(一) 船舶开航时不适航，但是在船舶定期保险中被保险人不知道的除外;

(二) 船舶自然磨损或者锈蚀。

运费保险比照适用本条的规定。

第五节　保险标的的损失和委付

第二百四十五条【实际全损】 保险标的发生保险事故后灭失，或者受到严重损坏完全失去原有形体，效用，或者不能再归被保险人所拥有的，为实际全损。

第二百四十六条【推定全损】 船舶发生保险事故后，认为实际全损已经不可避免，或者为避免发生实际全损所需支付的费用超过保险价值的，为推定全损。

货物发生保险事故后，认为实际全损已经不可避免，或者为避免发生实际全损所

하고, 보험자는 보험금액과 보험가액의 비율에 따라 본조가 규정하는 비용의 일부를 지급한다.

제241조【비례배상원칙】 보험금액이 공동해손 분담가격보다 적은 경우, 보험자는 보험금액과 분담가격의 비율에 따라 공동해손분담금의 일부를 배상하여야 한다.

제242조【고의로 인한 손실】 피보험자의 고의로 인한 행위에 의하여 초래된 손실에 대해 보험자는 보상책임을 지지 아니한다.

제243조【화물손실에 책임을 지지 않는 경우】 계약에 별도의 약정이 있는 경우를 제외하고, 다음의 원인 중 하나로 화물의 손실이 초래된 경우, 보험자는 보상책임을 지지 아니한다.

(1) 항해 지연, 인도 지연 혹은 시세 변화;

(2) 화물의 자연적 마모, 자체의 결함 혹은 자연적 특성;

(3) 포장 불량.

제244조【선박손실에 책임을 지지 않는 경우】 계약에 별도의 약정이 있는 경우를 제외하고, 다음의 원인 중 하나로 인하여 보험선박의 손실이 초래된 경우, 보험자는 보상책임을 지지 아니한다.

(1) 항해를 개시할 때에 선박이 목적 항해를 위한 감항능력의 부재. 다만 선박의 기간보험에서 피보험자가 이를 알지 못한 경우는 제외한다;

(2) 선박의 자연적 마모 또는 부식.

본조의 규정은 운임보험에 대하여도 유추 적용한다.

제5절 보험목적의 멸실과 훼손 및 보험위부

제245조【실제 전손】 보험목적에 보험사고가 발생한 결과, 보험의 목적이 완전히 멸실되어 버리거나, 심각한 훼손으로 인하여 완전히 원래의 형체와 기능을 상실하거나, 또는 점유를 상실하여 더 이상 피보험자에게 복귀될 수 없는 경우를 실제 전손이라고 한다.

제246조【추정 전손】 보험사고가 발생한 결과 선박이 실제 전손이 불가피하다고 인정되거나, 혹은 실제 전손의 회피를 위해 지급해야 할 필요한 비용이 보험가액을 초과하는 경우를 추정 전손이라고 한다.

需支付的费用与继续将货物运抵目的地的费用之和超过保险价值的，为推定全损。

第二百四十七条【部分损失】 不属于实际全损和推定全损的损失，为部分损失。

第二百四十八条【视为实际全损】 船舶在合理时间内未从被获知最后消息的地点抵达目的地，除合同另有约定外，满两个月后仍没有获知其消息的，为船舶失踪。船舶失踪视为实际全损。

第二百四十九条【委付】 保险标的发生推定全损，被保险人要求保险人按照全部损失赔偿的，应当向保险人委付保险标的。保险人可以接受委付，也可以不接受委付，但是应当在合理的时间内将接受委付或者不接受委付的决定通知被保险人。委付不得附带任何条件。委付一经保险人接受，不得撤回。

第二百五十条【委付的效力】 保险人接受委付的，被保险人对委付财产的全部权利和义务转移给保险人。

第六节　保险赔偿的支付

第二百五十一条【提供证明和资料的义务】 保险事故发生后，保险人向被保险人支付保险赔偿前，可以要求被保险人提供与确认保险事故性质和损失程度有关的证明和资料。

第二百五十二条【索赔权转移】 保险标的发生保险责任范围内的损失是由第三人造成的，被保险人向第三人要求赔偿的权利，自保险人支付赔偿之日起，相应转移给保险人。

被保险人应当向保险人提供必要的文件和其所需要知道的情况，并尽力协助保险人向第三人追偿。

보험사고가 발생한 결과 화물이 실제 전손이 불가피하다고 인정되거나, 혹은 실제 전손을 피하기 위해 지급해야 할 필요한 비용과 계속적으로 화물을 목적지까지 운반하는 비용의 총액이 보험가액을 초과하는 경우도 추정 전손이라고 한다.

제247조 【분손】 실제 전손과 추정 전손에 속하지 아니하는 손실은 분손이 된다.

제248조 【실제 전손으로 간주하는 경우】 계약에 별도의 약정이 있는 경우를 제외하고, 선박이 최후의 소식을 들었던 지점에서 합리적인 기간 내에 다음 목적지에 도달하였다는 소식을 듣지 못하고 그 후 2개월이 경과한 다음에도 여전히 그 소식을 알 수 없는 경우, 그 선박은 실종된 것으로 본다. 이처럼 실종된 선박은 실제 전손이 발생한 것으로 간주한다.

제249조 【위부】 보험목적에 추정전손이 발생한 경우, 보험자에게 전손을 전제로 보상을 청구하려면 피보험자는 보험자에게 보험의 목적을 위부하여야 한다. 보험자는 위부를 수용할 수도 있고, 수용하지 아니할 수도 있다. 다만 합리적인 기간 내에 보험자는 위부의 수용 여부에 관한 결정을 피보험자에게 통지하여야 한다. 위부에는 어떠한 조건이 붙어서는 아니 된다. 위부는 일단 보험자가 수용하면 철회할 수 없다.

제250조 【위부의 효력】 보험자가 위부를 수용한 경우, 위부된 재산에 관한 모든 권리와 의무는 피보험자에서 보험자에게 이전된다.

제6절 보상금의 지급

제251조 【증거와 자료의 제공의무】 보험사고가 발생한 후 보상금을 지급하기 전에 보험자는 피보험자에게 보험사고의 성격과 손실의 정도를 확인하는 것과 관련이 있는 증거와 자료를 제공할 것을 요구할 수 있다.

제252조 【구상권의 이전】 보험의 목적에 보험자의 책임범위 내의 손실이 제3자에 의해 초래된 경우, 피보험자가 제3자에게 배상을 요구할 수 있는 권리는 보험자가 보상을 지급한 날로부터 보험자에게 이전된다.

피보험자는 보험자에게 필요한 문서와 알게 된 정황을 보험자에게 제공하여야 하며 또 보험자가 제3자에게 구상할 수 있도록 최선을 다하여 협조하여야 한다.

第二百五十三条【保险赔偿的扣减】 被保险人未经保险人同意放弃向第三人要求赔偿的权利，或者由于过失致使保险人不能行使追偿权利的，保险人可以相应扣减保险赔偿。

第二百五十四条【扣减或退还】 保险人支付保险赔偿时，可以从应支付的赔偿额中相应扣减被保险人已经从第三人取得的赔偿。

保险人从第三人取得的赔偿，超过其支付的保险赔偿的，超过部分应当退还给被保险人。

第二百五十五条【权利的放弃】 发生保险事故后，保险人有权放弃对保险标的的权利，全额支付合同约定的保险赔偿，以解除对保险标的的义务。

保险人行使前款规定的权利，应当自收到被保险人有关赔偿损失的通知之日起的七日内通知被保险人；被保险人在收到通知前，为避免或者减少损失而支付的必要的合理费用，仍然应当由保险人偿还。

第二百五十六条【对保险标的的权利】 除本法第二百五十五条的规定外，保险标的发生全损，保险人支付全部保险金额的，取得对保险标的的全部权利；但是，在不足额保险的情况下，保险人按照保险金额与保险价值的比例取得对保险标的的部分权利。

第十三章　时　效

第二百五十七条【海上货物运输赔偿时效】 就海上货物运输向承运人要求赔偿的请求权，时效期间为一年，自承运人交付或者应当交付货物之日起计算；在时效期间内或者时效期间届满后，被认定为负有责任的人向第三人提起追偿请求的，时效期间为九十日，自追偿请求人解决原赔偿请求之日起或者收到受理对其本人提起诉讼的法院的起诉状副本之日起计算。

第253条【보험금의 감액】 피보험자가 보험자의 동의를 거치지 아니하고 제3자에 대해 배상을 요구할 권리를 포기하거나, 피보험자의 과실로 인하여 보험자가 구상권을 행사할 수 없게 된 경우, 보험자는 보상금에서 상응하는 금액만큼 감액을 요구할 수 있다.

第254条【감액 또는 반환】 보험자가 보상금을 지급함에 있어 만일 제3자가 피보험자에게 이미 지급한 금전에 있으면 보험금에서 그에 상응하는 금액을 공제할 수 있다.

보험자가 제3자로부터 구상한 금액이 피보험자에게 지급한 보험금을 초과하는 경우, 보험자는 그 초과 부분을 피보험자에게 반환하여야 한다.

第255条【권리의 포기】 보험사고가 발생한 후에 보험자는 보험의 목적에 대한 권리를 포기하고, 계약상 의무를 면하기 위해 보험금 전액을 지급할 수 있다.

보험자가 전항에 규정된 권리를 행사하려면 피보험자의 보상과 관련된 통지를 받은 날로부터 7일 이내에 피보험자에게 이를 통지하여야 한다. 통지를 받기 전에 피보험자가 손실을 회피하거나 감소시키기 위하여 합리적으로 지급한 필요한 비용은 여전히 보험자가 이를 상환하여야 한다.

第256条【보험목적에 대한 권리】 본법 제255조의 규정을 제외하고는, 보험의 목적에 전손이 발생하고 보험자가 보험금액을 전액 지급한 경우, 보험자는 보험목적에 대해 모든 권리를 취득한다. 부분 보험의 경우 보험자는 보험금액과 보험가액의 비율에 따라 보험의 목적에 부분적인 권리를 취득한다.

제13장 시 효

第257条【해상화물운송 배상시효】 해상화물운송에 있어 운송인에게 손해배상을 요구하는 권리의 시효기간은 1년이며, 운송인이 화물을 교부하였거나 교부하였어야 할 날로부터 계산한다. 시효기간 내에 청구하든 시효기간 만료 후에 청구하든 상관없이, 책임이 있다면서 청구를 당하는 사람이 제기하는 제3자에 대한 구상청구권은 시효기간이 90일이며, 이 기간은 구상청구를 하는 자가 원래 청구에 관해 합의를 한 날로부터 또는 자기에게 청구를 하는 소송에서 법원으로부터 소장 부본을 송달받은 날로부터 계산한다.

有关航次租船合同的请求权，时效期间为二年，自知道或者应当知道权利被侵害之日起计算。

第二百五十八条【海上旅客运输赔偿时效】 就海上旅客运输向承运人要求赔偿的请求权，时效期间为二年，分别依照下列规定计算:

(一) 有关旅客人身伤害的请求权，自旅客离船或者应当离船之日起计算;

(二) 有关旅客死亡的请求权，发生在运送期间的，自旅客应当离船之日起计算; 因运送期间内的伤害而导致旅客离船后死亡的，自旅客死亡之日起计算，但是此期限自离船之日起不得超过三年;

(三) 有关行李灭失或者损坏的请求权，自旅客离船或者应当离船之日起计算。

第二百五十九条【船舶租用合同赔偿时效】 有关船舶租用合同的请求权，时效期间为二年，自知道或者应当知道权利被侵害之日起计算。

第二百六十条【拖航合同赔偿时效】 有关海上拖航合同的请求权，时效期间为一年，自知道或者应当知道权利被侵害之日起计算。

第二百六十一条【船舶碰撞赔偿时效】 有关船舶碰撞的请求权，时效期间为二年，自碰撞事故发生之日起计算; 本法第一百六十九条第三款规定的追偿请求权，时效期间为一年，自当事人连带支付损害赔偿之日起计算。

第二百六十二条【海难救助赔偿时效】 有关海难救助的请求权，时效期间为二年，自救助作业终止之日起计算。

第二百六十三条【共同海损分摊时效】 有关共同海损分摊的请求权，时效期间为一年，自理算结束之日起计算。

第二百六十四条【海上保险合同赔偿时效】 根据海上保险合同向保险人要求保险赔偿的请求权，时效期间为二年，自保险事故发生之日起计算。

第二百六十五条【油污损害请求权时效】 有关船舶发生油污损害的请求权，时效期间为三年，自损害发生之日起计算; 但是，在任何情况下时效期间不得超过从造成损害的事故发生之日起六年。

항해용선계약상 권리는 시효기간이 2년이며 권리침해를 알았거나 알고 있었어야 할 날로부터 계산한다.

第258条【해상여객운송배상의 시효】 해상여객운송에 기해 운송인에게 손해배상을 청구하는 권리의 시효기간은 2년이며, 각각 다음의 규정에 따라 계산한다.

(1) 여객의 신체상해와 관련된 권리는 여객이 하선하였거나 하선하였어야 하는 날로부터 계산한다;

(2) 여객의 사망과 관련된 권리는 운송기간에 사망이 발생한 경우 여객이 하선하였어야 하는 날로부터 계산한다. 운송기간 내의 상해로 인하여 여객이 하선한 후 사망한 경우, 여객의 사망일로부터 계산한다. 다만 이 기한은 하선한 날로부터 3년을 경과하여서는 아니 된다;

(3) 수하물의 멸실 또는 훼손에 대한 권리는 여객이 하선하였거나 하선하였어야 하는 날로부터 계산한다.

第259条【선박임대차적 용선계약 배상시효】 선박임대차적 용선계약(정기용선계약 및 나용선계약)과 관련된 청구권의 시효기간은 2년이며 권리침해를 알았거나 알았어야 하는 날로부터 계산한다.

第260条【예인계약 배상시효】 예인계약상 권리의 시효기간은 1년이며, 권리침해를 알았거나 알았어야 하는 날로부터 계산한다.

第261条【선박충돌배상의 시효】 선박충돌에 관한 권리의 시효기간은 2년이며, 충돌사고의 발생일로부터 계산한다. 본법 제169조 제3항에서 규정하는 구상청구권의 시효기간은 1년이며 연대책임이 있는 당사자가 채무를 이행한 날로부터 계산한다.

第262条【해난구조배상의 시효】 해난구조에 관한 권리의 시효기간은 2년이며, 구조작업이 종료된 날로부터 계산한다.

第263条【공동해손분담의 시효】 공동해손분담에 관한 권리의 시효기간은 1년이며 정산 종료일로부터 계산한다.

第264条【해상보험계약보상의 시효】 해상보험계약에 근거하여 보험자에게 보상을 요구하는 권리의 시효기간은 2년이며 보험사고의 발생일로부터 계산한다.

第265条【유류오염손해배상청구권의 시효】 선박의 유류오염손해에 관한 손해배상청구권의 시효기간은 3년이며 손해가 발생한 날로부터 계산한다. 다만 어떠한 경우에도 시효기간은 손해를 초래한 사고가 발생한 날로부터 6년을 경과하여서는

第二百六十六条【时效中止】 在时效期间的最后六个月内，因不可抗力或者其他障碍不能行使请求权的，时效中止。自中止时效的原因消除之日起，时效期间继续计算。

第二百六十七条【时效中断】 时效因请求人提起诉讼，提交仲裁或者被请求人同意履行义务而中断。但是，请求人撤回起诉，撤回仲裁或者起诉被裁定驳回的，时效不中断。

请求人申请扣船的，时效自申请扣船之日起中断。

自中断时起，时效期间重新计算。

第十四章　涉外关系的法律适用

第二百六十八条【国际条约，惯例的适用】 中华人民共和国缔结或者参加的国际条约同本法有不同规定的，适用国际条约的规定；但是，中华人民共和国声明保留的条款除外。

中华人民共和国法律和中华人民共和国缔结或者参加的国际条约没有规定的，可以适用国际惯例。

第二百六十九条【法律适用的约定】 合同当事人可以选择合同适用的法律，法律另有规定的除外。合同当事人没有选择的，适用与合同有最密切联系的国家的法律。

第二百七十条【所有权的法律适用】 船舶所有权的取得，转让和消灭，适用船旗国法律。

第二百七十一条【抵押权的法律适用】 船舶抵押权适用船旗国法律。

船舶在光船租赁以前或者光船租赁期间，设立船舶抵押权的，适用原船舶登记国的法律。

第二百七十二条【优先权的法律适用】 船舶优先权，适用受理案件的法院所在地法律。

아니 된다.

제266조【시효중지】 시효기간의 최후 6개월 이내에 불가항력 또는 기타 장애로 권리를 행사할 수 없는 경우 시효는 중지된다. 중지의 원인이 해소된 날로부터 시작하여 시효기간은 계속 진행된다.

제267조【시효중단】 시효는 청구인의 소송제기나 중재청구 또는 피청구인의 이행의무의 승인으로 인하여 중단된다. 다만 청구인이 소송제기나 중재청구를 철회하거나 혹은 이러한 절차가 기각된 경우에는 시효는 중단되지 아니한다

청구인이 선박의 압류를 신청한 경우, 선박압류를 신청한 날로부터 시효는 중단된다.

시효가 중단되면 시효기간은 새롭게 진행된다.

제14장 섭외관계의 법률적용

제268조【국제조약, 관계의 적용】 중화인민공화국이 체결하거나 가입한 국제조약에 본법과 상이한 규정이 있는 경우, 국제조약의 규정을 적용한다. 다만 중화인민공화국이 성명을 통하여 유보한 조항은 제외한다.

중화인민공화국의 법률이나 또는 중화인민공화국이 체결하거나 가입한 국제조약이 규정하지 아니한 사항에 대하여는 국제관례를 적용할 수 있다.

제269조【적용법률의 약정】 계약당사자는 계약에 적용될 법률을 선택할 수 있으며, 다만 법률에 별도의 규정이 있는 경우에는 그러하지 아니하다. 당사자가 적용될 법을 선택하지 아니한 경우, 계약과 가장 밀접한 관계가 있는 국가의 법률을 적용한다.

제270조【소유권의 적용법률】 선박소유권의 취득, 양도 및 소멸은 기국법을 적용한다.

제271조【저당권의 적용법률】 선박저당권은 기국법을 적용한다.

나용선기간 이전에 또는 나용선기간 내에 선박저당권을 설정한 경우, 그 저당권에 대하여는 그 선박의 등록국의 법률을 적용한다.

제272조【우선특권의 적용법률】 선박우선특권은 사건을 심리하는 법원의 소재지 법률을 적용한다.

第二百七十三条【船舶碰撞的法律适用】 船舶碰撞的损害赔偿，适用侵权行为地法律。

船舶在公海上发生碰撞的损害赔偿，适用受理案件的法院所在地法律。

同一国籍的船舶， 不论碰撞发生于何地，碰撞船舶之间的损害赔偿适用船旗国法律。

第二百七十四条【共同海损理算的法律适用】 共同海损理算，适用理算地法律。

第二百七十五条【赔偿责任限制的法律适用】 海事赔偿责任限制，适用受理案件的法院所在地法律。

第二百七十六条【不违反公共利益原则】 依照本章规定适用外国法律或者国际惯例，不得违背中华人民共和国的社会公共利益。

第十五章　附　则

第二百七十七条【计算单位的确定】 本法所称计算单位，是指国际货币基金组织规定的特别提款权； 其人民币数额为法院判决之日，仲裁机构裁决之日或者当事人协议之日，按照国家外汇主管机关规定的国际货币基金组织的特别提款权对人民币的换算办法计算得出的人民币数额。

第二百七十八条【生效日期】 本法自1993年7月1日起施行。

제273조 【선박충돌의 적용법률】 선박충돌로 인한 손해배상청구에 대하여는 권리침해지의 법률을 적용한다.

공해상에서 선박충돌이 발생한 경우, 그로 인한 손해배상청구에 대하여는 사건을 심리하는 법원 소재지 법률을 적용한다.

동일 국적의 선박이 충돌하면, 어느 지점에서 충돌하였는지 가리지 아니하고, 그로 인한 손해배상청구에 대하여는 기국법을 적용한다.

제274조 【공동해손산정의 적용법률】 공동해손의 정산에 대하여는 정산지 법률을 적용한다.

제275조 【배상책임제한의 적용법률】 해사채권책임제한에 대하여는 사건을 심리하는 법원 소재지 법률을 적용한다.

제276조 【공공이익에 반하지 아니하는 원칙】 본장의 규정에 따라 외국의 법률 또는 국제적 관례를 적용함에 있어서는 중화인민공화국의 사회 공공 이익에 반하지 아니하여야 한다.

제15장 부 칙

제277조 【계산단위의 확정】 본법에서 계산단위라 함은 국제통화기금이 규정하는 특별인출권을 말한다. 그 인민폐 액수는 법원 판결일이나 중재 선고일 또는 당사자의 합의일에 국가외환담당관기관이 규정하는 국제통화기금 특별인출권의 인민폐에 대한 환율에 따라 산정한 인민폐 금액이다.

제278조 【시행일】 본법은 1993년 7월 1일부터 시행한다.

고려대학교 교수 **채이식**(蔡利植)

1949년 경북 상주 출신으로 고려대학교 법과대학을 졸업하였다. 이후 변호사로 활동하다가 런던대학교에서 해상법을 공부한 후 한국인 최초의 영국변호사가 되었다. 이후 20여년 간 고려대학교 법과대학에서 해상법을 강의하였다. 1995년에는 1년간 미국 코네티컷 대학에서 미국해상법을 연구하였고, 1999년 및 2003년에 각각 8개월씩 프랑스 엑스-마르세유 대학에서 프랑스해상법을 연구하였고, 2006년 스페인 마드리드 까르로스3세 대학에서 8개월 동안 스페인해상법을 연구하였다. 고려대학교 법과대학장 및 한국해법학회 회장을 역임하였고, 법무부 상법(해상편) 개정위원회 위원장으로 2007년 현행 상법해상편의 개정을 주도하였고, 2005년부터 5년간 국제해사기구(IMO)법률위원회 의장으로 세계 해사조약을 총괄한 바 있으며, 2010년부터 고려대학교 법학전문대학원 초대 원장을 역임했고, 현재 동 법학전문대학원 교수로 재직 중이다.

한중일 비교 해상법

2013년 5월 25일 초판 인쇄
2013년 6월 3일 초판 발행

편 역 蔡 利 植
(공동편역 箱井崇史 · 金秋)
발행인 이 방 원
발행처 세창출판사
서울 서대문구 경기대로 88 냉천빌딩 4층
전화 723-8660 팩스 720-4579
e - mail: sc1992@empal.com
http://www.sechangpub.co.kr
신고번호 제300-1990-63호

정가 33,000원

ISBN 978-89-8411-415-9 93360